KB160657

고대 중국의 통치메커니즘과 그 설계자들 3

상앙, 진시황, 한고조

고대 중국의 통치메커니즘과 그 설계자들 3

상앙, 진시황, 한고조

임중혁 지음

경인문화사

본서의 구성

　중국과 중국인을 한마디로 정의하거나 표현할 수 있는 단어가 있을까? 그것은 수사자의 갈기를 세는 것처럼 어려울 것이다. 어떤 국가와 민족은 장시간의 역사 발전 과정을 통해서 형성된 것이다. 그것은 작은 시냇물이 합쳐져 큰 강물을 이루는 것과 같다. 미시적인 것을 통해 전체를 설명하는 방법도 있기는 있다. 그것은 가느다란 시냇물 하나를 가지고 큰 강을 설명하려는 것처럼 어려운 문제라고 할 수 있다.

　현대 중국의 뿌리를 찾는 문제는 중요하다. 현대 중국인의 사고는 어떻게 형성되었을까? 중국인의 뇌리 속에 있는 통치 시스템과 사고 방식은 어디에서 시작되었을까? 중국이라는 국가체제는 통일을 완성한 진시황에서 시작되었다고 보는 시각이 많다. 그러나 그러한 주장도 자세히 들여다보면 막연하다. 황제지배체제? 군현제? 이러한 용어는 일정 부분 중국을 설명할 수 있겠지만 그래도 미진한 느낌이 든다. 중국을 움직이는 원리는 무엇일까? 제도적 분석은 그러한 궁금증을 풀어나가는 방법일 것이다. 필자가 궁금해하는 것은 그러한 제도의 이면에 숨겨져 있는 지배자의 의지였다. 중국의 법률은 公布主義를 채택하고 있어서 지방의 촌로까지도 숙지하고 있었다. 법률에는 지배자의 의지가 표현되어 있고, 그것이 행정망을 통하여 지방의 구석구석까지 파고 들어가는 것이다. 이것은 漢 文帝 시기의 廷尉 張釋之가 "법이라고 하는 것은 천자가 천하와 함께 공유하는 것이다.(法者天子所與天下公共也)"라는 말에 잘 응축되어 있다. 법률에는 어떻게 국가를 지배할 것인지에 대한 지배자의 통치 철학이 포함되어 있다. 또한 장시간 습득한 통치의 기법이 법률로 농축되어 표현된 것이다.

　고대 중국의 통치 원리를 분석함에 있어 『雲夢睡虎地秦律』, 『嶽麓書院藏秦簡』과 漢代의 『二年律令』은 매우 중요하다. 雲夢睡虎地 秦律에는 진시황이 중국을 통일할 당시의 제국 통치의 이념이 들어 있고, 그 일부는 이후 唐律에도 확인되듯이 중국 통치의 기본 뿌리가 되었다. 그 지배체제의 청사진을 만든 사람은 누구일까? 기원전 361년 경 魏나라에서 秦나라로 들어가는 젊은 사람이 있었다. 商鞅이었다. 『史記』 「商君列傳」을 보면, 그는 한편으로 魏에 대한 실망감과 배신감, 한편으로 秦에 대한 기대감과 자신감으로 교차했던 것으로 보인다. 그는 入秦 이후 秦孝公의 전폭적 지지를 받아 秦의 모든 제도를 개조하기 시작했다. 이것이 서쪽의 후진국 진나라를 시끄럽게 만든 商鞅變法이었다. 이 개혁은 중국 역사에 있어 진정 운명적인 것이었다. 이를 통해 고대 중국의 기본틀이 형성되기 시작했으니, 그는 어찌 보면 진시황보다도 중요한 인물이었다. 진나라는 상앙의 개혁 성공으로 신속히 강국으로 변모했다. 비록 상앙은 秦孝公 사망 후 비명에 죽었지만, 그가 런칭(launching)한 청사진은 폐기되지 않고 진시황의 통일제국의 기본틀을 구성하게 되었다. 뿐만 아니라 이 틀은 한제국에도 승계되었다.

　본서는 주로 1970년대 중반부터 지하에서 출토하기 시작한 법률문서를 중심으로 분석했다. 필자는 연구자의 입장에서 2천년 이상 지하에 잠들어있던 진귀한 문서를 몇 번씩 만나는 행운을 만났다. 본서는 출토 율령 자료를 분석한 것이므로 正史를 통해서 파악하기 힘든 진한제국의 통치메커니즘을 파악하는데 도움이 될 수 있을 것이다. 법률문서는 무미건조한 내용들로 이루어졌기 때문에 이면에 숨겨져 있는 함의를 추출하는 작업은 어려웠다. 국가를 운용하는 메커니즘들은 표면에 노출되어 있는 것도 있지만, 파악하기 힘든 것도 있었다. 그런 만큼 이 작업은 흥미진진한 것이었다.

　『史記』에 보이는 상앙변법은 소략하게 서술되어 있으나, 출토 율령에 입각해보면 상앙이 구상한 秦國의 지배 체계는 톱니바퀴와 같이 맞물려 돌아가도록 의도된 것이었다. 그 통치 골격은 商鞅 - 秦始皇 - 漢高祖 - 蕭何의 4인의 인물들을 통해 이어져 내려왔다. 출토 율령에서 확인되는 진한의 지배형태는 군공작 신분제 - 형벌제도 - 토지제도 등이 상호 유기적으로 연결되어 있었다. 이러한 사항을 다룬 본서의 주제는 각기 독립된 병렬관계가 아니라 모두 商鞅 情神으로 "一以貫之"된 그물망이었다. 현대인은 과거사람들의 통치 시스템이 발달하지 못하고 느슨할 것이라고 지레 짐작한다. 그러나 상앙이 만든 지배 시스템은 대단히 정교하게 연결된 컨베이어 시스템과도 같은 것이었다.

상앙이 살았던 시기는 전국 초기로서, 魏와 齊의 2강 체제 하에서 약육강식이 심화되면서 각국은 부국강병을 유일한 출구로 생각했다. 따라서 전투력을 강화하기 위해 군공을 세운 자에게 작위를 지급하는 군공작제를 만들었다. 작위 소지자에게는 전택을 지급하고 각종 혜택을 부여하였다. 모든 사회역량이 전투력을 강화하기 위해 투입되었고, 군공을 수립하면 혜택을 부여하는 군사경찰국가체제를 지향했던 것이다.

1. 秦漢의 통치이념

진한의 통치 이념이라는 대주제로 쓴 논문들은 모두 商鞅변법에서 의도한 제국 통치의 이념들이 망라되어 있다. 법가계열의 秦 律令을 漢제국이 승계한 과정, 그래서 한제국도 결국 자신들이 부정하려 했던 진제국의 통치방식을 승계했음을 규명하였다. 이러한 법가적 율령에 한제국 중기 儒家思想이 침투하는 과정 등을 밝히고 있다.

2. 秦漢 토지제도

토지 관련 논문들에서는 二十等軍功爵制와 토지제도가 밀접하게 연관되어 있음을 밝혀냈다. 「商君列傳」의 "明尊卑爵秩等級, 各以差次名田宅"에서 알 수 있듯이, 토지제도와 작제의 연결은 商鞅이 의도한 것이다. 놀라웠던 것은 『二年律令』에서 확인할 수 있었듯이, 지급된 토지가 상속되는 과정에서 아들들의 작위를 減爵시켜 절묘하게 국가로 환수시키는 메커니즘이었다. 이는 당시의 가족 숫자를 반영하여 만들어진 계획표였다. 그리고 필자의 「秦始皇 31年의 自實田」 논문에서는 해결이 용이하지 않았던 "自實田"을 분석하여 진제국과 한제국의 토지제도를 연결하는 마지막 퍼즐을 분석하였다. 특히 중국 고대의 토지제도가 국유제인지 사유제인지를 밝혀내는 작업을 하였다.

3. 秦漢의 刑罰제도와 身分체제

필자는 商鞅 이후에 제정된 『睡虎地秦墓竹簡』, 『里耶秦簡』, 『嶽麓書院藏秦簡』, 『二年律令與奏讞書』에 근거하여 商鞅이 구현하려고 했던 형벌체계와 신분제도를 복원하고자 하였다. 특히 秦代 형법의 체계 속에서 秦代의 통치자들이 백성들을 어떻게 통제·관리하는지에 주안점을 두고 규명하였다. 秦漢의 法律은 결국 唐宋律 - 明律을 낳은 母法이라고 할 수 있는데, 그러한 母法의 최초 모습이 본서에 포함되어 있다.

필자는 진한의 형벌제도를 분석하기 위해 벌금형·속형·내형·육형·사형을 분석하였다. 秦代 형벌제도의 특징은 그것을 신분체제와 연결시키고 있다는 것이다. 『史記』에 언급된 商鞅변법에서는 여러 차례 軍功爵을 언급하여 그것이 秦代 신분체계에서 중요한 것임을 시사하고 있다. 작위를 가지고 있는 자도 범죄를 저지르면 형도의 신분으로 떨어지지만, 2급작 上造 이상은 黥爲城旦舂에서 耐爲鬼薪白粲으로 감형된다. 즉, 肉刑에서 耐刑으로 감형되는 우면정책을 주는 것이다. 군공작은 신체를 손상하는 치욕적인 육형에서 벗어나게 하는 안전장치였다.

秦代의 모든 백성은 有爵者·無爵者·徒隷(刑徒)로 구분되어 있다. 『二年律令』에는 유작자든 죄수이든 軍功爵 신분이 士伍로 귀결되게 설계되어 있다. 아울러 庶人이라는 개념도 죄수(형도)에서 사면된 존재라는 매우 중요한 규정이 포함되어 있어서, 이는 전통적 庶人 개념과 차이가 있다. 진한시대에는 3개 무작자층(公卒·士伍·庶人)이 있다. 3개의 무작자층은 첫째, 유작자가 군공을 수립하지 못하여 작위가 0으로 떨어지는 公卒의 신분, 둘째 公卒의 자식들이 군공을 세우지 못해 떨어지는 士伍의 신분, 셋째 죄수가 사면을 통해 신분이 상승하는 庶人이다. 이것은 매우 치밀하게 작위와 군공을 연계하여 관리하는 신분체계이다. 형도의 신분으로 떨어진 자들도 군공을 수립하면 무작자인 庶人을 거쳐 士伍의 신분으로 회귀하는 체제로 형성되어 있었다.

4. 秦漢의 율법 제정

법제사 분야의 논문들은 東洋法制史에서 가장 중요한 律令의 개념들에 대해 밝힌 것들이다. 皇帝의 詔書가 律과 令으로 법제화되어 가는 과정, 律과 令의 차이는 무엇인지 등에 관한 것들을 담고 있다. 특히 嶽麓秦簡에 근거하여 秦令의 각종 내용들을 규명하였다. 嶽麓秦簡에 기록된 律의 경우는 제정시점과 제정자를 알 수 있는 정보가 모두 삭제되어있지만, 令의 경우는 정보가 남아있어 제정시점이 대부분 진시황 시기임을 확인할 수 있었다. 따라서 이 자료는 秦代의 율령 발전 과정을 파악할 수 있는 매우 좋은 자료라고 할 수 있다.

끝으로 본서의 제목을 『고대중국의 통치메커니즘과 그 설계자들』이라고 설정한 것에 대해 언급하고자 한다. 상앙이 설계한 국가 통치의 수단은 매우 많았다. 그 수단이라는 것은 백성들을 통제하고 조직할 수 있는 것이었다. 본서에서는 군공작 신분제 - 형벌제도 - 토지제도가 網狀形으로 짜여있는 제도를 고찰대상으로 했고, 이것들은 어느 하나라도 없으면 시스템이 기능하지 않게 설계되어 있었다. 이러한 시스템을 최초로 구상한 것은 천재 商鞅이겠지만, 그 후 수많은 사람들이 이것을 수정하고 보완한 것이다. 『嶽麓書院藏秦簡』과 『二年律令』의 법률 조항들을 보면 수많은 관리들이 현실 정치에서 획득한 지식들을 보완하여 다듬은 것이었다. 따라서 기본 설계자는 商鞅 - 秦始皇 - 漢高祖 - 蕭何 등이겠지만, 수많은 관리군들도 여기에 포함시킬 수 있다. 『嶽麓書院藏秦簡』을 보면, 秦 율령은 皇帝(秦始皇)와 수많은 관료들의 의견 교환을 통해 제정된 것이었다. 특히 율령의 제정에 참여한 內史와 郡太守 등이 그 설계자들이라고 할 수 있다. 따라서 독자들께서는 설계자를 찾는 수고를 할까봐 걱정되기도 한다.

율령들을 분석해보면 율령 제정과정에서 행정 현장의 아이디어가 반영된 것도 많이 보인다. 놀라운 것으로는 두 가지를 들 수 있다. 하나는 耐罪의 운용방식인데, 당시의 죄수들은 형기가 없는 무기형도였기 때문에 이 耐罪를 교묘하게 운용해 전체 인구에서 차지하는 刑徒와 編戶의 비율을 조절하였다. 耐罪 내부에는 형도의 숫자가 지나치게 증가하는 것을 방지하기 위한 설계가 내장되어 있었다. 그리고 秦漢律에서는 軍功을 수립하지 못하면 士伍로 신분이 하락하게 설계되어 있고, 형도들 역시 사면을 통해 역시 士伍로 승급하는 구도를 가지고 있었다. 즉, 士伍로 수렴하는 체제였다. 다른 하나는 『二年律令』戶律의 토지 지급 및 환수 규정이 바로 그러한 것이다. 특히 환수규정은 율령에 노출되어 있지 않지만, 자동적으로 토지가 국가에 환수되도록 설계되어 있다. 그것은 매우 정교한 수학공식과도 같은 것이다. 일견 무미건조하게 보이는 율령의 이면에 숨어있는 국가 통치의 방향은 매우 흥미로운 것이다.

목 차

본서의 구성

韓國 학계에서의 秦漢 土地制度 연구

Ⅰ. 서론

이 글은 商鞅變法에 의해서 형성된 秦漢代 토지제도의 변화상에 관하여 한국의 중국고대사학계에서 연구된 중요 업적을 소개하는 것이다. 이 글은 각론으로 들어가기 전에 진한시대의 토지소유 형태에 대한 예비지식을 제공하는 것이라고 생각한다. 商鞅變法에는 수전체제, 신분제도, 형벌제도 등 다양한 제도적 규정이 포함되어 있는데, 후일 秦漢제국의 기본틀이 戰國 秦孝公 시기에 형성되었다. 商鞅에 의해 제정된 토지제도는 최근 출토된 지하문서들에 의해서 조금씩 전모가 밝혀지고 있다.

[표 1] 秦漢 토지제도의 초기 자료

出典	秦	自實田	漢
史記	(蔡澤列傳)決裂阡陌, (商君列傳)爲田開阡陌封疆		
戰國策	(秦策三)爲田開阡陌		
漢書	(食貨志)商鞅: 除井田, 民得賣買, 富者田連仟伯, 貧者亡立錐之地		私田制

雲夢秦簡 출토 이전의 연구자들은 불가피하게 문헌 중심으로 先秦의 토지제도를 연구하는 수밖에 없었지만 워낙 부족한 자료로 인해 수많은 논설이 난무했다. 秦漢의 토지 관련 자료는 위의 표에서 보이

는 것처럼, 『史記』와 『戰國策』에 기록된 "決裂阡陌", "爲田開阡陌"과 같이 간단한 것이었지만(1단계)[1] 董仲舒가 商鞅에 의한 井田 폐지와 土地 賣買의 허용을 언급하면서부터 점차 복잡한 양상을 띠게 되었다. 특히나 "富者는 그 토지가 仟伯을 연이어 있고, 貧者는 立錐之地도 없게 되었다."는 漢代 대토지소유의 기원이 商鞅의 土地 賣買 허용에 있다는 董仲舒의 시각은 후대 학자들에게 심대한 영향을 끼쳤다.(2단계)[2] 儒家의 宗師 董仲舒의 영향으로 戰國시대에서 漢代까지의 토지소유 형태에 관한 전통적 이해는 土地 私有制說이 우세하였고,[3] 실제로 漢武帝 시기부터 대토지소유가 존재했던 증거가 허다했기 때문에 漢代에 授田체제가 존재했다는 것은 상상하기 어려웠다.

1970년대 후반 이래 『睡虎地秦墓竹簡』『張家山漢墓竹簡』 등의 출토 자료에 授田制 규정이 확인되면서 董仲舒의 관점에 의문이 제기되었다. 그것은 답보상태에 빠져있던 국내외 학계에 신선한 충격을 준 것은 물론이고, 더 나아가 秦漢代 歷史 해결의 모든 열쇠가 여기에 들어 있다고 생각하는 신기루 현상까지 나타났다. 閆桂梅가 "20世紀80年代以前的研究狀況"과 "秦簡出土之後的研究"로 구분한 것은 이들 출토자료가

---

1) 『戰國策』 「秦策三」(上海: 上海古籍, 1990), p.216, "蔡澤曰: …夫商君爲孝公平權衡, 正度量, 調輕重, 決裂阡陌, 敎民耕戰."; 『史記』 卷5 「秦本紀」, p.203, "十年, 衛鞅爲大良造, 將兵圍魏安邑, 降之. 十二年, 作爲咸陽, 築冀闕, 秦徙都之. 幷諸小鄕聚, 集爲大縣, 縣一令, 四十一縣. 爲田開阡陌. 東地渡洛. 十四年, 初爲賦."; 『史記』 卷68 「商君列傳」, p.2232, "於是以鞅爲大良造. 將兵圍魏安邑, 降之. 居三年, 作爲築冀闕宮庭於咸陽, 秦自雍徙都之. 而令民父子兄弟同室內息者爲禁. 而集小鄕邑聚爲縣, 置令, 丞, 凡三十一縣. 爲田開阡陌封疆, 而賦稅平. 平斗桶權衡丈尺."

2) 『漢書』 卷24上 「食貨志」, p.1137, "(董仲舒)又言: 「古者稅民不過什一, 其求易共; 使民不過三日, 其力易足. 民財內足以養老盡孝, 外足以事上共稅, 下足以畜妻子極愛, 故民說從上. 至秦則不然, 用商鞅之法, 改帝王之制, 除井田, 民得賣買, 富者田連仟伯, 貧者亡立錐之地."

3) 郭沫若, 『中國史稿』(第2冊)(北京: 人民出版社, 1976), pp.12-15; 范文瀾, 『中國通史』(第一冊)(北京: 人民出版社, 1978), p.114.

秦漢史 연구에 "획기적" 의미를 지니고 있기 때문이다.[4]

국내의 진한사 연구도 『睡虎地秦墓竹簡』의 출토를 경계로 그 이전과 이후로 구분하여 검토하고자 하였으나, 출토 이전의 秦漢 토지제도사 연구는 전론이라 할 만한 것들이 많지 않아 서론에서 간단히 다루고, 본론에서 출토 이후의 글들을 검토하기로 한다. 『睡虎地秦墓竹簡』이 출토하기 이전 국내의 秦漢시대 토지제도 연구는 활발한 상태라고 하기는 어려웠는데, 국내 연구자의 숫자, 전후 경제의 어려움 등의 상황도 연구의 활성화를 저해하는 요인으로 작용하였다.

해방 이후 우리나라 학계에서 발표된 중국 고대 토지제도사 연구는 1955년 발표된 鄭在覺의 글을 효시로 한다. 이 연구에서는 郭沫若·徐中舒·李劍農 등 중국의 대표적 연구자 3인의 井田制 연구를 국내에 소개하였다. 1955년이라면 한국전쟁 직후로서, "中共"의 연구를 소개했다는 것은 여러 측면에서 지난하였던 작업임을 알 수 있다. 당시로서는 이러한 외국 자료의 소개도 희소했고, 특히 우리와 전쟁까지 치렀던 적성국가 "中共"의 연구성과를 소개한다는 것은 매우 용감한 시도였다고 할 수 있다. 그가 "고대 중국에 있어서 그 토지소유제도의 해명은 곧 중국 고대사회의 성격을 규정하는 관건이 될 것"이라고 한 것은 누구도 이의를 제기할 수 없는 중요한 명제이다.[5]

그 다음으로 주목되는 연구자는 閔成基·金燁 두 사람이다. 이들은 『睡虎地秦墓竹簡』이 출토되기 이전에도 진한의 토지 및 농업사에 대해 깊은 관심을 가지고 연구를 진행해왔다. 민성기는 주로 漢代의 土地所有關係와 豪族問題, 早期的限田說, 哀帝時의 限田法과 王莽의 井田制 등의 문제를 고찰하였다.[6] 민성기의 논문은 고찰의 범위가 넓지만, 치밀하게 고증이 전개된 뛰어난 수작이라고 할 수 있다. 이 논문에서

---

4) 閆桂梅, 「近五十年來秦漢土地制度研究綜述」(『中國史研究動態』 2007-7), pp.9-11.
5) 鄭在覺, 「井田問題의 新展開」(『史叢』 1, 1955), p.17.
6) 閔成基, 「漢代限田說研究-사회적 계기를 중심으로」(『역사와 세계』 1, 1961).

는 開阡陌을 크게 언급하지 않고 이를 통해 私有制가 성립하는 정도로
만 이해하고 있다. 소략하게 다루어진 이유는 민성기의 관심이 주로
漢代로 국한되었고, 秦代의 토지 문제는 고찰대상이 아니었기 때문이
다. 김엽은 농민의 빈곤화를 막기 위한 徙民, 公田의 假輿 등의 주제를
다뤘고,[7] 이와 아울러 商人의 토지 소유문제, 대토지소유자의 호족화
문제도 고찰하였다.[8] 이들 두 연구자가 漢代의 토지 소유의 문제로
관심이 한정되어 있는 이유는 先秦의 토지 관련 사료가 태부족했기
때문으로 생각된다. 先秦의 토지 문제는 상상력까지 동원해야 할 정
도로 난해한 부분이 많았기 때문에 회피하는 경향도 있었고, 이에 비
해 사료가 秦代보다 많은 漢代를 연구 대상으로 삼는 것은 자연스러
운 현상이었다.

II. 授田制와 倍其賦

한국에서의 秦漢 토지제도 연구가 활발하게 전개되는 것은 『睡虎地
秦墓竹簡』『張家山漢墓竹簡』의 출토 이후이다. 특히 후자의 자료에는
당시까지의 연구수준을 뛰어넘을 수 있는 자료가 포함되어 있었기
때문에 토지 관련 주제가 큰 주목을 받았다. 『睡虎地秦墓竹簡』이 출토
될 당시, 아직 중국과의 수교도 이루어지지 않았기에 한국은 중국 연
구에서 멀리 떨어진 섬처럼 자료획득이 용이하지 않았다. 아직 넉넉
하지 못한 경제상황과 군사독재, 적성국가 중공의 "붉은 자료" 접근금
지 등으로 인해 연구 환경은 녹록치 않았다. 중공 출판의 도서를 홍

---

7) 金燁, 「前漢王朝의 農民確保策 – 勸力維持를 爲한 基本政策과 關聯하여」(『慶
大論文集』 7, 1963).
8) 金燁, 「『漢書』「食貨志上」의 賈誼, 鼂錯, 董仲舒의 上言에 대한 일고찰」(『慶大
論文集』 8, 1964).

콩 삼련서점에서 구입할 때 연구자들은 연세대 근처의 국제우체국에서 도서를 검열받고 일부를 압수당하기 일쑤였다. 그럼에도 한국의 중국고대사 연구자들은 일본에서 자료를 복사하는 등 종교적 신앙과도 같은 열정을 가지고 열심히 도전하였다.

『睡虎地秦墓竹簡』 출토 이후 중국고대사에 대한 국내외 학계의 관심은 급속도로 높아졌다. 그중에서도 중국고대의 토지제도에 대한 문제는 熱點의 주제였는데, 鄭在覺의 주장대로 이 주제야말로 당시 사회구조의 성격을 규정할 수 있는 것이기 때문이었다. 중국학계에서의 관점은 國家授田制說과 私田制說이 대립하고 있었다. 授田制의 관점에 서있는 張金光·袁林·李瑞蘭·吳榮曾·晁福林 등, 많은 학자들이 戰國時期에 각국이 普遍的 國家授田制를 실시했다고 주장하였다.[9] 授田制 주장자는 授田의 내원은 國有土地이고, 수여 후에도 계속 國有에 속하며, 授田民은 土地에 대하여 소유권이 없다고 주장한다. 戰國授田制 관점은 『睡虎地秦墓竹簡』이 출토된 1970년대말 제출된 이래 중국학계의 주류 이론으로 자리를 잡았다.[10]

반면 戰國時代에 사유토지제가 시행되었다는 관점도 授田制 관점에 비해 소수이기는 했지만 맹렬하게 주장되었다. 唐贊功은 軍功으로 賞賜받은 토지는 원래 국유에 속했더라도, 일단 賞賜되면 그것은 私有土地에 속한다고 했다.[11] 高敏은 "商鞅이 '廢井田'한 후에 土地 國有制와 私有制가 병존하였는데, 『睡虎地秦墓竹簡』 田律의 내용은 국유토지

---

9) 袁林, 「戰國授田制試論」(『社會科學』 1983-6); 李瑞蘭, 「戰國時代國家授田制的由來、特徵及作用」(『天津師大學報』 1985-3); 李成珪, 『中國古代帝國成立史研究』(서울: 일조각, 1984), pp.70-89; 吳榮曾, 「戰國授田制研究」(『思想戰線』 1989-3); 晁福林, 「戰國授田制簡論」(『中國歷史文物』 1999-1).

10) 李恒全, 「論戰國土地私有制 ─對20世紀80年代以來戰國授田制觀點的質疑」(『社會科學』 2014-3), pp.130-131.

11) 唐贊功, 「雲夢秦簡所涉及土地所有制形式問題初探」, 『雲夢秦簡研究』(北京: 中華書局, 1981), p.56.

가 존재한 증거로서, 이것을 노예로 경작하였으며, 동시에 군공을 세운 유작자에게 賞賜하는 사유전이 존재하였다."고 주장하였다.[12) 李恒全은 수전제에서 사유제로 이행되는 과정을 경유했다고 보았다.[13) 즉, 戰國 授田制의 특징은 국가가 토지에 대하여 "所有權"을 가지고 있고, 개별 농민호는 토지에 대하여 장기적이고 고정적인 "占有權"과 "使用權"만을 가지고 있을 뿐이었다. 그런데 전국말기에 오면 각 제후국들이 장악한 토지가 감소하면서 授田은 점차 폐지되었고, 농민의 토지 점유권은 사실상의 소유권으로 대체되었다. 그러한 결과로 인해 秦始皇 31년(B.C.216) 秦왕조의 "使黔首自實田"의 令은 법률상 농민의 토지소유권을 승인하게 된 것이라고 주장하였다.[14)

이제부터 소개하는 우리의 연구수준은 중국·일본의 것과 비교하면 어떠할까? 결론부터 말하면, 논문의 숫자는 적지만 중국학계와 일본학계에서 벌어진 논쟁을 우리학계에서도 대부분 다루고 있다. 『睡虎地秦墓竹簡』이 출토된 직후 국내학계에서 발표된 논고 중에서 授田制를 주장하는 李成珪와 이를 부정하는 崔昌大의 논문이 가장 주목할 만하다.[15) 국내학계에서 진행된 토지제도 연구 상황은, 이성규가 제기한 거시적 이론 틀, 즉 제민지배체제라는 총론이 우리 학계에 심대한 영향을 끼쳤고, 그 관점에 대해 반론이 제기되면서 공방이 심화되었으며, 나아가 이를 극복하기 위한 모색의 과정으로 정리할 수 있다. 이성규의 논문은 발표될 당시 사료가 크게 부족한 상태에서 높은 수

---

12) 高敏, 「從雲夢秦簡看秦的土地制度」, 『雲夢秦簡初探(增訂本)』(鄭州: 河南人民出版社, 1981), pp.140-151.

13) 李恒全, 「論戰國土地私有制─對20世紀80年代以來戰國授田制觀點的質疑」, pp.130-131.

14) 李恒全, 「論先秦秦漢土地所有制變革的動力問題」(『江海学刊』 2005-4), p.133; 李成珪, 위의 책, p.296.

15) 李成珪, 「秦의 土地制度와 齊民支配 ─雲夢出土秦簡을 통한 商鞅變法의 재검토─」, 『全海宗博士華甲紀念論叢』(서울: 일조각, 1979); 崔昌大, 「秦 田律과 阡陌制」(『부산개방대학논문집』 27, 1985), p.118.

준의 결론을 도출한 것이므로 다른 학자들에 의해 계속하여 인용되어 왔다.

이하에서는 우선적으로 이성규의 논지를 정리하고, 이에 대한 비판론을 제시하여 논쟁을 정리하도록 하겠다.[16] 그는 기존의 많은 논고들이 『史記』의 商鞅의 "開阡陌" 기사에 대해 頃을 기본단위로 분할된 토지가 縣民의 보유지로 분급되었을 것이라는 추정을 하면서도, 商鞅의 토지정책이 齊民에게 토지를 분급한 직접적인 증거는 제시하지 못했다고 지적하였다. 이에 대해 그는 銀雀山漢墓에서 출토된 『孫子兵法』에 춘추말 전국초 각국이 군현제로 재편성되는 과정에서 토지를 일정한 규모로 구획정리하고, 畝 當 규모를 조정하는 내용이 있음을 지적하였다. 또한 수호지진간의 魏戶律에 보이는 "勿令爲戶, 勿鼠(予)田宇"라는 자료에서 魏安釐王 25년(B.C.252) 경에 齊民에 대한 수전제도가 존속한 증거가 있다고 보았다.

秦國의 경우, 그는 『睡虎地秦墓竹簡』田律의 "入頃芻稾, 以其受田之數"를 授田의 결정적 증거로 보았다. 또한 상앙의 1차 변법령 가운데 "民有二男以上, 不分異者倍其賦"의 조항을 종래 分異令으로 간주하는 견해에 대해 반대하였다. 分異는 1戶 내의 성인남자를 분가시키는 것이다. 즉, "不分異者"에 대한 賦를 倍徵함으로써 분이정책을 강행하였다고 해석하려면, 적어도 변법 당시에 "賦"稅가 존재했다는 증거를 제시해야 한다는 것이다. 따라서 "賦"를 賦稅로 이해하기보다는 다른 의미로 파악해야 한다고 하였다. 秦簡에서는 秦이 分異정책을 강행했다기보다는 오히려 동거를 보호·권장했다는 인상을 준다고 보았다. 따라서 "賦"에서 새로운 의미를 검색해야 했는데, "賦與" "分給"의 의미가 있고, 특히 국가가 民에게 토지를 분급할 경우 빈번히 사용되었다는 사실에 착안하여 "倍其賦"의 "賦"가 授田으로 해석된다는 것이다. 결론적

---

16) 이하는 李成珪, 위의 책, pp.70-103.

으로, 商鞅의 수전정책은 授田대상을 成男 1인이 아닌 처자를 거느린 남자로 보고 있는 것이다. "不分異者"는 그러한 자들이 분이를 하지 않고 동거하는 戶로 보고, 1頃 이상의 토지를 "倍分給"한 것이 "倍其賦"라는 것이다.

이처럼 상앙변법이 토지분급정책을 실시하고 있기 때문에, 董仲舒의 "除井田, 民得賣買"라는 기사에 보이는 漢代 대토지소유제의 폐단을 상앙에 결부시키고 있는 것은 승복하기 어렵다고 하였다. 이와 같은 民田의 사적인 매매는 불가능했기 때문이라는 것이다. 民田이 제민의 경제적인 기초로 분급되었던 만큼 수전자가 그 토지를 경작 用益하였지만, 用益자체를 넘어 사적인 권리로까지는 발전하지 않았다고 보았다. 賜田의 상속권자인 後子도 그 賜田의 보유자가 토지에 대한 자유처분권을 가졌다고는 볼 수 없다고 하였다. 또한 傅律에 "匿敖童, 及占癃不審, 典, 老贖耐, ●百姓不當老, 至老時不用請, 敢爲酢(詐)僞者, 貲二甲; 典, 老弗告, 貲各一甲; 伍人, 戶一盾, 皆遷(遷)之."의 율문에서, 老男으로 분류되는 것을 숨기는 것은 丁男家長으로서 가졌던 모종의 권리상실을 의미한다고 보았다. 그것은 秦이 노동력을 상실(또는 감퇴)한 老男으로부터 授田地를 일단 회수했기 때문으로 이해하였다. 이것은 用益자체 이상의 사적인 권리로 발전하여 재산권으로 인식되지 못했기 때문이라는 것이다. 사유권이 입증되지 않았음을 입증하기 위해 제시한 것이 「封診式·封守」에 士伍 甲이 범죄와 관련해 臣妾·衣器·畜産 등 재산 일체가 몰수되었는데도 토지가 목록에 빠져있는 것인데, 이는 그의 재산으로 인식되지 않았기 때문이라고 해석했다.

李成珪에 의해 시작된 戰國秦의 授田制 주장에 대해서는 당시 연구진의 저변이 넓지 못한 탓에 반론 및 평가가 단기간에 이루어지지 못했고, 그후 『二年律令』의 석문이 발표되고 나서야 본격적인 논의가 진행되었다. 이러한 논의에서 밝힌 이성규 논고의 문제점은 朴健柱가 정리한 바와 같이, ① 名田制가 토지사유제를 의미하는지의 여부, ② 환

수의 시행 여부, ③ 수전된 田地와 그 외의 私田과의 관계, ④ 自實田의
조치, ⑤ 商鞅變法에 의해 토지매매가 시작되어 빈부격차가 심해졌다
는 董仲舒 주장의 신빙성 등 5가지로 요약할 수 있다.[17]

　　朴健柱에 따르면, ①의 문제와 관련하여, 國家授田制를 주장하는 논
고는 軍功賜田에 포함된 私有的 성격을 등한히 한 측면도 있다. 이 문
제는 필연적으로 ②의 환수 문제와 관련된다. 國家授田制를 주장하는
논자들은 군공 賜田에 대해서도 還收가 행해졌다고 주장하였다. 그
이유는 당연하게도 환수가 전제되어야만 지속적인 授田이 가능하기
때문이다. 반면에 사유제를 주장하는 학자들은 賜田이 환수되지 않고
상속된다고 주장하였다. 그래서 논쟁의 핵심은 환수·상속·매매 등의
문제로 귀결될 수밖에 없었다. ③ 수전된 田地와 그 외의 私田과의 관
계에 대해서, 후자는 전자와 별도로 존재하며 이것이 토지소유의 불
균등을 가져온 요소라고 주장하였다. 또한 중요한 문제는 ④와 ⑤의
문제와 관련된 것으로서 秦代의 토지제도가 어느 시점에 私有制로 이
행하였는가 하는 "시점"의 문제였다. 이는 自實田 조치와도 관련된 것
이었다. 이상과 같은 논점을 중심으로 국내학계의 연구 동향을 정리
해보기로 하자.

　　앞에서 언급한대로『睡虎地秦墓竹簡』의 출토 이후, 秦의 田制에 대
해 가장 먼저 주목한 것은 李成珪이다.[18] 그는『睡虎地秦墓竹簡』田律
의 "入頃芻稾, 以其受田之數, 無墾(墾)不墾(墾), 頃入芻三石, 稾二石."과 魏
戶律의 "●卄五年閏再十二月丙午朔辛亥, ○告相邦 : 民或棄邑居壄(野), 入人
孤寡, 徼人婦女, 非邦之故也. 自今以來, 叚(假)門逆呂(旅), 贅壻後父, 勿令爲
戶, 勿鼠(予)田宇."에 근거하여, 戰國말 秦國과 魏國에서 수전제도가 시
행되었다고 보았다.

17) 朴健柱,「商鞅變法 이후의 名田宅私奴婢 정책」(『역사학연구』 33, 2008), pp.
　　223-224.
18) 李成珪,「秦의 土地制度와 齊民支配 -雲夢出土秦簡을 통한 商鞅變法의 재검토-」.

이성규는 한걸음 더 나아가 문헌자료에서 『睡虎地秦墓竹簡』의 授田자료와 부합하는 구체적 증거를 찾아내고자 했는데, 그것이 바로 "不分異者, 倍其賦"였다. 그러나 이 자료는 전통적으로 "分異하지 않는 자는 그 賦를 배로 부과한다."라고 해석해왔기 때문에 기존의 방식대로 해석한다면 授田制의 증거로 활용하기는 곤란하였다. 『史記正義』와 『後漢書』에서도 이 부분을 罰의 일종으로 간주하였다. 이러한 해석은 전통 중국에서 分異를 이행하지 않을 경우 강제적으로 벌칙을 부과하는 것으로 이해한 것이다.[19]

秦의 授田制度를 입증할 새로운 증거가 필요했던 이성규에게 "倍其賦"의 "賦"를 전통적인 해석과 다른 방법으로 이해할 필요성이 있었던 것으로 생각된다. 越智重明도 유사한 아이디어를 일찍이 내놓은 적이 있다. 즉, 越智重明은 孝公 14년의 "初爲賦"의 "賦"를 "賦"稅로 보지 않고 分給·授與로 해석하여 2차변법의 開阡陌을 대규모 賞田을 授與하는 것으로 해석하였다.[20] 그러나 越智重明은 위와 같이 운을 띄워놓았지만, 정작 倍其賦의 "賦"에 대해서는 "田의 授與"로 해석하지 않고, "軍事上의 賦課"로 해석했는데,[21] 分異하지 않은 자에게 賞田을 주는 것으로 해석하는 것에 부담을 느꼈을 수 있다. 여하튼 "賦"를 "田의 授與"로 이해한 越智의 아이디어가 일정한 영향을 미쳤던 것으로 생각되며, 이성규는 실제로 越智重明의 해당부분을 인용하기도 하였다. 그러나 이성규는 賦稅를 배로 징수한다는 것이 아니라, 分異하지 않은 자에게

---

19) 『史記』 卷68 「商君列傳」, p.2231, "【正義】民有二男不別爲活者, 一人出兩課.";『後漢書』 卷28下 「馮衍傳」, p.994, "燔商鞅之法術兮, 燒韓非之說論. [八]陵遲言積替也. 澄猶清也. 烈, 慘也. 商鞅姓公孫氏. 好刑名之學. 事秦孝公, 變法令, 使人什伍相司, 犯禁相連坐, 不告姦者要斬, 告姦者與斬敵同賞, 匿姦者與降敵同罰, 人有二男以上不分異者倍其罰. 行之四年, 秦人富彊, 韓非, 韓之諸公子也, 亦好刑名法術之學. 口吃不能言, 著書作孤憤、五蠹、內外儲、說難, 十餘萬言, 皆尚法術, 少仁恩. 並見『史記』."
20) 越智重明, 「秦の商鞅の變法をめぐつて」(『社會經濟史學』 37-4, 1971), p.17.
21) 같은 논문, p.18.

전토를 배로 지급한다는 해석을 내린 것이 越智重明과 크게 차이가
난다.

이성규는 "賦"가 賦稅의 의미보다는 "授與"의 의미로 사용되었음을
입증하고자 하였다. 우선 秦國에서 賦制가 시행된 시점을 분석하여
"倍其賦"가 시행될 당시인 孝公 14년에 아직 賦制가 시행되지 않은 사
실을 지적하였다. 즉, "不分異者에 대한 賦를 倍徵함으로써 분이정책을
강행하였다고 해석하려면 적어도 變法 당시 '賦'稅가 존재하였다는(늦
어도 孝公 12년까지는) 점과 분이정책이 商鞅 이후 강행된 증거를 제
시해야 한다."고 주장하였다. 그는 "효공 14년에 賦制가 처음 시행되었
지만, 이 제도가 이미 (효공) 3년의 變法에서 구상되었다고 볼 수도 있
으며, 따라서 '倍其賦'의 종래 해석도 가능할 수가 있다. 그러나 종래
의 해석은 필연적으로 분이정책을 긍정할 수밖에 없는 것이므로 分異
정책의 강행이 동시에 증명되지 않으면 안된다."[22]고 주장하였다. 이
것은 효공 3년 시기에 分異정책이 강력히 시행되었음이 입증되어야만
倍其賦를 賦稅로 해석할 수 있다는 논리이다.

이에 李成珪는 秦에서 分異가 강제적으로 시행되지 않았음을 입증
하려는 증거를 찾으려고 시도하였다. 分異가 강력히 시행되지 않은
증거로서, 雲夢秦簡에서 처자에 대한 가부장권을 폭넓게 보장하고 부
자·형제의 동거를 권장하는 법령이 확인되었다는 것이며, 이에 따라
商鞅變法 이후 핵가족 정책이 강행되었다는 종래 통설을 비판하고, 秦
이 결혼한 부자·형제의 동거를 권장하고 授田도 戶內의 노동력에 상
응하여 행하였다는 것이다. 그는 分異의 강행이 없었다고 파악하고,
종래 分異정책의 거의 유일한 근거가 되었던 商鞅變法의 "不分異者, 倍
其賦"를 "分異하지 않은 자는 토지의 賦稅를 倍徵한다"로 해석할 것이
아니라, 오히려 "分異하지 않은 호는 노동력에 상응하여 (필자: 수전

---

22) 李成珪, 위의 책, pp.79-81.

이) 시행되었다."고 해석하였다. 후술하는 바와 같이, 秦代 戶籍에서는 分異하지 않은 증거들이 보이기 때문에 이성규의 分異가 강제적으로 시행되지 않았다는 견해는 옳다고 생각된다.

그렇다고 해도 李成珪의 주장과 같이, "倍其賦"의 "賦"를 과연 賦田의 의미로 해석해도 되는 것일까 하는 문제가 오랫동안 논자들의 화제에 올랐지만 정작 전론으로 논증한 논고는 많지 않았다.

> 1) (孝公三年) 令民爲什伍, 而相牧司連坐. 不告姦者腰斬, 告姦者與斬敵首同
> 賞, 匿姦者與降敵同罰. 民有二男以上不分異者, 倍其賦.[23]
>
> 2) 十二年, 作爲咸陽, 築冀闕, 秦徙都之. 幷諸小鄕聚, 集爲大縣, 縣一令, 四
> 十一縣. 爲田開阡陌. 東地渡洛. 十四年, 初爲賦. 十九年, 天子致伯. 二十
> 年, 諸侯畢賀. 秦使公子少官率師會諸侯逢澤, 朝天子.[24]
>
> 3) 於是以鞅爲大良造. 將兵圍魏安邑, 降之. 居三年, 作築冀闕宮庭於咸陽,
> 秦自雍徙都之. 而令民父子兄弟同室內息者爲禁. 而集小(都)鄕邑聚爲縣, 置
> 令, 丞, 凡三十一縣. 爲田開阡陌 封疆, 而賦稅平. 平斗桶權衡丈尺. 行之四
> 年, 公子虔復犯約, 劓之. 居五年, 秦人富彊, 天子致胙於孝公, 諸侯畢賀.[25]
>
> 4) 昭襄王生十九年而立. 立四年, 初爲田開阡陌.[26]

李成珪가 문제로 삼는 것은 자료 2)의 秦孝公 14년에 가서야 初爲賦의 기사가 나오는 것이다. 따라서 1)의 자료처럼 賦 제도가 시행되기 이전인 孝公 3년에 戶賦를 징수할 수 있느냐는 것이다. 따라서 이것은 賦稅를 倍徵하는 것이 아니라, 전택의 지급을 의미한다는 것이라는 논리였다.

---

23) 『史記』 卷68 「商君列傳」, p.2230.
24) 『史記』 卷5 「秦本紀」, p.203.
25) 『史記』 卷68 「商君列傳」, p.2232.
26) 『史記』 卷6 「秦始皇本紀」, p.290.

　　그런데 『史記』의 紀年이 모두 정확한 것으로 보이지는 않는다. 예컨대 4)의 "昭襄王生十九年而立. 立四年, 初爲田開阡陌."이라고 한 것에서 "初爲田開阡陌"했다는 것은 3)의 開阡陌했다는 기사와 비교할 때 명백한 오류이다. 동일한 이유로서 2)의 "十四年, 初爲賦"의 紀年이 옳은지도 의문을 제기해봐야 할 것이다.

　　또한 倍其賦를 토지 지급으로 해석할 수 있는 사례를 검색해보면, 앞서 越智重明이 언급한 것처럼 賦를 授與의 의미로 해석할 수 있는 경우도 적지 않다.[27] 越智가 예로 들은 賦가 수여인 것은 분명하지만, 그것이 賦田으로 쓰였는지 확인할 필요가 있다.

　5) 魏文侯時, 西門豹爲鄴令, 有令名. 〔一師古曰:「有善政之稱.」〕至文侯曾孫襄王時, 與羣臣飮酒, 王爲羣臣祝曰:「今吾臣皆(如)西門豹之爲人臣也!」史起進曰:「魏氏之行田也以百畝, 〔二師古曰:「賦田之法, 一夫百畝也.」〕[28]

　6) 太史公曰: 余南登廬山, 觀禹疏九江, 遂至于會稽太湟, 上姑蘇, 望五湖; 東闚洛汭, 大邳, 迎河, 行淮, 泗, 濟, 漯洛渠; 西瞻蜀之岷山及離碓; 北自龍門至于朔方. 曰: 甚哉, 水之爲利害也! 余從負薪塞宣房, 悲瓠子之詩而作河渠書. 〔二〕【集解】徐廣曰:「溝洫志行田二百畝, 分賦田與一夫二百畝, 以田惡, 故更歲耕之.」[29]

　7) 大順城, 西谷砦有彊人弓手, 天禧, 慶曆間募置, 番戍爲巡徼斥候, 日給糧; 人賦田八十畝, 能自備馬者益賦四十畝; 遇防秋, 官給器甲, 下番隨軍訓練. 爲指揮六.[30]

　8) 於是更相追捕, 賊並解散. 徙其魁帥於它郡, 賦田受稟, 使安生業, 自是牛馬放牧, 邑門不閉.[31]

---

27) 越智重明, 위의 논문, p.17.
28) 『漢書』卷29 「溝洫志」, p.1677.
29) 『史記』卷29 「河渠書」, p.1415.
30) 『宋史』卷190 「兵志四／鄕兵一」, pp.4710-4711.
31) 『後漢書』卷1下 「光武帝本紀」, p.67.

이상 5)-8)은 賦田의 사례들인데, 토지 지급의 의미로 사용되었다. 따라서 "倍其賦"의 "賦"를 賦田으로 해석할 수 있는 가능성이 없는 것은 아니며, 그렇게 된다면 위의 것은 "倍其賦田"의 의미로 해석할 수 있다. 그러나 후대의 사료지만 토지를 배로 지급하는 사례는 모두 倍田으로 기술하고 있는데,[32] 1)의 자료에서 "倍其賦"가 토지제와 관련된 언급이라면 "賦田"의미로도 생각할 수 있다. 하지만 해당 문장의 맥락이 田宅과 관련된 것으로 보이지 않으므로 "倍其賦田"의 의미를 갖는 것으로는 생각되지 않는다. "倍其田"으로 쓰면 될 것을 굳이 "倍其賦"로 쓴 것은 賦에 賦田의 의미보다는 賦稅의 용례로 사용되는 경우가 훨씬 많았기 때문이다.

李成珪의 견해가 제출되고 난 후, 그다지 멀지 않은 시점에 崔昌大는 수전제설을 부정하는 논문을 발표했다. 그는 商鞅變法에서 無爵이지만 부유한 자의 존재, 入粟授爵者의 존재 등 빈부의 격차가 인정되는 사실에서 토지의 전반적인 收公(즉, 還收)과 授田은 도저히 생각할 수 없다고 주장하였다.[33] 그는 "군공수작의 경우를 제외하고 授田이 행해졌다는 증빙은 찾지 못했다. 따라서 商鞅의 1차 變法에서 토지제도가 국유제적 授田制라는 견해는 일단 부정되는 셈이다. 그렇다면 그것은 종족질서의 분해를 통하여 分出된 구귀족과 농민을 單家로 파악하여 작제질서에 편입시키고, 종족보유토지도 公權의 파악하에 작제질서에 비추어 單家의 家長 명의로 그 점유세습을 허가한 조치로 이해된다."고 하였다.[34] 최창대는 빈부격차가 출현하는 사실 및 授田

---

32) 『魏書』 卷110 「食貨志」, p.2853, "諸桑田不在還受之限, 但通入倍田分. 於分雖盈, 沒則還田, 不得以充露田之數. 不足者以露田充倍."; 같은 책, p.2854, "諸地狹之處, 有進丁受田而不樂遷者, 則以其家桑田爲正田分, 又不足不給倍田, 又不足家內人別減分. 無桑之鄉準此爲法. 樂遷者聽逐空荒, 不限異州他郡, 唯不聽避勞就逸. 其地足之處, 不得無故而移."

33) 崔昌大, 「秦 田律과 阡陌制」, p.118.

34) 같은 논문, p.118.

이 행해진 증거를 찾지 못했다는 점에서 수전제를 부정하고 점유세습을 허용한다는 입장이지만, 그 후 출토된 『二年律令』의 자료에 입각할 때, 그 수전규정의 실제 집행여부와 관계없이 授田制 자체의 존재를 부정한 것은 문제가 있다.

또한 崔昌大는 李成珪의 倍其賦 해석을 비판하여, "民에 2남 이상 있고, 分異하지 않는 자는 그 賦를 배로 한다.'의 賦를 賦與로 본다면 分異令이 아니고, 家에 分異하지 않은 妻子를 거느린 成年男子가 2인 이상일 경우 그 數, 즉 家當 노동능력에 따라 授田을 倍로 한다는 것은 計口授田令이 되는 것"이라고 지적하였다.[35] 崔昌大는 이 규정을 전통해석과 같이 分異令으로 보아야 한다고 지적하였다. 예컨대 『商君書』 墾令에 "墾令: 祿厚而稅多, 食口眾者, 敗農者也; 則以其食口之數, 賦而重使之, 則辟淫游惰之民無所於食. 無所於食則必農, 農則草必墾矣."라 하여 倍其賦의 원래 취지와 같은 내용이 포함되어 있음을 찾아낸 것은 탁견이라고 할 수 있다. 즉, 식구가 많으면 농업을 해치는 것이므로 그 식구수에 따라 賦를 부과하고 무겁게 사역한다면 놀고먹는 자들이 먹을 것이 없게 되어서 필연적으로 농사에 종사할 것이라는 내용이다. 그는 勞役의 重課를 통한 宗族貴族의 分解를 도모하고 있는 것과 일맥상통하는 내용으로 이해했다. "民有二男以上"의 男은 "官에서 爵後로 승인한 男(법률답문 182·442)과 같이 子를 뜻하고, 賦는 賦役을 의미하므로 결국 이 규정은 家長과 後子를 제외한 餘子를 分異시키지 않으면 役을 重課한다는 내용으로 된다. 따라서 이는 종족질서와 재산을 세분화시켜 單家를 창출하자는 조치이지 노동력에 상응한 倍田의 수여나 賦錢의 倍徵으로는 볼 수 없다."고 주장하였다.[36]

『二年律令』의 출토 이후에도 이성규는 倍其賦에 대한 자신의 주장에 대하여 여전히 확신을 가지고 있는 것 같다. 2006년에 그는 "나의

---

35) 李成珪, 위의 책, pp.87-88; 崔昌大, 위의 논문, p.117.
36) 崔昌大, 위의 논문, p.118.

해석을 지지하는 사람은 거의 없다. 그러나 윤재석도 商鞅의 가족정책이 부자·형제의 同居共財가 보장된 삼족제 가족형을 창출하려는 것이었다고 주장하였는데, 秦簡 日書에 보이는 가옥구조를 주요 근거로 제시한 것이 논거의 특색이다. 이에 비해 최덕경은 商鞅의 분이정책을 적극적으로 긍정하고 삼족제의 잔존을 인정하면서도 變法 이후의 대세를 5구 부부 중심의 소가족이었음을 논증하였는데, 윤재석이 삼족제 가족에 적합한 가옥구조(一堂二內)를 오히려 분가형 가족을 위한 것으로 이해한 것이 특색이다."라고 하면서 자신의 견해를 계속 견지하고 있다.[37]

후술하는 바와 같이 分異가 秦代에 강제적으로 시행되지 않았음은 秦代의 戶籍簡을 가지고 연구한 林炳德의 논고가 있어 참고할 만하다. 다만, 分異의 강제적 시행 여부와 관계없이 『二年律令』 戶律에서 토지분급이 戶主 1인으로 한정되어 있는 사실에서 볼 때, 倍其賦를 家內의 여러 명의 남자에게 지급하는 "賦田"의 의미로 이해하기 곤란하다. 또한 오준석이 戶賦의 액수를 분석하여 "倍其賦"가 세금과 관련이 있다고 주장한 것은 참조할 만하다.(후술)

林炳德도 倍其賦 문제와 관련하여 分異가 강제적으로 시행되지 않았음을 지적하고 있다. 里耶秦簡 5簡 K17과 9簡 K4는 戶人과 長子가 第1欄의 호적에 병렬되어 있다. 즉, 이것은 分異하지 않은 사례에 해당한다. 子 不更 昌과 子 不更 衍은 각각 독립된 戶를 형성하지 못한 것이 확실하므로 授田의 대상이 아닌 것도 확실하다. 그렇다면 商鞅變法의 "民有二男以上"에 해당하기 때문에 "不分異者, 倍其賦"의 원칙에 따라 立戶하여 "受田宅"한 경우와 마찬가지로 "賦"를 부담해야 한다. 이러한 불합리한 규정에 의해 재산상의 손실을 입지 않기 위해서는 혼인하

---

37) 李成珪, 「제2부 동양사 제2장 先秦·秦漢史 연구」(『한국의 학술연구: 인문·사회과학편』 제 7집(역사학), 대한민국학술원, 2006, pp.303-304.

여 分家하고 "受田宅"을 하는 도리밖에 없다. 여기에서 林炳德이 지적한 것은 賦의 부담을 지지 않고 立戶에 따른 "受田宅"이라는 인센티브를 받으려면 分家하는 것이 좋았을 것임을 지적한 것이다. 즉, 부담과 인센티브를 동시에 가한 것이 "不分異者, 倍其賦"의 특징이라는 것이다. 그럼에도 불구하고 현실적으로 혹은 일시적으로 立戶가 여의치 않은 同居의 戶도 존재하였음을 지적한 것이다.[38]

그런데 分異라고 하는 것은 원래부터 민간에 있던 풍속으로서 지나치게 "强制"라는 것에 방점을 찍어 강조할 필요는 없다. 예컨대, 『後漢書』「循吏列傳(許荊)」을 보면, 禮에 分異의 제도가 있고 家에는 별거의 풍속이 있다고 했다. 分異는 국가에 의해 강제된 것이 아니라, 성인이 되면 재산을 나누고 별거시키는 재산분할의 풍속이었던 것이다.[39] 分異는 부모형제간 공유하던 재산을 분할하는 것으로, 자식의 결혼 후 분가하려는 며느리의 심리가 작용한 것으로도 볼 수 있다.[40] 後漢의 李充의 경우에 보이는 分異는 부모와 자식을 이간시키는 것으로서 비판의 대상이 되기도 했다.[41] 潁川의 풍속은 爭訟分異를 좋아하

---

38) 林炳德,「里耶秦簡을 통해서 본 秦의 戶籍制度 -商鞅變法·同居·室·戶에 대한 再論-」(『東洋史學硏究』110, 2010), pp.47-53.

39) 『後漢書』卷76「循吏列傳／許荊」, p.2471, "許荊字少張, 會稽陽羨人也. 祖父武, 太守第五倫擧爲孝廉. 武以二弟晏·普未顯, 欲令成名, 乃請之曰:「禮有分異之義, 家有別居之道.」 於是共割財産以爲三分, 武自取肥田廣宅奴婢强者, 二弟所得並悉劣少. 鄕人皆稱弟克讓而鄙武貪婪, 晏等以此並得選擧. 武乃會宗親, 泣曰:「吾爲兄不肖, 盜聲竊位, 二弟年長, 未豫榮祿, 所以求得分財, 自取大譏, 今理産所增, 三倍於前, 悉以推二弟, 一無所留.」 於是郡中翕然, 遠近稱之. 位至長樂少府. [三]儀禮曰「父子一體也, 夫婦一體也, 昆弟一體也. 故父子手足也, 夫婦判合也, 昆弟四體也. 昆弟之義無分焉, 而有分者, 則避子之私也. 子不私其父, 則不成爲子. 故有東宮, 有西宮, 有南宮, 有北宮. 異居而同財, 有餘則歸之宗, 不足則資之宗」也."

40) 『後漢書』卷81「獨行列傳第七十一／繆肜」, pp.2685-2686, "繆肜字豫公, 汝南召陵人也. 少孤, 兄弟四人, 皆同財業. 及各娶妻, 諸婦遂求分異, 又數有鬪爭之言. 肜深懷憤歎, 乃掩戶自撾曰:「繆肜, 汝脩身謹行, 學聖人之法, 將以齊整風俗, 柰何不能正其家乎!」 弟及諸婦聞之, 悉叩頭謝罪, 遂更爲敦睦之行."

는 것으로 알려졌는데, 그것도 역시 긍정적 습속으로 기술되지는 않았다.[42] 分異가 칭송되는 경우는 형제들에게 재산을 나눠주고 자신은 받지 않은 경우에만 해당되었다.[43] 즉, 고대 중국에서는 결혼 후 형제 간에 재산을 분할하여 별거하는 습속이 分異였던 것이다. 商鞅變法에서 재산을 분할하지 않고 동거하는 경우는 세금을 배로 내게 하고, 또 별거하면 전택을 주는 유인책을 사용했던 것이다. 그러나 실제로 이러한 강제적 분이는 행해지지 않았던 것으로 보인다.

「嶽麓秦讞狀」案例 7의 「識劫婉案」은 秦王政 18년(B.C.229) 8월 丙戌일(21일)의 것인데, 여기에 보이는 分異의 사례는 강압적이지 않았다.[44] 이 사례에서는, 첫째, 沛가 사망하자, 아들 義가 沛를 계승하여 호주가 되었고, 작위계승자(爵後)가 되어 肆와 宅을 상속하였다는 사실이다. 이 사실은 후술할 것이지만, 秦代 後子에 대한 재산상속은 『二年律令』의 부친 재산이 자녀들에게로 상속되는 것과 동일한 형태였다. 결국 이러한 상속의 허용은 秦代에 전택 등이 상속 가능한 사유재산임을 말해주는 것이라고 할 수 있다.

둘째, 沛가 識에게 稻田 20畝를 나누어주고(分), 異居(異)하게 한 사실이 보인다. 종래에는 分異를 숙어로서 재산을 나누는 정도로 이해하였으나, 分과 異는 각각 재산을 분할하고, 별거하게 하는 별개의 개념이었다. 識은 어렸을 때부터 주인 沛를 위해 봉사했고, 주인을 위하

---

41) 『後漢書』 卷81 「獨行列傳(李充)」, p.2684, "李充字大遜, 陳留人也. 家貧, 兄弟六人同食遞衣. 妻竊謂充曰:「今貧居如此, 難以久安, 妾有私財, 願思分異.」 充僞酬之曰:「如欲別居, 當醞酒具會, 請呼鄉里內外, 共議其事.」 婦從充置酒讌客. 充於坐中前跪白母曰:「此婦無狀, 而教充離間母兄, 罪合遣斥.」 便呵叱其婦, 逐令出門, 婦銜涕而去. 坐中驚肅, 因遂罷散. 充後遭母喪, 行服墓次, 人有盜其墓樹者, 充手自殺之. 服闋, 立精舍講授."

42) 『漢書』 卷28下 「地理志(韓地)」, p.1654, "潁川好爭訟分異, 黃、韓化以篤厚."

43) 『漢書』 卷82 「王商傳」, p.3369, "父薨, 商嗣爲侯, 推財以分異母諸弟, 身無所受, 居喪哀慽. 於是大臣薦商可以厲羣臣, 義足以厚風俗, 宜備近臣."

44) 朱漢民·陳松長 主編, 『嶽麓書院藏秦簡(参)』(上海: 上海辭書出版社, 2013), pp.263-266.

여 "從軍"한 이유에서 稻田 20畝를 분할하여 異居하게 했던 것으로 추정된다. 이 경우에서 보면 秦代의 分異는 적어도 국가에 의해 강제되는 조치로 생각되지 않는다. 沛가 識의 배우자를 구하여 分異시키려한 것에는 商鞅변법의 강압적 모습이 보이지 않는다.

林炳德은 分家하고 "受田宅"이라는 인센티브를 받으려면 分家하는 것이 좋았을 것임을 지적했지만, 실상 「嶽麓奏讞狀」 안례 7의 沛와 識의 사례에서 본다면, 이 시기에는 전혀 國家로부터 "受田宅"이라는 인센티브가 보이지 않는다. 단지 주인 沛가 준 稻田 20畝가 전부였다. 결국 分異는 민간에서 자발적으로 행해졌던 습속으로 後漢시대의 分異와 큰 차이가 없는 것이었다.[45] 秦代의 호적에 1家내에 "二男以上"이 존재하는 상황이 비일비재했다면, 分異는 어쩌면 반드시 행해야 하는 일방적 조치가 아니었을 가능성도 있다. 그러나 오준석의 리야진간에 보이는 戶賦 징수 관련 해석에서 페널티가 아예 없었던 것이 아님을 확인할 수 있다.[46] 오준석은 "倍其賦"의 의미를 새롭게 발굴하였다.

오준석은 倍其賦의 조치가 소가족을 창출하려고 하는 가족제도 개혁령이라고 이해한 전통적인 견해는 戶를 단위로 징수되었던 秦 당시의 賦稅를 인두세로 이해한 『史記正義』의 "民有二男不別爲活者, 一人出兩課"라는 잘못된 이해 때문에 비롯되었다고 보았다. 즉 "(戶稅인) 賦稅戶賦를 배로 징수한다."는 "倍其賦"를 "一人出兩課"라고 잘못 해석했기 때문에 "倍其賦"가 일종의 "罰賦"징수로 이해되었다고 주장한다. 따라서 "倍其賦"의 賦가 "戶"를 단위로 징수된 戶賦라면, 이 문장은 "백성 중 한 가정에 두 명 이상의 성인 남자가 동거하며 分異하지 않을 경우

45) 任仲爀, 「戰國秦에서 漢初까지의 토지제도 綜觀」(『中國古中世史研究』35, 2015), pp.40-41.
46) 이하의 내용은 中國古中世史學會 제191회 정례발표회 발표집 오준석, 「秦代 縣廷의 조세수입 연구」, pp.42-44를 요약한 것이다. 오준석, 「里耶秦簡을 통해 본 秦代 縣廷의 租稅징수」(『東洋史学研究』140, 2017), pp.305-331.

(戶를 단위로 징수하는) 賦稅를 배로 징수한다."라고 해석해야 한다는 것이다. 이렇게 해석할 경우 이 문장은 대가족을 소가족으로 전환하기 위한 강제적 가족 分異 정책이 아니라 두 명 이상의 성인 남성이 한 가정 안에 살면서도 한 가정 분의 戶賦만을 내고 있던 가정과 성인 남성이 한 명밖에 없던 부부 위주의 소가족 사이에 조세 형평성을 맞추기 위해 실시한 정책이 되고, "賦稅가 공평해졌다"는 것은 그러한 반증이라는 것이다.

또한 오준석이 『里耶秦簡(壹)』의 戶賦 징수 관련 문서에서 商鞅의 "倍其賦" 정책이 실제로 시행되고 있었음을 규명한 점은 매우 주목할 만하다. 오준석은 "戶芻錢六十四. 卅五年. □..."(里耶秦簡 8-1165簡)[47]을 遷陵縣 少內가 납세자에게 발급한 券書의 일부로 간주하고, 이러한 券書는 戶賦의 징수단위인 각 戶별로 발급되었기 때문에 "戶芻錢六十四"는 1戶분의 "戶芻錢"으로 보고 있다. 『二年律令』田律과 嶽麓秦簡 金布律을 통해 알 수 있듯이 10월에 납부하는 1戶분의 "戶芻錢"은 16전이며, 5월과 10월에 납부하는 戶賦를 합산해 화폐로 환산하면 1戶분의 "戶賦錢"은 32전이 된다.[48] 즉, 위의 1戶분의 "戶芻錢" 액수 64전은 단혼 소가족 戶가 부담해야 하는 戶賦의 4배 혹은 2배가 되는 것이다. 따라서 戶芻錢六十四전의 戶賦를 납부한 戶는 단혼 소가족이 아니라 戶內에 성인 남성이 2명 혹은 4명이 있어 商鞅변법에 보이는 "倍其賦"의 대상이 되었던 것으로 이해할 수 있다는 주장이다. 이러한 신 자료의 발굴은 이제까지 "倍其賦"의 의미를 구체적인 숫자로 증명할 수 있다는 점에서 주목된다.

---

47) 陳偉 編, 『里耶秦簡牘校釋(第1卷)』(武漢: 武漢大學出版社, 2012), p.286.
48) 『張家山漢墓竹簡』(釋文修訂本, 2006), p.43, "卿以下, 五月戶出賦十六錢, 十月戶出芻一石, 足其縣用, 餘以入頃芻律入錢."(『二年律令』田律); 『嶽麓書院藏秦簡(肆)』 118-120簡, p.107, "●金布律曰 : 出戶賦者, 自泰庶長以下, 十月戶出芻一石十五斤; 五月戶出十六錢, 其欲出布者, 許之(255)."(嶽麓秦簡 金布律).

한편 이영미는 秦簡에 보이는 授田체제 하에서의 토지가 개인의 소유라고 이해하였다. 그는 民이 경작하던 토지에 民田·名田宅·有田이라 표시한 것은 토지에 대한 民의 소유를 의미한 것이며, 군공에 따른 전택 사여 시에도 그 소유에 한계를 두지 않았으며, 특히 "益"이란 표현은 토지소유 多少에 상관없이 田地를 사여한 것으로 이해하였다. 이러한 이해는 결국 商鞅變法의 토지제도가 사유토지제도이며 곧 그것은 대토지소유를 가능하게 하는 것으로 본 것이다. 또한 군공에 따른 受爵의 경우 토지의 授與를 행하면서 본인의 有故시나 有罪시에는 後子에게 수여된 점에서 군공에 따라 수여된 田地는 세습되었다. 商鞅의 토지정책으로 인해 民田은 田地에 대한 制限과 還田의 규제에서 벗어나 토지의 세습이 보장된 각 家를 단위로 民의 토지에 대한 소유가 보장되었다. 授田이란 국유제에 입각한 授田이 아니라 실제로는 일반 민의 사유토지를 의미하고, 경지에 대한 국가의 일정한 권리의 존재를 표현한 것에 불과한 것으로 국가의 명목상 혹은 관념상 소유를 의미한다고 주장하였다.[49]

위의 授田制 유무와는 관점을 달리하여, 金漢奎는 杜正勝·木村正雄·李成珪 등이 사용하고 있는 編戶齊民의 용어를 재조명하였다. 이에 따르면 편호제민은 漢武帝 시대를 전후하여 출현한 대토지소유의 모순을 반영하는 역사적 개념인데, 이 개념을 가지고 춘추말 전국시대를 설명하였다는 것이다. 즉, 후대의 역사적 개념을 빌어다가 前代의 상황을 설명할 수 없다고 비판하였다.[50] 주목되는 논고는 尹在碩의 것인데, 包山楚簡을 자료로 하여 토지 사유제를 검토한 글이다. 授田制를 시행했다고 하는 秦과는 달리, 다른 六國의 하나인 楚國에서는 토

---

49) 李永美, 「商鞅의 土地政策 연구 -開阡陌을 중심으로-」(『이화여대 석사학위논문』, 1991), pp.50-54.
50) 金漢奎, 「古代中國의 "編戶齊民" 槪念과 齊民論」(『부산여대사학』 11, 1993), pp.419-434.

지 사유제가 존재했음을 밝히고 있는데,[51] 이 결론은 自實田의 시행과 관련하여 참조할 수 있는 중요한 결론이라고 할 수 있다.

『二年律令』의 석문이 발표되기 이전까지는 자료의 부족으로 진한시기 授田制의 시행에 대해 확실한 결론을 내리기 어려웠다. 하지만 2001년 『張家山漢墓竹簡』이 발표되면서 『二年律令』에 1등급에서 20등급까지의 작위에 따른 전택 지급규정 및 그 밖의 상속·매매 등 토지 관련 규정들의 존재로 토지 관련의 연구는 급물살을 타게 되었다. 『二年律令』 戶律 310-312簡에는 전택을 戶主의 작급에 따라 지급하는 내용이 기록되어 있다.[52] 여기에 분명히 보이듯이, 分異하지 않은 戶, 즉 同居하는 戶의 성인남자들에게 倍로 田을 지급하는 규정은 없다. 이것은 倍其賦에 대한 李成珪의 과거 추정에 문제가 있음을 말해준다. 또한 崔昌大의 "授田이 행해졌다는 증빙은 찾지 못했다."는 주장 역시 오류였음이 판명되었다. 그러나 이 문제는 이처럼 간단하게 설명할 수 있는 성질의 것은 아니며, 이하에서 밝힐 것처럼 『二年律令』에 授田의 규정이 있더라도 그 내용은 秦漢의 실제상황과 비교하여 검토될 필요가 있다.

III. 免老와 還收

토지를 지급받은 자가 그 자격을 상실했을 때, 국가로의 토지 환수는 授田制를 유지함에 있어 재지급 토지를 확보하는 수단이기 때문

---

51) 尹在碩, 「『包山楚簡』에 반영된 戰國期 楚國의 土地所有形態」(『大邱史學』 54, 1997).

52) 『張家山漢墓竹簡(2006)』, p.52, "關內侯九十五頃, 大庶長九十頃, 駟車庶長八十八頃, 大上造八十六頃, 少上造八十四頃, 右更八十二頃, 中更八十(310)頃, 左更七十八頃, 右庶長七十六頃, 左庶長七十四頃, 五大夫卄五頃, 公乘卄頃, 公大夫九頃, 官大夫七頃, 大夫五頃, 不(311)更四頃, 簪褭三頃, 上造二頃, 公士一頃半頃, 公卒·士五·庶人各一頃, 司寇·隱官各五十畝.(312)"

에 중요한 문제였다. 그래서 李成珪는 아래의 조문을 그러한 환수의 근거로 인용하였다.

> 匿敖童, 及占癃不審, 典, 老贖耐, ●百姓不當老, 至老時不用請, 敢爲酢(詐)
> 僞者, 貲二甲; 典, 老弗告, 貲各一甲; 伍人, 戶一盾, 皆遷(遷)之. ●傅律.[53]

李成珪는 다음과 같이 말하고 있다. "老男으로 분류될 수 있어도 그 것을 고의적으로 본인이 숨긴다는 점이다. 이것은 老男으로 분류되면 의무면제의 특권이 부여되지만, 동시에 丁男家長으로서 가졌던 某種 의 권리상실을 상정하지 않는다면 도저히 납득하기 어려운 문제이다. 따라서 이 모종의 권리란 국가가 授田으로 보장한 토지의 用益·耕作權 이외에는 달리 지적할 만한 것이 없다. 秦이 노동력을 상실(또는 감퇴 한)한 老男으로부터 授田地를 일단 회수한 것으로 생각하지 않을 수 없는 것이다. 물론 그가 公的인 後子를 가졌다면 비록 의무가 면제되 어도 동시에 受田地도 회수되기 때문에 老男이 된 것을 숨기지 않을 수 없었던 것으로 생각된다. 이와 같이 秦의 民田이 일반적으로 後子 에게 상속이 보장되었으나, 일정한 조건 하에서 還收될 수 있는 것이 라면, 用益自體以上 私的인 권리로 발전하여 財産權으로 인식되지 못 하였을 것이다."[54]

또한 李成珪는 「封診式·封守」에 "토지가 목록에 빠져있는 것이 주목 되며, 이것을 단순한 착오라고 보기에는 다른 항목의 기재가 너무나 구체적이고 상세하다. … 그 토지가 그의 재산목록에 기입되지 않은 것은 그것이 그의 재산으로 인식되지 않았기 때문이라고 해석할 수 밖에 없으며, 이것은 당시 授田·還收制度下에서 民田이 자유롭게 처분 될 수 있는 경제적 객체로서 확립되지 못한 성격을 반영한 것이라 하

---

53) 睡虎地秦墓竹簡整理小組, 『睡虎地秦墓竹簡』(北京: 文物出版社, 1978), p.143.
54) 李成珪, 『中國古代帝國成立史硏究』, p.99.

겠다. 이러한 조건이라면 民田의 私的 매매 여부는 더 논할 필요조차
없을 것이다. 따라서 商鞅이 토지의 사적 매매를 허용하였다는 董仲舒
의 주장이나, 이를 근거로 土地 私有制의 公式承認을 商鞅과 결부시켜
논하는 주장은 전혀 의미가 없는 것이다."라고 주장하였다.[55] 즉, 토
지가 국유이므로 매매는 존재하지 않았다는 것이다. 그러나 앞에서
언급한 「嶽麓奏讞狀」 案例 7 「識劫婉案」에서 토지의 매매 사실을 확인
할 수 있었기에 그의 주장은 매매와 관련된 출토 자료가 나오기 이전
에나 가능했던 추정이다.

　　과연 "匿敖童"의 조문을 李成珪의 방식으로 해석할 수 있을까? 우선
"百姓不當老"와 "至老時不用請"이 서로 연계시킬 수 있는 내용인지 검
토해봐야 하고, 다른 하나는 이것을 토지와 연계시키는 것이 합리적
인 해석인지를 검토해봐야 한다. 우선 첫 번째 문제에서 "百姓不當老"
와 "至老時不用請"이 서로 연계되는 것은 부자연스럽다. 전자에서 "백
성이 老(老男)가 될 수 없는데"와 "老男시에 請을 하지 않고"가 서로 연
계되는 것은 뭔가 부자연스럽다. 이것은 공통의 주어를 가진 각각 다
른 항목이 축약된 형태로 생각된다. 때문에 양자는 각각 주어가 되고,
"敢爲酢(詐)僞者"가 술어로 될 수 있는 해석도 생각해봐야 한다. 즉, 백
성이 老가 될 수 없는데도 감히 詐僞행위를 하는 경우, 老男에 이르렀
을 때 請의 행위를 하지 않고 詐僞행위를 하는 경우로 해석할 수도 있
다. 후자의 경우, 老男에 이르렀을 때 요청하지 않는 것에 의해 발생
할 수 있는 이득이 무엇인지는 알 수 없으나 이를 토지의 환수와 연

---

55) 『睡虎地秦墓竹簡』, p.249, "封守 鄕某爰書: 以某縣丞某書, 封有鞫者某里士五(伍)
　　甲家室, 妻、子、臣妾、衣器、畜産. ●甲室, 人: 一宇二內, 各有戶, 內室皆瓦蓋,
　　木大具, 門桑十木. ●妻曰某, 亡, 不會封. ●子大女子某, 未有夫. ●子小男子某,
　　高六尺五寸. ●臣某, 妾小女子某. ●牡犬一. ●幾訊典某某、甲伍公士某某: 「甲
　　黨(倘)有【它】當封守而某等脫弗占書, 且有罪.」某等皆言曰: 「甲封具此, 毋(無)它
　　當封者.」即以甲封付某等, 與里人更守之, 侍(待)令."; 李成珪, 『中國古代帝國成
　　立史硏究』, p.100.

결시키는 것은 "論理飛躍"이라고 하지 않을 수 없다. 의미가 분명하지 않을 때는 남겨놓을 필요도 있는 것이다. "請"은 秦漢의 행정적 용어로서 문서 행정상 필요가 있는 것은 반드시 문서로 남기도록 한 것과 관련시켜볼 때,[56] 이 내용은 老男에 도달했을 때 정식 공문서로 요청하지 않는 詐僞행위를 행했다는 정도로 추정해볼 수도 있다.

林炳德도 "이 免老규정은 傅律에 나오는 것으로 어디까지나 요역과 병역의 의무와 관련된 것으로 보아야 하고 전지의 환수규정과는 전혀 관련이 없는 조항이라고 밖에 볼 수 없다."고 하였다. 『睡虎地秦墓竹簡』의 토지가 환수된다고 하는 추론은 『二年律令』에서 사망했을 때가 되어서야 상속하고, 남으면 환수되는 내용과 비교하면 올바른 추론은 아닌 것 같다. 즉, 林炳德은 "설령 이 규정이 환수규정이라고 해도 앞서 살펴보았듯이 사망 전 유언을 남겨 국가에 의해 수전된 전택은 호주의 명의로 名田된 이후 자손에게 전할 수 있는 권리가 있었다. 그렇다면 이 免老조항이 환수와 관련된 것이라는 설을 받아들여도 그나마도 자식이나 노비가 없는 경우에만 해당되는 극히 제한된 경우의 사례에 해당된다."고 보았다.[57] 사망한 호주의 전택을 국가가 회수하지 않고, 심지어 노비에게까지 계승할 수 있도록 하고 있는데, 免老에 도달했다고 하여 환수해야할 이유가 있었을까? 무엇보다 매매가 가능한데, 免老에 도달해서 환수조치를 받았을 특별한 이유가 있었을까?[58]

또한 「封診式·封守」에 토지의 항목이 없는 것을 국유의 증거로 삼을 수 있을까? 「封診式·封守」에 근거하여 국유제를 주장하는 논자들은 적지 않았다.[59] 반면에 『二年律令』 收律의 몰수 항목에는 田宅이 존재

---

56) 같은 책, p.105, "有事請殹(也), 必以書, 毋口請, 毋𡎡(羈)請. 內史雜"

57) 『張家山漢墓竹簡(2006)』, p.61, "死毋後而有奴婢者, 免奴婢以爲庶人, 以庶人律□之其主田宅及餘財.(382)"

58) 林炳德, 「出土文獻에 보이는 秦漢시기의 土地制度」(『中國史研究』 75, 2011), pp. 17-18.

59) 張金光, 「試論秦自商鞅變法後的土地制度」(『中國史研究』 1983-2), p.36; 施偉靑,

하여 『睡虎地秦墓竹簡』의 「封診式·封守」와 어긋난다.

[표 2] 飯尾秀幸의 몰수 항목 비교

	치압목록	田 치압 규정	결론
睡虎地秦簡 封診式 封守	家室·妻·子·臣妾·衣器·畜産	×	국유재산
二年律令 收律	妻·子·財·田宅	○	국유재산

[표 2]에서 보듯이, 「封守」에 田이 제외되어 있는 것은 기왕의 논자들의 주장과 같이 國家 재산이므로 몰수 항목에서 빠진 때문일 수도 있다. 몰수의 항목에 포함되어 있다면 오히려 개인의 소유물로 간주될 수 있다. 반면에 『이년율령』에서는 田宅이 동시에 몰수 항목에 들어있어서 「封診式·封守」와 다르다. 사유물에 해당하는 財와 함께 몰수하였다면, 이 田宅은 개인의 사유물로 간주할 수도 있는 것이다. 이러한 논리라면 秦代의 國有制에서 漢代의 私有制로 이행했다고 해석될 수도 있지만 아래의 [표 3]을 보면 그 추정도 불가하다.[60]

[표 3] 秦漢의 行田(授田)

	授田
睡虎地秦簡 秦律	受田
秦始皇31年	自實田
龍崗秦簡	行田
二年律令	行田

위의 [표 3]과 같이 行田(授田)은 自實田이 시행되기 이전인 戰國秦

『中國古代史論叢』(長沙: 嶽麓書社, 2004), p.113; 李冬梅, 『秦漢簡牘所見財産法研究』(『東北師範大學』, 2005), p.9; 飯尾秀幸, 「中國古代土地所有問題に寄せて―張家山漢簡『二年律令』における田宅地規定をめぐつて」(『張家山漢簡『二年律令』の研究』(東京: 東洋文庫, 2014), p.40.
60) 任仲爀, 「秦始皇 31年의 自實田」(『中國古中世史研究』 26, 2011), p.37.

에도, 그리고 이후인『二年律令』의 시점에도 모두 존재하기 때문에 秦과 漢은 일관되게 국가 授田制를 견지해왔음을 알 수 있다.[61] 그럼에도 秦代의「封診式·封守」에는 田 몰수가 없고,『二年律令』收律에는 田宅을 몰수하고 있는 모순을 보이는 것이다.

필자는「封守」에 田이 언급되지 않은 이유가 문서로서의 완결성에 문제가 있기 때문이라고 파악한 바 있다.[62] 李恒全도「封守」의 압류 목록에 耕牛·農具·양식·취사도구·침구·가구 등이 없는데, 국유일리 없는 이 품목들이 포함되지 않은 것은 문제가 있다고 주장했다.[63] 둘째,「封守」에는 大女子임에도 불구하고 封의 대상으로 되어 있는 사실인데,『二年律令』에는 17세 이상의 大女는 몰수에서 제외되고 있기 때문이다.[64] 이러한 두 가지 사항으로 볼 때,「封守」가 토지국유제를 증명할 수 있는 자료로서는 미흡하다고 생각한다. 그리고 최근 석문이 발표된『嶽麓書院藏秦簡(肆)』에 宅만이 아니라 田도 몰수되고 있는 사실을 보면,「封守」의 내용에서 토지 국유제를 도출하는 이해 방식에 문제가 있었음을 알 수 있다.

> ●田律曰: 有辠, 田宇已入縣官, 若已行, 以賞予人而有勿(物)故, 復(覆)治, 田宇不當入縣官, 復界之其故田宇.(114)

> ●田律: 죄가 있어 田宇가 이미 縣官에 몰수되어 있는데, 만약에 이미 行田하였거나, 賞으로써 사람에게 주었으나 物故(事故)가 있다면 새로이 이 사안을 심사하며, 田宇가 縣官에 몰수되는 것이 부당하다면 재차 원래의 田宇를 돌려준다.[65]

---

61) 같은 논문, p.37.
62) 같은 논문, p.45.
63) 李恒全,「論戰國土地私有制—對20世紀80年代以來戰國授田制觀點的質疑」, p.134.
64) 『張家山漢墓竹簡(2006)』, p.32, "罪人完城旦、鬼薪以上, 及坐奸府者, 皆收其妻、子、財、田宅. 其子有妻、夫, 若爲戶, 有爵, 及年十七以上, 若爲人妻而棄、寡者, 174(C263) 皆勿收. 坐奸、略妻及傷其妻以收, 毋收其妻. 175(C262)"

여기에는 국가가 有罪者의 田宅를 回收하고 반환하는 내용이 포함되어 있었다. 田宅는 田宅을 의미하는 것이므로, 秦律에서는 죄수의 田과 宅 두 항목을 몰수하였던 것이다. 결국 秦 田律의 내용이 『二年律令』 收律에 그대로 승계되었음을 말해주는 것이다. 그리고 田宅의 몰수 여부로 田의 사유권 유무를 판단하는 것은 옳지 않다. 사실 국유 수전제 체제라면 국가의 소유이기 때문에, 또한 사유제 체제라고 해도 죄수의 田宅를 몰수한들 문제될 것은 없으므로 田宅의 몰수를 가지고 국유 수전제의 시행 여부를 논하기는 어렵다.

한편 林炳德은 免老還收說을 부정할 뿐만 아니라, 『二年律令』 333-336簡의 규정에 의거할 때 환수는 아예 존재하지 않았다고 주장하였다. 즉, 그는 "秦의 수전규정에는 還田규정이 보이지 않는다. 『二年律令』에도 還田규정이 보이지 않는다. 『二年律令』에 규정된 상속, 매매와 양도의 존재와 전택의 환수의 규정은 양립할 수 없다. 수전제가 존재하였는데, 만약 토지매매가 존재하였다면 이러한 수전은 "授"는 있으나 "還"은 없는 것, 즉 장기점유로 (인해) 사유토지로 변한다. 수전제를 주장하는 논자들은 이러한 이유로 토지매매의 사실을 부정한다. 그러나 『二年律令』에는 분명히 전택의 매매를 허용하고 있는 규정이 나오고 있다."라고 주장하였다.[66] 이 주장은 매매를 허락하고 있는데 환수 규정이 있을 리 없다는 것이다.

『二年律令』 등의 자료가 출토된 현재의 상황에서 『睡虎地秦墓竹簡』의 자료에 근거하여 주장된 免老還收說은 그 입지가 사라졌다. 그렇다

---

65) 陳松長 主編, 『嶽麓書院藏秦簡(肆)』(上海: 上海辭書出版社, 2015), p.105.

66) 林炳德, 「秦·漢의 土地所有制」(『中國史研究』 67, 2010), p.20; 『張家山漢墓竹簡 (2006)』, p.54, "臧(藏)府已, 輒復緘閉封臧(臟), 不從律者罰金各四兩. 其或爲詐僞, 有增減也, 而弗能得, 贖耐. 官恒先計讎, 333(C147)□籍□不相(?)復者, 殼(繫)劾論 之. 民欲先令相分田宅, 奴婢, 財物, 鄕部嗇夫身聽其令, 皆參辨券書之, 輒上334 (C156) 如戶籍, 有爭者, 以券書從事; 毋券書, 勿聽. 所分田宅, 不爲戶, 得有之, 至八月書戶. 留難先令, 弗爲券書, 335(C182)罰金一兩. 336(F26)"

고 하여 國家授田制의 형태를 취하고 있는데 還收가 없었을까? 朱紹侯를 위시하여 일부 연구자는 還收에 대한 명확한 규정이 보이지 않는다는 점에 의거하여 한번 지급되면 환수 없이 세습된 것이라는 견해를 제기하고 있지만,[67] 朴健柱와 任仲爀은 『二年律令』에 명시적으로 "露出"되어 있는 환수규정이 없더라도, 실제로는 상속하는 과정에서 남는 부분을 국가로 환수하는 제도가 존재한다고 주장하였다.[68] 朴健柱는 "연속 반복되는 授田이 還收 없이 어떻게 가능하였을까 하는 문제를 해명하지 못한다. … 부친의 사후 국가에 반환되면서 곧바로 그 田地가 後子와 餘子에게 하향된 작급에 따라 차등 승계 내지 재분급되는 규정이 명시되어 있는 까닭에 還收를 명문화 할 필요가 없었을 가능성도 있다."고 주장하였다.[69]

작위와 전택의 승계규정을 분석 정리한 于振波의 연구에 의하면, 徹侯와 關內侯의 최고위작을 제외하고는 그 後子와 여타의 子(餘子)는 모두 몇 등급 아래로 결정되기 때문에 그에 따라 전택의 소유액도 감해져서 상당부분이 관부에 환수된다. … 부친의 전택을 남김없이 모두 계승하는 일은 거의 없다. 상당부분이 국가에 다시 귀속되는 것이다.[70] 任仲爀도 그 환수되는 메커니즘의 규정이 [표 4] 田의 상속과 환수에 보이는 것처럼 장시간의 경험이 축적된 것임을 자세하게 논증하였다.[71] 다만 상속하고 남은 것을 국가에 반납하기 전에 매각해버리면, 환수가 불가하기 때문에 그 환수메커니즘은 유명무실해지는 결정적 결함을 가지고 있다.

---

67) 朱紹侯, 「論漢代的名田(受田)制及其破壞」, p.35.
68) 아래의 [표 4] 田의 상속과 환수 참조.
69) 朴健柱, 위의 논문, p.229.
70) 같은 논문, p.232.
71) 任仲爀, 「漢初의 田宅 制度와 그 시행」(『中國古中世史研究』 27, 2012), pp.204-212.

[표 4] 田의 상속과 환수

작위		田(頃)	宅	後子	2·3子	상속 후 남은 토지(畝)		
						3남	2남	1남
20	徹侯		105	徹侯	徹侯			
19	關內侯	95	95	關內侯	不更	-8	-4	0
18	大庶長	90	90	公乘	不更	62	66	70
17	駟車庶長	88	88	公乘	不更	60	64	68
16	大上造	86	86	公乘	不更	58	62	66
15	少上造	84	84	公乘	不更	56	60	64
14	右更	82	82	公乘	不更	54	58	62
13	中更	80	80	公乘	不更	52	56	60
12	左更	78	78	公乘	不更	50	54	58
11	右庶長	76	76	公乘	不更	48	52	56
10	左庶長	74	74	公乘	不更	46	50	54
9	五大夫	25	25	公大夫	簪裊	10	13	16
8	公乘	20	20	官大夫	上造	9	11	13
7	公大夫	9	9	大夫	上造	0	2	4
6	官大夫	7	7	不更	公士	0	1.5	3
5	大夫	5	5	簪裊	公士	-1	0.5	2
4	不更	4	4	上造	公卒	0	1	2
3	簪裊	3	3	公士	公卒	-0.5	0.5	1.5
2	上造	2	2	公卒	公卒	-1	0	1
1	公士	1.5	1.5	士伍	士伍	-1.5	-0.5	0.5
+0	公卒	1	1	士伍	士伍	-2	-1	0
0	士伍	1	1	士伍	士伍	-2	-1	0
-0	庶人	1	1	士伍	士伍	-2	-1	0

한편 金珍佑는 전토의 "還收"에 관해 『二年律令』과 天聖令의 조문을 비교하였다. 『二年律令』에는 還收 기준이 분명히 나오지 않지만, 天聖令 田令 舊23조에는 "授田者의 사망(以身死)"이 환수의 기준으로 분명히 제시되고 있다. 『二年律令』과 天聖令의 두 조문에서 전토의 還收는

수전자의 사망을 기준으로 이루어진다는 것을 알 수 있고, 戶內 노동력의 유무에 따라 전토는 우선적으로 戶內에서 재분배가 이루어지는 방식이었다.[72]

Ⅳ. 私有土地: 相續과 賣買, 自實田

漢代에 토지 사유제가 시행되었다는 주장은 이미 漢代人의 입으로부터 나왔다. 前漢의 董仲舒가 "商鞅 이래로 民이 (토지를) 賣買할 수 있었다."고 한 것, 後漢의 鄭玄이 "漢代에는 授田制가 없다."고 한 것은 후대 학자들의 "漢代 土地 私有制說"에 큰 영향을 미치게 되었다.[73] 『二年律令』 출토 이전에는 전국시대의 토지제도에 대해 국유제설 또는 사유제설의 어느 입장에 서있든지 간에 모두 漢代에 사유제가 시행되었다고 주장하였다.[74] 즉, 秦始皇 31년의 自實田 이후 토지사유제가 실시되었다는 것이 『二年律令』 발표 이전까지의 정설이었다.[75] 그러나 이러한 관점은 『二年律令』에 [표 4]와 같은 授田 규정이 확인되면서 크게 수정되어야만 했다.

『二年律令』 출토 이후에는 수많은 논고들이 商鞅變法 이래의 授田制가 漢代까지 계속 시행되었다는 관점을 피력하기 시작하였다.[76] 일견

---

72) 金珍佑, 「古代 中國의 國家 授田 관련 법 규정 再檢討」(『中國古中世史硏究』 34, 2014), pp.106-108.

73) 『十三經注疏·周禮注疏·地官·載師』(北京: 中華書局, 1979), p.726下, "賈公彦疏引: 漢無授田之法, 富者貴美且多, 貧者賤薄且少."

74) 楊振紅, 『出土簡牘與秦漢社會』(桂林: 廣西師範大, 2009), p.155.

75) 郭沫若 主編, 위의 책, p.121.

76) 대표적으로 아래의 논고를 들 수 있다. 張金光, 「普遍授田制的終結與私有地權的形成 —張家山漢簡與秦簡比較硏究之一」(『歷史硏究』 2007-5), pp.49-56; 臧知非, 「西漢授田制度與田稅征收方式新論——對張家山漢簡的初步硏究」(『江海学刊』 2003-3), pp.143-151.

『二年律令』의 授田 규정에 입각한 漢代 수전제설은 큰 무리가 없어 보인다. 그런데 『二年律令』에 授田 규정만이 아니라, 토지의 매매·양도·상속의 규정도 동시에 포함되어 있기 때문에 과연 授田制가 제대로 시행되었을까 하는 의문을 자아내게 하고 있다. 즉, 漢代의 토지제도는 授田制 + 私有制의 형태로 시행되고 있다. 그렇다면 戰國秦의 토지제도는 완벽한 授田制이고 매매는 일체 허용하지 않은 것일까? 이 문제가 秦과 漢의 토지제도를 연계시켜 고찰할 때 풀리지 않았던 마지막 퍼즐이었다. 이 문제는 秦代의 토지소유형태와 漢代의 토지소유형태, 그리고 그 중간에 개재되어 있는 自實田의 성격이 무엇이었는지를 확인해야만 풀릴 성질의 것이었다. 우선 매매와 상속의 문제부터 고찰하기로 한다.

1. 상속과 매매

授田制 연구에서 논란이 되는 또 다른 문제는 상속 및 매매 여부일 것이다. 林炳德은 『二年律令』의 田宅賣買의 규정이 나오는 점에 주목하여 국가수전제가 아니라 매매가 허용되는 사유제 체제라고 주장하고 있다. 즉, ① "受田宅, 予人若賣宅, 不得更受"는 田宅을 지급받았는데 다른 사람에게 주었거나 택지를 팔았다면, 다시 支給받을 수 없다는 것이고, ② "代戶·貿賣田宅, 鄕部·田嗇夫·吏留弗爲定籍, 盈一日, 罰金各二兩."은 田宅의 賣買시에 반드시 定籍을 작성해야 했다는 사실을 보여준다. … 秦 土地 國有制說을 주장하는 논자들의 논거는 일찍이 授田制와 田地의 賣買는 양립할 수 없다는 것이었는데, 授田의 실시 사실을 명백히 보여주는 『二年律令』에서 田宅賣買의 許容規定이 나왔다. 이는 곧 국유제설의 授田制와 田地 賣買는 양립할 수 없다는 전제 자체가 성립하기 어렵게 되었다는 것을 의미한다고 주장하였다.

林炳德은 토지매매가 허용되는 것에 입각하여, 수전체제에서 모든 편호제민이 평등할 수 없다는 주장을 펴고 있다. 특히 土伍 신분의 동일한 계층 내에서도 경제적 불평등이 내재하고 있었다. 里耶秦簡에는 貲贖錢에 대한 기록이 J1(9)1~J1(9)12호간에 걸쳐 나오고 있는데, 많은 土伍가 家貧하여 빚을 갚지 못하고 있음을 기록하고 있다. 이러한 경제적 불평등에 근거하여 土伍는 동일계급을 형성하지 못했다는 견해를 주장하였다. 陳涉이 어릴 적에 傭耕을 한 사례, 『睡虎地秦墓竹簡』에서 노예를 소유하고 우마를 소유한 사오의 사례, 『里耶秦簡』에서 "家貧不能入"할 정도로 몰락한 사오의 사례 등은 결론적으로 진시황 31년 이전에 토지사유제와 토지겸병이 존재하였고 그에 따라 빈부 격차가 존재하였음을 증명한다고 주장하였다. 다만 林炳德의 입장은 사유제설을 취하고 있는데, [표 4]의 授田규정이 과연 어떠한 의미를 지니는지에 대해서도 언급이 있어야 할 것으로 보인다.

한편 朴健柱는 『二年律令』에 규정된 토지제도가 국유전과 사유전의 성격 모두를 가지고 있다는 입장을 취하였다. 즉, 환수제에 의한 명전제 운영이라는 면에서 보면 사유제라기보다는 국유제이겠지만, 또 곧바로 子들의 하향된 작급에 따라 다시 분여되는 까닭에 결국 일부가 세습이 되는 셈이어서 사유제의 면도 있다는 입장이다.[77] 또한 朴健柱는 漢代의 토지는 매매가 가능하다는 입장이다. 商鞅變法에 의해 토지매매가 허용됨으로써 빈부격차가 심해졌다는 동중서의 언급, 이년율령의 전택을 지급받고 이를 남에게 주거나 팔면은 다시 받을 수 없다는 규정, 戶의 계승과 전택 매각시 鄕部・田嗇夫・吏가 그 처리를 하지 아니하고 定籍을 작성하지 아니한 시간이 1일을 넘기면 벌금 각 2량을 부과한다는 규정 등을 들어서 한초에 전택의 매매가 행해지고 관부가 그 상황을 여러 籍에 등재하고 있는 상황을 언급하였다.[78] 이것은 국가 수전과 사유토지가 동시에 행해졌다는 입장이다.

---

77) 朴健柱, 위의 논문, p.230.

78) 같은 논문, p.227.

다만, 朴健柱는 授田과 私田의 두 가지 계통에 대해 언급하고 있다. 그는 賈麗英의 연구를 들어서, 漢代의 토지소유 계통에는 국가로부터 授田된 전택 계통 외에 개인이 매입·증여·계승에 의해 얻게 된 私田 계통의 두 계통이 있다고 보았다. 이를테면 국가로부터 200무의 농지를 지급받은 사람이 열심히 농사를 지어 300무의 농지를 마련하고, 만년이 되어 국가에 200무를 반납하는 것이 가능하다. 그렇게 되면 100무는 自家의 사유지가 된다는 입장이다.[79]

秦에서도 전택의 매매가 이루어졌을 가능성이 있음을 보여주는 자료는 『嶽麓書院藏秦簡(参)』「奏讞狀」의 案例 4와 7에서 확인된다. 秦王政 22년의 사안인 案例 4 「芮盜賣公列地案」에는 첫째, 公卒 芮가 국가의 公有地를 대상으로 사기행각을 벌여 불법으로 매각했다는 사실이 확인된다. 구입자인 士伍 朵와 方은 이 肆와 건물이 적법하게 국가로부터 불하받은 芮의 사유물로 생각하고 매입했는데, 만약 이 경우 사기가 아니었다면 국유지 및 민간의 토지 매매도 자유로웠다는 사실을 말해준다.

둘째, 불법 매각된 공유지의 면적은 435平方尺이며, 地價는 1천전이었고, 건물 가격은 269錢으로 결정되었다. 이 사실은 민간의 토지 및 건물 가격이 형성되어 있을 뿐만 아니라, 地上權(건물)과 토지권을 분리하여 가격을 산정할 정도로 부동산 매매에 대한 인식 수준이 발달했다는 것을 알 수 있다. 재판과정에서 토지의 가격을 매각자인 芮와 매수자인 朵 사이에서 산정하였는지, 아니면 縣吏가 산정하였는지 묻고 있는 것은 토지매매의 가격이 매도자와 매수자 사이에서 흥정을 통해 결정되고 있음을 말해준다.[80] 이러한 내용을 담고 있는 案例 4로부터 진시황 31년의 自實田 이전에도 토지의 사유 및 자유로운 매매

---

79) 같은 논문, p.231.
80) 『嶽麓書院藏秦簡(参)』, p.257, "問: 芮買(賣), 與朵別賈(價)地, 且(063)吏自別直? 別直以論狀何如, 勿庸報. 鞫審, 讞.(064)"

가 가능했다는 사실을 확인할 수 있었다.

또 「奏讞狀」 案例 7의 「識劫娩案」에서도 自實田 조치 이전에 사유 토지가 존재한다는 사실이 확인된다. 案例 7은 識이라는 인물이 大女子 娩을 협박한 사안인데, 秦王政 18년(B.C.229) 8월 丙戌일(21일)에 발생한 것이다. 첫째, 부친인 沛가 사망하자, 아들 義가 계승하여 호주 및 작위계승자(爵後)가 되어 肆와 宅을 상속하였다. 戰國秦에서 田宅이 爵後에게 상속되고 있는 사실은 『二年律令』에서 부친의 재산이 자녀들에게로 상속되는 것과 동일하다. 결국 이러한 상속의 허용은 秦代에 전택 등이 상속 가능한 사유재산임을 말해주는 것이라고 할 수 있다. 둘째, 田宅의 사유·매매·양도의 문제와 관련, 沛가 識에게 5천전 값어치의 室을 구입해준 것은 沛가 제 3자로부터 매입한 것인데, 『二年律令』에 규정된 買宅의 허용이 秦代에 이미 존재했음을 말해준다. 또한 稻田 20畝를 識에게 나누어 준 사실은 『二年律令』에 보이는 田 "讓渡" 사례를 秦代까지 소급할 수 있는 증거인데, 이것은 稻田이 沛의 "私有地"였기에 노비에게 양도가 가능했던 것이다. 특히 案例 4와 7에서 秦의 自實田 이전에 토지의 매매와 상속 등이 가능한 여러 사례들을 확인할 수 있었던 것은 최근 중국 고고학계의 큰 성과이다.

2. 自實田

앞에서 秦과 漢에는 모두 授田制가 행해지고 동시에 매매와 상속이 가능했음을 살펴보았다. 즉, 사유토지의 성격도 함께 가지고 있었던 것이다. 그러면 종래의 설에서 국유토지제로부터 사유토지제로 넘어가게 하는 중요한 고리라고 여겨지던 自實田을, 秦·漢의 토지제도가 국유제+사유제의 내용이 확인된 현재의 상태에서는 어떻게 이해해야 할까?

自實田의 문제에 대해, 李成珪는 "民이 실제 점유하고 있는 토지를 스스로 官에 신고시킨 조치로 사실상 수전제도의 공식적인 포기였으며, 授田制度下에서 경작하던 토지를 경작자에게 永久所有시킨 것이며, 이후 제민지배체제가 붕괴되고 계층분화와 대지주·대호상의 성장과 그들의 소농에 대한 사적 지배를 용인하는 체제로 이행되었다."고 주장하였다.[81] 이 견해는 국내에서 自實田의 성격을 규정한 최초의 논의로서, 秦의 授田체제에서 漢의 사유토지체제로 이행하는 결정적 조치로 이해하였다. 그 후 이년율령의 석문이 발표되고 나서, 그는 2006년에 이년율령에서 신분에 따른 서민까지의 등차적인 수전제가 수전의 규모·순서·계승·환수 등 구체적인 운영방법이 한초까지 원칙상 유지되었음이 입증되었다고 하면서, 수전체제의 포기를 秦 統一 이후(秦始皇 31년 "自實田")로 추정했던 자설을 수정하지만, 그럼에도 戰國 秦·漢初 수전제 유무에 관한 논란은 일소되었다고 언급했다.[82] 즉, 自實田에 대한 기존의 이해를 수정하고, 한초까지도 수전제가 지속되었다고 해석하였다.

그러나 "수전체제의 포기를 진 통일 이후(진시황 31년 "自實田")로 추정했던 자설을 수정"했다는 것이 무엇을 의미하는지 알 수 없다. 2006년에 自實田을 "수전체제의 포기"라고 했던 구설을 수정하고, 漢初까지 계속 수전체제가 시행되었다고 주장했다면, 궁극적으로 秦의 수전체제에서 漢의 수전체제 사이에서 自實田이 어떤 역할을 했는지에 대한 해답은 없던 상태로 되어버린다. 또한 香港中文大學文物館所藏簡牘에 보이는 "奴婢廩食簿의 '苑'과 '田'이 민영이었다. … 비록 시대는 좀 앞서지만 대규모 苑田을 경영한 대지주를 기원전 1세기 전반에 상정하는 것도 결코 무리는 아니다."라고 주장하여 기원전 1세기(前漢 昭帝 元鳳 2년, B.C.79)에 대지주경영이 존재했다고 추정하였다.[83] 授田

---

81) 李成珪, 위의 책, p.296.
82) 李成珪, 「한국의 학술연구」, p.288.
83) 李成珪, 「前漢의 大土地 經營과 奴婢 勞動 −香港中文大學文物館所藏簡牘奴婢

制가 漢初까지 지속되었다고 주장한다면, 『二年律令』에 규정된 授田制로부터 奴婢廩食簿에서 확인되는 200명 이상의 노비를 활용하여 경작하는 대토지 경영으로 이행되는 과정에 대한 설명이 필요해 보인다.[84] 양자는 시간적으로 100년 정도의 간격을 두는데, 그 중간에 漢代 수전 체제가 붕괴되고 대토지 소유 현상이 출현하는 이유에 대한 해명이 필요하다.

自實田의 의미에 대해, 朴健柱는 秦의 통일전쟁이 멈추고 5년이 흐른 시점에서 군공이 중지되어 군공을 통해 토지를 소유할 수 있는 기회를 갖기 어렵게 된 無爵者의 문제가 중요한 현안으로 부상했고 이를 해결하기 위한 것으로 파악했다.[85] 즉, 自實田의 의미는 實自田이고, 自田(이년율령의 自田戶田과 연관시킴) 즉 "私田을 實한다" 또는 "私田으로 實한다"는 의미로 해석될 수 있다고 보았다. 無爵의 서민을 보호 육성하기 위한 방안이 국가가 지급해준 田地를 그들의 私田으로 인정해주는 것으로 이해하였다.[86] 그는 高敏의 "토지점유자가 전택의 수량을 관부에 보고함으로써 명실상부한 명전, 즉 自實者의 사유토지가 된 것이다."라는 견해를 인용하여, 授田된 토지를 無爵의 서민이 永業할 수 있게 한 것으로 이해하였다. 이러한 주장은 기존의 설과 큰 차이가 있는 것은 아니다.

任仲爀은 戰國秦·漢의 토지제도의 변화 과정을 "적어도" 형식에 입각해 말한다면, ① 戰國秦(授田制) - ② 秦末 自實田 - ③ 龍崗秦簡(授田制) - ④ 嶽麓秦簡 - ⑤ 漢初 二年律令(授田制)으로 이어졌고, 5개의 마디 가운데 ①③⑤에서 授田制가 확인된다고 보았다. 그러므로 ②의 自實田이 "형식"을 가지고 말할 때 사유제로 나아가는 조치였다고 보는 것은

廩食粟出入簿의 分析을 中心으로-」(『中國古中世史研究』 20, 2008), p.19.

84) 같은 논문, p.23

85) 朴健柱, 위의 논문, p.237.

86) 같은 논문, pp.240-242.

문제가 있다고 보았다. 그러나 문제는 이렇게 간단하지 않다. 그 이유는 『二年律令』의 授田制가 그 내부에 매매와 상속이라는 私有의 성격을 포함하고 있기 때문이다.[87]

　"외관상 授田制임이 확실"한 『이년율령』 자료의 근거 위에서 秦의 토지제도는 다음과 같은 두 가지 경로 가운데 하나를 거쳤을 것으로 추정할 수 있다. 첫째, 매매·상속을 불허하던 秦代의 國有 授田制가 自實田의 실시를 통하여 『二年律令』의 수전제 + 사유제의 형태로 변모했을 가능성이다. 둘째, 秦代의 국유 수전체제는 원래부터 매매·상속을 허용하고 있었던 것이고, 自實田에 의하여 『二年律令』의 체제(수전제 + 사유제)로 바뀐 것이 아니었을 가능성이다. 앞에서 언급했듯이 自實田 이전에도 授田 + 賣買가 허용되었음을 언급했기에 두 개의 추정 가운데 두 번째가 옳다고 생각된다.

　그런 점에서 任仲爀은 『宋史』에 보이는 秦의 自實田 기록에서 실마리를 찾고, 南宋人들이 그 의미를 정확히 파악하고 있었다고 보았다. 宋代의 高斯得은 自實田의 기원이 秦始皇 31년의 自實田에 있다고 하였다. 宋代에 시행되었던 自實田은 官府의 집행능력이 부족하여 토지를 실측하기 어려울 때 民에게 그 토지의 소유현황을 신고하도록 한 것이고, 그렇게 파악한 토지소유 실태 위에서 과세를 시도하려던 것이다.[88] 마찬가지로 秦도 통일 후 5년 만에 전국적인 토지 장량 사업이 불가능했음을 인식하고, 또한 점령지역의 저항과 원주민의 삶을 파괴하는 강제적 토지환수의 불가성을 고려하여 自實田의 조치를 통해 소유현황을 신고하게 한 것이다. 龍崗秦簡에서 확인되듯이 秦末까지 지속된 秦 고유의 授田制의 틀을 깨지는 않았을 것이라는 가정을 한다면, 진제국의 수전체제에서도 소유권을 인정하는 부분이 있어야만 모순 없이 진행될 수 있었다.[89]

---

87) 任仲爀, 「秦始皇 31年의 自實田」, p.6.
88) 같은 논문, p.22.

自實田 이전에도 秦國에서 매매·상속이 허용된 것은 기타 6국의 토지제도와 상이하지 않았기에 우주선이 도킹하듯이 무리 없이 통일제국 하에서 결합할 수 있었다고 생각된다. 이러한 任仲爀의 결론은 전국시대에 秦國 이외의 국가에서도 私田이 있었던 것을 검증한 윤재석의 견해에서도 방증을 얻을 수 있다. 윤재석의 견해는 통일 이후, 전국시대에도 사유제적 토지의 존재를 입증함으로써 그것이 自實田의 조치 때 어떻게 秦國의 토지제도와 무리 없이 결합하는지를 보여줬다.[90] 包山楚簡 151-152簡에는 楚國에서 토지의 매매와 가족 성원간의 상속이 이루어지고,[91] 토지의 抵當과 假田을 둘러싼 소송이 진행되고 있었다.[92] 漢代 이래 성행한 假作의 형태를 包山楚簡 140-140反簡의 "남의 전토를 假作하지 않았으며"라는 구절에서 확인할 수 있다.[93] 이처럼 包山楚簡 중에 명기된 전국기 楚國에서 전토의 매매나 저당, 그리고 타인 토지의 탈취나 점탈 등의 현상이 성행하였던 점으로 보아 楚國의 토지제를 국가수전제로 상정하기 곤란하며, 토지의 원소유주와 이를 빌어 경작한 假作者 사이에서 벌어진 분쟁, 곧 還田을 요구하는 지주가 이를 이행하지 않은 假作者에 대하여 소송을 제기한 것은 楚國에서 토지사유제가 확립되어 있었음을 전제한 것이다.[94] 이러한 윤재석의 견해는 진 통일 이전에 전국 각국이 사유제적 토지제도를 시행하고 있으며, 이것에 의해 自實田의 사유화 조치에 의해서 각국의 토지제도를 융합하는 데 큰 모순 없이 진행될 수 있었다.

이상의 분석에서 自實田의 조치 이전에도 秦에서는 田宅이 사유되고 매매와 양도·상속이 가능함을 일 수 있었나. 『睡虎地秦墓竹簡』 田律

---

89) 같은 논문, pp.32-33.
90) 尹在碩, 「『包山楚簡』에 반영된 戰國期 楚國의 土地 所有形態」.
91) 같은 논문, p.13.
92) 같은 논문, p.20.
93) 같은 논문, p.21.
94) 같은 논문, p.26.

의 "受田之數", 魏戶律의 "勿鼠(予)田宅" 등에 입각하여 戰國秦에 국유제만이 시행되었다는 주장은 설득력을 상실하였다고 보아도 무방하다. 즉, 국가 수전체제를 취하고 있더라도 사유토지의 존재를 인정해야 하는 것이다. 漢初의 『二年律令』에도 계속하여 授田制의 형식을 취하고 있고,[95] 동시에 전택의 매매와 상속을 허락하고 있는 것으로 보아서 授田制와 私有制의 병존 형태는 秦漢 사이에 큰 변화 없이 승계되었던 것이다. 自實田의 조치를 통해 民이 소유하고 있던 토지를 신고시킨 것은 전국시대의 사유제를 통일 이후에도 승계한다는 의미였다.[96] 결국 진한시대의 토지제도를 授田制만으로는 설명할 수 없다. 漢初의 토지제도가 수전제 하에서도 전택의 매매·양도를 허용하는 복합적인 형태라는 것, 그리고 수전제와 사유제의 병존은 秦漢 사이에 큰 변화 없이 꾸준히 유지된 것이다. 김정열의 주장처럼 이제 적어도 순수한 의미의 수전제 일원론은 폐기되어야 할 때가 된 것 같다.[97]

任仲爀은 사유토지의 시점을 商鞅 시기까지 소급할 수 있다고 추정하였다. 『史記』「商君列傳」에 "尊卑爵秩의 等級을 명확히 규정하고, 각각 그 등급에 따라서 田宅을 등록하고(名田宅), 노비수량과 의복 등은 각 家의 爵祿 등급에 따라 결정한다."라고 한 것의 "名田宅"은 국가가 작위의 등급에 따라 "지급한 전택을 소유자의 이름으로 등록하는 것"인데, 이는 『二年律令』에 2차례 등장하는 "名田宅"과 동일한 것이다.[98]

---

95) 『張家山漢墓竹簡(2006)』, p.52, "未受田宅者, 鄕部以其爲戶先後次次編之, 久爲右. 久等, 以爵先後. 有籍縣官田宅, 上其廷, 令輒以次行之.(318) 受田宅, 予人若賣宅, 不得更受.(321)"

96) 任仲爀, 「戰國秦에서 漢初까지의 토지제도 綜觀」, pp.272-277.

97) 김정열, 「회고와 전망(중국 고대) 2014-2015년 한국학계의 중국고대사 연구」(『歷史學報』 231, 2016), p.145.

98) 『史記』 卷68 「商君列傳」, p.2230, "明尊卑爵秩等級, 各以差次名田宅, 臣妾衣服以家次.";『張家山漢墓竹簡(2006)』, p.53, "諸不爲戶有田宅附令人名, 及爲人名田宅者, 皆令以卒戍邊二歲, 沒入田宅縣官. 爲人名田宅, 能先告, 除其(323)罪, 有畀之所名田宅, 它如律令.(324)"; 平中苓次, 『中國古代田制稅法』(京都: 東洋史硏究會,

『二年律令』에 보이는 授田制 하에서 名田宅의 매매·양도라는 二重的 특징이 商鞅 시기까지 소급될 가능성이 있음을 시사한다. 그렇게 된다면 董仲舒가 토지매매를 商鞅에까지 소급한 것도 충분히 근거가 있었음을 알 수 있다.[99]

마지막으로 『二年律令』에 작급에 따른 토지 지급 규정이 현실적으로 어떠한 의미를 가지는지를 언급해야 할 것이다. 이에 대해서는 실제 지급액이 아니라는 견해가 많다. 名田宅 규정이 "授"의 측면보다는 "限"에 더 무게가 실려 있다거나,[100] 于振波는 그 규정이 실린 『二年律令』의 출토 지점이 江陵鳳凰山10號漢墓의 鄭里廩簿의 출토지점과 지리적으로 가까운 것에 주목하여 『二年律令』의 규정은 實授가 아니라 제한 한도로 보아야 한다고 주장하였다.[101] 朴健柱는 이러한 해석만으로는 董仲舒가 限田을 건의한 이유를 알기 어렵다고 지적하였다. 즉, 이들이 말하는 상한액 규정이 이미 있었다면 董仲舒는 왜 限田策을 건의한 것일까? 수전액 규정의 상한선으로서의 기능이 오래전에 이미 상실되었기 때문이라는 것이다.(후술)[102]

林炳德도 "문제·경제 시기가 한초와 그리 먼 시기가 아니라는 점을 감안하면, 명전제도 균전제처럼 그 법률의 표준은 하나의 한도액이고 실제로 처음부터 그 액수만큼 지급된 것이 아니고 또 마땅히 규정된 액수를 획득할 수 있도록 보증된 것도 아닌 것 같다. 또한 경작능력을 고려하면 경작이 불가능한 면적"이라고 하여 실제로 지급된 것이

1967), pp.77-79. 平中에 따르면 名田은 "토지를 자신의 명의로 귀속시킨다." 는 의미이다.

99) 『漢書』 卷24上 「食貨志」, p.1137, "至秦則不然, 用商鞅之法, 改帝王之制, 除井田, 民得賣買, 富者田連仟伯, 貧者亡立錐之地."

100) 楊振紅, 위의 책, p.142.

101) 于振波, 「張家山漢簡中的名田制及其在漢代的實施情況」(『中國史研究』 2004-1); "簡帛研究網站"(http://www.jianbo.org/) (2005.12.22).)

102) 朴健柱, 위의 논문, p.234.

아니라고 주장하였다.[103]

실제로 100畝는 이 당시의 경작능력으로 볼 때 부담스러운 면적이
었음이 확실하다. 그렇지만 『이년율령』의 규정이 명문화되어 있는 것
은 처음부터 이 규정대로 지급하라는 강제성을 어느 정도 내포하고
있다고 생각된다.[104] 商鞅 시기에는 이것을 목표로 시행되었겠지만,
漢初에 오면 현실과 맞지 않는 形骸化된 법조문으로 되었을 것이다.
惠帝 즉위에서 呂后 2년에 이르는 10년 동안에 무려 4차의 戶一級의 賜
爵이 행해지고 있어 이미 그 작위 승급에 따른 授田이 漢高祖말 이후
사실상 행해지지 않았다고 할 수 있다.[105] 朴健柱는 진말한초의 전란
기를 거치면서 이미 授田과 還收는 폐기되었고, 漢왕조는 이를 다시
복원하는 것이 긴요하지 않았기 때문으로 보았다.[106]

그렇다면 呂后 2년의 『이년율령』에 이 규정이 남아 있는 것을 어떻
게 해명해야 할까? 朴健柱는 賈麗英의 견해가 이 문제에 해답을 준다
고 언급하였다.[107] 賈麗英이 인용한 楊鴻烈의 글이 시사적이다. "중국
법전에 기록된 법률이 당시에 모두 시행된 현행법은 아니다. 이것은
중국 역대법전의 독특한 현상이다. … 때로는 어떤 율문이 이미 폐지
되어 법전 성립후에 효력을 발생하지 않더라도, 법전을 편찬할 때 참
고로 남기기도 하고, 祖宗의 법전이라 함부로 刪削하기 어려워 그 律
을 보류하기도 한다."는 것이다.[108] 즉, 이미 유명무실해진 조항도 高
祖의 율령이므로 남아 있게 된다는 사실을 고려해야 한다. 그런데 그

103) 林炳德, 「出土文獻에 보이는 秦漢시기의 土地制度」, pp.19-27.
104) 『張家山漢墓竹簡(2006)』, p.52, "其已前爲戶而毋田宅, 田宅不盈, 得以盈, 宅不
比, 不得. 313(C151)"; 같은 책, p.52, "未受田宅者, 鄕部以其爲戶先後次次編之,
久爲右. 久等, 以爵先後. 有籍縣官田宅, 上其廷, 令輒以次行之. 318(F87A)"
105) 賈麗英, 「漢代"名田宅制"與"田宅逾制"論說」(『史學月刊』 2007-1), p.35.
106) 朴健柱, 위의 논문, p.245.
107) 朴健柱, 위의 논문, p.246; 賈麗英, 위의 논문, p.36.
108) 楊鴻烈, 『中國法律發達史』(上海: 商務印書館, 1930), pp.3-4.

시점은 언제부터일까? 그 시점에 대해 朴健柱는 秦代부터 이미 상한액수 부분이 실효성을 잃게 되었다고 주장한다. 즉, 秦代에도 명전의 상한액 부분은 점차 실효성을 잃게 되었을 것이다. 그래서 授田額이면서 동시에 限額의 의미를 갖는다. 漢武帝시대의 대토지소유가 보다 격심해진 가운데 제시된 것이 동중서의 限田策이라고 생각한다.[109]

V. 秦漢 토지제도의 성격

秦漢의 授田制의 성격을 이해하기 위해서는 균전제와 비교해보는 것도 유용하리라 생각한다. 그러한 점에서 장기적 관점에서 『二年律令』의 授田制와 『天聖令』 田令의 규정을 비교하여 양자의 시대적 차이를 분석한 시각도 있다.[110] 金珍佑는 시기별로 토지제도도 변모해 가고 있지만, 1보×240보 1畝의 作畝法은 商鞅變法 이래 『天聖令』 田令까지 지속되고 있다고 보았다. 또 100畝 = 1頃의 전토를 신분과 등급에 따라 차등적으로 전토를 지급하는 방식은 『二年律令』에서 『天聖令』 田令의 舊令까지 그 틀이 그대로 유지되었다고 결론을 내렸다.

『二年律令』 戶律에 戶人의 사망 후 그 후계자가 우선적으로 전토를 상속할 수 있다는 조항이 있는데, 이는 『天聖令』 田令 舊6조의 영업전은 자손에게 상속할 수 있다는 조항과 대응한다. 따라서 秦漢 이래 授田 전토의 일부는 상속이 가능했다는 기본 원칙이 지속된 것이다.

『二年律令』 戶律에서는 田宅의 매매가 일정한 조건을 갖추면 어느 정도 가능했다고 볼 수 있다. 天聖令 田令에서는 상속은 가능하지만 매매는 원칙적으로 할 수 없는 상황에서 제한적으로 매매가 허용되

---

109) 朴健柱, 위의 논문, p.235.
110) 金珍佑, 「古代 中國의 國家 授田 관련 법 규정 再檢討 -張家山漢簡 二年律令과 天聖令 田令의 비교를 중심으로-」.

었다. 빈궁하여 장례를 치를 수 없는 경우, 유형·이향 등 강제적인 이주의 경우는 영업전을 매각할 수 있었다.[111] 일정한 조건을 갖추어 전토매매가 가능하더라도, 본래 제도의 규정된 면적 이상의 전토를 살 수 없으며(不得過本制), 일단 전토를 팔게 되면 다시 청구할 수 없다는 것도 이년율령의 내용과 동일하다.[112] 그리고 전토의 매매는 반드시 官司에 문서로 신고하여 연말에 등기해야만 한다는 내용도 일치한다고 할 수 있다.

결론적으로 金珍佑도 秦漢으로부터 『天聖令』까지 중국의 토지제도는 국유토지와 사유토지의 성격을 모두 具有하였다고 보고 있다. 『二年律令』 戶律과 『天聖令』 田令의 규정에서 부분적인 상속과 제한적인 매매 허용은 전토의 私的 所有를 국가가 제도적·법률적으로 완벽하게 보장했다고 간주하기 어려운 부분이다. 반면에 律令으로 私的所有의 기본 조건인 상속과 매매를 제한적이나마 허용한 부분은 토지제도가 엄격한 國有制에 기반했다고 확언하기도 어려운 문제이다.

위에서 金珍佑가 언급했듯이, 『天聖令』 田令 규정을 보면 매매를 허용하는 규정이 보이기도 하지만, 公田과 구분되는 私田 역시 존재한다.[113] 진한시대에도 名田(私田) 이외에 公田이 존재하였던 점은 동일하다. 문제는 公田을 제외한 私田이 존재하는 것을 국가의 토지제도

---

111) 天一閣博物館·中國社會科學院歷史研究所, 『天一閣藏明鈔本天聖令交證』(北京: 中華書局, 2006), p.257, "[唐17] 諸庶人有身死家貧無以供葬者, 聽賣永業田. 即流移者亦如之. 樂遷就寬鄉者, 竝聽賣口分田. 賣充住宅·邸店·碾磑者, 雖非樂遷, 亦聽私賣."

112) 같은 책, p.257, "[唐18] 諸買地者, 不得過本制, 雖居狹鄉, 亦聽依寬制。其賣者不得更請. 凡賣買皆須經所部官司申牒, 年終彼此除附. 若無文牒輒賣買, 財沒不追, 地還本主." 또한 仁井田陸, 『唐令拾遺補』(東京: 東京大學出版會, 1997), p.1329에도 唐 玄宗 시기의 동일한 令이 있다.

113) 같은 책, p.258, "[唐30] 諸公私[田]荒廢三年以上, 有能借佃者, 經官司申牒借之, 雖隔越亦聽. 易田於易限之內, 不在備(倍)限. 私田三年還主, 公田九年還官. 其私田雖廢三年, 主欲自佃, 先盡其主."

상에서 어떻게 이해하느냐 하는 것이다. 이 私田이 국가가 농민에게 급전하고 환수하는 국유제인지, 아니면 환수 불가능한 사유제의 성격을 가지고 있었는지의 문제를 보려고 하는 것이었다. 주지하다시피 균전제는 시행여부는 차치하고라도 규정상으로는 "토지 국유제"에 입각하여 국가권력이 토지의 지급과 환수를 규정한 제도이다. 마찬가지로 『二年律令』에 보이는 名田도 노출되어 있지는 않지만, 그 환수가 규정되어 있음은 위에서 설명한 바 있다. 그렇다면 그것이 국유토지제도임은 부정할 수 없는 것이지만, 실제로는 매매와 상속을 허용함으로써 국가로의 환수가 불가하게 되었고, 마침내는 토지가 상품으로서 매매되었던 것이다. 최초에는 국유제를 표방하더라도, 시간이 흘러 토지에 대한 국가의 장악력이 약해지면서 사유제로 이행되었던 것이다. 그럼에도 『이년율령』과 『천성령』 등에는 과거의 규정이 그대로 남아 있다.

이같은 견해에 대하여 이 논문을 심사한 어떤 평자는 "큰 틀에서 보면 본고에서 논쟁이 되고 있는 종래 연구 중 필자들의 의견은 상반된다기보다 서로 강조점이 다를 뿐 진한시대 수전제가 시행되었던 당시 사회와 토지제도에 대한 이해는 크게 다르지 않아 보인다. 다만, 각자의 이해를 토지 국유제와 사유제라는 경직된 이분법적 틀에 고정시킬 경우 서로 상반되는 주장을 하고 있는 것처럼 보이게 된다." 라고 지적하였다.

그러나 필자가 언급한 바 있듯이,[114] 秦始皇의 「琅邪臺刻石」에서 천하의 토지는 모두 황제의 토지라고 한 것,[115] 천하는 한고조의 천하라고 한 것[116] 등은 『詩經』에 나오는 王土思想의 반영이었다.[117] 그렇

---

114) 任仲爀, 「戰國秦에서 漢初까지의 토지제도 綜觀」, pp.44-46.
115) 『史記』 卷6 「秦始皇本紀」, p.245, "六合之內, 皇帝之土."
116) 『漢書』 卷52 「竇嬰傳」, p.2375, "天下者, 高祖天下, 父子相傳, 漢之約也, 上何以得傳梁王."

지만 王土思想과는 달리 현실적으로 漢武帝의 上林苑 확장에 수용된 토지의 대가를 농민에게 보상한 일화는 토지의 소유권이 民에 있었음을 보여준다. 漢武帝는 太中大夫 吾丘壽王 등에게 阿城 남쪽, 盩厔(주질) 동쪽, 宜春 서쪽에 포함된 농토의 면적·가격을 조사시키고 그곳에 上林苑을 확장하려고 하였다. 武帝는 이 조치로 토지를 수용당한 鄠縣·杜縣의 농민에 대하여 中尉·左右内史 屬縣의 황무지로써 보상하도록 명령하였다. 東方朔은 "豐·鎬 사이의 토지는 기름진 땅이며, 가격은 畝당 1金입니다. 이곳에 苑을 만들려는 것은 陂池水澤之利를 단절시켜서 위로는 國家의 씀씀이를 부족하게 만들고, 아래로는 백성의 農桑之業을 빼앗는 것"이라고 반대하였다. 武帝는 東方朔의 의견을 듣지 않고, 드디어 吾丘壽王이 말한 바대로 上林苑을 건설했다.[118]

上林苑 건설이 황제가 百姓의 民田을 강제로 빼앗은 것이라는 주장도 있으나, 대체지로 보상하고 있으므로 백성의 사유지를 함부로 수용할 수 없음을 보여준다. 또한 豐·鎬 사이의 농토 가격이 1畝 當 1金이라는 가격이 형성된 것은 농토가 매매 상품이 되었음을 말해주는 것이다. 上林苑의 사안에서 볼 때, 관념상 천하의 토지를 소유한 황제조차도 토지에 대한 백성의 사유권을 인정하고 있는 것이다.[119] 그러한 점에서 『詩經』의 "溥天之下, 莫非王土"의 詩句가 周王의 전국적인 정치지배권을 "왕의 토지가 넓고, 왕의 신하가 많다."라고 과장되게 표현한 것이라는 주장과도 같은 맥락이라고 할 수 있다.[120] 백성의 토

---

117) 『十三經注疏·毛詩正義·小雅·北山』, p.463, "溥天之下, 莫非王土, 率土之濱, 莫非王臣."

118) 『漢書』 卷65 「東方朔傳」, pp.2847-2849, "於是上以爲道遠勞苦, 又爲百姓所患, 乃使太中大夫吾丘壽王與待詔能用算者二人, 舉籍阿城以南, 盩厔以東, 宜春以西, 提封頃畝, 及其賈直, 欲除以爲上林苑, 屬之南山. 又詔中尉, 左右内史表屬縣草田, 欲以償鄠杜之民. … 貧者得以人給家足, 無飢寒之憂. 故酆鎬之間號爲土膏, 其賈畝一金. 今規以爲苑, 絕陂池水澤之利, 而取民膏腴之地, 上乏國家之用, 下奪農桑之業, 棄成功, 就敗事, 損耗五穀, 是其不可一也."

119) 자세한 것은 任仲爀, 「戰國秦에서 漢初까지의 토지제도 綜觀」, pp.44-46 참조.

지에 대한 사유권은 王土思想과 배치되는 것이 아니라 양자가 서로 공존하는 것이며, 이것이 법률상으로 표현된 것이 『二年律令』의 授田制 하에서 법률로 보호된 토지 사유권인 것이다.

VI. 결론

해방 이후 우리나라 학계의 토지제도 연구는 鄭在覺의 「井田問題의 新展開」를 효시로 한다. 이 연구는 郭沫若·徐中舒·李劍農 등 중국학자의 연구를 국내에 소개하였다. 『睡虎地秦墓竹簡』의 출토 이전, 閔成基·金燁 두 연구자는 꾸준히 진한의 토지 및 농업사에 대한 연구를 진행해왔다. 다만 이 시기의 연구는 아직 『睡虎地秦墓竹簡』이 출토하기 이전이라서 秦漢의 授田制 문제를 크게 주목하지 않았다. 중국에서의 연구도 그랬듯이, 『睡虎地秦墓竹簡』이 출토하기 이전 국내의 秦漢시대 토지제도사 연구는 지지부진한 상태였다.

『睡虎地秦墓竹簡』 출토 이후 중국고대사에 대한 국내외 학계의 관심은 급속도로 높아졌다. 그중에서도 토지제도에 대한 관심이 높았는데, 중국학계에서 國家 授田制의 관점과 私田制의 관점이 대립하는 것과 마찬가지로, 국내에서의 연구도 授田制를 주장하는 李成珪, 授田制를 부정하는 崔昌大의 논문이 대립하고 있다.

『睡虎地秦墓竹簡』 출토 이후 국내에서는 李成珪의 "授田制와 倍其賦"의 주제가 가장 많이 논의되어왔다. 그는 秦國 토지제도의 형태가 授田制라고 보고, 그 증거의 하나로 "不分異者, 倍其賦"를 제시하고 독특한 방식으로 해석하였다. 즉, "토지의 賦稅를 倍徵한다."로 해석할 것이 아니라, 오히려 "分異하지 않은 호는 노동력에 상응하여 토지를 배

---

120) 平中苓次, 위의 책, p.15.

증하여 분배한다."로 해석하였다.

崔昌大는 李成珪의 수전제설과 반대 입장에 서 있다. 그는 商鞅變法에서 無爵이지만 부유한 자의 존재, 入粟授爵者의 존재 등 빈부의 격차가 존재하는 사실에서 볼 때 토지의 전반적인 收公(즉, 還收)과 授田은 생각할 수 없다고 주장하였다. 崔昌大는 李成珪의 倍其賦 주장에 대해, 그것은 計口授田令이 되는 것이라고 비판하고, 分異令으로 보아야 한다고 지적하였다.

당시로서는 자료의 부족으로 확실한 결론을 내리기 어려웠지만, 『二年律令』의 석문 발표 후 1등급에서 20등급까지 작위에 따른 전택지 급규정이 漢初에 존재하는 것으로 판명되었다. 다만 分異하지 않은 戶에 倍로 田을 지급하는 규정은 없다. 또한 崔昌大의 "授田이 행해졌다는 증빙은 찾지 못했다."는 주장도 오류였음이 판명되었다.

林炳德도 倍其賦 문제와 관련하여 分異가 강제적이지 않음을 지적하고 있다. 賦의 부담을 지지 않고 立戶에 따른 "受田宅"이라는 인센티브를 받으려면 分家하는 것이 좋았을 것임을 지적하였다. 그러나 현실적으로 立戶가 여의치 않은 同居의 戶도 존재하였음이 里耶秦簡의 戶籍에 확인되는 것이다.

授田制의 前提는 지속적인 토지 지급을 담보해주는 土地 還收의 존재였다. 그래서 授田制의 입장에 선 李成珪는 "秦이 노동력을 상실(또는 감퇴한) 老男으로부터 授田地를 일단 회수한 것으로 생각하지 않을 수 없는 것이다."라고 하여 토지 환수를 인정하였다. 이에 대해 林炳德은 "이 免老 규정은 傅律에 나오는 것으로 어디까지나 요역과 병역의 의무와 관련된 것으로 보아야 하고 田地의 환수 규정과는 관련이 없는 조항이라고 밖에 볼 수 없다."고 다른 견해를 제시하였다. 任仲爀도 토지의 항목이 없는 「封守」에 田이 언급되지 않은 이유가 문서로서의 완결성에 문제가 있고, 『嶽麓書院藏秦簡(肆)』에 宅만이 아니라 田도 몰수된 새로운 사실을 규명해, 「封守」에서 토지 국유제를 도출하는 이해 방식에 문제가 있었음을 규명했다.

한편 林炳德은 免老還收說을 부정할 뿐만 아니라, 『二年律令』 규정에 還收는 아예 존재하지 않았다고 주장하였다. 朴健柱와 任仲爀은 『二年律令』에 명시적으로 "露出"되어 있는 환수규정이 없더라도, 실제로는 상속하는 과정에서 남는 부분을 국가로 환수하는 제도가 존재한다고 주장하였다. 任仲爀도 그 환수되는 메커니즘의 규정이 장시간의 경험에 의해 축적된 것임을 자세하게 논증하였다.

漢代에 토지 사유제가 시행되었다는 주장은 이미 漢代人이 언급한 것이지만, 『二年律令』 출토 이후에는 수많은 논고들이 商鞅變法 이래의 授田制가 漢代까지 계속 시행되었다는 관점을 피력하기 시작하였다. 그러나 『二年律令』에 授田 규정만이 아니라, 토지의 매매·양도·상속의 규정도 동시에 포함되어 있기 때문에 과연 授田制가 제대로 시행되었을까 하는 의문도 제기되었다.

授田制 연구에서 논란이 되는 또 하나의 문제는 상속 및 매매 여부였다. 授田의 실시 사실을 명백히 보여주는 『二年律令』에는 田宅賣買의 許容 규정도 함께 들어있다. 이 사실은 곧 국유제설의 授田制와 田地賣買는 양립할 수 없다는 전제 자체를 흔들게 만들었다. 이러한 이유로 朴健柱는 『二年律令』에 규정된 토지제도가 국유전과 사유전의 성격 모두를 가지고 있다는 입장을 취하였다. 任仲爀은 秦에서도 전택의 매매가 이루어진 증거를 『嶽麓書院藏秦簡』 「秦讞狀」의 案例 4와 7에서 찾아냈다. 결국 秦과 漢에서는 授田制를 실시한 국유토지의 성격, 매매와 상속이 가능한 사유토지의 성격을 동시에 가지고 있었던 것이다.

그러면 종래 국유 토지제에서 사유 토지제로 넘어가게 하는 중요한 변곡점이었다고 주장되어 왔던 自實田을 이제 秦과 漢의 토지제도가 모두 국유제 + 사유제라는 사실이 판명된 상태에서는 어떻게 이해해야 할 것인가? 自實田의 의미에 대해, 朴健柱는 통일전쟁이 멈추고

5년이 흐른 시점에서는 군공을 통해 토지를 소유할 수 있는 기회를 갖기 어렵게 된 無爵者의 문제가 중요한 현안으로 부상했고 이를 해결하기 위한 것으로 파악했다. 任仲爀은 『宋史』에 보이는 秦의 自實田 기록에서 官府가 행정능력이 부족하여 토지를 실측하기 어려울 때 民에게 직접 그 토지의 소유현황을 신고하도록 한 것이고, 이렇게 파악한 토지소유액에 근거해 과세하려던 것으로 이해하였다. 自實田 이전에도 秦國에서 매매·상속이 허용된 것은 기타 6국의 토지제도와 상이하지 않았기에 무리 없이 통일제국 하에서 결합할 수 있었다고 보았다. 이러한 결론은 전국 시대에 秦國 이외의 국가에서도 私田이 있었던 것을 검증한 윤재석의 견해에서도 방증을 얻을 수 있었다.

마지막으로 『二年律令』의 작급에 따른 토지 지급 규정이 현실에 있어 어떠한 의미를 가지는지 언급해야 할 것이다. 많은 논자들은 『二年律令』의 규정이 漢初에 오면 현실과 맞지 않는 形骸化된 법조문으로 되었을 것이라고 주장했다. 그렇다면 呂后 2년의 이년율령에 이 규정이 남아 있는 것을 어떻게 해명해야 할까? 이에 대해 朴健柱는 賈麗英의 견해를 인용해, 이미 유명무실해진 조항도 律令集에 함께 실어 보존하고 전하는 까닭에 남아 있게 된 것이라고 주장하였다.

한편 秦漢의 토지제도와 관련하여, 언급해야 할 것이 "輿田"과 "稅田"인데, 이는 『張家山漢簡』「算數書」 및 『嶽麓書院藏秦簡(貳)』「數」의 算題에 등장한다. 이 輿田과 名田의 관계에 대해서는 국내에 오준석의 견해를 제외하고는 없는 실정이다.[121] 彭浩와 陳偉는 "輿田"과 "與田"은 혼동되어서는 안되며, "輿"字에는 "載"의 의미를 가지고 있으므로 輿田은 圖·冊上에 登記된 토지를 가리킨다고 하였다.[122] "稅田"은 몇 개의 해석으로 구분되는데, 모두가 다르다. 국가 정부기구가 직접 경

---

121) 오준석, 위의 논문, pp.310-321.

122) 彭浩, 「談秦漢數書中的"輿田"及相關問題」, 2010.8.6. 簡帛網 http://www.bsm.org.cn; 陳偉, 「秦漢算術書中的"輿"與"益爽"」, 簡帛網www.bsam.org.cn, 2010.8.6.

영 관리하는 "公田"으로 보는 해석,[123] 응당 세금을 내야할 "應稅之田"
의 약칭,[124] 농민의 墾田 일부분을 "稅田"으로 구획하여, 가을에 수취
하여 田稅로 삼는 것을 가리킨다는 주장이 있다.[125] 지역 토지 중 일
부를 세전으로 설정, 전색부 혹은 田(部)佐가 단위 면적당 생산량을
파악하는데 사용되었다.[126] 이 "輿田"과 "稅田"의 문제가 해결된다면,
秦漢 授田의 내용이 보다 명확해질 것이며, 그간 명확하지 않았던 秦
漢 조세제도의 규명도 이루어질 것으로 생각된다.

끝으로 부언하고 싶은 것은 건강이 악화되어 입원한 와중에 이 글
을 탈고하게 되어 완성도가 떨어진다고 생각되며, 또한 잘못 이해하
고 비평한 부분이 있을지 모르니 큰 도량으로 양해해주시기 바란다.
학문에서 가장 나쁜 해악은 무비판 정신이다. 우리학계의 풍토는 논
쟁을 기피하는 경향이 있다. 특히 역사학을 비롯한 모든 학문이 후학
들에 비평을 받아도 적극적으로 이해하는 아량이 우리가 궁극적으로
추구하려는 학문의 진실에 가깝게 다가가게 할 것이다.

---

123) 肖燦, 「從〈數〉的"輿(與)田"、"稅田"算題看秦田地租稅制度」(『湖南大學學報』 2010-4),
　　 p.14.
124) 彭浩, 「談秦漢數書中的"輿田"及相關問題」, 簡帛網www.bsam.org.cn, 2010.8.6.
125) 臧知非, 「說"稅田"：秦漢田稅徵收方式的歷史考察」(『歷史研究』 2015-3), p.24.
126) 오준석, 위의 논문, pp.316-317.

秦始皇 31年의 自實田

Ⅰ. 서론

최근까지 약 50년 동안 중국에서의 진한시대의 토지제도 연구 성과를 정리한 閆桂梅는 "20世紀80年代以前的研究狀況"과 "秦簡出土之後的研究"로 시대를 구분하고 있다.[1] 연구사에서 이러한 시대구분이 이루어질 수 있었던 것은 1970年代 이래 연속적으로 출토된 雲夢睡虎地秦簡(1975년)과 靑川木牘(1979년)이 그 이전시대와 획을 그을 수 있을 정도의 사료적 중요성을 지녔기 때문이다.

雲夢秦簡이 출토하기 이전의 연구자들은 문헌사료를 중심으로 先秦의 토지제도를 연구하는 수밖에 없었다. 商鞅의 開阡陌 연구는 간단한 사료에서 출발하여 후대로 갈수록 복잡한 양상을 띠게 되었다. 비교적 이른 시기의 자료는 『戰國策』과 『史記』에 기록된 것으로 "決裂阡陌" "爲田開阡陌"과 같이 비교적 간단한 것이었다.(1단계)[2] "決裂"에 대

---

1) 閆桂梅, 「近五十年來秦漢土地制度研究綜述」(『中國史研究動態』 2007-7), pp.9-11.
2) [漢] 劉向, 『戰國策』(上海: 上海古籍, 1985), 「秦策三」, p.218, "蔡澤曰: …夫商君爲孝公平權衡, 正度量, 調輕重, 決裂阡陌, 教民耕戰."; 『史記』 卷5 「秦本紀」, p.203, "十年, 衛鞅爲大良造, 將兵圍魏安邑, 降之. 十二年, 作爲咸陽, 築冀闕, 秦徙都之. 并諸小鄕聚, 集爲大縣, 縣一令, 四十一縣. 爲田開阡陌. 東地渡洛. 十四年, 初爲賦."; 『史記』 卷6 「秦始皇本紀」, p.290, "昭襄王生十九年而立. 立四年, 初爲田開阡陌."; 『史記』 卷68 「商君列傳」, p.2232, "於是以鞅爲大良造. 將兵圍魏安邑, 降之. 居三年, 作爲築冀闕宮庭於咸陽, 秦自雍徙都之. 而令民父子兄弟同室內息者爲禁. 而集小鄕邑聚爲縣, 置令, 丞, 凡三十一縣. 爲田開阡陌封疆, 而賦稅平. 平斗桶權衡丈尺."

한 후대의 연구는 破壞와 割列(나눈다)이라는 것으로 견해가 나뉘어 있다. 전자로 보는 경우 "決裂"이 기존의 井田을 파괴하고 새로이 240步制로 바꾸는 것이므로 壞井田했다는 것이고, 후자로 보는 경우는 경작지를 정리하기 위해서 새로이 阡陌을 만들었다는 것이다.[3]

그 후 前漢 武帝 시기 董仲舒가 商鞅變法에서 井田 폐지와 賣買의 문제를 사료의 대열에 추가하면서 논쟁의 외연이 확대되기 시작하였다. 즉, 商鞅이 井田을 폐지하고 賣買를 허락함으로써 대토지소유제가 출현하는 단초를 열었다는 것이다. 유학의 宗師로 불리는 董仲舒였기에 그의 주장은 후대에 심대한 영향을 끼쳐 수많은 추종자를 낳게 되었다.(2단계)[4]

後漢시대에 들어 班固는 『漢書』 「食貨志」에 "壞井田, 開阡伯"이라고 기술하고, 「地理志」에서는 "制轅田, 開阡伯"으로 기술하면서 이 논의에 처음으로 制轅田의 개념을 등장시켰다.(3단계)[5] 즉, 班固는 廢井田을 制轅田으로 대체한 것인데, 制轅田을 거론함으로써 開阡陌의 문제는 『左傳』 禧公 15年조에 보이는 "晉於是乎作爰田……晉於是乎作州兵."과 『國語』 「晉語三」의 爰田을 轅田으로 기술한 "爰作轅田……爰作州兵."과도 관련되는 복잡한 형태로 전개되었다.

班固가 制轅田의 개념을 제시한 이후, 주석가들의 轅田에 대한 해석은 2가지가 있다. 曹魏 시기의 張晏과 孟康의 해석으로서, 換田과 休耕法으로 이해하는 방식이다.(4단계)[6] 張晏은 轅田을 換田으로 이해하

---

3) 李成珪, 『中國古代帝國成立史硏究』(서울: 一潮閣, 1984), pp.72-76.

4) 『漢書』 卷24上 「食貨志」, p.1137, "(董仲舒)又言:「古者稅民不過什一, 其求易共; 使民不過三日, 其力易足. 民財內足以養老盡孝, 外足以事上共稅, 下足以畜妻子極愛, 故民說從上. 至秦則不然, 用商鞅之法, 改帝王之制, 除井田, 民得賣買, 富者田連仟伯, 貧者亡立錐之地."

5) 『漢書』 卷24上 「食貨志」, p.1126, "及秦孝公用商君, 壞井田, 開仟伯, 急耕戰之賞, 雖非古道, 猶以務本之故, 傾鄰國而雄諸侯. 然王制遂滅, 僭差亡度. 庶人之富者累鉅萬, 而貧者食糟糠.";『漢書』 卷28下 「地理志」, p.1641, "十餘世, 孝公用商君, 制轅田, 開仟伯, 東雄諸侯."

여 受田者가 정기적인 換田을 통하여 良田과 瘠田을 골고루 누리게 한
다는 것이다. 孟康은 轅田과 爰田은 같은 것이며, 商鞅의 制轅田은 토
지의 休耕法이라고 주장했다.[7]

한편 董仲舒의 주장은 後漢 이후의 주석가들에게 지속적인 영향을
미쳤다. 崔寔은 井田 폐지 이후에 兼并이 장려되었다고 했는데, 이는
董仲舒의 견해와 마찬가지로 開阡陌에 의하여 사유토지제가 출현하였
다는 의미이다.[8] 唐代 杜佑의 주장도 董仲舒와 班固 등의 주장과 연속
선상에 있었는데, 商鞅의 廢井田 이후 실시한 制阡陌은 토지면적에 제
한을 두지 않았고 이로 인하여 겸병의 길이 열렸다고 주장한다.[9]

---

6) 『漢書』 卷28下 「地理志」, p.1642, "張晏曰: 周制三年一易, 以同美惡, 商鞅始割列
田地, 開立阡陌, 令民各有常制."; "孟康曰: 三年爰土易居, 古制也, 末世侵廢. 商
鞅相秦, 復立爰田, 上田不易, 中田一易, 下田再易, 爰自在其田, 不復易居也. 「食
貨志」曰『自爰其處而已』是也. 轅爰同."

7) 孟康의 주장을 보면 商鞅의 轅田은 爰田이다. 이것은 『漢書』 卷24上 「食貨志」,
p.1119, "歲耕種者爲不易上田; 休一歲者爲一易中田; 休二歲者爲再易下田, 三歲
更耕之, 自爰其處."의 自爰其處의 爰田이다. 따라서 商鞅의 制轅田은 황폐한 토
지의 休耕輪種法이다.[高敏, 『雲夢秦簡初探』(鄭州: 河南人民出版社, 1979), p.135.]

8) [淸] 嚴可均, 『前後漢文』(北京: 商務印書館, 1999), 卷46 「崔寔 政論」, p.470, "昔
者聖王立井田之制, 分口耕耦地, 各相副适, 使人饑飽不遍, 勞逸齊均, 富者不足
僭差, 貧者無所企慕. 始暴秦隳壞法度, 制人之財, 旣無紀綱, 而乃尊獎並兼之人.
鳥氏以牧竪致財, 寵比諸侯; 寡婦淸以攻丹殖業, 禮以國賓. 于是巧猾之萌, 遂肆
其意. 上家居億之賞, 户地侔封君之士, 行苞苴以亂執政, 養劍客以威黔首, 專殺
不辜, 號無市死之子, 生死之奉, 多擬人主. 故下户踦嶇, 無所跱足, 乃父子低首,
奴事富人, 躬帥妻孥, 爲之服役."

9) [唐] 杜佑, 『通典』(北京: 中華書局, 1988), 卷1 「食貨一 田制上」, p.3, "自秦孝公用
商鞅計, 乃隳經界, 立阡陌. 雖獲一時之利, 而兼並踰僭興矣."; 같은 책, 卷1 「食
貨一 田制上」, p.6, "秦孝公任商鞅, 鞅以三晉地狹人貧, (三晉, 韓趙魏三卿, 今河
東道之地.)秦地廣人寡, 故草不盡墾, 地利不盡出. 於是誘三晉之人, 利其田宅, 復
三代無知兵事, 而務本於內, 而使秦人應敵於外. 故廢井田, 制阡陌, 任其所耕, 不
限多少. (孝公十二年之制.)數年之間, 國富兵強, 天下無敵. 故廢井田, 制阡陌, 任
其所耕, 不限多少. 數年之閒, 國富兵強, 天下無敵."; 같은 책, 卷4 「食貨四 賦稅
上」, p.77, "夫夏之貢, 殷之助, 周之藉, 皆十而取一, 蓋因地而稅. 秦則不然, 舍地
而稅人, 故地數未盈, 其稅必備. 是以貧者避賦役而逃逸, 富者務兼並而自若."

馬端臨의 『文獻通考』에 인용된 吳氏語에도 井田制는 "秦開阡陌, 遂得
買賣"라고 하여 開阡陌 실시에 의해 매매가 허용된 것으로 이해하였
다.[10] 吳氏의 사유토지설은 董仲舒와 班固의 계통이라고 할 수 있다.
馬端臨도 開阡陌이 토지소유의 한도를 폐지하고 겸병과 매매를 허락
하여 황무지를 개간하려는 것으로 이해하였다.[11]

董仲舒 이래 班固·杜佑·馬端臨 등은 商鞅의 開阡陌에 의해 秦國에서
토지사유제가 발전하는 계기가 마련되었다고 이해하는 것이었다. 그
러나 秦簡 출토 이전에 이러한 문헌학적 연구 방법론의 최대 난관은
商鞅에 의해 토지 사유제가 성립했음을 입증할 수 있는 구체적 증거
의 부족이었다.

그런데 董仲舒 방식의 전통적인 해석은 1975년 授田制의 결정적 자
료가 포함되어 있는 雲夢 睡虎地秦簡의 출토 이후 도전을 받게 되었
다. 睡虎地秦簡에 근거하여 전통적인 해석과 180도 다르게, 商鞅變法
이후 秦國의 토지제도는 授田制이며, 토지매매를 입증할만한 자료는
보이지 않는다는 주장이 제출되었다. 그런데 睡虎地秦簡의 자료에 근
거해 授田制를 주장하는 연구에도 문제가 있는데, 이 논자들은 軍功賜
田의 개인적 사유 여부의 문제를 등한시하였다. 國家 授田制를 주장하
는 논자들은 군공 賜田에 대해서도 還收를 주장하였고, 반면에 토지
사유제를 주장하는 학자들은 賜田이 환수되지 않고 상속된다고 주장
하였다. 그래서 논쟁의 중심은 환수·상속·매매 등의 문제에 집중될
수밖에 없었다.

---

10) [元] 馬端臨, 『文獻通考』 卷1 「田賦考」(北京: 中華書局, 1986), p.31上, "吳氏曰 井
田受之于公, 毋得鬻賣, 故王制曰: 田里不鬻. 秦開阡陌, 遂得買賣. 又戰得甲首
者, 益田宅, 五甲首而隷役五家, 兼並之患自此起, 民田多者以千畝爲畔, 無復限
制矣."

11) 같은 책, p.31中, "是以一旦奮然不顧盡開阡陌悉除禁限, 而聽民兼幷買賣以盡人力
墾闢棄地悉爲田疇, 而不使其有尺寸之遺以盡地利, 使民有田卽爲永業而不復歸
授以絶煩擾欺隱之姦."

이러한 논쟁은 閆桂梅가 분석한 바에 따르면 授田制가 국유제라는 논점과, 名田制는 土地 長期占有制 또는 土地 私有制라는 논점으로 확연히 구분되어 있다.[12] 1979年 高敏은 "商鞅이 井田을 폐지한 이후의 토지제도는 土地 國有制와 土地 私有制가 병존한다."고 주장하였고,[13] 楊寬 또한 授田制와 名田制가 병존한다는 논점을 취하고 있다.[14] 한편 張金光은 사유제는 존재하지 않고 모든 토지가 국유제라고 주장하였다. 秦初에는 토지가 사유재산으로 간주되지 않았으며, 授田은 立戶하고 이름을 등록한 자에게 국가가 전택을 수여하고, 연로하면 歸田하는 원칙을 가지고 있었으며, 그 후 秦始皇 31년에 "使黔首自實田"을 통해 국가가 실제의 점유를 허용했다고 주장하였다.[15] 한편 私有制의 입장에 선 唐贊功은 秦의 토지 소유 형식은 복잡하며, 국유소유제·지주토지소유제·자경소농민소유제가 공존하고 있다고 주장했다.[16]

이러한 토지소유제 형태 논쟁과 관련하여 불가분의 관계에 있는 또 다른 문제는 秦代의 토지제도가 언제 私有制로 이행하였는가 하는 시점의 문제였다. 첫 번째는 私有制가 商鞅變法의 "制轅田, 開阡陌"에서 시작되었다는 견해이고(董仲舒 이래의 전통적 견해), 두 번째는 秦始皇 31년의 "使黔首自實田"에 의해 土地 私有權을 처음으로 국가가 승인한 계기가 되었다는 견해이다. 후자는 秦代의 國家 授田制가 秦始皇 31년의 自實田 조치를 거쳐 사유제로 이행했고, 마침내 漢武帝 시기에 대토지소유의 문제가 출현한 것으로 이해하고 있다. 즉, 漢代 토지 사유제의 기원을 自實田에서 찾는 것이다. 그러나 이러한 생각은 張家山

---

12) 閆桂梅, 「近五十年來秦漢土地制度研究綜述」, pp.11-12.

13) 高敏, 『雲夢秦簡初探』, pp.139-151.

14) 楊寬, 「雲夢秦簡所反映的土地制度和農業政策」, 『楊寬古史論文選集』(上海: 上海人民出版社, 2003), pp.17-34.

15) 張金光, 『秦制研究』(上海: 上海古籍, 2004), pp.13-17, 85-97.

16) 唐贊功, 「雲夢秦簡所涉及的土地所有制形式初探」, 『雲夢秦簡研究』(北京: 中華書局, 1981), pp.53-66.

漢墓에서 출토된『二年律令』의 석문이 2001년에 발표되면서 잘못된 가정임이 드러나게 되었다.

　睡虎地秦簡의 자료가 秦代 토지제도는 국가 수전제라는 사실을 확인시켜 주었다면,『二年律令』의 자료는 睡虎地秦簡과 비교되지 않을 정도로 秦漢代 토지제도 연구를 심화시킬 수 있는 내용이 포함되어 있다. 최근 많은 연구자들이『二年律令』을 바탕으로 漢代의 토지제도를 연구하지만, 이를 秦代의 토지제도와 관련짓는 연구는 張金光의 것을 제외하고는 보이지 않는다. 필자는 秦律과『二年律令』의 관계를 푸는 열쇠가 秦末 劉邦의 군대가 關中에 진입했을 때 蕭何가 丞相府에 소장되어 있던 秦律을 획득하는 과정에 있다고 생각하고 그 문제를 분석한 바 있다.[17] 고조 2년 蕭何는 劉邦이 秦法을 폐지하고 그 대신 約法三章으로 대체함으로써 발생한 법령공백을 메꾸고, 項羽와의 전쟁에 필요한 물자와 인력 징발에 필요한 법령의 재정비가 절실히 요청되는 상황 하에서 漢律을 제정하였다는 것이 필자의 결론이다.

　劉邦이 함양을 접수할 때 蕭何가 秦의 율령문서를 취득했다는 것은 매우 중요한 사실이다. 만약에 蕭何가 이 문서를 취득하지 못했다면, 그가 아무리 진제국의 刀筆吏 출신이라고 하더라도 진제국의 율령문서를 그대로 재현해내기는 곤란했을 것이다. 蕭何가 楚漢전쟁의 와중에서 秦律과 완전히 다른 법률을 만들었을 것 같지는 않다. 실제로 高敏은『二年律令』을 검토한 결과 秦律의 복사판이라고 지적하고 있는데,[18] 그렇다면 토지제도 역시 秦律의 복사판일 가능성이 있는 것이다.

　현재 출토된 자료를 중심으로 볼 때 토지제도는 다음과 같이 정리할 수 있다. ① 戰國秦(授田制) - ② 秦末 自實田 - ③ 龍崗秦簡(授田制) - ④ 漢初 二年律令(授田制)의 4개의 중요한 마디 가운데 ①③④에서 授田制가

17) 任仲爀,「漢初의 律令 제정과 田宅制度」(『中國古中世史硏究』25, 2011), pp.104-121.
18) 高敏,「《張家山漢墓竹簡·二年律令》中諸律的制作年代試探」(『史學月刊』2003-9), p.36.

확인되며, 그중에서도 ④의『二年律令』戶律에는 완벽한 授田制가 규정되어 있다. ①③④에서 모두 授田체제가 확인되므로 ②의 自實田이 사유제로 나아가는 조치였다고 보는 것은 문제가 있다. 그러나 문제는 이렇게 간단하지 않다. 그 이유는『二年律令』의 授田制가 그 내부에 매매와 상속이라는 私有의 성격을 포함하고 있기 때문이다. 이것이 혹시 自實田에서 발생한 변화가『二年律令』에 반영되어 있는 것은 아닐까 하는 의문도 제기될 수 있다.

이러한 시각에서 필자가 첫 번째로 분석할 것은 授田制임이 "확실" 한『이년율령』자료를 근거로 생각해볼 수 있는 진의 토지제도 변화 과정이다. 우선 상정할 수 있는 것은 다음의 두 가지 가능성이다. 첫째, 秦代의 國有 授田制가 自實田의 실시를 통하여『二年律令』의 수전제 + 사유제의 형태로 변모했을 가능성이다. 둘째, 秦代의 국유 수전체제는 원래부터 매매와 상속을 허용하고 있었던 것이고, 自實田에 의하여『二年律令』의 체제(수전제 + 사유제)로 바뀐 것이 아니었을 가능성이다.

이러한 분석을 위해서는 그동안 자료의 부족으로 인해 명쾌한 해석의 영역 속으로 좀처럼 모습을 드러내지 않고 있는 自實田의 분석으로부터 출발해야 한다. 그 실마리는『宋史』에 보이는 秦의 自實田 기록에서 찾을 수 있는데, 南宋 시기의 사람들은 그 의미를 정확히 파악하고 있었고 실제로 이를 집행하고 있었다는 사실에 주목할 필요가 있다. 宋代의 自實田이 秦代의 自實田과 동일하다고 하는 宋代人의 지적이 옳다면, 秦代의 自實田을 분석함에 있어 더할 나위 없이 좋은 자료로 활용할 수 있다.

두 번째로, 自實田이 秦 고유의 授田체제를 계속 유지시키고 강화하려는 목적에서 시행되었다는 것을 입증하기 위해서 自實田의 자료로 생각되는 龍崗秦簡의 157簡 "黔首田實多其□"의 내용을 분석할 것이다. 특히 "黔首田實多其□"에서 마지막 글자를 파악할 수 있다면 自實田

이 규정 이상으로 보유한 토지를 환수하는 문제를 파악할 수 있을 것으로 생각된다.

　세 번째로 이년율령에 확인되는 授田制 하의 매매 허용이 秦律의 授田制 하에서도 존재했는지 여부를 확인하는 것이다. 이 주제는 이제껏 수많은 논자들에 의해서 논의되어 왔던 중요한 것이나, 자료의 부족으로 명쾌하게 해석할 수 없었다. 이것은 「封診式·封守」, 「放馬灘日書」, 「睡虎地秦簡日書」 등의 자료를 통하여 분석할 것이다.

II. 秦 自實田에 대한 諸說

　진제국 통일 이후의 토지제도를 규명할 수 있는 문헌 사료는 『史記』의 본문에는 없으며, 단지 「秦始皇本紀」 31年조의 『集解』에 인용된 "徐廣曰 使黔首自實田"이 유일하다.[19] 張金光은 『史記』의 正文에 관련 기록이 없지만 원래 이 부분에 "初令黔首自書田, 自占田"과 같은 脫文이 있었을 것으로 추정하고 있다.[20] 『集解』는 劉宋 裴駰의 『史記集解』를 가리키며, 여기에 인용된 徐廣은 南朝의 『宋書』에 그의 열전이 보인다.[21] 따라서 東晉末·劉宋初(4세기말 - 5세기초)의 사람인 徐廣은 『史記』의 본문에서 自實田의 기록을 보았던 것이 분명하다. 그리고 南宋 理宗(재위: 1205-1264) 시기의 사람인 高斯得이 自實田을 언급하며 "按史記" 云云한 것으로 보아 『史記』의 본문에 이 사실이 실려 있었던 것은 확실

---

19) 『史記』 卷6 「秦始皇本紀」, p.251.
20) 張金光, 위의 책, p.68.
21) 徐廣(352-425年)은 東晉 東莞 姑幕(江蘇 常州)人이다. 侍中 徐邈의 弟로서, 학문이 깊어서 謝玄이 兗州刺史일 때 그를 초빙하여 從事西曹로 삼았고, 秘書郎·祠部郎·大司農·秘書監 등의 직책을 역임했고 官은 中散大夫에 이르렀다. 저술로는 『史記音義』 十二卷, 『晉紀』 등이 있는데, 晉代에는 『史記』의 版本이 紛雜하여 『史記音義』를 저술하여 정리하였다.

하다.(후술)

　종래 "使黔首自實田"에 관해서는 많은 논의가 있으나 학계의 견해는 세 개로 나뉘어 있다. 첫 번째는 黔首에게 스스로 보고하게 하여 그 소유권을 인정하게 함으로써 사유제로 이행하는 계기가 되었다는 주장, 두 번째는 黔首가 토지를 자유롭게 점유하는 조치로 이해하는 주장으로 나뉜다. 이 두 가지 견해는 모두 自實田이 戰國의 授田制에서 私有制로 이행하게 하는 결정적 계기가 되었다고 이해하고 있다. 세 번째는 自實田이 단순히 토지 보유현황을 파악하기 위한 것으로서 토지 소유형태에 변화를 초래하지 않았다고 보는 주장이다.

　우선 첫 번째 견해의 논자들은 自實田의 "實"을 呈報(보고)의 의미로 해석하고 있다. 郭沫若은 이 法令은 "官에서 田을 소유한 黔首에게 占有한 土地의 수량을 보고하도록 명령한 것"인데, 이것은 官에서 전국의 封建土地私有權을 확인한 것이라고 하였다.[22] 范文瀾은 "전국시대에는 토지 사유제가 완전히 확립되었다. 진시황 31년, 통일하고 5년 후에 民에게 耕田의 實數를 보고하게 했다."고 주장했으며,[23] 楊寬은 自實田이 시행된 바로 다음해인 秦始皇 32년 碣石山 石刻에 "久並來田"이 새겨진 것과 연관시켜 並(幷)을 점유로 해석하여 사유라고 이해하였다.[24] 따라서 "전국의 토지를 소유한 사람들에게 점유한 田地의 실제 數額을 스스로 보고하게 하여 관에서 賦稅를 징수할 수 있도록 한 것이며, 이는 동시에 전국적으로 법률상 封建土地所有制를 긍정한 것이다."라고 하였다.[25] 이 견해들은 토지를 소유한 黔首 자신에게 土地

---

22) 郭沫若, 『中國史稿』(第二冊)(北京: 人民出版社 1976), p.121.

23) 范文瀾, 『中國通史簡編』(第二編)(石家莊: 河北教育出版社, 2000), p.81.

24) 『史記』 卷6 「秦始皇本紀」, p.252, "遂興師旅, 誅戮無道, 爲逆滅息. 武殄暴逆, 文復無罪, 庶心咸服. 惠論功勞, 賞及牛馬, 恩肥土域. 皇帝奮威, 德并諸侯, 初一泰平. 墮壞城郭, 決通川防, 夷去險阻. 地勢既定, 黎庶無繇, 天下咸撫. 男樂其疇, 女修其業, 事各有序. 惠被諸産, 久並來田, 莫不安所. 群臣誦烈, 請刻此石, 垂著儀矩."

數額을 官府에 보고하게 하고 이에 입각하여 賦稅 징수의 표준으로 삼는 것은 물론이고, 이것이 토지사유제가 확립된 증거로 보는 것이다.

한편 平中苓次는 唐宋 시기의 자료를 분석하여, 自實田을 "인민에게 스스로 그 田地를 官에 신고시켰다."는 의미로 해석하고, 그 목적은 진시황 26년의 통일국가 창건에 수반된 필연적인 요청으로서 전국의 田畝를 빠짐없이 그 지배하에 두고, 전 인민으로부터 조세 수취의 권능을 완전히 장악하려는 것에 있었다는 것이다.[26] 楊振紅도 平中苓次의 견해를 따라서 自實田은 정국의 안정과 토지관리·부세징수를 위한 것이지, 장기간 유지한 토지정책을 改變시키려는 것이 아니라고 주장하고 있다.[27]

이에 반해 일부학자는 自實田의 "實"을 "채우다"의 의미인 "充實"로 이해하여 黔首가 자유롭게 土地를 점유하는 것으로 이해한다. 翦伯贊은 최초에는 "소위 自實田은 자유롭게 土地를 占有한다는 것이다."라고 했지만, 그 후 그의 관점은 바뀌어서 『秦漢史』에서 自實田은 점유한 토지를 스스로 官府에 보고하게 하는 것이라고 했다.[28] 任再衡은 이 法令의 의미가 "百姓으로 하여금 황무지를 개척하여 확충된 토지를 그 마음대로 경작하게 했고 그 토지의 양을 제한하지 않도록 했다.(任其所耕, 不限多少)"고 이해했다. 그는 진시황이 상앙의 三晉之民을 초래한 정책을 계승하여 황무지를 개간하기 위해 自實田을 시행한 것으로 이해했으므로, 實은 『說文』의 해석을 따라서 富로 해석하여 富有·充實로 이해하였다.[29]

25) 楊寬, 『戰國史』(上海: 上海人民出版社, 1998), p.453.
26) 平中苓次, 「秦代の自實田について」, 『中國古代の田制と稅法』(京都: 京都大東洋史研究會, 1967), pp.60-62.
27) 楊振紅, 『出土簡牘與秦漢社會』(桂林: 廣西師範大, 2009), p.159.
28) 翦伯贊은 1947년 『中國史綱』(上海: 大学出版公司)에서 "所謂 自實田', 即自由占有土地之謂也(자유롭게 토지를 점유하는 것을 말한다)"라고 했지만, 『秦漢史』(香港: 中國圖書刊行社, 1984), p.29에서는 곽말약의 설을 따랐다.

袁林은 『說文』 『廣雅·釋詁』, 그리고 現代漢語에서도 "實"에는 報告(呈報)의 의미가 없으며, 반대로 充實·充滿의 뜻이 있다고 주장하였다.[30] 따라서 自實田의 조치는 백성들로 하여금 스스로 알아서 토지를 채우게 하는 조치였다고 주장하였다. 趙理平은 이러한 袁林의 견해를 따르고 있는데, 自實田 다음해인 진시황 32년의 "久並來田"의 기록에 보이는 來田은 萊田(황무지)이므로 백성에게 황무지를 개간시킨 것으로 해석했다. 그가 이러한 주장을 하는 이유는 秦漢 시기의 官方文件에 보고(呈報)하는 것은 통상적으로 "占"이라는 용어를 사용하지, "實"을 사용하는 것이 아니라는 이해에 근거한 것이다. 예컨대 『睡虎地秦墓竹簡』의 "十六年, 七月丁巳, 公終. 自占年."은 자신이 정부에 연령을 보고(呈報)하여, 傳籍에 등록한다는 것이다. 따라서 "使黔首自實田"의 "實"은 보고(呈報)가 아니라 "充實·具有"로 해석해야 한다고 주장했다. 결국 이 詔令의 뜻은 黔首 자신이 토지를 채워야(充實) 한다는 뜻이라는 것이다.[31]

그러나 "자유롭게 土地를 占有한다"는 翦伯贊 방식의 주장에 대해서, 李福泉은 "自實田"이 자유롭게 토지를 점유한다는 주장은 전국말

---

29) 任再衡, 「"使黔首自實田"解」(『黑龍江大學學報』 1975-1), pp.85-86.

30) 袁林, 「"使黔首自實田"新解」(『天津師大學報』 1987-5), p.56. 『商君書·去强』의 "倉府兩實, 國强"이 바로 그러한 용례라는 것이다. 『史記』 「秦始皇本紀」에 蒙恬이 匈奴를 공격하여 44현을 설치할 때, "徙謫實之初縣"이라고 한 것, 『漢書』 「晁錯傳」에 "陛下幸募民相徙以實塞下, 使屯戍之事益省, 輸將之費益寡, 甚大惠也." 등과 같은 사례의 "實"의 용법은 "使黔首自實田"의 "實"과 모두 일치한다고 주장하였다.

31) 趙理平, 「"使黔首自實田"新解」, 『秦文化論叢』 13輯(西安: 三秦出版社 2006). 그의 주장은 "秦始皇의 '使黔首自實田'의 목적은 백성이 墾荒에 노력하게 하고, 농업생산을 발전시키려는 것이다. 始皇 31년의 '使黔首自實田'은 秦朝의 원래 토지제도를 改變하려는 정책이 아니라, 授田制를 계속 실행한 것이다. 土地國有 역시 바뀌지 않았고, 반대로 重農의 각도에서 볼 때 '使黔首自實田'은 秦國의 농업경제 전통을 계승하여, 秦始皇이 백성에게 적극 墾荒하게 하고, 民에게 農耕에 힘쓰게 하는 重農政策이다."라는 것이다.

의 상황에서는 있을 수 없는 것이라고 비판했다. 즉, 전국말에는 關中에도 인구 증가로 토지가 부족해져서 자유롭게 점유할 수 없다고 했다. 그러나 그는 自實田의 기록을 신빙할 수 없다는 다소 허무한 결론을 내리고 논의를 마무리했다.[32)]

세 번째로 自實田이 토지 소유 형태에 변화를 초래하지 않았다는 주장인데, 朱紹侯는 自實田이 토지 점유를 파악하기 위한 것이라고 주장하였다.[33)] 그가 말하는 논점은 아래의 세 가지로 요약할 수 있다. 첫째, 秦은 토지 매매와 토지 겸병이 발전되어 인민의 토지 점유량을 확실하게 파악할 수 없었다. 둘째, 秦정부는 授田제도의 파괴를 인정하고 백성으로 하여금 토지 점유 숫자를 신고하게 한 것이다. 셋째, 秦 통일 후 원래 산동 육국민의 토지 점유숫자 역시 파악하기 위해 전국적으로 토지를 재차 등기시켰다는 것이다. 朱紹侯의 이러한 주장은 土地兼併과 自實田의 시행이 인과관계가 있다는 주장이지만, 첫 번째와 두 번째 주장에 보이는 秦의 토지 매매로 인한 토지 겸병을 입증할 수 있는 자료는 董仲舒의 것 이외에는 없다.

李元의 견해도 郭沫若과 같이 自實田을 "報告"의 의미로 해석하였지만, 이 조치를 경과하고 나서 사유제로 이행하였다는 주장에는 반대하고 있다. 그는 "많은 학자들이 使黔首自實田이 토지 사유화의 표지라고 주장하지만, 이것은 획기적인 의미가 없다. 민중에게 그들이 점유한 토지를 사실대로 보고하게 한 것일 뿐이다. 개인이 사용하는 토지의 수량은 개인이 국가에 부담하는 경제 및 기타 방면의 부담의 근거가 된다. 이것은 동방의 신점령지구를 대상으로 했을 가능성이 높다고 생각한다. 秦國의 軍功에 따른 授田量은 이미 정확하게 파악했으므로 재차 보고시킬 필요가 없다. 그러나 이전 동방 육국의 수전상황

---

32) 李福泉, 「秦代實行過"使黔首自實田"的土地政策嗎?」(『天津社会科学』 1986-2), pp. 59-62.
33) 朱紹侯, 『軍功爵制考論』(北京: 商務印書館, 2008), p.307.

에 대하여 진제국은 정확하게 파악할 수 없었다. 따라서 민중이 국가에 부담해야 할 의무를 확정하기 어려웠다. 수속을 간소화하기 위해 동방인에게 스스로 사용하는 토지의 수량을 보고하도록 명령한 것이다."라고 주장했다.[34]

이상의 3가지 연구 방향 가운데는 袁林의 주장을 따르는 주장들도 나타났지만, 많은 학자들은 여전히 "토지를 스스로 보고하게 한 조치"라는 주장을 따른다. 스스로 토지를 채우는 것에 대해서 趙理平은 관부에 토지를 "요청"하는 것이라고 했지만, 그러한 방식의 이해라면 논리적으로 "스스로 채운다"는 의미가 되기 어렵다. 스스로 채운다면 농민 각자가 황무지를 개간하고 자신의 사유로 하는 것이 오히려 논리적으로 적절한 것이다.

Ⅲ. 秦始皇 31年의 自實田

1. 唐宋의 自實田

自實田의 실체가 분명하게 밝혀지지 않은 것은 사료의 부족이 주된 이유이다. 『史記』의 본문에서 사라졌고, 주석에만 언급되어 있었다. 하지만 기존의 연구가 『史記』 이외에서 自實田의 자료를 찾으려고 모든 노력을 경주했는가 하면 반드시 그런 것은 아니다.[35] 自實田의 실체를 규명할 수 있는 후대의 자료가 없었던 것은 아니고 인식하지 못했을 뿐이다.

自實田의 기록이 徐廣의 주석에 남아있는 것을 보면 東晉말까지는

---

34) 李元, 「秦土地改革運動論」(『求是學刊』 1998-4), p.107.
35) 平中苓次는 이러한 비판에서 제외되어야 한다. 필자는 본고를 거의 완성한 단계에서 그의 논고를 확인했는데, 다른 논고들보다 뛰어난 고증을 하고 있다.

확실히 존재하였음을 알 수 있다. 그러나 『史記』의 自實田 기록은 徐廣 이후에 멸실된 것은 아니며 후대에 계속 전해져 『宋史』 『元史』 『明史』 에도 상당히 많은 自實田의 추진 사례가 확인되고 있다. 이러한 自實田 기록은 賦役의 공평한 부과와 관련하여 나타난다.[36] 이는 自實田이 토지 소유액에 따른 세금·요역의 공평한 부과를 목적으로 행해졌음을 알 수 있다. 그중에서 『史記』의 自實田 자료가 가장 잘 온존되어 있는 것은 『宋史』의 자료이다.

1) 南宋의 經界法, 推排法, 自實法

自實의 법은 南宋 理宗의 寶祐 2년(1254)에 행해졌다. 『宋史』 「理宗本紀」에 "寶祐 2년 12월 庚午日에 保甲을 排定하고, 自實法을 행했다."고 기록되어 있다.[37] 이 寶祐의 自實에 대하여, 『宋史』 「高斯得傳」에는 흥미로운 기사가 있다. 南宋말 理宗 시기에 轉運副使 高斯得은 丞相 謝方叔이 실시하려고 하는 自實法을 반대하기 위하여 南宋 당시 전해져 내려오는 『史記』 秦始皇 31년 기사에 "令民自實田"이라는 기록이 있음을 거론하고 있다. 이것은 "使黔首自實田"을 송대의 어휘로 바꾼 것이다. 高斯得은 南宋의 自實田이 공교롭게도 理宗의 재위 31년(寶祐 3년, 1255)째에 시행된 사실을 지적함으로써 秦始皇 31년에 시행된 自實田과 동일한 정치행위로 몰아갔다.[38] 이에 의하면 寶祐의 自實과 秦의 自實은 그 이름만이 아니라 의미도 같은 것으로 추정되는데, 儒家들에게 焚書坑儒를 행한 秦始皇의 정책이라는 것은 그것의 옳고 그름을 떠나 비판

---

36) 『元史』 卷143 「泰不華列傳」, p.3424, "至正元年, 除紹興路總管. 革吏弊, 除沒官牛租, 令民自實田以均賦役."

37) 『宋史』 卷44 「理宗本紀」, p.854, "(寶祐二年)十二月庚午, 排保甲, 行自實法."

38) 『宋史』 卷409 「高斯得列傳」, p.12326, "踰年, 以直寶文閣知泉州, 力辭, 遷福建路計度轉運副使. 朝廷行自實田, 斯得言 「按史記, 秦始皇三十一年, 令民自實田. 主上臨御適三十一年, 而異日書之史冊, 自實之名正與秦同.」 丞相謝方叔大媿, 即爲之罷. 董槐入相, 召爲司農卿."

의 대상이 되었다. 謝方叔은 자신이 집행하려 했던 自實田이 진시황의 自實田과 동일하다는 高斯得의 비판에 "크게 부끄러워서 즉시 그것을 罷했다."[39] 自實田의 시행을 둘러싸고 謝方叔과 高斯得 사이에 행해졌던 논쟁을 보면 南宋 理宗 때까지 自實田의 내용이 비교적 소상하게 전해졌던 것이다. 그러면 南宋 시기에 시행된 自實田의 구체적인 내용은 무엇일까?

南宋 말에 토지겸병이 심해지고 農業稅源이 감소하여 국가재정이 나빠지자 田賦를 징수하기 위한 조치가 차례로 실시되었는데, 그것이 經界·推排·自實의 법이다. 남송 말에 행해진 3개의 법은 계기적으로 시행된 것이므로 어느 하나만을 설명하면 전체의 윤곽이 그려지지 않는다. 高斯得의 비판으로 自實田을 폐기한 지 12년 후인 咸淳 3年 (1267, 度宗)에 司農卿兼戶部侍郎 季鏞의 언급에서 그 윤곽을 아래와 같이 파악할 수 있다.[40]

우선 經界法은 토지의 경계선을 측량한다는 의미로서 南宋 寧宗의

---

39) [淸] 畢沅, 『續資治通鑑』(北京: 中華書局, 1979), 卷174「理宗寶佑三年」, p.4751, "己酉, 詔:「沿邊屯田, 自有課入登羨者, 其管幹官並推賞.」 癸醜, 帝問:「自實之法, 施行如何?」 謝方叔等曰:「自實即經界遺意, 惟當檢制使人, 寬其限期, 行以不擾而已.」 時高斯得起爲福建轉運副使, 貽書方叔曰:「『史記』, 秦始皇三十一年, 令民自實田. 上臨御適三十一年而行自實, 異日書之史冊, 正與秦同.」 方叔大愧, 旋奏罷之."

40) 『宋史』卷173「食貨志上一」, pp.4181-4182, "三年, 司農卿兼戶部侍郎季鏞言:「夫經界嘗議修明矣, 而修明卒不行; 嘗令自實矣, 而自實卒不竟. 豈非上之任事者每欲避理財之名, 下之不樂其成者又每倡爲擾民之說. 故寧坐視邑政之壞, 而不敢詰猾吏姦民之欺; 寧忍取下戶之苛, 而不敢受豪家大姓之怨. 蓋經界之法, 必多差官吏, 必悉集都保, 必遍走阡陌, 必盡量步畝, 必審定等色, 必紐折計等, 姦弊轉生, 久不迄事. 乃若推排之法, 不過以縣統都, 以都統保, 選任才富公平者, 訂田畝稅色, 載之圖冊, 使民有定産, 産有定稅, 稅有定籍而已. 臣守吳門, 已嘗見之施行. 今聞紹興亦漸就緒, 湖南漕臣亦以一路告成. 竊謂東南諸郡, 皆奉行惟謹. 其或田畝未實, 則令鄉局釐正之; 圖冊未備, 則令縣局程督之. 又必郡守察縣之稽違, 監司察郡之怠弛, 嚴其號令, 信其賞罰, 期之秋冬以竟其事, 責之年歲以課其成, 如周官日成、月要、歲會以綜核之.」 於是詔諸路漕、帥施行焉."

嘉定 11年(1218) 信常饒州·嘉興府에 실시하였다.[41] 그것의 실시 이유는 다음과 같다. 남송 초인 高宗의 紹興 12년(1142)에 실시했던 經界法[42]으로부터 이미 76년이 경과되어 地籍이 天災人禍로 존재하지 않거나, 官吏가 태만하여 수정되지 않았거나, 賦稅를 징수할 때의 근거자료인 物力簿와 二稅簿[43]가 혼란해져 田畝數量을 파악할 수 없게 됨에 따라 세금 탈루 현상이 심각해졌기 때문이다.[44]

經界法에서 토지를 측량하는 구체적인 방법은 많은 관리를 차출하여 都保에 모이게 해서, 阡陌을 일일이 돌아다니며 步畝를 측량한 후에, 토지의 등급을 審定하고, 計等을 折算하는 것이었다.[45] 그러나 그 와중에 간사한 폐단이 빈번하게 발생하여 오래도록 사업이 끝나지 못하는 단점도 가지고 있었다. 즉, 많은 官吏들이 측량 사업에 동원되어야 하는 官 주도형의 사업이었고, 토지 측량은 장시간을 소요했지만, 복잡한 수속과 폐단으로 인하여 결과물을 내지 못했다는 것이 經界法의 특징이다.

南宋 시기에 經界와 유사한 것이 推排法이지만, 推排의 원래 의미는 "評定"으로서 宋代에 州縣이 3년마다 民戶家産의 증감에 따라 戶等을 올리고 내리는 것을 가리켰다.[46] 그러나 宋末의 推排는 약식의 經界法

---

41) 『宋史』 卷173 「食貨上一」, p.4180.

42) 『宋史』 卷30 「高宗本紀」, p.557, "十一月癸巳, 樞密使張俊罷, 進封清河郡王. 以左司郎中李椿年爲兩浙轉運副使, 專治經界."

43) 物力簿는 宋代에 관부에서 관장하는 5等 丁産簿를 지칭하며, 二稅簿는 夏秋에 징수하는 賦稅의 登記簿를 지칭한다.

44) 張金嶺, 「財政危機與晚宋政局」(『西南民族學院學報』 20卷, 1999), pp.13-14.

45) 米玲·崔勇·丁建軍, 「宋代賦稅征收弊端成因探析」(『河北學刊』 28-6, 2008), p.102. 紐折은 「如以絹折麥, 以苗折糯, 其所敷麥, 糯過苗絹時直之數, 及已折麥, 糯, 卻再紐納價錢者, 皆是."로 보아서 折算의 의미이다.

46) 『宋會要輯稿』 「食貨六九·版籍篇」(北京: 中華書局, 1997), p.63411, "紹興二十二年(1152)二月七日 右宣義郎大理評事 王彥洪: 「切見甲令所載, 三年一造簿書, 於農隙之時, 令人戶自相推排, 欲別貧富, 升降等第, 務從均平.」"; 曾大偉, 「金朝物力通檢推排法述論」(『民族研究』 1997-5), p.73.

으로 의미가 변하였다. 원래의 圖籍에 의거하여 토지면적, 소유자와 賦稅를 대조하여 수정하고, 원래의 圖籍이 散失된 것만을 재차 丈量하였으므로 推排는 經界推排法으로도 불렸다.[47] 즉, 經界法과 推排法의 혼합이라는 것이다. 따라서 이것은 전체 토지를 측량하는 것이 아니라 圖籍이 없는 것만을 측량하는 것이다.

推排法의 구체적 실행방법은 縣이 都를 통할하고, 都가 保를 통할하여, 公平한 자를 선임하여, 田畝稅色을 논의하여, 圖冊에 기록하는 것이다. 이러한 조사를 통해 民의 재산을 확정하고 세금을 산출할 수 있게 된다. 이것은 縣級에서 都保를 통할하여 田畝를 조사하는 半官半民의 형태를 띠고 있다.

自實法 역시 南宋 조정이 田賦를 정돈하기 위한 조치였다.[48] 앞서 언급했던 謝方叔은 "自實即經界遺意"라고 했는데, 그 뜻은 經界法의 취지가 自實法에 남아있다는 뜻이다. 自實法은 寶祐 2-3年(1254-1255)에 兩浙·江東·湖南의 各 州軍에서 아주 단기간 동안 시행되었다. 寶祐 2年 12月, 殿中侍御史 吳隧가 "州縣의 版籍이 不明하여, 근자에 經界를 시행하였으나 얼마 있다가 중지되어서 州郡의 下屬縣으로 하여금 保甲에 배정하고 自實法을 시행하였다."고 하였다.[49] 自實法은 民戶를 保甲에 排定하고, 실제의 占畝數를 "스스로 보고"하게 하며, 保甲의 民戶로 하여금 그 내용을 서로 감독하게 하였다. 결국 自實法은 民이 스스로 보고하게 하여 토지 소유관계를 파악하고자 한 것이었다. 自實法은 시행된 지 오래지 않아 실패했는데, 첫째 人戶에게 강요하여 효과가 산만했고, 둘째 윗사람은 理財한다는 비판을 피하려 했고 아랫사람은 民

---

47) 張金嶺, 위의 논문, p.14.
48) 같은 논문, p.14.
49) [淸] 畢沅, 『續資治通鑑』卷174「理宗寶祐二年」, p.4747, "既十二月, 己巳朔, 殿中侍御史吳燧言:「州縣財賦, 版籍不明, 近行經界, 既已中輟, 請令州郡下屬縣排定保甲, 行自實法.」庚午, 詔:「先行於兩浙、江東、西、湖南州軍."

을 흔든다는 비판을 듣지 않으려 했으며, 셋째는 高斯得이 謝方叔의 自實田은 진시황이 시행한 것과 같은 것이라고 비판한 것에 원인이 있었다.[50]

이상에서 언급한 經界, 推排, 自實의 차이에 대해 咸淳 元年(1265) 監察御史 趙順孫은 비교적 소상히 설명하고 있다.

경계법은 민을 편하게 하려는 것이다. 비록 가난한 下戶가 절실히 원하는 것이더라도, 豪宗大姓이 모두 좋아하는 것은 아니다. 그들의 마음을 심복시킬 수 있는 것이 없는데 어찌 그들이 마음속으로부터 믿게 할 수 있겠는가? 지금의 이른바 推排는 옛날의 自實이 아니다. 推排라는 것은 鄉都에 위임하여 신속하고도 쉽게 행해지는 것이다. 自實이라는 것은 人戶에게 그 실시를 맡기는 것인데, 산만하고 모여지기 어렵다. 嘉定 이래(寧宗 嘉定 11年, 1218)의 經界法은 시간적으로 오래되지 않아서 官에 正籍이 있고, 鄉都에는 副籍이 있어서, 배열이 명백하고 모두 갖추어져 있었기 때문에 鄉都에서 일하는 자는 과거에 만든 문서를 살펴 業主의 姓名을 바꾸기만 하면 되었다. 그러나 紹興 시기(紹興 12년, 1142)에 행했던 經界는 시간적으로 오래되어서 그 문서가 남아있는 것이 적다. 비늘과 빗처럼 촘촘한 토지를 하나에서 백까지, 백에서 천까지, 천에서 만까지 그 畝步를 살피고, 그 主人과 佃戶가 바뀐 것을 바로 잡아야 하니, 역시 鄉都(嘉定經界)처럼 편한 것이 없다. 朱熹가 經界를 주로 하고, 自實을 피한 것은 바로 이를 말한 것이다.[51]

---

50) 張金嶺, 위의 논문, p.14.

51) 『宋史』 卷173 「食貨志上一」, p.4181, "咸淳元年, 監察御史趙順孫言: 「經界將以便民, 雖窮閻下戶之所深願, 而未必豪宗大姓之所盡樂. 自非有以深服其心, 則亦何以使其情意之悉孚哉? 且今之所謂推排, 非昔之所謂自實也. 推排者, 委之鄉都, 則徑捷而易行; 自實者, 責之於人戶, 則散漫而難集. 嘉定以來之經界, 時至近也, 官有正籍, 鄉都有副籍, 彪列旷分, 莫不具在, 爲鄉都者不過按成牘而更業主之姓名. 若夫紹興之經界, 其時則遠矣, 其籍之存者寡矣. 因其鱗差櫛比而求焉, 由一

趙順孫이 "自實이라는 것은 人戶에게 그 실시를 맡기는 것인데, 산만하고 모여지기 어렵다."고 부정적으로 평가한 것에서 알 수 있듯이 人戶들이 스스로의 토지를 신고하는 것이었다. 人戶에 의하여 행해지는 自實하는 방법은 寶祐 2-3년(1254-1255)보다 40여 년 전인 嘉定 元年(1208)에 張洽(1161-1237)이 推排法을 실시할 때 그 단초가 나타났다.

> 嘉定 元年에 과거에 합격하여, 松滋尉를 제수받았다. 湖右의 經界法이 不正하여 폐단이 날로 심해지자, 張洽은 推排法의 시행을 요청하였고, 令을 내려 張洽에게 이 일을 위임하였다. 張洽은 이에 民으로 하여금 그 土地疆界와 産業之數를 自實하여 匭에 넣게 하고, 이를 계산하여 검증하고 정리하였는데, 吏의 간사한 행위가 숨을 곳이 없었다. 그 후 10여 년이 경과했는데도 소송을 하는 자는 이를 인용하여 증거로 삼았다.[52]

위의 예문에서는 經界法이 올바르지 않아 폐단이 심해지자 張洽이 推排法의 시행을 주장했던 것으로 되어 있다. 다만 推排法을 실시하라고 했음에도 어떤 이유에서인지 張洽은 도리어 自實의 방법을 사용하고 있다. 이 推排法은 嘉定 元年(1208)에 시행된 것으로서, 自實法이 시행된 寶祐 3년(1255) 이전보다 40여 년이 빠르다. 張洽은 추배를 시행하기 위해 민으로 하여금 그 토지의 疆界와 産業之數를 匭에 넣게 하였고, 이를 계산·검증하고 차례대로 정리하였다는 것이다. 이것은 鄕

而至百, 由百而至千, 由千而至萬, 稽其畝步, 訂其主佃, 亦莫如鄕都之便也. 朱熹所以主經界而闢自實者, 正謂是也. 州縣能守朝廷鄕都任責之令, 又隨諸州之便宜而爲之區處, 當必人情之悉孚, 不令而行矣.」 從之."

52) 『宋史』 卷430 「道學四朱氏門人列傳(張洽)」, p.12786, "嘉定元年中第, 授松滋尉. 湖右經界不正, 弊日甚, 洽請行推排法, 令以委洽. 洽於是令民自實其土地疆界産業之數投于匭, 乃籌覈而次第之, 吏姦無所匿. 其後十餘年, 訟者猶援以爲證云." 籌는 算을, 覈은 實을 의미하므로, 농민들이 보고한 내용을 계산하고 검증하는 것을 말한다.

都가 시행주체이므로 推排라고 부르지만, 실제로는 민간인들에게 스스로 보고하도록 한 것으로 보아서 이것이 발전하여 寶祐 3년 謝方叔이 실시한 自實田으로 이어진 것으로 생각된다.

지금까지 고찰한 宋代의 經界法, 推排法, 自實法은 모두 토지의 경계를 조사하여 그에 합당한 賦稅의 부과를 목적으로 한 것이었다. 이렇게 官府가 직접 주도하지 않고 民間에 스스로 보고하게 하는 自實田은 宋代만이 아니라 그 이후 元代와 明代에도 시행되었다.[53] 明代에도 민으로 하여금 소유한 토지를 자진 신고하게 하는 "令民自實田"이 상당한 효과가 있었던 듯하다. 스스로 보고하게 하여 圖籍을 만들면 과거의 폐단이 모두 쇄신되었다는 것이다. 自實田의 목적과 관련하여 주목되는 부분은 『元史』 「泰不華列傳」의 "令民自實田以均賦役"이라고 한 부분인데, 自實田의 조치로 賦役을 균등하게 했다는 것은 토지의 소유 현황이 파악되어 賦役이 공평하게 부과되었다는 의미이다. 이것은 토지의 균등소유를 의미하는 것이 아니라, 정확한 소유토지를 파악하여 공평한 과세를 하겠다는 측면이 강조되는 것이다. 그렇다면 秦代의 自實田이라는 것도 국가가 직접 조사하는 것을 포기하고 民으로 하여금 점유, 또는 소유한 토지를 신고하게 한 것이었음이 확실해졌다. 그것은 謝方叔의 自實田이 진시황의 自實田 조치와 동일한 것이라는 高斯得의 비판에서 분명히 입증된다.

---

53) 『元史』 卷93 「食貨志一」, p.2353, "然期限猝迫, 貪刻用事, 富民黠吏, 並緣爲姦, 以無爲有, 虛具于籍者, 往往有之. 於是人不聊生, 盜賊並起, 其弊反有甚於前者. 仁宗知之, 明年, 遂下詔免三省自實田租. 二年, 時汴梁路總管塔海亦言其弊, 於是命河南自實田, 自延祐五年爲始, 每畝止科其半, 汴梁路凡減二十二萬餘石. 至泰定, 天曆之初, 又盡革虛增之數, 民始獲安.";『元史』 卷143 「泰不華列傳」, p.3424, "至正元年, 除紹興路總管. 革吏弊, 除沒官牛馬, 令民自實田以均賦役. 行鄉飲酒禮, 教民興讓, 越俗大化.";『明史』 卷138 「端復初列傳」, p.3968, "復初, 字以善, 溧水人. 子貢裔也, 從省文, 稱端氏, 元末爲小吏. 常遇春鎭金華, 召致幕下. 未幾, 辭去. 太祖知其名, 召爲徽州府經歷. 令民自實田, 彙爲圖籍, 積弊盡刷."

2) 北宋의 手實

앞에서 南宋 理宗의 寶祐 2·3년 사이에 謝方叔에 의해 自實田이 실시되었다고 했지만, 그 이전에 張洽에 의해 自實하여 匱에 넣는 것도 확인된다. 이렇게 "스스로 보고하는 自實"이 南宋에서 최초로 시행된 것은 아니고, 그 이전인 北宋 시기 呂惠卿이 실시한 手實과 동일한 것이라고 지적한 것은 平中苓次이다.[54] 王安石의 신법시 差役法을 폐지하고 募役法을 실시할 때, 免役錢의 산정이 공평하지 않자 參知政事 呂惠卿은 熙寧 7년(1074) 7월 동생 呂和卿의 안을 채택하여 戶等을 審定하는 방법을 써서 手實法을 建策했다.[55]

呂惠卿은 北宋 仁宗 天聖 7年(1029)의 天聖令에 기록된 手實의 규정을 원용하여 免役錢 부과의 기준으로 되는 각 戶의 戶等을 사정하는 자료로서 인민 스스로 官에 申告書(手實)를 제출할 것을 요구하고, 戶마다 그 자산의 명세를 보고시켰다. 官에서 田産의 공정가격을 정하고, 各人으로 하여금 각각 소유하고 있는 田地의 면적, 地價의 상하에 따라서 그 價額대로 신고시킨 것이다. 이 외에도 宅地와 家屋도 병산하였는데, 만약 신고하지 않은 것이 있으면 타인의 고발을 허락하여 포상금을 주었다. 그러나 呂惠卿의 手實法은 극히 煩瑣하여 도리어 인민을 고통스럽게 하는 결과로 되었다. 다음해인 熙寧 8년 파직되고 手實法도 폐지되었다.[56]

---

54) 張金嶺도 스스로 자신의 토지 소유 내용을 보고하는 宋代의 自實法을 手實法이라고도 부른다고 주장했다. 手實은 戶主 자신이 戶內의 人口와 田宅을 보고하는 것으로, 秦漢時期의 自占 또는 自實과 유사하다는 것이다. 張金嶺, 위의 논문, p.14; 陳鋒, 「中國古代的戶籍制度與人口稅演進」(『江漢論壇』 2007-2), p.52.

55) 平中苓次, 위의 책, pp.54-55.

56) 平中苓次, 위의 책, p.56; 馬端臨, 『文獻通考』 卷12 「職役一」, p.132, "七月, 參知政事呂惠卿獻議曰: 免役出錢或未均, 出於簿法之不善. 按戶令手實者, 令人戶具其丁口, 田宅之實也. 嘉祐敕造簿, 委令佐責戶長、三大戶錄人戶丁口、稅産物力爲五等, 且田野居民, 耆、戶長豈能盡知其貧富之詳? 旣不令自供手實, 則無隱匿之責, 安肯自陳? 又無賞典, 孰肯糾抉? 以此舊簿不可信用. 謂宜仿手實之意, 使人

呂惠卿이 실시한 手實法의 기원은 또한 唐代로 소급할 수 있다. 현전하는 唐代 手實의 실물인 "唐神龍三年(707)正月高昌縣開覺等寺手實"에는 僧數·年名·部曲·奴婢·新舊地段·畝數·四至 등이 기록되어 있어서 唐代의 手實에 기록된 내용의 상세를 알 수 있다.[57] 唐代에는 이러한 手實에 입각하여 연말에 民의 연령과 토지를 보고하여 鄉帳을 만든다. 이러한 鄉帳은 縣→州→戶部로 순차적으로 보고된다. 또한 計帳이 있는데, 이것은 내년의 課役을 위한 것이다. 計帳은 1년에 한 차례 編造되며, 戶籍은 삼년에 한차례 編造된다.

이상의 고찰에서 알 수 있듯이, 手實은 戶主가 스스로 戶口田宅을 보고하는 申告書로서, 自實과 동일한 의미를 지녔다고 할 수 있다.[58] 다만 唐宋의 手實과 南宋 寶祐 2·3년의 自實은 스스로 보고시켰다는 점에서 일치하지만, 후자의 自實은 토지소유를 확인하고, 전자는 토지만이 아니라 인구 및 기타 자산도 보고대상에 포함되는 것이 다르다.

唐 이전에는 手實이라는 용어의 출현을 확인할 수 없으므로, 이 용어는 唐宋 이후의 용어로 생각된다. 그런데 唐宋의 手實 이전에도 스스로 보고하게 하는 것으로는 平中苓次가 지적한 것처럼 스스로 재산을 기록하여 函에 넣게 하는 방법이 晉代에 행해지고 있었다.[59] 이것은

戶自占家業, 如有刊匿, 即用隱寄産業賞告之法, 庶得其實. 於是遂行手實法. 其法: 官爲定立田産中價, 使民各以田畝多少高下隨價自占, 仍並屋宅分有無蓄息以立之等, 凡居錢五當蓄息之錢一, 非用器, 田穀而輒隱落者許告, 有實, 三分以一充賞. 將造簿, 預式示民, 令依式爲狀, 縣受而籍之. 以其價列定高下, 分爲五等. 既該見一縣之民物産物錢數, 乃參會通縣役錢本額而定所當輸, 明書其數, 眾示兩月, 使悉知之. 從之."; 『宋史』 卷177 「食貨上」, p.4307; 『宋史』 卷337 「范鎭列傳」, p.10791.

57) 孟憲實, 「新出唐代寺院手實研究」(『歷史研究』 2009-5), pp.170-171.

58) 池田溫(龔澤銑 譯), 『中國古代籍帳研究』(北京: 中華書局, 1984), p.169; 『新唐書』 卷51 「食貨一」, p.1343, "凡里有手實, 歲終具民之年與地之闊并, 爲鄉帳. 鄉成於縣, 縣成於州, 州成於戶部. 又有計帳, 具來歲課役以報度支. 國有所須, 先奏而斂."

59) 『晉書』 卷70 「劉超列傳」, p.1875, "尋出補句容令, 推諸於物, 爲百姓所懷. 常年賦稅, 主者常自四出結評百姓家貲. 至超, 但作大函, 郵別付之, 使各自書家産, 投函

앞서 언급한 張洽의 自實法에서 土地疆界를 본인이 직접 기록하여 匱에 넣도록 한 것과 동일하며, 秦代에 수공업 작방과 관부의 시장에서 돈을 받을 때 교역자로 하여금 錵에 직접 넣도록 한 것을 연상하게 한다.[60]

스스로 보고하게 하는 방법은 漢代의 출토 자료에 기록이 있다. 『敦煌懸泉漢簡釋粹』에 보이는 自實을 보면, 宋代의 자료에서 상세하게 고찰했듯이 實, 즉 "사실"을 스스로 보고하는 것이다.

> 六三 驪軒武都里戶人大女高者君, 自實占家當乘物□. □□年廿七□□, 次女 □□□□…….(V 1210③:96)[61]

『敦煌懸泉漢簡釋粹』의 주석에서는 自實占에 대해서 "自己如實申報"라고 하여 "스스로 사실대로 보고하는 것"이라고 하였다. 그렇다면 "自實占家當乘物"은 "개인의 家에서 사용하는 수레를 스스로 보고하라."는 의미이다. 종전에 많이 보였던 自占의 형식에 實이 추가된 형태라고 할 수 있다. 이러한 문장구조에서 볼 때 自實田은 "自實占田"의 줄임말로서 占은 "보고"의 의미이며, 實은 "사실"을 가리킨다.

또한 昭帝의 始元 6년(B.C.81) 7월에 民으로 하여금 律令에 근거해 납부할 租稅 액수를 보고하게 했다. 그런데 如淳이 인용한 律에 의하면, 조세를 보고해야 하는 자는 家長이 몸소 각각 그 物을 보고해야하며, 사실대로 보고하지 않거나, 家長이 직접 기록하지 않으면 벌금 2근을 부과하며, 보고하지 않은 물품 및 賈錢을 몰수한다고 되어 있다. 여기에서 "사실대로 보고하지 않으면"을 의미하는 "占不以實"은 당

中訖, 送還縣. 百姓依實投上, 課輸所入, 有踰常年."

60) 睡虎地秦墓竹簡整理小組, 『睡虎地秦墓竹簡』(北京: 文物出版社, 1978), p.68, "爲作務及官府市, 受錢必輯入其錢錵中, 令市者見其入, 不從令者貲一甲. 關市." 이하 『睡虎地秦墓竹簡(1978)』로 약칭함.

61) 胡平生·張德芳, 『敦煌懸泉漢簡釋粹』(上海: 上海古籍, 2001), p.61.

시 율령에 기록된 하나의 숙어이다.[62] 이러한 종류의 自占은 토지를 스스로 보고하는 自實田과 같은 하나의 행위였는데, 이러한 秦漢의 전통이 後代에 계속 전해진 것으로 생각한다.[63] 이러한 점에서 袁林이 實을 토지를 채운다는 "充實"로 이해한 것은 옳지 않다.

2. 龍崗秦簡의 自實田

宋代의 自實田이 官府가 강력한 행정 집행능력이 부족하여 토지를 직접 측량하기 어려울 때 民에게 직접 그 토지의 소유현황을 신고하도록 한 것이고, 토지 소유 실태를 파악하여 공평한 과세를 목적으로 했다는 결론은 매우 중요하다. 宋代까지 전승된 自實田의 기원이 秦始皇 31년의 自實田에 있다는 高斯得의 지적은 자료의 부족으로 고민하던 연구자들에게는 반가운 자료이다. 이러한 결론은 秦代의 自實田 및 토지 소유 형태의 이해에 도움이 될 것이다.

이제 검토할 것은 『龍崗秦簡』 등에서 확인되는 自實田의 자료이다. 『龍崗秦簡』의 석문은 1997년(①, ②) 판본, 2001년(❶, ❷) 판본의 두 가지가 있다. 『龍崗秦簡』 자료는 파손된 殘簡이라서 내용을 파악하기 쉽지 않은데, 自實田과 관련된 부분도 판본에 따라 석독의 차이가 보인다. ①의 내용은 "黔首의 田實이 그 …보다 많은 …"의 의미로 생각되며, ②는 "或은 즉시로 그 田(實)을 말해야…"의 의미로 해석된다.

---

62) 『漢書』 卷7 「昭帝本紀」, p.224, "秋七月, 罷榷酤官, 令民得以律占租, 賣酒升四錢. 如淳曰: 「律, 諸當占租者家長身各以其物占, 占不以實, 家長不身自書, 皆罰金二斤, 沒入所不自占物及賈錢縣官也.";『敦煌懸泉漢簡釋粹』, p.11, "八·兵令十三: 當占緡錢, 匿不自占, 【占】不以實, 罰及家長戍邊一歲.(II 0114③:54)"

63) 吳毓江 撰(孫啟治 點校), 『墨子校注』(北京: 中華書局, 1993), 卷15 「號令」, p.922, "度食不足, 食民各自占, 家五種石升數, 爲期, 其在蓴害, 吏與雜皆, 期盡匿不占, 占不悉, 令吏卒職得, 皆斷." 自占이라고 하는 것은 戰國 시대 이전으로는 보이지 않는다.

① 雲夢龍崗秦簡 153: 黔首田實多其□□封⊘□□□⊘[64]

② 雲夢龍崗秦簡 殘 10 ①: ⊘或卽言其田□⊘[65]

❶ 龍崗秦簡 157: 黔首田實多其□⊘[66]

❷ 龍崗秦簡 159: ⊘或卽言其田實(?)⊘[67]

　　1997년 판본을 가지고 연구한 張金光은 ①을 田實로 이해하고, ②의 "或卽言其田□⊘"을 自實田으로 이해하여, 토지조사의 유형을 국가의 토지장악 능력에 따라 田實과 自實田으로 구분하였다. ①의 田實은 시행주체를 정부로 이해하여, 소유한도에 합치되는지를 조사한 것이며, ②의 自實田은 우선 封限(소유한도)과 토지소유가 불일치하는 현실 상황을 인정하고 黔首 각자로 하여금 自實하게 하여 그 數를 보고하게 한다는 것이다. 결국 張金光은 自實田을 民 스스로 보고하게 하여, 토지사유제가 처음으로 국가입법의 인가를 받아서 합법화하였다고 보았다.[68]

　　그러나 張金光의 견해는 『雲夢龍崗秦簡(1997)』의 판본을 이용한 것인데, 그 이후 적외선으로 촬영된 사진을 이용하여 보이지 않던 글자를 확인하였다. ②의 "或卽言其田□⊘"는 적외선으로 판독한 『龍崗秦簡(2001)』 판본 ❷에서 "或卽言其田實(?)⊘"(159)이라고 새롭게 석독하였다.

---

64) 劉信芳·梁雲柱, 『雲夢龍崗秦簡』(北京: 科學出版社, 1997), p.41.
65) 같은 책, p.41. 원래 『雲夢龍崗秦簡(1997)』에는 "黔首田實, 多其/□□/封...□□□..."으로 되어 있으나, 中國文物研究所·湖北省文物考古研究所, 『龍崗秦簡』(北京: 中華書局, 2001)의 校證에서는 "이 簡의 뒤에 殘片 "封"이 있었다. 封자의 위에 공백이 너무 커서, 위의 1자 사이의 간격이 너무 길다. 간문 가운데 기타 자간 거리가 분명히 차이가 있어 합치는 것은 잘못으로 생각되어 지금은 따르지 않는다."면서 殘片 "封"을 다른 곳으로 옮겼다.
66) 中國文物研究所·湖北省文物考古研究所, 『龍崗秦簡(2001)』, p.125.
67) 같은 책, p.126.
68) 張金光, 위의 책, pp.67-69.

②의 마지막 글자가 實이 확실하다면 ❶과 ❷ 모두 田實로 된다.(157簡
의 4번째 글자와 159簡의 6번째 글자) 따라서 동일한 田實을 가지고 시
행주체를 하나는 정부, 하나는 黔首로 보는 것은 자기모순에 빠진다.
또한 張金光은 田實을 정부가 집행 능력이 있을 때, 自實田을 정부의
집행 능력이 없을 때 실시한 것이라고 주장했지만, 실상 이 두 개의
자료는 동일 시기의 것이다. 따라서 동일 시기의 정부에 대하여 토지
조사 능력이 있다고 하고, 다른 한편으로는 없다고 말함으로써 스스
로 모순에 빠진 것이다. 결국 이 간문은 "백성이 田實(전토의 畝數)을
보고하면"으로 해석되므로 그 자체가 自實田을 가리키는 것이며, 결
국 田實과 自實田을 구분하는 것은 의미가 없다고 생각한다.[69]

　　위에서 張金光의 田實과 自實田에 대한 해석에 문제가 있음을 지적
하였다. 楊振紅은 ❷에서 田實을 言의 목적어로 보았는데, 그러면 "黔首
가 그 田實을 말하는데"로 해석할 수 있다.[70] 楊振紅은 田實이 구체적
으로 무엇인지를 확언하지는 않았지만, 그가 제시한 몇 가지 증거에
의하면 實이 實際, 事實을 가리키므로 "토지의 실제 畝數"를 가리키는
것으로 생각된다. 그의 해석이 맞는다면 아래 157簡의 "黔首田實多其
□"의 의미도 "黔首의 실제 토지 畝數가 그 …보다 많은 경우"로 해석할
수 있을 것으로 생각된다. "토지의 실제 畝數"를 지칭하는 田實과 달
리, 自實田은 "自以實占田"의 의미로서 보고하는 행위를 가리키는 것이
다. 문헌사료에는 "A多其B"의 용법이 "A가 B보다 많다"의 의미로 사용
되고 있는데,[71] 田實이 □보다 많을 때를 규정한 것은 도대체 어떠한

---

69) 龍崗秦簡은 진시황 27년(B.C.220)부터 漢高祖 3년(B.C.204)까지의 것이므로,
　　157簡과 159簡의 田實은 秦始皇 31년의 自實田 조치 이후에 추가된 것으로
　　생각된다.
70) 楊振紅, 위의 책, pp.168-169.
71) 『漢書』卷24上 「食貨志」, p.1139, "過試以離宮卒田其宮壖地, 課得穀皆多其旁田
　　畮一斛以上."; 『三國志』卷11 「魏書/國淵傳」, p.339, "夫征討外寇, 多其斬獲之數
　　者, 欲以大武功, 且示民聽也."

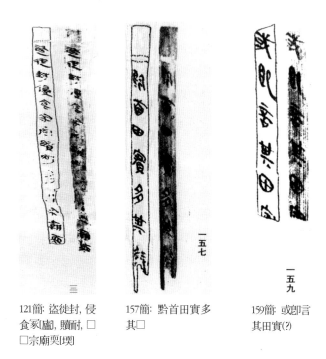

121簡: 盜徒封, 侵
食冢[廬], 贖耐, □
□宗廟䙝[壝]

157簡: 黔首田實多
其□

159簡: 或卽言
其田實(?)

상황을 의미하는 것일까? □의 글자가 밝혀지면 이 조문의 의미는 명확해질 것이다.

방금 언급한 157簡은 田實의 목적이 어디에 있는지를 살피는데 중요한 자료이다. 『龍崗秦簡(2001)』 판본에서도 157簡의 7번째 글자를 석문하지 못했으며 이 때문에 전체의 의미를 파악하기 어렵다. 그러면 7번째 글자인 "□"은 무엇일까? 彭浩 선생은 필자와의 서신교환에서 이 글자가 封이 아닌 것은 분명하다고 하였는데,[72] 실제로 『龍崗秦簡(2001)』 121간의 세 번째 글자인 封과 비교하면 확실히 두 글자는 다름을 알 수 있다.

---

72) 彭浩曰: 来信提出云梦龙冈秦简157号原释作"封"的字有疑问, 我认为您的意见是对的, 不应释"封", 该字右部右部笔画不清楚, 但可以确认不从"寸". 应释爲何字, 还不能确定. 以上意见供参考.

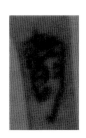

龍崗秦簡 157簡　　　秦律雜抄 37簡　　　二年律令143簡　　　二年律令 150簡

필자는 『龍崗秦簡』 157簡의 7번째 "□"가 "爵"자일 가능성에 대해 오랜 시간 동안 고민해왔다. 이 글자를 『二年律令』143, 150簡의 爵과 비교해보면, 완전히 다른 글자처럼 보인다. 그 이유는 首, 田, 實 등에서 알 수 있듯이 필체가 오른 쪽으로 살짝 기울어져 있기 때문이다. 그러나 2개의 爵을 비교한다면, 상부의 위로 솟은 획이 일치하며, 그 위치가 중앙이 아니라 왼쪽으로 치우쳐 있는 것도 일치한다. 「秦律雜抄」 37簡의 "爵"字는 寸의 부분이 짧지만, 『二年律令』의 경우는 흡사하다. 寸의 아래로 뻗는 각도가 다른데, 『龍崗秦簡』의 書寫者의 글씨가 약간 오른쪽으로 기운 독특한 서체임을 고려한다면 가능성도 있을 것 같다. 만약에 이 글자가 爵이 맞는다면, "黔首의 실제 畝數가 그 爵의 규정보다 많으면…"의 의미로 생각된다. 이것은 『二年律令』의 戶律에 보이는 授田규정에서 각 爵級에 따른 토지 수전의 畝數가 규정된 것을 연상시킨다. 그러나 『龍崗秦簡』 157簡의 7번째 글자에 대한 의문이 완전히 해소되지 않았기 때문에 이 조문이 土地畝數가 爵級 규정보다 많을 경우 환수하는 규정과 관련을 가진 것은 아닐까 하는 정도로만 의문을 제기하기로 한다.

黔首의 실제 畝數가 그 □보다 많을 때의 처리를 규정한 『龍崗秦簡』 157簡은 116簡의 "廿四年正月甲寅以來, 吏行田贏律(?)詐☒"과 관련시켜 검토할 필요가 있다.[73] 여기에서의 行田은 授田의 의미이며, 『呂氏春秋』 「樂成」에 보이는 "魏氏之行田也", 『漢書』 「高帝紀」의 "行田宅"과 같은 것

이다.[74] 臧知非는 116簡을 관리가 법률규정을 초과하여 田을 授予하거나 규정시간을 초과하여 수여한다든가 하는 상황을 규정한 것이라고 하였으나,[75] 보다 정확히 말하면 "贏"은 『睡虎地秦墓竹簡』 效律에서 물자의 출고시 규정을 초과하거나(贏) 부족한 상황(不備)을 가리킬 때 사용되고 있다.[76] 그렇다면 『龍崗秦簡』 116간은 秦始皇 24년 이래로 吏가 行田할 때 규정보다 많이 지급한 경우를 처벌하는 조항이며, 157簡은 黔首의 田實이 그 "□"보다 많을 때를 규정한 것으로서 양자 모두 授田규정을 엄정하게 준수할 것을 규정했다는 측면에서 일맥상통하는 특징이 있다. 적어도 『龍崗秦簡』이 통용되고 집행된 시점까지는 行田체제가 기능하고 있다고 보아야 한다.

3. 秦 통일과 토지 조사

1) 秦制의 강행

秦帝國이 통일한 지 5년째 되던 해에 실시한 自實田 조치의 목적을 분석함에 있어 宋代 自實田의 분석 결과를 그대로 사용한다면 간단히 결론을 도출할 수도 있다. 그러나 필자는 그러한 단순한 대입을 피하고 다양한 검토를 거친 후에 自實田의 실시 목적이 무엇인지를 판단하고 싶다.

---

73) 中國文物研究所·湖北省文物考古研究所, 『龍崗秦簡(2001)』, p.109.

74) 陳奇猷 校注, 『呂氏春秋新校釋』(上海: 上海古籍出版社, 2002), 卷16 「樂成」, p.1000, "史起進曰: 『魏氏之行田也以百畝, 鄴獨二百畝, 是田惡也.'; 『漢書』 卷1下 「高帝紀」, pp.54-55, "且法以有功勞行田宅, 今小吏未嘗從軍者多滿, 而有功者顧不得, 背公立私, 守尉長吏教訓甚不善."

75) 臧知非, 「龍崗秦簡"行田"解－兼談龍崗秦簡所反映的田制問題」, 『秦漢研究 1』(西安: 三秦出版社, 2007), p.73.

76) 『睡虎地秦墓竹簡(1978)』, p.101, "效公器贏、不備, 以齎律論及賞(償), 毋齎者乃直(值)之. 效"; 같은 책, p.113, "爲都官及縣效律: 其有贏, 不備, 物直(值)之, 以其賈(價)多者罪之, 勿贏(纍)."

우선 秦帝國의 통일 후에 본토지역의 토지제도와 구 육국지역의
토지제도의 조화라는 과제를 어떠한 방향으로 처리했을 것인지 몇
가지 방향에서 상상해보자. 1) 상이한 각국의 토지제도를 진제국 고유
의 체제로 통합할 것인지, 2) 아니면 육국의 상이한 토지제도를 인정
할 것인지, 3) 또한 이러한 문제를 고려함이 없이 단순히 육국민의 토
지를 조사하여 課稅하고자 하는 단순한 목적으로 自實田을 시행하는
방향을 생각할 수 있다.

秦帝國이 통일 직후에 취한 정책들은 화폐·도량형·小篆體로의 통
일 등 "車同軌, 書同文字"로 표현되는 秦制의 일방적인 강요였다. 토지
제도에 있어서도 진제국의 授田制를 포기하고 동방육국의 체제를 받
아들였을 것 같지는 않다. 반면에 육국에는 秦國의 授田制와 달리 사
유제가 상당한 정도로 진행되었던 것으로 판단된다. 예를 들어서 趙
括이 왕이 하사한 돈으로 토지를 사 모으기 시작한 것은 그러한 예이
다. 趙의 趙括과 같은 귀족층이 토지를 매입했다면 토지를 매각한 일
반인도 존재했을 것이므로 토지 매매의 영역은 일반인까지로 확대되
었다고 할 수 있다.[77] 전국 중후기의 楚國에 左馭인 番戌가 사망한 후
그의 邧域歓邑에 있던 飮田이 여러 차례에 걸쳐 상속과 매매가 이루
어진 것은 楚國의 토지에도 사유적 성격이 존재함을 보여준다.[78] 이
렇게 구 육국의 사유제가 진행된 상황에서 기존의 토지 점유 내지는
소유관계를 전면적으로 부정하거나 재조정하기도 용이하지는 않았을

77) 『史記』 卷81 「藺相如列傳」, p.2447, "今括一旦爲將, 東向而朝, 軍吏無敢仰視之
者, 王所賜金帛, 歸藏於家, 而日視便利田宅可買者買之."
78) 王穎, 「從包山楚簡看戰國中晩期楚國的社會經濟」(『中國社會經濟史研究』 2004-3),
p.14; 湖北省荊沙鐵路考古隊, 『包山楚簡』(北京: 文物出版社, 1991), p.28, 「左馭
番戌飮田於邧域歓邑城田一, 素畔蕑, 戌死, 其子番步後之; 步死, 無子, 其弟番黠
後之; 黠死, 無子, 左尹士命其從父之弟番軟後之. 軟飮田疠於責, 骨責之. 左馭
遊, 晨骨貯之, 有五節, 王士之後邽責閒之, 言謂番戌無後. 左司馬迨命左令軟定
之, 言謂戌有後.(151-152)"

것으로 생각된다.

2) 행정력과 토지조사

秦 통일 후에 전국의 토지 소유관계를 파악하고자 함에 있어 전국의 토지를 새로 장량하는 방법을 채택했다고 한다면 투입해야 할 행정력의 문제를 고려해야 한다. 秦의 통일 전쟁 와중에 약탈과 방화 등으로 인한 토지문서의 파괴가 발생했을 것임은 분명하다. 육국의 지방단위에 보관 중인 토지문서들이 온전하게 진제국에 넘겨졌을지는 의문이다. 이를 복구하기 위해서는 전면적으로 측량을 할 필요성도 있었을 것이고, 일부 사라진 토지문서에 대해서는 宋代 推排法과 같이 부분적인 토지 조사를 할 필요도 있었을 것이다. 앞서 필자는 宋代의 經界法에서 토지를 측량하기 위하여 관리들이 대규모로 農田에 투입되는 상황을 보았다. 통일 후 겨우 5년이 경과한 시점에서 전국의 토지를 官府 주도형으로 일일이 丈量하는 것은 엄청난 인력·시간을 필요로 했으나, 이것은 당시의 치안 불안과 측량 기술 수준 등의 문제로 인해 결코 용이한 사업이 아니었을 것으로 생각된다.

秦始皇의 自實田과 비교되는 것이 光武帝 建武 15년 6월에 실시된 度田이다. 光武帝는 建武 15년 6월에 墾田과 戶口不實의 상황을 시정하기 위해서 度田의 詔令을 발포했으나, 관리와 호족들의 반발에 직면했다. 만약에 光武帝가 自實田의 방법으로 토지조사를 행했다면 마찰은 없었을 수 있다. 그러나 탁전령에 대해 官吏들은 전력을 기울이지 않았고, "豪右에게는 優饒하고, 힘이 없는 자를 侵刻했다."는 것 때문에 광무제의 노여움을 사서 河南尹 張伋 및 諸郡守 10여 명이 度田 부실로 하옥되어 죽었다.[79] 따라서 光武帝의 度田 조치는 토지 소유자들의 반

---

79) 『後漢書』卷1下「光武帝本紀」, p.66, "(建武十五年 六月) 詔下州郡檢覈墾田頃畝
及戶口年紀, 又考實二千石長吏阿枉不平者.";『後漢書』卷1下「光武帝本紀」, p.66,
"(建武十六年) 秋九月, 河南尹張伋及諸郡守十餘人, 坐度田不實, 皆下獄死.";『後

발을 초래했던 것으로 생각된다. 이러한 반발이 있었음에도 불구하고
1989年 甘肅 武威 旱灘坡 후한시대의 墓에서 출토된 木簡에 "囗鄕吏常以
五月度田, 七月舉畜害, 匿田三畝以上, 坐□囗(武14)"라고 한 것은 度田의
집행이 일정한 효과를 거뒀던 것으로 생각된다.[80] 여기에서 鄕吏는
항상 五月에 度田하도록 하고 있는데, 또한 旱灘坡 16簡에는 "建武十九
年正月十四日己亥下"라고 하여 14簡에 언급된 "度田"이 光武帝 建武 19年
(A.D.43)에 있음을 말해준다.[81] 결과적으로 武威지역에서 있었던 度田은
광무제가 建武 15年의 탁전령을 내렸던 사실과 관련이 있었던 것이다.

　秦始皇 31년의 自實田을 光武帝의 度田과 비교한다면 전자가 후자
보다 토지 소유자와의 마찰을 줄일 수 있는 방법이었다고 할 수 있다.
光武帝의 탁전령은 스스로 신고하게 하는 것이 아니라 정부가 농민들
을 전토로 직접 호출하여 확인하는 작업이었다. 『東觀記』에 의하면 度
田을 위하여 현장으로 소집되었던 농민들은 길을 막고 울부짖었다고
한다.[82] 度田시에 田中에 사람들을 소집한 것은 "民으로 하여금 그 土
地疆界와 産業之數를 自實하여 匱에 넣게 하였던" 宋代 張洽의 自實田

『漢書』卷22「劉隆列傳」, pp.780-781, "是時, 天下墾田多不以實, 又戶口年紀互有
增減. 十五年, 詔下州郡檢覈其事, 而刺史太守多不平均, 或優饒豪右, 侵刻羸弱,
百姓嗟怨, 遮道號呼. 時諸郡各遣使奏事, 帝見陳留吏牘上有書, 視之, 云「潁川、
弘農可問, 河南、南陽不可問」. 帝詰吏由趣, 吏不肯服, 抵言於長壽街上得之. 帝
怒. 時顯宗爲東海公, 年十二, 在幄後言曰:「吏受郡勅, 當欲以墾田相方耳.」帝
曰:「即如此, 何故言河南、南陽不可問?」對曰:「河南帝城, 多近臣, 南陽帝鄕,
多近親, 田宅踰制, 不可爲準.」帝令虎賁將詰問吏, 吏乃實首服, 如顯宗對. 於是
遣謁者考實, 具知姦狀. 明年, 隆坐徵下獄, 其疇輩十餘人皆死. 帝以隆功臣, 特免
爲庶人."

80) 李均明·劉軍,「武威旱灘坡出土漢簡考述」(『文物』1993-10), p.38; 臧知非,「劉秀
　　"度田"新探」(『蘇州大學學報』1997-2), p.97; 袁延勝,『東漢人口問題研究』(鄭州大
　　學博士學位論文, 2003), p.82.
81) 武威地區博物館,「甘肅武威漢灘坡東漢墓」(『文物』1993-10), p.32.
82) 『後漢書』卷1下「光武帝本紀」, p.66, "東觀記曰:「刺史太守多爲詐巧, 不務實核,
　　苟以度田爲名, 聚人田中, 並度廬屋里落, 聚人遮道啼呼.」"

과는 달리 직접 현장에서 농민들의 토지를 대조하였던 것이다.

관리들이 농민들을 직접 농토에 소집하여 일일이 측량하는 度田이 自實田보다는 훨씬 복잡하고 작업량이 많았을 것이다. 진제국이 장기간의 분열을 극복하고 통일을 이룩한 어수선한 상황에서 국가 주도로 토지소유권을 일일이 확인하는 작업은 사실상 불가능하였다. 진시황 31년의 자실전은 이러한 상황을 반영한 불가피한 선택이었다.

3) 秦에 대한 점령지의 저항

다음으로 고려할 것이 치안불안의 문제이다. 비록 진제국은 강력한 군사력에 입각하여 육국을 점령했지만, 점령 초기에는 현지의 저항이 발생하였다. 『睡虎地秦墓竹簡』 「語書」에 南郡守 騰이 法律令과 田令을 재정비한 사실로부터 구 육국지역 吏民과의 갈등 문제를 엿볼 수 있다. 「語書」의 발포 시점은 통일 이전인 진시황 20년(B.C.227)으로서, 自實田의 조치가 나오기 11년 전이지만 이미 토지제도를 포함한 秦律의 시행에 상당한 저항이 확인된다. 南郡守 騰은 점령 지역의 吏民들이 法律令이 구비되어 있음에도 준수하지 않고, 鄕俗淫泆之民이 그치지 않아서 法律令·田令 및 간사한 행위를 처벌하는 법률을 整備하였음을 천명하고 있다.[83] "脩法律令, 田令及爲閒私方"에서의 "脩"는 일찍이 국가가 공포한 법령을 郡 단위에서 재정비한 것을 의미한다.[84]

---

83) 『睡虎地秦墓竹簡(1978)』, pp.15-16, "卄年四月丙戌朔丁亥, 南郡守騰謂縣, 道嗇夫: 古者, 民各有鄕俗, 其所利及好惡不同, 或不便於民, 害於邦. 是以聖王作爲法度, 以矯端民心, 去其邪避(僻), 除其惡俗. 法律未足, 民多詐巧, 故後有閒令下者. 凡法律令者, 以敎道(導)民, 去其淫避(僻), 除其惡俗, 而使之之於爲善殹(也). 今法律令已具矣, 而吏民莫用, 鄕俗淫泆(泆)之民不止, 是即法(廢)主之明法殹(也), 而長邪避(僻)淫泆(泆)之民, 甚害於邦, 不便於民. 故騰爲是而脩法律令, 田令及爲閒私方而下之, 令吏明布, 令吏民皆明智(知)之, 毋巨(詎)於罪. 今法律令已布, 聞吏民犯法爲閒私者不止, 私好, 鄕俗之心不變, 自從令, 丞以下智(知)而弗舉論, 是即明避主之明法殹(也), 而養匿邪避(僻)之民."
84) 廣瀬薫雄, 『秦漢律令研究』(東京: 汲古書院, 2010), pp.111-115.

재정비한 많은 법령 가운데 특별히 田令을 언급한 것은 점령지역에서 鄕俗淫泆之民의 존재로 인하여 진제국의 田令을 거부하는 분위기가 조성되어 있음을 말해주는 것이다. 또한 「奏讞書」 案例 17에 보이는 秦始皇 27년의 利鄕 반란 사건도 진제국에 대한 원주민의 저항이 있었음을 가리킨다.[85]

심지어는 秦始皇의 3차 巡守시에 張良의 저격 사건도 발생하고 있다. 진시황은 모두 5차례의 순수를 행하였다. 1차는 통일 다음해인 진시황 27년(B.C.220)에 隴西지역을, 2차는 28년(B.C.219)에 泰山·之罘·瑯瑘·彭城·安陸·雲夢을, 3차는 29년(B.C.218)에 博狼·泰山·瑯瑘·上黨을 경유하는 순수를 연년 계속하고 있다. 바로 3차 순수 시에 博狼에서 도적(張良)의 저격 사건이 발생하였다.[86] 이처럼 점령지의 불안한 치안 상황을 고려할 때 획일적으로 토지를 회수하였다가 지급하는 것은 불가능했을 것으로 생각된다.

3차례의 순수는 그 코스로 볼 때, 북방 흉노에 대한 대비, 泰山 封禪 등의 목적과 함께 민정 파악의 목적도 내포되어 있었을 것이다. 3차 순수가 끝난 다음 해인 진시황 30년(B.C.217)에는 "無事"라고 기록되어 있는 것으로 볼 때 내정이 안정 국면으로 가고 있었던 것으로 생각된다.[87] 이렇게 안정된 상황을 맞이하자 토지조사를 실시하기에 적절한 시점이라 판단하고 그 다음해인 31년(B.C.216)에 自實田의 조치를 내려서 기존의 토지 소유상황을 조사했던 것으로 생각된다.

---

85) 張家山二四七號漢墓竹簡整理小組, 『張家山漢墓竹簡[二四七號墓]』(北京: 文物出版社, 2001), pp.223-224.

86) 馬非百, 『秦集史』(北京: 中華書局, 1982), pp.388-389. 馬非百은 博狼沙라는 지명으로 알려져 있지만 실은 博狼의 모래벌판의 잘못이라고 지적했다. 그는 張良의 저격 장소를 답사했는데, 평지로서 바람이 많이 불어 모래바람이 일어나는 곳이므로, 博狼의 沙中으로 읽는 것이 옳다고 주장하였다. 『史記』 卷6 「秦始皇本紀」, p.249, "二十九年, 始皇東游. 至陽武博狼 沙中, 爲盜所驚. 求弗得, 乃令天下大索十日."

87) 『史記』 卷6 「秦始皇本紀」, p.251, "三十年, 無事."

통일 후 5년 만에 시행된 自實田의 조치는 점령지역의 저항을 고려하여 원주민의 삶을 파괴하는 강제적 토지환수 및 행정능력의 범위를 넘어선 토지 장량 사업은 불가능했음을 충분히 인식한 것이라 생각된다. 그 때문에 토지의 丈量과 구 육국민의 토지 전체를 환수하여 새로이 지급하는 방식은 불가능하므로 농민들에게 보유한 토지를 신고시키는 自實田의 조치를 취했던 것으로 생각된다. 결국 自實田은 구 육국의 저항 등을 고려한 진률체제와 구 육국 체제의 동거일 수도 있다.

이때에 고려해야 할 사항은 토지 신고를 성공적으로 수행하기 위해서 농민들에게 어떠한 반대급부를 주어야 할 것인지의 문제였다. 농민이 보유 또는 소유한 토지를 신고했을 때 그 소유권을 인정해주지 않는다면 그에 입각하여 세금 부담만이 돌아오는 우려감이 있을 수 있다. 따라서 이러한 의구심을 해소하는 방법은 신고자들에게 그 소유권을 인정해주는 것이 최선의 방책이었을 것으로 생각된다. 里耶秦簡에 "自言, 謁墾草田"의 신청 자료가 많은 것은 역시 그들에게 황무지 개간시 토지에 대한 소유권 인정이 뒤따랐을 가능성이 있다.[88] 그런데 명심할 것은 이 조치가 결코 『龍崗秦簡』에서 확인되듯이 秦末까지 지속된 秦 고유의 授田制 틀은 깨지는 않았을 것이라는 가정을 한다면, 진제국의 수전체제에서도 소유권을 인정하는 부분이 있어야만 모순 없이 진행될 수 있었다. 이러한 것은 진시황 시기 楚國 정벌을 떠날 때 王翦이 진시황에게 美田을 요청하여 자손에게 상속하려고 했

---

88) 楊振紅, 위의 책, p.144. 漢代 후기이지만, 占墾草田으로 토지를 획득하면 그 점유권은 개간자의 소유로 귀속되는 사례가 있다. 이것은 前漢 말 王立이 문객을 파견해 南郡太守 李尚의 승인을 얻어 황무지를 개간했는데, 그 토지에는 백성이 빌린 少府의 陂澤이 많았는데, 이미 개발된 것이었다. 이것을 縣官에 납입하고 보통 토지 가격으로 지급받으려 했다. 『漢書』卷77「孫寶傳」, pp.3258-3259, "時帝舅紅陽侯立使客因南郡太守李尚占墾草田數百頃, 頗有民所假少府陂澤, 略皆開發, 上書願以入縣官. 有詔郡平田予直, 錢有貴一萬萬以上. 寶聞之, 遣丞相史按驗, 發其姦, 劾奏立·尚懷姦罔上, 狡猾不道. 尚下獄死."

던 사례에서 입증된다.[89] 이러한 추정이 결코 허황된 것이 아님은『二年律令』에도 授田制를 채택하고 있으면서도, 授田한 토지에 대한 제한적 매매와 상속을 허용하고 있는 것에서 알 수 있다.

4) 秦의 爵制와 전택 소유제한

한편 秦의 군공작 체제와 연계된 전택제도가 시행되었을 때, 秦통일 이후에 구 육국민의 爵位가 秦에서 어떻게 처리되었을 것인지가 중요한 문제이다. 왜냐하면 秦帝國이 새로이 점령한 지역에서 授田制의 골격을 훼손시키지 않기 위해서는 自實田한 토지 가운데 爵級別 전택 지급량을 초과한 부분에 대해서는 환수의 조치가 필연적으로 뒤따라야 했을 것으로 생각된다. 작급에 규정된 것보다 많은 토지를 가진 자들은 어떻게 행동했을까?『二年律令』에 爵級보다 많은 토지를 타인 명의로 등록한 경우 贖城旦의 처벌을 받고 해당 토지는 압수되는 조문을 참고할 수 있겠다.

爵에 규정된 畝數를 초과한 부분은 환수한다고 하겠지만, 爵級 당 규정된 토지를 정확하게 지급했을까? 里耶秦簡의 南陽戶版에 "荊不更○○"과 같이 획일적으로 4급작 荊不更과 연소자에게 2급작 小上造를 준 것,[90] 秦惠王 시기에 巴中 점령 후 "其民爵比不更"이라고 하여 점령지역민의 爵을 不更으로 대체한 것, 楚漢전쟁 종료 후 江陵 지역에 "比士"한 사례들에서 볼 때 점령지에서의 爵의 처리원칙은 일괄적으로 不更의 爵으로 대체한 것으로 생각된다.[91] 그런데 이주민에게 일괄적으로

---

89) 王翦의 기사를 보면 田宅은 자손에게 상속이 가능하였던 것으로 보아서 사유적 성격이 있었다.『史記』卷73「王翦列傳」, p.2340, "王翦行, 請美田宅園池甚衆. 始皇曰:「將軍行矣, 何憂貧乎?」王翦曰:「爲大王將, 有功終不得封侯, 故及大王之嚮臣, 臣亦及時以請園池爲子孫業耳.」"

90) 湖南省文物考古研究所,『里耶發掘報告』(長沙: 岳麓書社, 2006), pp.203-207.

91) 任仲爀,「漢初의 律令 제정과 田宅制度」, p.125. 秦은 점령지에 4급 不更의 작위를 하사하는 전통이 있다. 奏讞書 案例 16의 "屬漢以比士", 南陽戶版의 "荊

4등작 不更을 하사했을 때 不更에 상응하는 4경의 토지를 지급했는지는 자료가 없기 때문에 알 수 없지만, 30畝를 보유하고 있었던 陳平의 형의 사례로 볼 때 賜爵시에 일일이 토지를 지급하지는 않았음이 분명하다.

秦始皇 27년(B.C.220) 전국에 賜爵했으므로, 陳留郡 陽武(戰國 魏地)에 살았던 陳平의 형의 작급은 최소한 1급작 公士 이상이었을 것이다. 그럼에도 토지가 1頃 이하라는 것은 賜爵과 授田제도가 서로 부합되지 않은 증거이다.[92] 이것은 自實田에 의해 토지를 신고했을 뿐, 규정보다 부족한 토지를 정부로부터 지급받지 못한 것이 현실이었을 것이다. 이것은 동방 육국민에게 작급에 상응하는 토지의 추가적 지급 없이 自實田의 조치만 취했기 때문에 秦통일 이전의 토지소유관계가 지속되었음을 반영한다. 따라서 自實田은 기존의 소유관계를 확인해주는 정도에 그쳤다고 할 수 있다.

이상의 논의를 정리한다면, 秦始皇 31년의 "使黔首自實田也"의 조치는 통일 후 秦律의 규정에 따라 전국의 토지 소유자 및 畝數의 확인과 그에 입각한 稅收의 확보를 위한 것이라고 할 수 있다. 진제국이 중국을 통일한 직후 전국에 秦의 토지제도를 집행하려는 시도가 보이지 않는 것이 매우 이상하다고 생각하겠지만, 그러한 조치에 해당하는 것이 自實田이었다고 생각된다. 이 조치는 전국의 토지를 丈量하고 나

不更○○", 『後漢書』 卷86 「南蠻西南夷列傳」, p.2841, "及秦惠王并巴中, 以巴氏爲蠻夷君長, 世尚秦女, 其民爵比不更, 有罪得以爵除. 其君長歲出賦二千一十六錢, 三歲一出義賦千八百錢. 其民戶出幏布八丈二尺, 雞羽三十鍭. 漢興, 南郡太守靳彊請一依秦時故事." 등은 모두 점령지의 민들에게 不更의 爵을 내려주고 있다.

92) 王彦輝, 「論張家山漢簡中的軍功名田宅制度」(『東北師大學報』 2004-4), p.18; 『史記』 卷56 「陳丞相世家」, p.2051, "陳丞相平者, 陽武戶牖鄕人也. 少時家貧, 好讀書, 有田三十畝, 獨與兄伯居. 伯常耕田, 縱平使游學. 平爲人長大美色. 人或謂陳平曰:「貧何食而肥若是?」其嫂嫉平之不視家生産, 曰:「亦食穅覈耳. 有叔如此, 不如無有.」伯聞之, 逐其婦而弃之."

서 환수한 후에 새로이 지급하는 것은 불가능했기 때문에 그 차선책
으로 실시된 것으로 생각된다. 예컨대 수년간의 노동력을 투입하여
개간한 옥토를 환수한다면 농민들은 반발했을 것이다. 따라서 대대적
반발이 예상되는 환수 조치보다는 自實田에 입각하여 실제의 토지소
유 상황을 파악하는 것이 용이하고도 성공 가능성이 높은 방법이라
고 생각된다. 이것은 별도의 전택 지급 없이 단지 爵級에 규정된 것보
다 많은 부분만 환수하면 되는 간단한 것이었다.

IV. 自實田과 토지소유형태

1. 自實田 전후의 田宅 소유

앞에서 宋代 自實田에서의 결론과 같이 自實田은 단순히 통일 후
보유하고 있는 토지를 신고시키고 그에 입각해 세금을 부과하는 조
치이다. 그렇기 때문에 토지 소유구조에 전혀 영향을 미치지 않아서
『二年律令』과 秦律의 토지구조는 동일하다고 볼 수 있다던가, 高敏의
주장과 같이 秦律과 漢律은 복제 관계에 있기 때문에 『二年律令』의 授
田규정 및 제한적 토지의 매매와 상속 규정이 秦律에도 똑같은 것이
있었을 것이라고 결론내리면 간단할 것이다. 그러나 『二年律令』에 있
는 것과 동일한 규정들이 秦律에 있었는지를 그렇게 속단하기는 곤란
하다. 그것은 宋代에는 사유전을 대상으로 신고시킨 것이며, 秦代는
외관상 授田制가 행해지고 있던 시대이므로 自實田에 의해 토지의 소
유권에 변화가 초래되었을 가능성이 있을 수도 있기 때문이다. 따라
서 몇 가지의 가능성을 추정해 보겠다.

[표 1] 自實田에 의한 변화 가능성

	秦의 토지(국유)	自實田	漢의 토지(국유)
① 自實田에 의해 私有制로 이행	매매 불가	사유 허용	사유제 정착
② 自實田에 의해 변화 발생	매매 불가	사유 허용	二年律令의 사유 및 매매 제한적 허용
③ 自實田에 의한 변화 없음	사유 및 매매 제한 적 허용	무변화	二年律令의 사유 및 매매 제한적 허용

우선 생각할 수 있는 것이 自實田을 통해 신고된 토지의 사유를 인정함으로써 授田制에서 私有制로 이행하였다는 이해 방식이다.(①의 이해 방식) 그러나 이러한 이해 방식은『二年律令』에서 계속 秦代와 동일한 授田制가 행해지고 있기 때문에 옳다고 할 수 없다. 비록『이년율령』에서 제한적 매매, 상속 등을 허용하지만, 큰 틀에서는 국가 수전제의 틀을 유지하고 있기 때문이다.

그 다음으로 고찰해야 할 것이 自實田에 의해 처음으로 私有制가 출현했는지(②), 아니면 그 이전부터 사유제가 출현했는지에 대한 것으로 논의를 집중시켜야 한다(③). ②는 自實田 이전에는 토지 매매가 불가했으나 自實田을 경유함으로써 授田制 체제 하에서도 토지의 사유권이 인정되고 매매도 허용되었다는 이해방법이다. ②가 ①과 다른 점은, ①이 自實田 이후 완전히 授田制가 붕괴하고 사유제로 바뀌었다는 이해방식이고, ②는『二年律令』의 수전제 하에서 사유가 제한적으로 허용되고 있는 점이 다르다.

③은『二年律令』에 나타난 授田制 하에 사유를 인정하는 소유형태가 自實田 이전에도 존재하였다는 이해방식이다. 즉, 自實田은 단지 점령지의 토지소유 현황을 파악하고 신고한 농민들에게 소유권을 인정하는 것으로 이해하는 방식이다. 이것은 기존의 토지소유권을 그대로 인정해주는 것이다. 이를 위해서는 自實田 이전의 秦國에 토지의 사유가 인정되고 있었음을 입증해야 한다.

[표 2] 매매 허용 시점

		授田 여부	田宅 賣買·相續	
睡虎地秦簡	秦律	受田	×	
	封守		×	室만 封守
	日書	受田	×	
放馬灘日書			○	
自實田			?	
龍崗秦簡		行田	×	黔首田實多其□
二年律令, 蕭何		行田	○	

②와 ③의 내용을 검토하기 위하여 출토자료를 중심으로 行田과 토지매매의 상황을 [표 2]로 정리하였다. 표에서 알 수 있듯이, 行田(受田)은 自實田이 시행되기 이전인 戰國秦에도, 그리고 이후인 『二年律令』의 시점에도 모두 존재하기 때문에 秦律과 漢律은 일관성 있게 국가수전제를 유지했음을 알 수 있다. 이러한 일관성의 관점에서 본다면, 『二年律令』에 보이는 토지의 相續·賣買도 自實田 이전부터 존재했을 가능성이 있다. 그러나 이러한 추정에 가장 큰 장애물로 되는 것이 「封診式·封守」에 사유재산 항목으로서 토지가 포함되어 있지 않은 것이다. 토지국유론자는 이것을 토지가 국유재산이라는 것을 입증하는 자료로 활용해왔다.[93] 「封守」에 토지 항목이 없는 것은 漢代 居延漢簡 문서에 토지가 재산목록에 포함되어 있는 사실과 다른 점이다.[94]

　「封守」 鄕의 某에 대한 爰書: 某 縣의 丞인 某의 문서에 입각해, 鞫問을 받은 某 里의 士伍 甲의 家室·妻·子·臣妾·衣器·畜産을 차압하였습니다. ● 甲의 室과 사람: (室은) 一宇二內로 구성되어 있고, 각각 門이 있으며, 內室

---

93) 張金光, 위의 책, p.98; 施偉靑, 『中國古代史論叢』(長沙: 岳麓書社, 2004), p.113; 李冬梅, 『秦漢簡牘所見財産法研究』(東北師範大學, 2005), p.9.

94) 謝桂華 等, 『居延漢簡釋文合校』(北京: 文物出版社, 1987), p.34, "24.1B, 三燧隧長 居延西道里公乘徐宗年五十 徐宗年五十 … 宅一區直三千 … 田五十畝直五千…"

은 모두 기와지붕이며, 목제의 구조물은 잘 구비되어 있으며, 대문 앞에 뽕나무가 열 그루 있습니다. ●妻의 이름은 某인데, 이미 도망간 상태라서 封하지 못하였습니다. ●딸은 大女子로서 이름이 某인데, 남편이 없습니다. ●아들은 小男子로서 이름이 某인데, 키가 6尺5寸입니다. ●이름이 某인 奴, 이름이 某인 小女子 婢가 있습니다. ●수캐 한 마리가 있습니다. ● 里典 某와 甲과 같은 伍에 소속된 公士 某에게 묻기를, "만약 甲에게 차압할 다른 것이 아직 남아있는데도 이들 某 등이 탈루하고 등록하지 않은 것이 있다면 장차 죄를 받게 될 것이다."라고 하니, 某 등이 모두 말하기를, "甲에게서 封해야 할 것은 모두 여기에 포함되어 있으며, 이밖에 封할 것은 없습니다."라 하였습니다. 이에 즉시 甲의 封한 것을 某 등에게 위임하고, 이들로 하여금 같은 里의 사람들과 번갈아 지키게 하고, 명령을 기다리게 하였습니다.[95]

「封守」의 작성 시점은 「封診式」의 다른 자료로 유추할 때 自實田 이전의 자료로 추정된다. 「封診式·奪首」 爰書에 보이는 邢丘전투는 秦昭王 41년(B.C.266) 발생했고,[96] 「封診式·亡自出」 爰書에 보이는 "四年三月丁未籍一亡五月十日"은 秦昭王 4년 3월에 丁未가 없기 때문에 秦王政 4년(B.C.243)에 해당한다.[97] 이렇게 연대가 밝혀진 기록들과 함께 보이는 「封守」 爰書는 秦昭王 41년에서 秦王政 4년 사이의 문서일 것이므로, 自實田 이전의 토지국유 여부를 살피는데 시점의 문제는 없다.

---

95) 『睡虎地秦墓竹簡(1978)』, p.249, "封守 鄕某爰書: 以某縣丞某書, 封有鞫者某里士五(伍)甲家室、妻、子、臣妾、衣器、畜産. ●甲室、人: 一宇二內, 各有戶, 內室皆瓦蓋, 木大具, 門桑十木. ●妻曰某, 亡, 不會封. ●子大女子某, 未有夫. ●子小男子某, 高六尺五寸. ●臣某, 妾小女子某. ●牡犬一. ●幾訊典某某、甲伍公士某某: 「甲黨(倘)有【它】當封守而某等脫弗占書, 且有罪.」 某等皆言曰: 「甲封具此, 毋(無)它當封者.」 即以甲封付某等, 與里人更守之, 侍(待)令."

96) 같은 책, pp.256-257.
97) 같은 책, p.278.

이 문서에서 封守하도록 한 항목은 주택(室)·妻·子·臣妾·衣器·畜産이다. 그러나 실제로 封守한 세부 항목에는 衣器의 항목이 빠져있고, 田宅은 아예 언급조차 없다. 유의해야 할 점은 家室과 宅(宅地)이 구별되어야 한다는 사실이다. 「封守」에서는 家室이 주택의 구조만을 언급한 것에서 볼 때 지상건축물만을 의미했고, 睡虎地秦簡 日書에도 家室은 지상건축물을 의미하였다.[98] 반면에 『二年律令』에서 "宅之大方卅步"라는 1宅의 면적은 1713.96m²(약 571.32평)이므로[99] 漢代의 주택 면적이 대략 30-40m²인 것과 비교하면 宅에는 건물을 지을 수 있는 택지만이 아니라 園圃·庭院이 포함되어 있다고 보아야 할 것이다.[100]

그렇다면 「封守」의 家室에 宅地가 포함되지 않는 것일까? 그런데 이상한 것은 居延漢簡에는 가옥을 표현할 때, 宅一區로만 표현하고 있을 뿐 지상건축물인 家室을 별도로 언급하지는 않았다.[101] 또한 『二年律令』에서 宅(宅地 및 園圃를 가리킴)을 매각할 때에 별도로 지상건축물인 家室을 떼어내서 매각한다는 언급은 없다.[102] 따라서 漢代의 宅

---

98) 睡虎地秦墓竹簡整理小組, 『睡虎地秦墓竹簡』(北京: 文物出版社, 1990), p.183, 「日書甲種 秦除」: 23正貳 "收日, 可以入人民·馬牛·禾粟, 入室取妻及它物.(正)"; 같은 책, p.196, 「日書甲種 室忌」: 102正壹 "春三月庚辛, 夏三月壬癸, 秋三月甲乙, 冬三月丙丁, 勿以筑(築)室." 이하 『睡虎地秦墓竹簡(1990)』로 약칭함.

99) 楊振紅, 「秦漢「名田宅制」說 -從張家山漢簡看戰國秦漢的土地制度」(『中國史研究』 2003-3), p.50.

100) 楊振紅, 『出土簡牘與秦漢社會』, p.128. 현재 확인할 수 있는 漢代의 주거 유지에 대한 발굴보고는 희소하여 전모를 알 수는 없으나, 아래의 몇 가지 사례로 확인해보면 건물이 있었던 크기는 1宅의 크기인 571.32평보다는 훨씬 작다. 洛陽 서부에서 발견된 前漢의 住房은 方形으로서 일변이 13.3m로서 176.89m²이다.(약53평)[陳曦, 『先秦至秦漢家居設計文化觀念之演變』(南京理工大學碩士學位論文, 2006), p.28.] 한편 三楊莊의 주택은 건물 부분이 5.7×6m(34.2m², 약 10.4평)이고, 뜰(院落)은 20×18m(360m²)로서 전체 면적은 394.2m²(143.3평)이다.[河南省文物考古研究所·內黃縣文物保護管理所, 「河南內黃縣三楊莊漢代庭院遺址」(『考古』 2004-7), p.35.]

101) 謝桂華 等, 『居延漢簡釋文合校』, p.34, "宅一區直三千(24.1B)"; 같은 책, p.61, "宅一區萬(37.35)."

에는 당연히 지상에 있는 家室도 함께 포함하여 매각했을 것이다. 그렇다면 동일한 논리로서 秦代 「封診式」에 보이는 家室의 개념에는 비록 지상 건축물만을 언급했다고 하더라도 宅(宅地·園圃·庭院)이 포함되었을 가능성도 있다고 생각된다. 따라서 睡虎地秦簡 日書에는 室이 지상건조물만을 가리키지만, 漢代에는 宅(宅地)이 건조물도 포함되는 것으로 보아, 「封守」의 家室에 宅地가 포함되지 않는다고 단정을 내리기는 곤란하다는 정도로 논의를 마쳐야 할 것 같다.

「封守」의 차압목록에 주택(室)은 있고 垈地가 없는 문제에 대해서, 『二年律令』 「戶律」에 田은 310-313簡에, 宅은 314-316簡에 별도로 규정하고 있는 것이 해답이 될 수 있을지 모른다. 田과 宅을 구분한 것은 양자의 개념이 다른 것임을 말해준다. 이것은 『韓非子』에 中牟人이 도망갈 때 宅圃는 팔고, 田耘은 그냥 두고 갔다는 것과도 일맥상통하는 것처럼 보인다.[103] 그러나 「封守」에는 『韓非子』에서 매매가 허락되었던 宅圃까지도 제외되어 있는 점은 이상하다고 하지 않을 수 없다. 『韓非子』에 전토와 달리 주택에 매매를 허용해 사유를 인정했다면 동일하게 「封守」에서도 宅圃만은 재산목록에 포함되었어야 할 것이다.

또한 魏戶律의 "自今以來, 叚(假)門逆呂(旅), 贅壻後父, 勿令爲戶, 勿鼠(予)田宇."라는 법조문을 보면 田宇, 즉 토지와 주택을 함께 지급하는 것이 원칙이다. 만약에 토지와 주택이 모두 국유라고 한다면, 「封守」시에 당연히 양자 모두가 포함되어야 했다. 그러나 「封守」에서처럼 宇(家室)만을 압수하고 동시에 지급한 田을 압류하지 않았다는 것은 무엇인가 이상하다. 家室도 국유인데 이를 압류하고, 같은 국유인 田은 압류하지 않는 이유를 설명할 수가 없다.

그렇다면 왜 「封守」에 宅(地)까지도 생략되었을까? 첫째, 封守의 대

---

102) 『張家山漢墓竹簡』, p.177, "受田宅, 予人若賣宅, 不得更受.(321)"

103) 王先謙, 『韓非子集解』(北京: 中華書局, 1998), 「外儲說左上第32」, p.263, "故中章·胥己仕, 而中牟之民棄田圃而隨文學者邑之半."

상은 토지가 아니라, 지상에 있는 건축물만으로 국한되었을 것이라는 추정이다. "即以甲封付某等, 與里人更守之, 侍(待)令."이라고 한 것에서 보면, 封守는 범인의 家産을 査封하고, 里人이 번갈아 가며 범인의 가족을 看守하는 것이다.[104] 封의 의미는 사람을 "잡아두는 신병확보"의 의미며, 守는 이를 간수하는 의미이다. 따라서 更守는 주택내의 가재도구, 가축 등 이동시킬 수 있는 재산 등의 유출방지를 목적으로 감시인이 번갈아 지키는 것이다. 차압목록에 田宅(宅도 원택지를 가리킴)이 없는 것은 굳이 지키지 않아도 가지고 갈 수 없는 不動産의 성격 때문으로 생각될 수도 있다.

그러나 動産만 封한다는 추정은 『二年律令』의 收律 규정 때문에 성립하기 어려울 것으로 보인다. 『二年律令』收律에는 몰수할 것을 獄史와 官嗇夫가 공동으로 "襍封"하여, 物數를 縣廷에 보고한다고 규정되어 있다.[105] 여기에서 공동으로 封하는 襍封은 바로 차압의 의미로 생각되는데, 『二年律令』의 襍封 대상에 田宅이 포함되어 있기 때문에 부동산이라서 襍封 대상에서 제외된다는 가정은 성립할 수 없다.[106] 그렇다면 秦代의 「封守」에는 몰수대상이 아니었으나, 漢代의 『二年律令』에 田宅이 몰수 항목에 포함된 것은 自實田에 의해서 초래된 변화일까, 아니면 「封守」에 없는 것이 단순한 자료상의 누락에 의한 것일까? 이 문제는 조금 더 고찰을 필요로 한다.(후술)

두 번째의 실마리는, 秦漢律에서 鬼薪 以上과 隷臣妾 이하로 구별하여 죄수의 가족 및 재산을 몰수하는 원칙에서 찾아보려고 한다. 즉,

---

104) 『睡虎地秦墓竹簡(1978)』, p.248, 주석 ⑥; 陳絜, 「里耶"戶籍簡"與戰國末期的基層社會」(『歷史研究』 2009-5), p.35.

105) 『張家山漢墓竹簡』, p.157, "當收者, 令獄史與官嗇夫, 吏襍封之, 上其物數縣廷, 以臨計.(179)"

106) 같은 책, p.156, "罪人完城旦, 鬼薪以上, 及坐奸府者, 皆收其妻, 子, 財, 田宅. 其子有妻, 夫, 若爲戶, 有爵, 及年十七以上, 若爲人妻而棄, 寡者, 174(C263) 皆勿收. 坐奸, 略妻及傷其妻以收, 毋收其妻. 175(C262)"

鬼薪 이상의 처는 몰수되어 관노비로 되지만, 隷臣의 妻는 몰수되지 않는데, 남편이 隷臣으로 되기 이전에 가지고 있던 田宅을 어떻게 처리했을까?

秦律에서는 원칙적으로 隷臣 및 府隷 가운데 妻가 없는 자, 城旦舂之司寇, 居貲贖責(債)毄(繫)城旦舂者, 城旦의 경우는 국가로부터 의복을 지급받지만, 隷臣에게 처가 있거나, 妻가 更隷妾이거나, 外妻가 있을 때는 의복비용을 거두고 있다.[107] 이 규정은 隷臣의 경우 妻의 유무를 묻고, 城旦의 경우 妻가 남편과 함께 몰수되므로 아예 그 유무조차 묻지 않고 있다. 「封守」에서 죄수의 죄목은 명시되지는 않았지만, 그 妻子까지 封守의 대상이 되고 있으므로 범죄자는 "完城旦, 鬼薪以上"이라고 봐야 한다.

몰수되지 않은 隷臣의 처가 남편인 隷臣의 의복비용을 부담해야 하는 것은 경제적 생활 근거가 보장되지 않았다면 불가능하다.[108] 또한 隷臣이 감시하던 城旦을 도망치게 한 죄로 完城旦이 되었을 때 밖에 있던 처자까지 몰수당하고 있는 사례에서 본다면, 몰수되기 이전까지 隷臣의 처는 생계에 필요한 田宅 및 財産 등을 보유했을 것으로 생각된다. 그러나 그녀가 일단 몰수되는 시점부터 이제까지 보류되었던 전택 등의 재산은 몰수되었을 것이다.[109] 秦律의 내용을 계승한 『二年律令』의 收律에 城旦·鬼薪以上은 田宅을 몰수한다는 규정이 있는

---

107) 『睡虎地秦墓竹簡(1978)』, p.87, "隷臣妾, 城旦舂之司寇, 居貲贖責(債)毄(繫)城旦舂者, 勿責衣食; 其與城旦舂作者, 衣食之如城旦舂. 隷臣有妻, 妻更及有外妻者, 責衣."; 같은 책, pp.67-68. "稟衣者, 隷臣·府隷之毋(無)妻者及城旦, 冬人百一十錢, 夏五十五錢; 其小者冬七十七錢, 夏卌四錢. 春冬人五十五錢, 夏卌四錢; 其小者冬卌四錢, 夏卅三錢. 隷臣妾之老及小不能自衣者, 如舂衣."

108) 里耶秦簡에 죄수인 司寇가 계속 촌락에 살면서 立戶하는 것은 토지를 몰수당하지 않은 증거라고 할 수 있다.

109) 『睡虎地秦墓竹簡(1978)』, p.201, "隷臣將城旦, 亡之, 完爲城旦, 收其外妻·子. 子小未可別, 令從母爲收.」 ●可(何)謂「從母爲收」? 人固買(賣), 子小不可別, 弗買(賣)子母謂殹(也)."

것으로 보아서 秦代에도 城旦·鬼薪의 토지는 몰수되었을 것인데,[110] 아래의 『嶽麓書院藏秦簡(肆)』에는 그러한 추정을 입증하는 자료가 포함되어 있다.

> ●田律: 죄가 있어 田宅가 이미 縣官에 몰수되어 있는데, 만약에 이미 行田하였거나, 賞으로써 사람에게 주었으나 物故(事故)가 있다면 새로이 이 사안을 심사하며, 田宅가 縣官에 몰수되는 것이 부당하다면 재차 원래의 田宅를 돌려준다.(114)[111]

여기에는 有罪者의 田宅를 沒收하는 내용이 포함되어 있었다. 이것은 秦律에서 죄수의 田과 宅을 몰수하였던 증거이고, 『二年律令』의 몰수항목과 동일하다고 할 수 있다.

『二年律令』의 "城旦과 鬼薪 이상의 경우, 妻子·財·田宅을 收한다."는

---

110) 이년율령의 收律에는 "完城旦, 鬼薪以上"의 경우에만 田宅을 몰수한다고 했는데, 戶律에 司寇는 0.5頃을 받지만 隸臣·鬼薪·城旦은 토지 지급대상이 아닌 것으로 규정되어 있다. 여기에서 문제는 隸臣인데, 예신은 토지를 몰수당하지 않지만, 다른 조항에서 예신은 토지 지급대상이 아니라는 상호 모순되는 현상을 어찌 풀 것인가? 결혼한 일반남성이 범죄를 지어 隸臣이 되어 노역하게 되었을 때 그 外妻는 밖에서 생활을 영위한다. 이때에 이년율령의 戶律규정을 따르면 隸臣은 토지를 받을 수 있는 존재가 아니므로 처자식의 생계는 막막해진다. 하지만 收律규정을 따른다면 隸臣의 토지는 몰수되지 않으므로 처자식의 생계가 파괴되지 않는다. 필자는 이 부분에서 戶律의 규정은 지급 규정이므로 지급할 당시의 신분이 기준이 된다고 생각하며, 收律의 규정은 일단 授田한 이후의 신분 변화 시의 隸臣 신분이라는 점이 중시되어 토지는 몰수되지 않는다고 생각한다. 그런데 현재의 자료에서는 남편이 隸臣으로 되었을 때, 妻가 별도로 爲戶하여 토지를 수전할 수 있는 자격을 갖게 되는지를 고찰할 수 있는 자료는 확인할 수 없다.

111) 陳松長 主編, 『嶽麓書院藏秦簡(肆)』(上海: 上海辭書出版社, 2015), p.105, "●田律曰: 有辠, 田宅已入縣官, 若己行, 以賞予人而有勿(物)故, 復(覆)治, 田宅不當入縣官, 復界之其故田宅(114)"

내용의 원형이 秦代에 있었음은 秦王政 2년(B.C.245)의 것으로 알려진 「奏讞書」案例 17에서 확인할 수 있다. 案例 17에는 소를 절도했다는 누명으로 黥爲城旦의 처벌을 받은 講이 재심을 통하여 무죄를 받았는데, 이 사건을 재심한 廷尉는 이미 민간에 매각한 講의 妻子를 縣官에서 贖하고, 다른 몰수품목(它收) 가운데 이미 팔린 것은 현금가격으로 지급하라고 판결하고 있다.[112] 지금까지 4개의 각기 다른 자료에서 언급된 몰수의 대상을 비교하면 다음과 같다.

[표 3] 몰수 항목

	시점	몰수 항목				
封診式 封守	昭王 41년(B.C.266) - 秦王政 4년(B.C.243)	妻子	家室	臣妾	衣器	畜産
奏讞書 案例 17	秦王政 2년(B.C.245)	妻子	它收			
嶽麓書院藏秦簡 (肆) 田律	秦始皇말·이세황제		田宇			
二年律令 收律	高祖 2년(B.C.205)	妻子	田宅	財		

[표 3]에서 본다면, 自實田 이전의 것인 案例 17에서 黥爲城旦의 처자와 기타 재산(它收)이 몰수되고 있다. 여기에서는 안례 17의 它收로 표현된 몰수품목에 토지가 포함되었는지 여부가 가장 중요한 관건이다. 『嶽麓書院藏秦簡(肆)』 田律의 자료에는 이러한 의문을 일시에 해결할 수 있는 자료가 포함되어 있었다. 즉, 秦代에도 법률에 죄수의 田宇를 몰수하는 규정이 존재하였다.

이 문제를 해결함에 있어 戰國시대 秦 昭襄王 시기 甘茂의 자료는 중요한 열쇠가 될 수 있다. 甘茂는 모함을 받아 齊로 망명했는데, 망명의 죄는 黥城旦에 해당한다.[113] 甘茂가 黥城旦에 해당했다면 그의

---

112) 彭浩·陳偉·工藤元男, 『二年律令與奏讞書』(上海: 上海古籍出版社, 2010), p.360, "妻子已賣者, 縣官爲贖. 它收已賣, 以賈(價)畀之. 及除坐者貲, 貲已入環(還)之."
113) 『睡虎地秦墓竹簡(1978)』, p.171, "告人曰邦亡, 未出徼闌亡, 告不審, 論可(何)殹

전택은 당연히 몰수되어야 했을 것이다. 甘茂의 손자 甘羅가 趙에 외교사절로 파견되어 趙로 하여금 燕을 공격하게 하고 획득한 30城 중에서 11城을 받아내는 외교성과를 거두자 秦王政은 과거 몰수했던 甘茂의 전택을 甘羅에게 재차 하사하고 있다. 우리는 이러한 甘羅의 사실로부터 秦 통일 이전에 黥城旦에 해당하는 죄수의 전택이 몰수당한 사실을 알 수 있었고, 「封守」에 "田"만 빠진 사실이 오류였음을 확인할 수 있다.[114]

감무의 아들은 국가에 몰수되었을까? 『二年律令』을 보면, 完城旦과 鬼薪 이상 죄수의 가족을 몰수할 때, "妻, 子, 財, 田宅"을 몰수하기는 하지만, 자식의 경우 예외규정을 두고 있다.[115] 즉, 完城旦과 鬼薪의 자식이 결혼하여 처 또는 남편이 있거나, 또는 별도로 호를 구성하였거나 유작자이거나, 나이가 17세 이상이거나, 또는 타인의 처가 되었다가 이혼했거나 과부가 된 경우에는 몰수하지 않는다는 예외 조항이 있다. 감무의 아들이 이러한 예외규정에 해당되는지는 알 수 없으나, 몰수한 전택을 재차 돌려준 것을 보면 신병도 국가에 몰수되었을 가능성이 있다.

이상에서 분석한 甘茂의 몰수한 田宅을 돌려주었다는 기사는 「封守」의 압류항목에 "田"이 누락되어 있음을 입증하는 것이다. 범죄자 중에서 鬼薪·城旦의 전택은 秦律에서나 『二年律令』에서 동일하게 몰수되었던 것이다.

이상의 결론에 근거할 때, 필자는 「封守」에 田이 언급되지 않은 이유가 문서의 완결성에 문제가 있기 때문이며, 그 점에서 律令의 규정

(也)? 爲告黥城旦不審."

114) 『史記』 卷71 「甘茂列傳」, p.2321, "甘羅還報秦, 乃封甘羅以爲上卿, 復以始甘茂田宅賜之."

115) 『張家山漢墓竹簡』, p.156, "罪人完城旦, 鬼薪以上, 及坐奸府者, 皆收其妻, 子, 財, 田宅. 其子有妻, 夫, 若爲戶, 有爵, 及年十七以上, 若爲人妻而棄, 寡者, 174(C263) 皆勿收. 坐奸, 略妻及傷其妻以收, 毋收其妻. 175(C262)"

보다는 신빙성이 떨어진다고 생각한다. 「封守」가 완벽한 문서가 아니라고 보는 첫 번째 이유는 「封守」에서 지정된 압류 품목에 衣器가 포함되어 있지만, 실제의 압류 품목에 포함되어 있지 않다는 사실이다. 이 집안에 의류와 각종 기물이 전혀 없지는 않을 것이고, 衣器가 국유일 리도 없기 때문이다. 둘째, 「封守」에는 大女子임에도 불구하고 封의 대상으로 되어 있는 것도 이해하기 어려운데, 『二年律令』에는 17세 이상의 大女는 收에서 제외되고 있기 때문이다.[116]

이 문제를 秦律에서는 17세 이상의 미출가한 大女도 收의 대상이었다가 『二年律令』 단계에서는 收의 대상에서 제외되는 것으로 법률이 개정되었다고 주장하면 그만일 수도 있다. 그러나 그렇게 보려면 收律 제도가 漢代로 들어오면서 전면적으로 바뀐 것을 입증해야만 한다. 이러한 두 가지 사항으로 볼 때, 「封守」의 내용은 문서의 완결성 측면에서 미비점이 보이므로 그대로 신뢰하기는 곤란하다. 이상에서 지적한 사항 때문에 「封守」가 토지국유제를 증명할 수 있는 자료로서는 미흡하다고 생각한다.

지금까지 언급한 것은 爵位에 입각하여 전택을 지급하고, 유죄 시에는 전택을 몰수하는 원칙의 확인이었다. 그러나 爵位에 근거한 엄정한 授田제도가 실제로 준수되고 있지는 않았다. 실제로는 『二年律令』에 보이는 제한적 사유의 허용 부분이 秦代에도 상당히 활성화되고 있고, 동시에 토지소유의 불균형이 노정되고 있다. 그러한 사례로서 우선 里耶秦簡의 貲罰을 받은 죄수들의 사례를 들 수 있다.

里耶秦簡에 陽陵縣의 司空은 洞庭郡에서 戍邊하는 자기 縣 소속의 守卒들에게 贖錢·貲餘錢·貲錢의 추징을 요청할 때에 채무자의 재산을 면밀하게 조사하고 있다.[117] 이때에 재산이 없어 貲罰에 처해진 자들

---

116) 같은 책, p.156.
117) 湖南省文物考古研究所, 「湖南龍山里耶戰國-秦代古城一號井發掘簡報」(『文物』 2003-1), pp.19-33.

도 역시 陳勝의 집안처럼 토지가 없었기 때문이었을 것이다.[118] 里耶
秦簡의 시점이 진시황 33년 3-4월이므로 31년의 자실전이 경과한 지
2년 정도 되었다. 국가가 토지를 신고시켰다면 응당 이들은 소유한
토지를 신고했을 것이다. 그러나 이들이 貲錢을 납부하지 못한 것은
원래 토지는 물론이고 여타의 재산도 없었기 때문으로 생각된다. 이
것을 보면 완전히 재산이 없는 채무변제 불능자로 생각된다. 陽陵縣
의 토지가 없는 자들은 원래 楚國 출신으로서, 無土地의 상태는 통일
이전 楚의 상황을 계승하였을 것이다.

또한 토지국유제 하에서도 오히려 토지를 매매하는 증거가 있어
주목된다. 張金光은 放馬灘秦簡 日書에 受田하는 吉日이 있다고 주장했
다.[119] 그의 주장대로 「利以賣市, 可受田宅」의 부분은 田宅을 국가로부
터 受田하는 것을 의미하는 것으로 해석할 수 있다. 放馬灘秦簡 日書의
자료가 授田制를 입증하는 자료이지만, 동일한 放馬灘秦簡에는 사유의
표식이라고 할 수 있는 토지 매매의 자료도 포함되어 있다. 그 자료
는 1989년과 2009년의 석독에 중요한 차이가 보인다.

118) 『漢書』 卷31 「陳勝傳」, p.1824, "始皇既沒, 餘威震于殊俗. 然而陳涉, 甕牖繩樞
之子, 甿隷之人, 遷徒之徒也, 材能不及中庸, 非有仲尼·墨翟之知, 陶朱·猗頓之
富. 躡足行伍之間, 而俛起阡陌之中, 帥罷散之卒, 將數百之衆, 轉而攻秦. 斬木
爲兵, 揭竿爲旗, 天下雲合響應, 嬴糧而景從, 山東豪俊遂並起而亡秦族矣.";『漢書』
卷31 「陳勝傳」, p.1785, "陳勝字涉, 陽城人. 吳廣, 字叔, 陽夏人也. 勝少時, 嘗與
人傭耕. 輟耕之壟上, 悵然甚久, 曰:「苟富貴, 無相忘!」傭者笑而應曰:「若爲傭
耕, 何富貴也?」勝太息曰:「嗟乎, 燕雀安知鴻鵠之志哉!」";"師古曰:「與人, 與人
俱也, 傭耕, 謂受其雇直而爲之耕, 言功傭也.」"
119) 張金光, 위의 책, p.12; 何雙全, 「天水放馬灘秦簡綜述」(『文物』 1989-2), p.29,
"中呂, 利矣, 材矣, 市販事矣. 有合某(謀)矣. 曰: 貞在中呂, 是謂中澤有水不豚,
有言不惡, 以利賣市, 可受田宅"2009년 판본에서는 以利賣市를 利以賣市로
수정했다.[甘肅省文物考古研究所編, 『天水放馬灘秦簡』(北京: 中華書局, 2009),
p.100. 270簡.]

1989년 석문: 亥朔己亥, 是胃反支, 以徙官, 十徙以復, 憂者十喜. 以亡者, 得. 十系囚殹出. 不可旬冠帶見人·取婦嫁女, 人·臣·妾乃田.(乙 247簡)[120]

2009년 석문: 亥朔巳亥, 是胃反支, 以徙官, 十徙以㈑, 憂者十喜, 以亡者, 得, 十㲋囚殹出. 不可冠帶見人·取婦嫁女, 入臣妾及田.(128簡)[121]

1989년 판본의 "人臣妾及田"을 2009년 판본에서는 "入臣妾及田"으로 석독하여 "人"을 "入"으로 바꾸었다. 1989년판의 "取婦嫁女, 人·臣·妾乃田"에서 取婦嫁女의 동사(取, 嫁) + 목적어(婦, 女)의 구조와 대구를 이루려면 "人·臣·妾乃田"의 "人"은 "入"으로, "乃"는 "及"으로 釋文하는 것이 옳다. "人"으로 석문하면 그 句는 동사가 없어서 문장 기능을 할 수 없게 된다. 整理小組도 "入"을 사노비인 臣妾의 買入을 의미하는 것으로 해석하고 있다.[122] 노예는 臣妾·臣徒 등으로 불리는데, 그들은 牲畜·財貨와 함께 병렬되어 있어 분명히 주인의 재산으로 간주되었다.[123] 사노비와 함께 "入"을 공통의 동사로 사용하는 田의 경우도 매입의 대상으로 보아야 할 것이다. 田宅이 매매되었을 가능성은 睡虎地秦簡 日書의 아래 자료에서도 확인된다.

好田野邑屋.(144正3)
午失火, 田宇多.(251)[124]

---

120) 何雙全, 위의 논문, p.29.

121) 甘肅省文物考古研究所編, 『天水放馬灘秦簡』(北京: 中華書局, 2009), p.93.

122) 『睡虎地秦墓竹簡(1990)』, p.183, "入人, 卽後文所謂「入人民」, 買進奴隷."

123) 李學勤, 『簡牘佚籍與學術史』(南昌: 江西敎育出版社, 2001), pp.136-137, "日書甲種 臣妾亡, 不得.(744); 可以劈決池, 入臣徒, 馬牛, 它生(牲).(754); 可以入人民, 馬牛, 禾粟, 入室取妻及它物. 毋以午出入臣妾, 馬【牛】, 是胃(謂)并亡.(837) 日書乙種 可以入馬牛, 臣【妾】(936); 可以入臣妾(937)"

124) 『睡虎地秦墓竹簡(1990)』, pp.203, 254.

李學勤은 "宇와 宅은 형태도 비슷하고 의미도 같다. 田宇는 고서에 늘 보이는 田宅이다. 田宅이 많다는 것은 購買와 賜授로부터 기인했을 것인데, 『韓非子』 등에는 田宅을 賞賜한 기술이 있다. 동시에 日書의 好田野邑屋은 田宅을 뜻한다. 好衣佩, 好衣劍, 好女子, 好家室, 好樂 등의 好는 愛好의 의미이다. 만약 私有의 배경이 없다면 불가능할 것"이라고 주장하였다.[125] 李學勤의 주장에 의하면 田野邑屋도 사유의 개념에 속한다는 것이다.

放馬灘秦簡의 "入臣妾及田"이 노비 매입을 의미함은 里耶秦簡의 官府가 노비를 민간에 매각하고 있는 사실로 보다 더 확연히 입증되고 있다. 里耶秦簡에 의하면, 秦에서는 매월 초하룻날에 지난 한 달간 매각한 徒隸의 수를 집계했다.[126] 이처럼 매매가 허용된 노비와 함께 田이 언급된 "入臣妾及田"의 기록은 토지의 매매사실을 입증하는 것이다. 심지어 "田宇多"라는 것은 대토지소유의 흔적까지 조심스럽게 추정할 수 있을 것으로 생각된다.

그러나 放馬灘日書에서는 田이 매매되고 있지만, 放馬灘日書와 兄弟로 묘사되는 睡虎地日書에는 田의 매매 사실이 없다. 이러한 모순을 어떻게 이해해야 할 것인가? 이것이 두 자료의 선후상의 문제인가?

何雙全은 放馬灘日書의 부장시점을 함께 출토된 秦王政 "八年八月己巳"의 墓主記에 근거하여 秦始皇 9년으로 추정하고, 매장시점이 秦始皇 30년 직후인 睡虎地秦簡日書와 시기적으로 가깝다고 한다.[127] 李學勤은 墓主記의 "八年"이 "卅八年"의 誤釋이며, 秦昭王卅八年이라고 주장하기도 했으나,[128] 2008년 적외선으로 검토한 결과 卅은 더럽혀진 점(汚點)으로서 문자가 아님이 밝혀졌으며 "八年八月己巳"가 정확한 것이었

---

125) 李學勤, 위의 책, p.143.

126) 李學勤, 「初讀里耶秦簡」(『文物』 2003-1), p.78.

127) 何雙全, 위의 논문, pp.29-30.

128) 李學勤, 「放馬灘簡中的志怪故事」(『文物』 1990-4), p.43.

다. 이와 함께 출토된 기물로 추정해 볼 때 放馬灘秦墓의 연대는 戰國中期에서 秦始皇 統一前으로 추정된다. 특히 放馬灘日書가 출토된 1호묘의 墓主記가 秦王政 8년(B.C.239)으로 분명하기 때문에 秦始皇 30년에 부장된 것으로 추정되는 睡虎地秦簡 日書보다 빠른 것은 분명하다.[129]

그러나 이러한 분석은 단순한 下葬연대에 불과하고, 成書시점을 반영한 것은 아니다. 胡文輝는 放馬灘日書 甲種과 睡虎地日書의 내용을 비교한 결과, 매장 연대와는 반대로 전자의 내용이 후자보다 늦은 것이라고 주장하였다.[130] 그 근거는 漢代 이후 통용된 十二生肖와 비교하면 睡虎地秦簡 日書의 十二生肖는 많이 다르지만, 放馬灘日書의 十二生肖는 완전히 일치한다는 것에서 찾고 있다. 사실상 현재 우리가 볼 수 있는 十二生肖는 睡虎地秦簡 日書보다는 放馬灘日書와 일치한다.

따라서 이 문제를 해결하는데 어려움이 많은데, 吉仕梅의 睡虎地秦墓竹簡에 사용된 "于"와 "於"의 사용례 변화를 연구한 결론은 문서의 작성 시점을 분석하는데 유용하게 사용될 수 있다. 그의 결론은 先秦의 문헌에서 于는 於에게 그 자리를 양보하고 있다는 것이다. 이에 입각하여 睡虎地秦墓竹簡을 다음과 같이 분석하였다.

[표 4] 睡虎地秦簡의 于와 於

	秦律十八種	法律答問	效律	語書	爲吏之道	日甲	日乙	小計	백분비
于	5	5	1	0	0	4	0	15	27%
於	2	1	1	6	2	23	5	40	73%

위의 [표 4]를 보면 「法律答問」의 경우 于가 於보다 많기 때문에 成書시점이 비교적 이르고, 「語書」는 진시황 시기의 문헌이므로 於만 있

---

129) 『天水放馬灘秦簡』, p.128. 睡虎地秦簡日書는 秦이 秦昭王 28년(B.C.279) 白起로 하여금 楚를 공격하고, 다음 해에 南郡을 설치한 이후에 秦과 楚의 영향하에 만들어진 것이었다.

130) 胡文輝, 「放馬灘《日書》小考」(『文博』 1999-6), p.26.

고 于는 없다.[131] 이러한 결론을 放馬灘日書에도 적용해보면, 放馬灘日書 甲은 于가 1회, 於는 없으며, 日書 乙은 于가 6회, 於가 6회이다. 이것을 [표 4]의 吉仕梅의 결론과 비교해본다면, 於가 월등히 많은 睡虎地秦簡 日書가 放馬灘日書보다 늦게 출현한 것임을 알 수 있고, 따라서 胡文輝의 주장에 동의하기 어렵다는 결론이 나온다. 그렇다면 토지매입의 자료가 비교적 오래된 放馬灘日書에 보이고, 나중의 것인 睡虎地秦簡日書에 없는 것은 판본의 차이라고 밖에 볼 수 없다.

自實田 이전인 秦王政 8년 무렵에 부장된 日書에 토지매입의 기록이 존재하는 사실은 중요하다. 비록 「封守」에 개인의 차압재산 목록에 田宅이 포함되어 있지 않지만, 『嶽麓書院藏秦簡(肆)』에는 몰수 항목에 포함되어 있고, 放馬灘日書에 토지 매입의 사실이 보이는 것은 민간에서의 토지 매매 및 토지 사유가 존재하는 것을 반영하는 것이다.

한편 秦律에 금지된 인신매매가 放馬灘日書에는 黔首의 매매로 나타나고 있다.[132] 秦律에서도 채무가 있을 때 百姓을 저당하는 것도 처벌하고 있으므로,[133] 저당보다 더 무거운 人身 略賣의 경우 『二年律令』의 磔刑에 해당하는 정도의 처벌이 존재했을 것이다.[134] 이처럼 인신매매를 금지함에도 黔首를 매매하고 있는 현상과 마찬가지로, 민간에는 授田制 하에서 토지매매의 현상이 진시황 31년 自實田 이전보다 20년

---

131) 吉仕梅, 「《睡虎地秦墓竹簡》語料的利用與漢語詞滙語法之研究」(『樂山師專學報』 1997-1), p.37.

132) 『天水放馬灘秦簡』 乙種 14簡, p.87, "建日良日殹可爲嗇夫可以祝祠可以畜六生不可入黔首."; 乙種 16簡, p.88, "平日可取妻祝祠賜客可以入黔首作事吉殹."

133) 『睡虎地秦墓竹簡(1978)』, p.214, "百姓有責(債), 勿敢擅質, 擅質及和受質者, 皆貲二甲. 廷行事 質人者論, 鼠(予)者不論; 和受質者, 鼠(予)者□論."

134) 『張家山漢墓竹簡』, p.143, "群盜及亡從群盜, 毆折人枳(肢), 胅体及令伿(跛)癃(蹇), 若縛守, 將人而强盜之, 及投書, 縣(懸)人書, 恐猲人以求65(C311)錢財, 盜殺傷人, 盜發冢, 略賣人若已略未賣, 橋(矯)相以爲吏, 自以爲吏以盜, 皆磔. 66(C310) 智人略賣人而與買, 與同罪. 不當賣而松爲人賣, 賣者皆黥爲城旦舂; 買者智其請, 與同罪. 67(C309)"

정도 전에 부장된 放馬灘日書에 존재했다고 생각된다. 이러한 현상을 반영하여 里耶秦簡에 公田과 黔首田이 구분되어 나타났던 것으로 생각된다.[135] 이러한 민간의 토지매매가 이미 존재하고 있었기 때문에 진 시황 31년의 自實田 조치에 의해 육국지역에 토지신고 및 그 소유권을 인정한다고 하더라도 큰 충격을 주었던 것은 아니었다.

이미 그 이전에 秦國에 토지의 사유의 증거인 토지매매와 양도의 증거가 확인되고 있었다. 토지 매매의 증거로 秦王政 22년의 사안인 案例 4의 「芮盜賣公列地案」을 들 수 있다.[136] 案例 4에는 公卒 芮가 국가의 公有地를 불법으로 매각하고 있다. 이 사실은 공유지·사유지를 포함한 토지의 매매가 합법적인 환경이었기에 가능했던 것이다. 또한 토지의 매매 가격이 매도자와 매수자 사이에서 협상을 통해 결정되고 있는 것은 토지가 상품으로 되어 있음을 말해준다. 「奏讞狀」 案例 7의 「識劫婑案」에도 사유 토지가 존재하는 증거가 있다. 이 사안은 識이라는 인물이 大女子 婑을 협박한 사안인데, 秦王政 18년(B.C.229) 8월 丙戌일(21일)에 발생한 것이다.[137] 案例 7에는 沛가 識에게 5천 전 값어치의 室을 구입해주고, 馬 1필과 稻田 20畝를 나누어 주고 있는 사실이 있다. 沛가 稻田 20畝를 識에게 나누어 준 사실은 田의 "讓渡"에 해당한다. 이 稻田이 沛의 "私有地"였기에 양도할 수 있었던 것이다.[138]

이밖에도 龍崗秦簡에는 사유를 허용하는 자료들이 보인다. 龍崗秦簡에 田籍을 詐偽하려 한 이유도 私有의 개념이 없다면 이해되지 않는다. 『雲夢龍崗秦簡(1997)』에서는 "田及爲詐偽(宅田)籍皆侳臧與盜(182簡)"이라고 판독했지만, 『龍崗秦簡(2001)』에서는 "田及爲詐偽寫田籍皆坐臧(贓)

---

135) 里耶秦簡에도 "都鄕黔首田"(9-836)이라 하여, 黔首田이 확인되고 있다.
136) 朱漢民·陳松長 主編, 『嶽麓書院藏秦簡(參)』(上海: 上海辭書出版社, 2013), pp.257-260.
137) 같은 책, pp.263-266.
138) 任仲爀, 「戰國秦에서 漢初까지의 토지제도 綜觀」(『中國古中世史硏究』 35, 2015), pp.272-277.

與盜…(151簡)"이라 하여 宅을 寫로 판독했다. 이 글자는 하반부가 손상되어 판독하기 어렵지만 『二年律令』에 보이는 "輒爲定籍"의 定일 가능성도 있다. 어찌되었든 龍崗秦簡에서 田籍을 위조하려 했다는 점만은 확실하다. 張金光은 龍崗秦簡에 보이는 盜田 행위에 대해서 토지국유제 하에서 官田을 盜取하는 것이라고 하였다.[139] 田籍을 속이는 행위가 개인의 名田으로 등록하려는 것이 아니라면 "爲詐僞寫田籍"의 행위를 할 필요가 없을 것이다. 盜는 자신의 것이 아닌 것을 훔친다는 의미이기 때문이다.[140] 龍崗秦簡에 타인의 무덤을 침해하는 "人冢, 與盜田同法"의 경우 盜田의 법과 같이 처벌하는 것도 역시 私田의 존재가 없다면 불가능하다. 漢代에 衡山王이 人田을 侵奪하고, 人冢을 훼손해 田으로 만든 것으로 治罪된 사례가 있다.[141] 衡山王의 獄案에 보이는 "壞人冢以爲田"은 타인의 무덤을 침범한 것을 盜田으로 간주한다는 龍崗秦簡의 법령을 계승한 것이다. "壞人冢以爲田"이 "侵奪人田"과 함께 나오는 것은 용강진간에 보이는 黔首田과 같은 것으로서 個人의 私田이 존재했음을 보여준다.

　이러한 소유권의 인정이 법령에 반영된 결과로서 里耶秦簡에 "謁墾草田"의 기사들이 빈출하게 되는 것이다. 다만 自實田과 秦始皇 32년의 "久並來田"을 동일한 것으로 보면 안된다는 점이다.[142] 전자는 토지를 신고시킨 것이고, 후자의 "來田"은 萊田으로서 황무지와 관련된 내용

---

139) 張金光, 위의 책, p.50.

140) 『晉書』 卷30 「刑法志」, p.928, "攻惡謂之略, 三人謂之羣, 取非其物謂之盜, 貨財之利謂之贓."

141) 『史記』 卷118 「淮南衡山列傳」, p.3095, "王又數侵奪人田, 壞人冢以爲田. 有司請逮治衡山王. 天子不許, 爲置吏二百石以上. 衡山王以此恚, 與奚慈, 張廣昌謀, 求能爲兵法候星氣者, 日夜從容王密謀反事."

142) 並의 의미는 파악하기 쉽지 않다. 『禮記』 「檀弓下」 卷十에 "行幷植於晉國, 不沒其身, 其知不足稱也."에 대해 鄭玄注는 "幷, 猶專也"라고 했다. 만약에 專一로 해석할 수 있다면, 오래도록 그 토지를 배타적으로 경작할 수 있도록 했다는 의미로 해석할 수 있다.

이다. 商鞅의 萊田 개발의 조치가 이때에도 계속된 것으로서 이해된다.

결론적으로 본 절의 서두에서 3개의 가정을 제시했는데, 그 가운데서 ③의 추정이 옳다고 생각된다. 즉, 自實田 이전에도 토지의 사유권이 있었다고 생각한다. 秦律에서나, 『二年律令』에서나 모두 수전제를 채택하고 지급한 토지는 제한적으로 所有와 매매, 상속을 허용한 점도 동일하다고 생각한다. 그렇게 된 이유는 바로 다음 절에서 고찰하는 蕭何의 율령제정 상황에서 비롯되었다고 생각한다.

2. 秦律과 二年律令의 연속성

秦律과 漢律의 토지제도가 큰 변화 없이 계승된 이유는 蕭何가 秦律을 그대로 수용하였기 때문이다. 高敏은 『二年律令』에 수록된 諸律令의 내용을 검토한 결과 그것은 秦律의 複製版, 또는 大同小異하다고 결론을 내린 바 있다.[143] 그러나 양자의 계승관계에 대해서는 이미 충분한 논의가 있어, 특별히 秦律과 『二年律令』의 字句를 비교하는 작업은 생략하도록 하겠다.[144] 秦律과 『二年律令』을 비교한 결과는 漢初 刑法 가운데 적지 않은 율문이 직접적으로 秦律의 條文을 계승하거나, 개별적인 글자에 약간의 수정만을 하면서 계승하고 있다. 律文이 완전히 동일한 것은 없지만, 약간씩의 상이점을 보이면서 정신은 그대

---

143) 高敏, 「《張家山漢墓竹簡·二年律令》中諸律의制作年代試探」(『史學月刊』 2003-9), p.36. 고민은 戶律의 賜爵制度는 『漢書』 「百官公卿表」의 序에 실린 秦制와 동일하고, 錢律의 국가에 의한 鑄幣權 장악, 민간인의 盜鑄 금지의 입법정신은 秦律과 대체로 같았다고 보았다. 水間大輔는 秦律의 妖言令, 挾書律도 惠帝 4년까지 효력이 있었던 것으로 보아 秦律의 가혹한 법률도 그대로 계승된 측면도 있고, 漢律의 어떤 조항은 秦代보다도 더 처벌이 무거워서 그대로 계승된 것만은 아니었다고 주장한다. 水間大輔, 「秦律から漢律への繼承と變革」(『中國出土資料研究』 10, 2006), pp.5-9.

144) 楊瑪麗, 『從竹簡秦漢刑法的比較看"漢承秦制』(西北大學碩士學位論文, 2004), pp. 50-51.

로 계승한 것이 대부분이다. 靑川田律과 『二年律令』 田律의 관계에서도
단지 字句의 배열 순서에서만 차이가 있을 뿐 거의 동일하다.[145]

　이렇게 秦律의 율문을 계승한 이유는 漢律의 제정 경위에 있었다.
蕭何가 秦 승상부에서 율령을 수습하여 단기간에 漢律을 제정하였기
때문에 秦律과 漢律이 상당히 높은 정도의 율문 계승성을 가지고 있
었던 것이다. 특히 自實田의 조치를 실시한 秦始皇 31년 이후에도 이
行田의 내용들이 龍崗秦簡에 남아 있다는 것은 秦의 수전체제의 골격
에 변함이 없음을 말해주는 것이고, 蕭何가 秦 丞相府에 들어가서 획
득한 그것은 바로 그러한 授田체제가 담긴 秦律이었던 것이다. 심지
어 龍崗秦簡은 秦帝國 멸망 후, 楚漢전쟁 기간 중에도 지방에서 운용되
고 있었다는 주장도 있다.

　『雲夢龍崗秦簡(1997)』의 해제에서는 "龍崗秦簡의 법률조문이 진시황
27년(B.C.220)부터 秦二世 3년(B.C.207)까지 14년간 통용되었다."고 하여
龍崗秦簡이 통용된 하한선을 秦二世 3년으로 잡았다.[146] 반면에 『龍崗
秦簡(2001)』의 해제에서는 하한선을 漢高祖 3년(B.C.204)까지로 더 내리
고 있다. 龍崗秦簡에 보이는 "廿四年正月甲寅", "廿五年四月乙亥", "九月

---

145) 四川省博物館·靑川縣文化館, 「靑川縣出土秦更脩田律木牘」(『文物』 1982-1), p.11,
　　"二年十一月己酉朔朔日, 王命丞相戊(茂), 內史匽氏臂更脩爲田律: 田廣一步, 袤
　　八則, 爲畛, 畝二畛, 一陌道; 百畝爲頃, 一阡道, 道廣三步, 封高四尺, 大稱其高;
　　埒高尺, 下厚二尺. 以秋八月, 修封埒, 正彊畔, 及發阡陌之大草. 九月, 大除道及
　　除澮. 十月, 爲橋, 修陂堤, 利津□. 雖非除道之時 而有陷敗不可行, 相爲之□
　　□."; 『張家山漢墓竹簡』, p.166, "田廣一步, 袤二百冊步, 爲畛, 畝二畛, 一佰道;
　　百畝爲頃, 十頃一千道, 道廣二丈. 恒以秋七佰之大草; 九月人除246(F83)
　　道□阪險; 十月爲橋, 修波堤, 利津梁. 雖非除道之時而有陷敗不可行, 輒爲之.
　　鄕部主邑中道, 田主247(F72)道, 道有陷敗不可行者, 罰其嗇夫, 吏主者黃金各
　　二兩. □□□□□及□上, 罰金二兩. 248(F62)" 田律의 연속성은 이 조문이
　　宋代의 天聖令에도 보이는 점에서 알 수 있다. "諸田廣一步, 長二百四十步
　　爲畝, 畝百爲頃."(『天一閣藏明鈔本天聖令校證 附唐令復元硏究』(北京: 中華書局,
　　2006), p.253.]
146) 劉信芳·梁雲柱, 『雲夢龍崗秦簡(1997)』, p.48.

丙申"의 干支 중에서 유독 연대가 없는 "九月丙申"에 착목하여 이것이 漢高祖 3年 9月 27日에 해당하는 것으로 보았다. 漢高祖 3년은 秦이 멸망했고 楚漢이 아직 전쟁 중이므로 천하의 주인이 없기 때문에 연도를 쓰지 않았을 것이라는 추정이다.[147]

行田(授田)의 사실이 기록된 龍崗秦簡의 하한선이 漢 3년(B.C.204)이라는 추정이 옳다면 이것은 蕭何가 秦律을 획득한 시점(고조 원년 B.C.206)보다도 오히려 나중까지 사용되었으며, 심지어는 蕭何의 율령이 제정된 高祖 2년(B.C.205)까지 운몽지역에서는 秦律이 계속 사용되었다고 할 수 있다.[148] 즉, 蕭何가 秦 승상부에 들어가서 수습한 秦律에는 秦始皇 31년의 自實田 조치 이후 私有制로 이행한 것이 아니라 계속 行田 체제가 담겨있던 것이다.

楚漢전쟁의 급박한 상황 속에서 율령의 제정 필요성을 느낀 것은 秦의 도필리 출신이었던 蕭何의 생각이 크게 작용하였으리라 생각된다. 전쟁이 한창이던 高祖 2년에 율령을 제정한 상황을 고려한다면 蕭何가 제정한 율령은 秦 咸陽宮에서 수습한 秦律을 크게 수정하지 않았을 것이다. 司馬遷은 秦末의 도필리였던 蕭何를 평범한 인물로 묘사하고 능력에 높은 평점을 주지 않았다.[149] 蕭何의 개인적 능력과 성격으로 미루어 볼 때, 그는 새로운 제도의 창출을 도모했다기보다는 秦代의 율령을 그대로 답습했을 가능성이 높다. 蕭何가 法令約束을 만들 때에 高祖의 재가를 받고 나서야 집행했다는 것에서도 알 수 있듯이 토지 매매로의 전환과 같은 국가의 大綱을 독단으로 결정하는 것은 상상하기 어렵다.[150] 때문에 秦律에서도 『二年律令』에 보이는 수전체

---

147) 『龍崗秦簡(2001)』, pp.8-9.

148) 任仲爀, 「漢初의 律令 제정과 田宅制度」, pp.112-121.

149) 『史記』 卷53 「蕭相國世家」, p.2020, "太史公曰: 蕭相國何於秦時爲刀筆吏, 錄錄未有奇節. 及漢興, 依日月之末光, 何謹守管籥, 因民之疾秦法, 順流與之更始. 淮陰·黥布等皆以誅滅, 而何之勳爛焉. 位冠群臣, 聲施後世, 與閎夭·散宜生等爭烈矣."

제와 제한적인 토지 매매를 허용했을 가능성이 높다고 생각된다.

漢律이 秦律의 복제판이라는 결론은 秦律의 토지제도를 고찰함에 있어 상당히 중요한 정보를 제공한다고 할 수 있다. 즉,『二年律令』戶律에 규정된 行田, 즉 田宅 지급의 규정은 秦律을 그대로 계승했을 가능성이 높다. 또한 秦代와『二年律令』의 자료에는 동일하게 授田制를 유지하고 있지만, 후자에는 사유재산으로서 매매되는 것도 확인되며, 동시에 매매된 토지는 後子에게 상속되었다. 漢初 蕭何의 율령제정이 급박한 상황 하에서 이루어진 것을 보면 秦과 漢의 율령의 윤곽은 거의 바뀌지 않았을 것이다. 그리고 高祖 5년 詔書에서 "復故爵田宅"의 조치를 취하여 秦末의 소유권을 회복시켜주고 있는 것을 보면 秦代의 田宅 소유권이 인정되고 있음을 알 수 있다.

V. 결론: 自實田과 漢高祖 5年의 復故爵田宅

南宋의 自實田은 토지를 신고시켜 토지의 경계를 확정하여 토지소유자를 밝히고, 이에 근거해 공평한 과세를 의도한 것이었다. 南宋의 高斯得이 秦代의 상황과 동일하다고 지적했듯이, 秦代 自實田의 목적도 동일하게 토지를 신고시켜 소유권을 확정하고 그에 따른 공평한 賦稅를 부과하는 것이다. 秦帝國은 육국지역에 대한 토지 신고의 誘引策으로서 원 소유주의 소유권을 인정해주었을 가능성도 있다. 보유현황만을 조사하고 소유권을 인정해주지 않는다면 성공적인 조사는 불

---

150) 『史記』卷53「蕭相國世家」, pp.2014-2015, "漢王引兵東定三秦, 何以丞相留收巴蜀, 塡撫諭告, 使給軍食. 漢二年, 漢王與諸侯擊楚, 何守關中, 侍太子, 治櫟陽. 爲法令約束, 立宗廟社稷宮室縣邑, 輒奏上, 可, 許以從事; 即不及奏上, 輒以便宜施行, 上來以聞. 關中事計戶口轉漕給軍, 漢王數失軍遁去, 何常興關中卒, 輒補缺. 上以此專屬任何關中事."

가능했을 것이다. 농민 측에서 볼 때, 토지 소유권이 인정되지 않는다면 공연히 토지 신고만 하고 세금만 내게 되는 결과를 야기할 수도 있었기 때문이다.

秦帝國의 授田制가 이미 육국에서 진행되고 있던 私有田과 큰 충돌 없이 진행될 수 있었던 것은 秦의 授田制 하에서도 개인의 名田에 대한 제한적 사유가 인정되었던 때문으로 생각된다. 그러한 증거는 甘茂의 田宅이 개인 소유였던 증거 및 『二年律令』에 국유제와 사유제가 대립된 개념으로 나타나 있지 않은 것에서 찾을 수 있다. 전체적인 틀은 국유 수전제 형태로서, 名田宅의 이름을 띠고 名田의 私有를 인정하는 것이다. 이러한 증거는 陳平의 "少時家貧, 好讀書, 有田三十畝, 獨與兄伯居."라는 기록에 보이는데, "有"라는 표현은 소유권을 전제로 한 것이다. 이는 龍崗秦簡의 行田으로 표현되는 授田체제와 사유체제가 병존하는 것을 의미한다. 다른 한편으로 陳勝과 같이 토지가 없어 傭耕하고 있는 자의 존재는 수전체제가 제대로 시행되지 않고 있음을 말해주는 것이다.

宋代 자실전이 토지소유의 실태를 파악하여 공평한 課稅를 목적으로 한 것이었듯이, 秦代에도 동일한 목적을 가지고 있었다고 생각된다. 따라서 授田制의 큰 틀에는 변화를 초래하지 않았다. "自實田 전후의 田宅 소유"에서 秦始皇 31년의 自實田을 전후로 한 소유관계를 분석한 결과, 城旦의 전택 몰수가 동일하게 확인할 수 있었다. 결국 진시황 31년 이전과 이후는 동일한 토지제도였던 것이다. 自實田 이전에도 『二年律令』에서와 같이 토지소유권이 자유롭게 인정되었다고 추측할 수 있다. 그것은 讓渡·賣買를 보여주는 『嶽麓書院藏秦簡』 奏讞狀의 2개 증거에 의해서 입증되었다. 한편 秦帝國은 自實田 이후에도 계속하여 국가 수전제를 취하고 실제의 토지소유액(田實)이 爵制를 준수하도록 강조하고 있지만, 陳勝·陳平의 예와 放馬灘日書·里耶秦簡 등의 자료에 근거할 때 토지 소유의 심각한 불균형 현상이 노정되어 있었다.

漢代에 들어가서 蕭何가 秦律을 승계하고, 高祖는 "復故爵田宅"의 조치를 취하는 두 가지 사건에 의해 秦代의 토지 법률과 실제적 소유관계가 그대로 승계되었다. 漢帝國은 고조 2년에 蕭何가 漢律令을 관중지역에 실시함으로써 과거 秦의 軍功授田制로 복귀하였다.[151] 이 율령은 최초에는 관중 지역을 대상으로 한 것이지만, 통일 이후 이 율령의 적용지역은 전국으로 확대되었다. 이러한 한대의 군공수전제의 성격이 과거 秦帝國 이전의 것과 완전히 동일한 수전제인지는 단언하기어렵다. 하지만 蕭何가 咸陽에 들어가서 圖書律令을 수습하고 이에 근거하여 漢律을 제정한 것이기 때문에[152] 漢初의 수전제가 秦律의 규정을 거의 그대로 계승한 수전제의 형식을 띤 것으로 간주할 수 있다.

그런데 고조 5년(B.C.202)의 復故爵田宅의 조치를 취하여 秦제국 치하에서의 소유권을 소급하여 인정한 것은 秦末·漢初의 소유관계를 분석함에 있어 상당히 중요한 내용이라고 할 수 있다. 즉, 고조 2년의 율령은 원칙적으로는 국가 수전제이지만 실제적으로는 제한적 소유권을 인정하여 매매와 상속을 허용하고 있다. 또한 고조 5년에 復故爵田宅하였다는 것은 秦제국 시기의 소유권을 인정하겠다는 의도이며, 더 나아가서 진시황 31년의 自實田에 의해 인정된 六國 시기의 토지소유관계까지 인정하는 것으로 되었다. 自實田은 사실상 授田制를 유지하면서 세금의 징수를 위한 토지소유 실태를 조사한 것에 불과하므로 그 소유관계에 큰 영향을 미친 것이 아니다. 또한 自實田이 소유제형태에 큰 영향을 미치지 않았기 때문에 自實田 조치의 이전과 이후의 상태가 동일한 것이다. 이러한 논리대로라면 고조 5년의 復故爵田

---

151) 任仲爀, 「漢初의 律令 제정과 田宅制度」, pp.101-150.
152) 『史記』 卷53 「蕭相國世家」, p.2014, "及高祖起爲沛公, 何常爲丞督事. 沛公至咸陽, 諸將皆爭走金帛財物之府分之, 何獨先入收秦丞相御史律令圖書藏之. 沛公爲漢王, 以何爲丞相. 項王與諸侯屠燒咸陽而去. 漢王所以具知天下阨塞, 戶口多少, 彊弱之處, 民所疾苦者, 以何具得秦圖書也. 何進言韓信, 漢王以信爲大將軍. 語在淮陰侯事中."

宅 조치는 진제국 통일 이전의 상황을 계속 승계했다는 것이 된다.

陳平·陳勝, 里耶의 貲罰者 등의 토지 보유 상황을 보면 고조가 시행하려 한 군공작에 입각한 수전제도는 이미 秦末에 형해화되어 있었다. 이러한 토지 보유상태를 인정한 것은 기존의 형해화된 수전체제를 답습한 것에 불과하다. 고조는 5년 이전의 통일 전쟁 중에도 군공을 수립한 자들에게 고조 2년의 戶律 규정에 입각하여 토지를 지급하고자 하였으나, 이것은 현실적인 벽에 부딪쳤다. 첫 번째 이유는 楚漢전쟁 와중에서 이 명령이 제대로 집행될 수 없었고, 관리들의 불이행에 있었다. 두 번째 이유는 秦末의 自實田에 입각한 원래의 토지소유 인정과 그로 인한 국유지의 부족이었다. 즉, 楚漢전쟁으로 인한 사망자가 발생하여 토지에 대한 인구 압박은 심각하지 않았지만, 復故爵田宅으로 원래 주인에게 토지가 돌아가고, 고조 공신들에게 논공행상을 행한 결과 토지의 여유는 없었다.

還收 규정의 미비에 의해 賜民爵을 뒷받침할 수 있는 국유토지의 부족현상, 그에 따른 작제와 授田의 분리현상이 초래되었다. 수전한 농민의 사망시 還收 규정이 없다는 것은 진정한 의미에서의 授田制를 구현하기 어렵다. 그 대신에 상속시에 爵級을 초과하는 부분에 대해서만 還收하는 형태로 하였는데, 이 제도는 還收되기 전에 매매해버리면 정부로서는 환수할 방법이 없어 무용지물이 될 가능성이 높다. 사유토지의 인정과 함께 전택의 매각을 허락한 것은 국유제의 포기를 의미했다. 이러한 법률적 미비점으로 인하여 授田체제가 지속적으로 기능할 수 없었던 것이다.

戰國秦에서 漢初까지의 토지제도

- 국유제와 사유제 논쟁 -

I. 서론

이 글에서는 戰國秦의 토지제도가 어떠한 변화과정을 통해 漢代에 계승되는지를 고찰하고자 한다. 연구사적으로 볼 때, 授田制의 내용이 포함되어 있는 『雲夢睡虎地秦簡』과 『二年律令』의 두 개 출토문서가 戰國·秦漢의 토지제도의 연구 흐름을 획기적으로 바꾸어 놓았다.[1] 戰國 시대의 토지 소유형태에 관한 전통적 관점은 土地 私有制로 보는 결론이 우세하였다.[2] 그러나 이러한 전통적 관점은 1970년대 후반 雲夢睡虎地秦簡를 비롯한 銀雀山漢簡·四川靑川秦墓木牘 등 일련의 간독이 출토함에 따라 授田制 관점의 강력한 도전을 받았다.[3]

---

1) 睡虎地秦墓竹簡整理小組, 『睡虎地秦墓竹簡』(北京: 文物出版社, 1978); 張家山二四七號漢墓竹簡整理小組, 『張家山漢墓竹簡[二四七號墓]』(北京: 文物出版社, 2001) (이하 『張家山漢墓竹簡』으로 약칭).

2) 郭沫若, 『中國史稿』(第2册)(北京: 人民出版社, 1976), pp.12-15. "秦簡公 7년(B.C.408) 初租禾 조치를 통해 지주계급의 私田의 합법성을 인정해 조세를 징수하였고, 노예주 토지 소유형태가 지배적이었다. 상앙에 이르러 노예주의 토지 소유제를 폐지하고 정식으로 토지의 사유와 매매를 인정하였다."; 范文瀾, 『中國通史』(第一册)(北京: 人民出版社, 1978), p.4. "東周 시기 사회에 대변화가 발생하여 私家로서 토지를 점유한 지주와 소토지를 사유한 농민이 출현했다."; 平中苓次, 『中國古代田制稅法』(京都: 東洋史硏究會, 1967), pp.12-13, "토지 사유는 秦 商鞅의 開阡陌에서 시작되었고, 秦漢 이후 토지의 사유겸병이 심해졌다."

3) 李恒全, 「論戰國土地私有制 —對20世紀80年代以來戰國授田制觀點的質疑」(『社

授田制의 관점에 서있는 張金光·袁林·李瑞蘭·李成珪·吳榮曾·晁福林
등은 戰國時期에 각국이 普遍的 國家授田制를 실시했다고 주장한다.[4]
張金光은 "秦國은 全國 土地에 대해 普遍的인 最高所有權을 가지고 있
었고, 개인은 토지에 대해서 점유권과 사용권의 수준을 초과하여 사
유권에 이르는 단계에 이르지 못했다. 자본주의식의 자유로운 토지
사유권에 도달하지 못한 것은 말할 것도 없고, 봉건식의 토지 매매로
표지를 삼는 토지 사유권에도 도달하지 못했다."고 주장하였다.[5] 袁林
은 "戰國, 특히 商鞅變法 이후 秦의 기본적인 田制는 授田制이며, 이 제
도가 진시황이 육국을 통일한 이후까지 지속되었다."고 주장하였다.[6]

授田制를 주장하는 사람들은 두 가지 관점을 공통적으로 가지고
있다. 첫째, 授田의 내원은 國有土地이고, 수여 후에도 계속 國有에 속
하며, 授田民은 土地에 대하여 소유권이 없다. 둘째, 授田制는 戰國時期
에 보편적으로 시행된 토지제도인데, 이를 제외하고는 토지 사유제가
존재하지 않는다. 이러한 戰國授田制 관점은 1970년대말에 제출된 이
래 반박하기 어려운 주류 이론으로 자리를 잡았다.[7]

그렇다고 戰國時代에 사유제가 실시되었다고 하는 주장이 없는 것
은 아니다. 唐贊功은 軍功으로 賞賜받은 토지는 원래 국유에 속하였지

會科學』 2014-3), pp.130-131; 楊振紅, 『出土簡牘與秦漢社會』(桂林: 廣西師範大
學出版社, 2009), p.154; 袁林, 「戰國授田制試論」(『社會科學』 1983-6), pp.62-66; 李
瑞蘭, 「戰國時代國家授田制的由來, 特徵及作用」(『天津師大學報』 1985-3), pp.40-50.

4) 李成珪, 『中國古代帝國成立史硏究』(서울: 일조각, 1984), pp.70-89; 吳榮曾, 「戰國
授田制硏究」(『思想戰線』 1989-3); 晁福林, 「戰國授田制簡論」(『中国歷史文物』 1999-1).

5) 張金光, 「試論秦自商鞅變法後的土地制度」(『中國史硏究』 1983-2), p.32; 李恒全,
위의 논문(2014-3), pp.130-131. 張金光은 秦始皇 31년의 自實田의 조치 이후
토지 매매가 秦漢시대에 출현하기 시작하였다고 주장한다. 張金光, 「普遍授
田制的終結與私有地權的形成--張家山漢簡與秦簡比較硏究之一」(『歷史硏究』
2007-5), pp.55-56. 張金光은 2007년에 발표한 논고에서도 전국시대에 授田制
가 실시되었다는 자신의 주장을 계속 견지하고 있다.

6) 袁林, 위의 논문(1983-6), p.62.

7) 李恒全, 위의 논문(2014-3), pp.130-131.

만, 일단 신하에게 賞賜된 이상 그것은 私有土地에 속한다고 했다.[8] 高
敏은 "商鞅이 '廢井田'후에 土地 國有制와 私有制가 병존하였고, 土地 私
有制가 신속히 발전하였다. 하지만 睡虎地秦簡 田律의 내용은 국유토
지가 존재하는 증거이며, 이를 노예로 경작하였으며, 동시에 군공을
세운 유작자에게 賞賜하는 사유전이 존재하였다."고 주장한다.[9] 李恒
全은 수전제보다는 오히려 사유제가 합리적이라고 주장한다.[10] 즉,
전국시대 수전제의 특징은 국가가 토지에 대하여 "所有權"을 가지고
있고, 개별 농민호는 토지에 대하여 장기적이고 고정적인 "占有權"과
"使用權"을 가지고 있다. 토지의 장기 점유권은 필연적으로 소유권으
로 바뀌게 된다. 전국 말기에 각 제후국들은 직접 장악한 토지가 감
소하면서 授田은 점차 폐지되고, 농민의 토지에 대한 점유권은 사실
상의 소유권으로 대체되었다. 秦始皇 31년(B.C.216) 진왕조가 반포한
"使黔首自實田"의 令은 법률상 농민의 토지소유권을 승인한 것이라고
주장하였다.[11]

『二年律令』이 발표되기 전까지는, 전국시대의 토지제도가 국유제
라고 주장하든 사유제라고 주장하든 양쪽 모두 漢代에는 수전제가 존
재하지 않고 사유제가 시행되었다고 주장하였다.[12] 즉, 秦始皇의 自實
田 이후 토지 사유제가 실시되었다는 것이 『二年律令』 발표 이전까지
의 정설이었다.[13] 이러한 관점은 『二年律令』에 授田制가 확인되면서
크게 수정되지 않으면 안되게 되었다.[14] 漢代에 사유제가 시행되었다

---

8) 唐贊功, 「雲夢秦簡所涉及土地所有制形式問題初探」, 『雲夢秦簡研究』(北京: 中華
   書局, 1981), p.56.
9) 高敏, 「從雲夢秦簡看秦的土地制度」 『雲夢秦簡初探(增訂本)』(鄭州: 河南人民出版
   社, 1981), pp.140-151.
10) 李恒全, 위의 논문(2014-3), pp.130-131.
11) 李恒全, 「論先秦秦漢土地所有制變革的動力問題」(『江海学刊』 2005-4), p.133; 李
    成珪, 위의 책, p.296.
12) 楊振紅, 위의 책, p.155.
13) 郭沫若 主編, 위의 책, p.121.

는 주장은 그 유래가 매우 오래되었는데, 흥미롭게도 이미 漢代人의 입으로 수전제를 부정하고 사유제를 말하고 있다. 前漢의 董仲舒가 "商鞅 이래로 '民得賣買'할 수 있었다."고 한 것, 後漢의 鄭玄이 "漢代에는 授田制가 없다."고 한 것은 후대 학자들의 "漢代 토지사유제설"에 큰 영향을 미치게 되었다.15) 그 결과 학자들 사이에서는 "진시황 31년 '使黔首自實田'의 令이 반포되어, 토지점유자가 官府에 스스로 田宅의 수량을 보고하게 한 이후로 自實田은 명실상부한 名田이 되었고, 自實者의 私有土地가 되었다. 이에 名田이라는 용어는 私有土地의 대명사가 되었다."는 견해가 거의 정설화되었다.16)

漢代에 사유토지제가 시행되었다는 전통적 관점에 『二年律令』의 "授田" 규정이 던진 충격은 상상 이상이었다. 많은 논자들이 『二年律令』의 律文에 근거하여, 이제까지와는 정반대로 漢初에 商鞅變法 이래의 授田制가 계속 시행되었다는 관점을 경쟁적으로 피력하였다.17) 반비

---

14) 『張家山漢墓竹簡』, pp.175-176, "關內侯九十五頃, 大庶長九十頃, 駟車庶長八十八頃, 大上造八十六頃, 少上造八十四頃, 右更八十二頃, 中更八十(310)頃, 左更七十八頃, 右庶長七十六頃, 左庶長七十四頃, 五大夫廿五頃, 公乘廿頃, 公大夫九頃, 官大夫七頃, 大夫五頃, 不(311)更四頃, 簪裹三頃, 上造二頃, 公士一頃半頃, 公卒・士五・庶人各一頃, 司寇・隱官各五十畝. 不幸死者, 令其後先(312) 擇田, 乃行其餘. 它子男欲爲戶, 以受其殺田予之. 其已前爲戶而毋田宅, 田宅不盈, 得以盈. 宅不比, 不得. (313)宅之大方卅步, 徹侯受百五宅, 關內侯九十五宅, 大庶長九十宅, 駟車庶長八十八宅, 大上造八十六宅, 少上造八十四宅, 右(314)更八十二宅, 中更八十宅, 左更七十八宅, 右庶長七十六宅, 左庶長七十四宅, 五大夫廿五宅, 公乘廿宅, 公大夫九宅, 官大夫七宅, 大夫(315)五宅, 不更四宅, 簪裹三宅, 上造二宅, 公士一宅半宅, 公卒・士五・庶人一宅, 司寇隱官半宅. 欲爲戶者, 許之.(316)"

15) 『十三經注疏・周禮注疏・地官・載師』(北京: 中華書局, 1979), p.726下, "賈公彦疏引: 漢無授田之法, 富者貴美且多, 貧者賤薄且少."

16) 高敏, 「從張家山漢簡《二年律令》看西漢前期的土地制度——讀『張家山漢墓竹簡』劄記之三」(『中國經濟史研究』2003-3), p.145.

17) 대표적으로 아래의 논고를 들 수 있다. 張金光, 「普遍授田制的終結與私有地權的形成 —張家山漢簡與秦簡比較研究之一」, pp.49-56; 臧知非, 「西漢授田制度

례해서 漢代 토지사유제를 주장하는 주장은 위축된 것처럼 보인다. 그리고 漢代 수전제설은 나름 합리적인 것처럼 보인다. 그런데 속성상 토지매매를 절대 수용할 수 없는 授田制說의 가장 큰 난제는 『二年律令』에 授田制와 토지의 매매·양도·상속이 동시에 규정되어 있다는 점이다. 즉, 漢代의 토지제도는 授田制 + 私有制의 형태로 시행되고 있어서 戰國秦의 수전제와는 조금 달라 보이는 것도 사실이다. 그렇다면 戰國秦의 토지제도를 授田制 일원론으로 간주해도 될 것인가? 그것이 秦漢의 토지제도를 연구함에 있어 남은 마지막 퍼즐이었다.

　　睡虎地秦簡 이외에는 결정적인 자료가 없기 때문에 戰國秦과 漢의 토지제도의 同異여부와 승계과정을 분석할 때 어려움이 있었다. 그런데 최근에 그 마지막 퍼즐을 밝힐 수 있는 자료가 『嶽麓書院藏秦簡』「奏讞狀」의 案例 4와 7에 포함되어 있음이 확인되었다.(이하 「奏讞狀」으로 약칭) 이 자료는 自實田令이 발포되기 이전의 戰國秦에서 漢代에 이르는 기간의 토지 소유형태의 흐름을 밝혀낼 수 있는 연결고리 역할을 할 것으로 생각된다. 특히 사유토지제의 조건이 되는 것은 토지의 매매·양도·상속의 세 특징이기 때문에 이 부분에 주안점을 두고 살펴볼 것이다.

　　다음으로는 『二年律令』이 授田制를 채택하면서도 매매 역시 허락하는 문제를 해석하기 위해서는, "貿賣田宅" 등 매매와 관련된 자료를 분석할 필요가 있다. 필자도 漢代에 토지제도가 국가 수전제도의 형식을 취하지만 동시에 상속과 매매도 허용하는 사유제와 결합된 형태라고 분석하였는데[18] 그러한 토지 소유형태를 어떻게 규정할 것인지에 대해서는 언급하지 않았다. 일부 학자는 漢代에 국가수전제의 입장에서 田은 매매가 허용되지 않고, 이것은 戰國秦에도 동일하다고 주

與田稅征收方式新論——對張家山漢簡的初步研究」(『江海学刊』 2003-3), pp.143-151.
18) 任仲爀, 「漢初의 田宅 制度와 그 시행」(『中國古中世史研究』 27, 2012), pp.212-217.

장하였다.[19] 그 근거는 「封診式」의 「封守」 爰書의 차압 목록에 田이 보이지 않는 것과 『二年律令』에 賣田의 기록이 없다고 "주장"하는 것에서 찾고 있다. 漢代의 토지 매매가 가능했는지의 문제가 규명되어야만 漢初의 토지제도의 성격을 授田制 일원론만으로 인식하지 않을 수 있게 된다. 본고에서 의도하는 漢初 토지제도의 분석과 「奏讞狀」의 案例 4와 7의 자료가 모두 규명된다면 戰國秦에서 漢初에 이르는 토지제도의 변화 및 계승의 과정이 규명될 수 있을 것이다. 이 작업은 우선 자료의 可信度 및 분량면에서 우위에 있는 『二年律令』의 토지제도에서 시작하여 자료가 적은 戰國秦으로 소급해 올라가는 방식을 취할 것이다. 그 이유는 우선 자료가 완벽한 것에서 기반 지식을 확보하고, 이를 근거로 자료가 부족하고 불확실한 것을 분석하기 위한 것이다.

II. 漢初 二年律令의 田宅 매매

漢代에 授田制가 시행되지 않았다고 주장한 董仲舒·鄭玄 이래의 전통적 관점은 『二年律令』에 授田宅과 관련된 율문이 다수 존재하는 사실에 의해 일거에 붕괴되었다. 戶律에는 鄕部가 立戶의 순서, 작위의 고저, 授爵 시간의 선후에 근거하여 田宅이 부족한 民戶에게 지급함을 규정하고 있다.[20] 그 규정의 상세함은 상상 이상이었고, 여러 가지 측면에서 다년간의 시행 경험이 녹아들어 있는 것으로서, 단순한 책상 위의 제도라고 생각되지는 않는다.[21] 학계는 漢代에 授田制의 존재에

---

19) 飯尾秀幸, 「中國古代土地所有問題に寄せて —張家山漢簡『二年律令』における 田宅地規定をめぐつて」(『張家山漢簡「二年律令」の研究』(東京: 東洋文庫, 2014), pp.33-41.
20) 楊振紅, 위의 책, p.155; 任仲爀, 「漢初의 田宅 制度와 그 시행」, pp.179-204.
21) 任仲爀, 「漢初의 田宅 制度와 그 시행」, pp.187-217.

의문을 표시하지 않는 것처럼 보이지만, 자세히 보면 아직도 풀리지 않은 의문이 토지 매매의 문제이다. 漢代 토지제도에 대해서는 두 가지로 견해가 나뉜다. 첫째는 授田制 하에서 田宅 모두 매매를 허용한다는 다수의 입장으로, 李恒全·楊振紅·王彦輝 등이 대표적이다.[22] 둘째 授田制 하에서 田의 매매가 불허된다는 입장인데, 專修大注釋과 飯尾秀幸의 견해가 대표적이다.[23]

　　우선 첫 번째의 관점이다. 『二年律令』에는 授田制의 규정도 확인되지만, 동시에 상속·양도·매매의 규정도 존재한다는 주장이다. 토지매매가 土地 私有制의 분명한 특징이라면, 분명히 토지매매를 불허하는 授田制(土地 國有制)의 정의와 모순된다.[24] 이같은 모순을 조화롭게 설명하기 위하여 "『二年律令』의 受田宅制度(名田制)는 土地 長期占有制이지, 土地 私有制는 아니다."라는 주장도 나왔다.[25] 이 주장에서 장기간에 걸쳐 농민의 점유권이 소유권으로 변화했다는 관점은 전국시대의 수전제를 해석하는 데는 통용될지 모르겠으나 『二年律令』의 受田을 해석하는 데는 문제가 있다. 漢初 『이년율령』에서는 제정될 당시부터 授田制 하에서 매매를 허용했기 때문에 장기간이 경과해 소유권이 생겨 매매할 수 있게 된 것은 아니기 때문이다.[26]

　　두 번째는 漢代 토지 국유제의 입장에서 田의 매매가 불허되었다는 입장이다. 많은 학자들이 田과 宅 모두 매매가 허용되었다고 하지만, 飯尾秀幸은 "田宅이 漢代에도 개인의 재산으로 인식되지 않았으며,

---

22) 李恒全, 위의 논문(2014-3), p.136; 楊振紅, 위의 책, pp.142-143; 王彦輝, 「論張家山漢簡中的軍功名田宅制度」(『東北師大學報(哲學社會科學版)』 2004-4), p.15.

23) 專修大學『二年律令』研究會, 「張家山漢簡『二年律令』譯注(七)」(『專修史學』 41, 2006), pp.152-153; 飯尾秀幸, 위의 논문, pp.33-41.

24) 李恒全, 「漢代限田制說」(『史學月刊』 2007-9), p.36.

25) 朱紹侯, 「呂后二年賜田宅制度試探——《二年律令》與軍功爵制研究之二」(『史學月刊』 2002), p.14.

26) 李恒全, 위의 논문(2007-9), p.38.

국유제의 입장에서 田은 매매의 대상이 아니고, 宅만이 매매의 대상"이라는 입장을 취하고 있다. 그 요점은 ① 秦代에는 국가수전제가 시행되었기 때문에 국가로부터 受田하여 민이 경작하고 있는 田地는 私有地로 볼 수 없으며, ② 漢代에 宅地는 그 交換·讓渡·賣買에 관한 규정이 존재하고 있지만, 田地의 경우 交換·讓渡의 규정은 있으나 賣田·買田이라는 용어는 이년율령만이 아니라 현재까지 睡虎地秦簡, 龍崗秦簡, 里耶秦簡(壹) 등 秦代의 簡牘群에서도 발견되지 않는다는 것이다.[27] 그 주장의 타당성을 검토하기 위하여 우선 『二年律令』의 율문을 보도록 하자.

1) 宅을 추가로 매입하려고 하는데 그 宅이 연접해 있지 않은 경우는 허락하지 않는다. 吏 및 宦皇帝者가 된 자는 舍室을 살 수 있다.(320簡) 戶律[28]

2) 田宅을 받았는데, 다른 사람에게 양도하거나 宅을 판 경우, 다시 받을 수 없다.(321簡) 戶律[29]

3) 戶를 계승하거나 田宅을 매매하였는데, 鄕部·田嗇夫·吏가 지체하여 簿册을 작성하지 않고 하루를 넘기면 벌금 각 2량이다.(322簡) 戶律[30]

4) 과부가 戶의 후계자가 되어 田宅을 지급할 경우 아들이 후계자가 되어 얻은 爵에 준한다. 그가 호의 후계자가 될 수 없지만 호를 이루고자 하여 줄어든 田宅을 받는다면 庶人으로 田宅을 지급하는 것을

---

27) 飯尾秀幸, 위의 논문, pp.19-36.
28) 『張家山漢墓竹簡』, p.177, "欲益買宅, 不比其宅者, 勿許. 爲吏及宦皇帝, 得買舍室.(320)"
29) 같은 책, p.177, "受田宅, 予人若賣宅, 不得更受.(321)"
30) 같은 책, p.177, "代戶, 貿賣田宅, 鄕部, 田嗇夫, 吏留弗爲定籍, 盈一日, 罰金各二兩.(322)"

허가한다. 아들이 없다면 그 남편으로 하고 그 남편과도 아들이 없다면 그 남편이 대신하여 호를 계승한다. 남편의 형제 및 아들 가운데 동거하며 名籍을 같이 하는 자가 있다면 田宅을 팔거나 사위를 들여서는 안 된다. 그가 집에서 나가 남의 처가 되거나 사망하면 순서대로 戶를 계승토록 한다.(386-387簡) 置後律[31]

5) 民의 大父母・父母・자식・손자・형제・형제의 자식(조카)이 서로 노비와 馬・羊 및 그 밖의 다른 재물을 나누어 주려고 하는 경우 모두 이를 허락하고 즉시 簿册에 등록한다. 손자가 爲戶하여 대부모와 함께 사는데, 부양을 잘하지 못할 경우 손자는 밖에서 살게 하고, 조부모는 손자 집에서 살면서 손자의 田으로 생활하게 하며, 손자의 노비를 부릴 수 있되, (田과 奴婢는) 매매하지 못하게 한다(勿賈賣). 손자가 죽으면 그 모친이 계승하여 호를 구성하는데(代爲戶), 남편의 부모를 쫓아내거나, 데릴사위를 들이거나 외부로부터 자식의 재물을 취하지 못하게 한다.(338-339簡) 戶律[32]

1) 320簡은 宅의 매입 규정인데, 宅이 연접해 있는 것으로 국한하여 허용한다는 "제한적 매입"을 단서조항으로 붙이고 있다. 買者가 있다면 반드시 賣者가 있게 되고, 官府는 매각한 자에게 무제한적인 전택 지급을 담보할 수 없으므로 "田宅을 받았는데, 다른 사람에게 양도하거나 宅을 판 경우, 다시 받을 수 없다.(321簡)"는 규정도 만들게 되었다.

---

31) 같은 책, p.185, "寡爲戶後, 予田宅, 比子爲後者爵. 其不當爲戶後, 而欲爲戶以受殺田宅, 許以庶人予田宅. 毋子, 其夫. 夫(386)毋子, 其夫而代爲戶. 夫同産及子有與同居數者, 令毋賈賣田宅及入贅. 其出爲人妻若死, 令以此代戶.(387) 置後律"

32) 같은 책, pp.178-179, "民大父母・父母・子・孫・同産・同産子, 欲相分予奴婢, 馬牛羊・它財物者, 皆許之, 輒爲定籍. 孫爲戶, 與大父母居, 養之不(337)善, 令孫且外居, 令大父母居其室, 食其田, 使其奴婢, 勿賈賣. 孫死, 其母而代爲戶. 令毋敢遂(逐)夫父母及入贅, (338) 及道外取其子財.(339) 戶律"

320簡의 규정에서 보면 官府는 완전히 매매를 금지시킨 것은 아니다.[33]

한편 320簡에서 宅은 언급하고 있지만, 언급이 없는 田은 어떻게 이해할 것인가? 이에 대해서 田에 대한 언급이 없기 때문에 아예 매입을 불허하는 것으로 이해할 수 있으나, 반대로 언급이 없다는 것은 그 매입에 제한이 없다고 볼 수도 있다. 여기에서는 宅의 매매는 확실하지만, 田은 불확실하므로 잠시 미루어놓기로 한다.

2) 321簡에서 문제가 되는 부분은 "다른 사람에게 양도하거나 宅을 판 경우(予人若賣宅)"이다. 이것이 문제가 되는 것은 飯尾秀幸이 언급한 것처럼, 賣宅은 있으나 賣田이 없기 때문이다. 予人에 대해 ① 專修大 주석은 뒤에 賣宅이 있는 것에서 짐작할 때 "予田人(田을 人에게 양도한다는 뜻)"에서 田이 생략된 것으로 보았다.[34] ② 京都大 주석은 386簡의 "予田宅"과 같이 田宅을 목적어로 하는 予의 예가 보이는 것 등에서 "予田宅人(田宅을 人에게 양도한다는 뜻)"의 "田宅"이 생략되었다고 해석하였다.[35]

"受田宅, 予人若賣宅, 不得更受(321簡)"에서는 확실히 專修大의 해석

---

33) 高敏, 위의 책(1981), pp.146-147.

34) 專修大學『二年律令』研究會, 「張家山漢簡『二年律令』譯注(七)」(『專修史學』 41, 2006), pp.152-153. 원문의 해석은 "田宅을 지급받는데, (田地를) 人에게 주거나 宅地를 팔았을 경우는…"이라고 하였고, 주석에서는 "人에 주어지는 것은 田(이때는 宅도 포함되는 경우도 있을까)으로 하는 것으로 된다. 田에 '賣' 字가 사용되어 있지 않은 것은 주목된다. 그것에는 宅地와 田地의 所有・占有形態에 대한 국가의 인식의 차이가 나타난다. 予人은 田地의 사용권・占有權의 이동을 가리키는 것에 대해서, 宅地는 매매의 대상으로 되어 있다고 여기에서는 이해해 두고 싶다. 다음 條에 「賣買田宅」의 句가 있는데, 이것은 賣田과 賣宅을 표현한 것으로 해석한다."라고 하였다.

35) 飯尾秀幸, 위의 논문, 注17. 京都大譯注本의 321簡 해설에서 "田宅의 지급을 받고서 이것을 다른 사람에게 주거나 팔거나 하면, 재차 지급을 받을 수 없다."고 하였다. 판매의 목적어를 "이것을"이라고 하였으므로 그것은 田宅을 의미한다. 冨谷至 編, 『江陵張家山二四七號墓出土漢律令の研究』(京都: 朋友書店, 2006), p.212.

과 같이 후반부에 賣宅이 있으므로 予人은 予田人으로 해석될 가능성
도 있다. 동시에 386簡에 "寡爲戶後, 予田宅"의 기록이 있는 것으로 보
아서 京都大의 해석과 같이 "予田宅人"으로 해석해도 크게 무리는 없
다. 이 두 가지 해석은 모두 합당하다고 보인다.

　　그러나 飯尾秀幸의 주장처럼 賣의 대상이 반드시 宅으로 한정되고,
田은 賣買 대상에서 제외된 것일까? 飯尾秀幸은 "田이 매매의 대상으
로 되어있지 않은 단계에서는 田을 목적어로 하는 것은 貿이고, 賣의
목적어는 宅"이라고 해석하였다.[36] 즉, 飯尾秀幸은 "貿田賣宅"으로 읽
어서 田은 매매대상에서 제외되는 것으로 이해하는 것이다. 이것은
국유의 수전제 하에서는 田의 매매를 불허한다는 시각이다. 그러나
이러한 주장은 3)의 322簡을 보면 수용하기 어렵다.

　　3) 322簡은 原戶主를 대신하여 戶主를 계승하는 代戶의 행위와 "田宅
을 매매(貿賣田宅)"하였을 경우에는 이 업무를 담당하는 官吏가 반드
시 신속하게 定籍의 수속을 처리해야 하고, 지연할 경우 하루 초과시
벌금 2량임을 엄연히 규정하고 있다. 이것은 授田制 하에서 田宅 매매
가 국가의 보호를 받는 것임을 말한다.

　　또한 4)의 387簡에도 "田宅을 貿賣한다(貿賣田宅)"고 했는데, 飯尾秀
幸은 田의 매매가 불가한 것으로 이해하고 있다. 즉, 그는 387簡의 "貿
賣田宅에서 貿와 賣가 각각 목적어를 田과 宅으로 나누어서 취한다."
고 해석하고 貿를 "讓渡"의 의미로 해석하고 있는데, 이 해석이 가능
한 것인가?[37]

---

36) 飯尾秀幸, 위의 논문, p.37. "322簡과 387簡의 貿賣田宅은 일반적으로는 "田宅
　　을 貿賣한다"로 읽고, 전택을 讓渡·매각한다는 뜻으로 되지만, 田이 매매의
　　대상으로 되어있지 않은 단계에서는 田을 목적어로 하는 것은 貿이고, 賣
　　의 목적어는 宅뿐이라는 해석도 가능하지는 않을까?"라고 하였다.
37) 冨谷至 編, 위의 책(2006), pp.213, 221. 京都大의 322簡 주석 2에서 "貿는 交易,
　　交換의 뜻이며, 賣의 의미로 해석한다."고 하였고, 京都大 338簡 주석 2에서
　　도 역시 貿를 賣의 의미로 해석하고 있어서 그의 주장은 설득력이 떨어진다.

그러나 "及有販賣貿買而詐紿人(261簡)"에서 보듯이 販賣와 貿買가 對句로 존재하는데,[38] 전자인 販賣는 "팔다"의 의미로, 후자인 貿買는 "사다"의 의미로 사용되었다. 결국, 貿賣와 貿買는 그 형태가 동일한 것으로서 그 자체가 숙어로서 사용된 것이지, 각각 나뉘어서 목적어를 취할 수 있는 것이 아니다. 이렇게 볼 때에 貿賣와 貿買는 "팔다"와 "사다"의 의미로 해석해야 한다. 또한 아래 5)의 경우도 貿賣가 각각 貿와 賣로 나뉘어서 목적어를 취하는 것은 아니다.

5)의 "조부모는 손자 집에서 살면서 손자의 토지에서 얻은 양식으로 생활하게 하며, 손자의 노비를 부리게 하되 (田과 노비를) 팔지는 못하게 한다(勿貿賣)"라고 한 것에서 貿賣는 "팔다"의 의미로 사용되었다. 이러한 사례에서 볼 때, "貿賣田宅"은 "田宅을 판다"는 의미로서 해석해야 한다.

이상의 분석에 입각할 때, "予人若賣宅"의 의미는 田(또는 田宅)을 타인에게 양도하거나, 宅을 판다는 의미로 해석해야 할 것이다. 賣宅에서 田이 제외된 것은 맞지만 다른 簡의 사례에서 田이 매매되는 것은 분명한 사실이다. 飯尾秀幸이 賣田·買田의 사례가 『二年律令』에 보이지 않는다고 하지만, 貿賣田宅은 바로 賣田의 증거라고 할 수 있다. 이것은 『二年律令』의 토지제도는 授田制 하에서 田宅의 賣買·讓渡도 허용되는 복합적인 형태를 띠고 있음을 보여준다. 受田한 田宅은 합법적으로 타인에게 매매·양도할 수 있었고, 재차 국가로부터 受田宅하지 못할 뿐이었다.[39]

『이년율령』에 토지 매매가 허용되었기 때문에 高祖 시기 蕭何의 토

---

38) 『張家山漢墓竹簡』, pp.168-169, "市販匿不自占租, 坐所匿租臧(贓)爲盜, 没入其所販賣及賈錢縣官, 奪之死〈列〉. 死〈列〉長, 伍人弗告, 罰金各一斤. 嗇夫, (260)吏主者弗得, 罰金各二兩. 諸詐紿人以有取, 及有販賣貿買而詐紿人, 皆坐臧與盜同法, 罪耐以下(261)有遷之. 有能捕若詗吏, 吏捕得一人, 爲除戍二歲; 欲除它人者, 許之.(262)"

39) 王彦輝, 『張家山漢簡《二年律令》與漢代社會研究』(北京: 中華書局, 2010), p.51.

지매입은 강제로 싸게 구입한 부분을 제외하면 완전히 합법성을 띤 것이었다.[40] 만약『二年律令』에 토지 매매를 허용하지 않았다면 蕭何의 토지 매입은 나타나기 어려운 것이다. 蕭何의 토지 매입은 淮南王 黥布가 반란을 일으켜 고조가 친정을 떠난 한고조 11년(B.C.196) 7월에서 黥布를 주살하는 12년(B.C.195) 10월 사이에 발생하였다.[41] 고조는 비 위둔 수도 長安에서 蕭何가 반란을 일으키지 않을까 우려해 그의 동 정을 자주 물어보았다. 그러자 客이 蕭何에게 주살당할 위험을 피하기 위해서는 토지 매입에만 관심이 있는 소인처럼 보여야 한다고 조언 하였다.[42] 이에 蕭何는 "民의 田宅을 數千萬人"으로부터 싼값으로 강제 매입하였다. 班固는『史記』에 "相國賤彊買民田宅數千萬"이라 한 것의 "數 千萬"의 단위가 불분명하자『漢書』에서 "相國彊賤買民田宅數千人"이라 하여 萬을 人으로 수정했다. 班固는『史記』의 "田宅數千萬"이 명확하지 않다고 보았기 때문에『漢書』에서 "數千人"으로 수정한 것인데, 그의 해석이 옳다면 전택을 빼앗긴 사람의 숫자가 수천인에 달하는 것이다.

　蕭何의 잘못은 전택을 매입한 것에 있는 것이 아니고, "싼값으로 强買"했다는 것에 있었다. 불과 10년 전인 高祖 2년에 漢의 법령을 제 정한 蕭何는 전택 매입행위가 법령에 위배되지 않았음을 누구보다도 잘 알았을 것이다.[43] 싼값으로 강제 매입했다는 "彊賤"이라는 기술은

---

40)『漢書』卷39「蕭何傳」, pp.2010-2011, "其秋, 黥布反, 上自將擊之, 數使使問相國 何爲. 曰:「爲上在軍, 拊循勉百姓, 悉所有佐軍, 如陳豨時」. 客又說何曰:「君滅 族不久矣. 夫君位爲相國, 功第一, 不可復加. 然君初入關, 本得百姓心, 十餘年 矣, 皆附君, 尚復孳孳得民和. 上所謂數問君, 畏君傾動關中. 今君胡不多買田地, 賤貰貸以自汙? 上心必安.」於是何從其計, 上乃大說. 上罷布軍歸, 民道遮行, 上 書言相國彊賤買民田宅數千人. 上至, 何謁. 上笑曰:「今相國乃利民!」民所上書 皆以與何, 曰:「君自謝民.」"

41)『漢書』卷1「高帝紀」, pp.73-75.

42)『史記』卷53「蕭相國世家」, p.2018, "客有說相國曰:「君滅族不久矣. 夫君位爲相國, 功第一, 可復加哉? 然君初入關中, 得百姓心, 十餘年矣, 皆附君, 常復孳孳得民和. 上所爲數問君者, 畏君傾動關中. 今君胡不多買田地, 賤貰貸以自汙? 上心乃安.」"

당시 형성된 토지가격보다 저렴한 가격이라는 말인데, 시장가격이 형성되지 않았다면 사용하기 어려운 용어이다. 또한 數千人이 매매에 관련되었음은 전택의 賣買가 소수자에 국한되지 않았음을 알 수 있고, 蕭何가 民田宅을 구입했다는 것은 田宅의 소유권이 民에게 있다는 사실을 의미한다. 여기에 사용된 "民田宅"의 용어는 里耶秦簡 등에 나타나는 "黔首田" 등과 동일한 것으로 이해해야 할 것이다.[44] 뿐만 아니라 蕭何의 客이 "(토지를) 싸게 빌려주어서 스스로를 더럽히지 않으십니까(賤貰貸以自汙)?"라고 한 것은 토지를 싼값으로 임대하는 지주-소작체제의 존재도 확인할 수 있는 자료로 생각된다.[45] 蕭何가 궁벽한 곳에 전택을 매입하도록 한 것이 권세가에 의해 빼앗기지 않도록 하기 위함이라고 한 것에서 볼 때 당시에는 세력가에 의한 토지겸병 현상도 이미 존재하였다.[46]

이상에서 필자가 분석한 『二年律令』의 "貿賣田宅"과 蕭何의 전택 구입 사안으로 볼 때, 賣田・買田의 기록이 없다는 飯尾秀幸의 주장은 성립할 수 없다. 오히려 국가에서 지급받은 田宅의 매매도 합법화된 사실이 규명됨으로써 董仲舒의 "商鞅 이래로 民得賣買"하게 되었다는 구절을 심각하게 재음미할 필요가 있다.[47] 이같은 전택의 매매가 과연 언제부터 시작된 것일까 하는 의문을 戰國時代로 확장시켜 보기로 한다.

---

43) 任仲爀, 「漢初의 律令 제정과 田宅制度」, pp.104-117. 二年律令이 제정된 것은 高祖 2년(B.C.205) 경이다. 呂后 2년으로 보는 주장도 있으나, 惠帝의 諱인 盈을 피휘하지 않은 것으로 보아 呂后 시기가 될 수 없다.

44) 湖南省文物考古研究所, 『里耶秦簡(壹)』(北京: 文物出版社, 2012), p.4, "都鄕黔首田."; 『張家山漢墓竹簡(釋文修訂本)』(北京: 文物出版社, 2006), p.110, 「案例 22 女子被刺案」, "其時吏悉令黔首之田救盜."

45) 『漢書』卷39 「蕭何傳」, p.2011, "師古曰: 貰, 賖也. 貰音土得反."

46) 『史記』卷53 「蕭相國世家」, p.2019, "何置田宅必居窮處, 爲家不治垣屋. 曰: 「後世賢, 師吾儉; 不賢, 毋爲勢家所奪.」"

47) 高敏, 위의 책(1981), pp.146-147; 林炳德, 「出土文獻에 보이는 秦漢시기의 土地制度 -法的規定과 그 實際 및 授田制의 變化-」(『中國史研究』75, 2011), p.14.

III. 戰國秦, 秦帝國의 授田制와 私田制

1. 문헌사료의 토지 매매

앞서 고찰한 것처럼 『二年律令』의 戶律과 置後律에 전택 매매를 허용하는 법률조문의 존재는 토지 매매가 漢 정부의 법률적 보호를 받았음을 의미하였다. 『二年律令』의 戶律은 한고조 2년(B.C.205)에 제정되었다.[48] 『二年律令』은 진시황 31년(B.C.216) "使黔首自實田"令의 시점으로부터 불과 11년밖에 떨어져있지 않은 시점에 제정되었기 때문에 秦律의 영향을 심대하게 받았을 가능성이 크다. 필자는 秦末의 토지 소유관계가 漢初에 어떻게 승계되는지의 문제를 自實田과 高祖五年詔書의 "復故爵田宅"의 관점에서 아래와 같이 고찰한 바 있다.

宋代를 비롯한 전통중국의 自實法 사례들은 토지 장량에 국가의 행정력이 미치지 못할 때 民戶 스스로 토지의 경계와 畝數를 신고하게 하고 그에 합당한 賦稅를 부과하는 것이었다. 마찬가지로 秦始皇 31년에 행해진 自實田도 秦帝國의 통일 후 5년의 시간이 경과한 시점에서 토지소유의 실태를 파악해 공평하게 課稅하기 위한 것이었을 뿐이며, 秦帝國 고유의 授田制의 틀에는 변화를 초래하지 않았다.[49] 自實田의 조치로 인해 秦의 토지 소유형태에 변화가 발생하지 않았기 때문에, 『二年律令』의 戶律에 규정된 수전제 하에서 토지 매매의 인정·보호가 秦代부터 존재했을 가능성도 배제할 수 없다.[50] 지금부터는 필자의 이러한 가설을 확인하기 위하여 戰國秦에서의 토지제도는 어떠한 것이었는지를 문헌자료 및 「奏讞狀」 案例 4와 7의 자료를 근거로 하여 밝

48) 任仲爀, 「漢初의 律令 제정과 田宅制度」(『中國古中世史研究』 25, 2011), pp.104-131.
49) 任仲爀, 「秦始皇 31년의 自實田」(『中國古中世史研究』 26, 2011), pp.55-58.
50) 李恒全은 秦 통일 이전 시기에 토지의 매매를 허용하는 체제가 상당히 장시간 동안 존재했을 것으로 추정한다. 李恒全, 위의 논문(2014-3), pp.136-137.

혀보려고 한다.

　秦에서 授田制를 시행한 것은 雲夢秦簡 田律의 "入頃芻藁, 以其受田之數"와 龍崗秦簡 116簡의 "廿四年正月甲寅以來, 吏行田贏律(?)詐☒"에서 확인되었다.[51] 그러나 秦代의 토지제도가 授田制임을 밝힐 수 있는 "鐵證"의 자료들이 존재함에도 불구하고 전국시대에 私田이 존재하였다는 주장이 사그라들지 않는 이유는 토지 매매의 존재를 보여주는 문헌자료가 보이기 때문이다. 그것을 논하기 전에 학자들의 주장을 일별해보자. 戰國秦의 토지제도에 관해서는 1) 보편적 토지국유제로서 토지 매매가 불허되었다는 주장, 2) 授田制의 명칭은 객관적으로 존재하나 실제로는 토지 사유제라는 주장, 3) 토지 국유제와 사유제가 공존해있다는 주장으로 나뉜다.

　첫 번째 입장에 있는 張金光은 전국시대에 "普遍的"으로 국가 수전제가 존재했으며 秦도 예외가 아니었다는 입장이다. "普遍的"이라는 말은 전국시대의 각국에 광범위하게 실시되었다는 의미이다. 張金光은 국유 토지제의 증거로 雲夢秦簡에 두 개의 증거가 있다고 하였다. 하나는 田宇를 지급한다고 한 魏戶律의 내용이 睡虎地秦簡에 抄寫되어 있는 것은 秦에 참고할 가치와 현실적 의의가 있다고 보았고, 다른 하나는 田律의 "入頃芻藁, 以其受田之數"는 秦이 國家 授田制를 시행한 鐵證이라고 보았다. 또한 天水市 放馬灘 1호묘에서 출토한 秦簡日書에 "中呂 … 可受田宅"의 내용은 당시 유행한 日書에 受田宅의 활동이 점복의 중요내용이 된 것으로 볼 때 田宅을 지급받는 것은 국가·사회의 通常的인 일이라고 주장하였다.[52] 주권자인 국가는 전국 토지의 최고소

---

51) 『睡虎地秦墓竹簡』, pp.27-28, "入頃芻藁, 以其受田之數, 無狠(墾)不狠(墾), 頃入芻三石, 藁二石. 田律"; 같은 책, pp.292-293, "●廿五年閏再十二月丙午朔辛亥, ○告相邦 : 民或棄邑居墾(野), 入人孤寡, 徼人婦女, 非邦之故也. 自今以來, 叚(假)門逆呂(旅), 贅壻後父, 勿令爲戶, 勿鼠(予)田宇. 三某(世)之後, 欲士(仕)士(仕)之, 乃(仍)署其籍曰 : 故某慮贅壻某叟之乃(仍)孫. 魏戶律."; 中國文物硏究所·湖北省文物考古硏究所, 『龍崗秦簡』(北京 : 中華書局, 2001), p.109.

유자이며, 개인은 토지 사유권이 없고 오직 점유권만 있다는 입장이다. 즉, 秦은 상앙변법 이후 통일 초까지 토지는 매매할 수 없었으며, 토지 매매는 전국말에 극히 제한적으로 권력자에 한정되어 행해졌다. 이러한 매매는 민간에 깊이 파급되지 않았으며, 조상이 받은 賜田宅은 자손에게 상속할 수 없고, 양도와 매매도 불가하였다는 것이다.[53]

施偉靑도 국가 수전제를 주장하고 있다. 「封守」爰書의 차압된 재산목록에 토지 항목이 없는 것은 受田이 국유토지에 속하는 것을 반영한다고 보았다. 秦의 受田은 國有田地에 속하며 매매가 허락되지 않았고, 受田한 자가 사망하거나 연로하면 受田을 관부에 반납해야 한다고 주장하였다.[54]

두 번째는 李恒全의 것으로서, 전국시대에 授田制의 명칭이 존재하는 것은 사실이나, 토지는 상속·양도·매매가 되고 있기 때문에 전국시대의 기본적인 토지제 형식은 사유제이며 국유제가 아니라는 주장이다. 授田은 국가가 수중에 장악하고 있던 토지를 특정인과 외래인에게 수여하는 것인데, 국유토지에서 기원했더라도, 수여 후에는 받은 사람의 소유로 된다고 보았다. 따라서 戰國 土地所有制의 기본형식은 토지 국유제가 아니라, 토지 사유제라고 주장한다.[55]

세 번째 입장에 서있는 高敏은 商鞅이 井田制를 폐지한 이후 秦代의 토지제도는 국유 토지제와 지주의 토지 사유제가 병존하고 있다고 보았다. 국유토지는 隸臣田者와 같은 노예로써 경작하는 것과 농민에게 授田 방식으로 지급하여 경작하는 형태가 있다. 이때 授田한

---

52) 張金光, 「對《秦商鞅變法後田制問題商榷》的商榷」(『中國史硏究』 1991-3), p.4.

53) 張金光, 위의 논문(1983-2), pp.26-35. 이것은 『二年律令』이 출현하기 이전의 주장으로서 그 후 약간 자신의 설을 수정하고 있기는 하다. 楊作龍, 「秦商鞅變法後田制問題商榷」(『中國史硏究』 1989-1), p.10.

54) 施偉靑, 「關于運用秦簡材料硏究土地制度的若干問題」(『廈門大學學報(哲社版)』 1992-4), pp.5-6.

55) 李恒全, 위의 논문(2014-3), pp.133-137.

토지는 농민에게 토지소유권이 속하지 않는다. 또한 국유토지를 군공이 있는 有爵者에게 賞賜하는데, 이들이 획득한 토지는 사유에 속하는 지주의 토지라고 할 수 있다.[56] 楊作龍도 秦國에는 상앙변법 후 대량의 국유토지가 존재하지만, 동시에 사유토지 역시 존재했다는 입장을 취했다.[57]

이상에서 대표적인 세 가지 논점을 소개하였는데, 이들이 전국시대 토지소유제 형식을 논의할 때 언급했던 자료는 이하에서 제시하는 9개 사례들에서 크게 벗어나지 않는다. 이 문헌자료들을 통해서 전국시대 토지의 매매·상속 등이 가능했는지를 검토하겠다. 첫째는 『韓非子』「外儲說左上」의 자료이다.

6) 그러므로 中章·胥己가 벼슬을 하자, ① 中牟의 사람들이 田圃를 버리고 文學을 따라간 자가 邑의 반이나 되었다. … 王登이 中牟令이 되어서 襄主에게 上言하였다. "中牟에는 中章·胥己라고 하는 士가 있는데, 수양이 잘 되었고, 학문이 매우 넓습니다. 군주께서는 어찌 기용하지 않으십니까?" 군주가 말하였다. "그대가 보았으니 나는 장차 中大夫로 삼을 것이다." 相室이 간하였다. "中大夫는 晉의 중요한 지위입니다. 지금 공도 없는데 그 자리를 준다면, 晉나라 신하의 뜻이 아닐 겁니다. 君은 귀로는 들었으나 보지는 못하지 않았습니까?" 襄主가 말하였다. "나는 王登을 취할 때 이미 귀로도 듣고 눈으로도 보았다. 王登이 취한 사람을 또 귀로도 듣고 눈으로도 본다면, 이는 사람을 귀로 듣고 눈으로 보는 것이 끝이 없을 것이다." 王登이 하루에 두 명의 中大夫를 만나 田宅을 주니, ② 中牟의 사람들이 田耘(김매는 것)을 버리고, 宅圃를 팔아버리고, 文學을 따라간 자가 邑의 반이나 되었다.[58]

---

56) 高敏, 위의 책(1981), pp.142-148.
57) 楊作龍, 위의 논문, p.8.

張金光은 춘추말 中牟의 사람들이 田耘을 버리고 宅圃를 팔았다는 사실은 田의 매매가 불가하여 버릴 수밖에 없었으며, 국유토지는 매각할 수 없었음을 의미한다고 주장하였다. 그리고 이것을 「封守」 爰書에서 田宅이 보이지 않는 사실과 연계시켜 전택은 사유지가 아니므로 몰수대상이 아니라고 하였다.[59] 杜紹順도 宅圃는 팔 수 있으나 田은 팔 수 없다는 결론을 내렸지만, 中牟가 전국시기에는 趙에 속하므로 이 자료를 秦國에 토지매매 현상이 있음을 증명하는데 활용할 수 없다고 하였다.[60]

반면에 토지 사유제 입장의 楊作龍은 "棄其田耘, 賣宅圃"에서 "棄"와 "賣"를 구별한 것은 行文中에 용어의 중복을 피하기 위한 것으로 棄도 賣로 해석해야 한다고 주장했다. 그에 따르면 『史記』 「貨殖列傳」의 白圭의 예에서 볼 때, "棄"는 "賣"의 의미를 가지고 있다고 보았다.[61] 그러므로 田도 매매되는 사례라고 주장한다. 趙襄子(?-B.C.425)는 춘추전국 교체기 晉의 대부 가문인 趙氏이므로, 이 자료를 전국말 趙括의 買田 사례와 연계시켜서 趙國의 토지 매매의 유래를 춘추말까지 소급하였다.[62]

그러나 위의 『韓非子』의 문장은 좀더 검토할 필요가 있다. ①의 "中牟之民棄田圃"의 "田圃"는 ②의 "田耘"과 "宅圃"의 합성이라고 할 수 있

---

58) [淸] 王先愼, 『韓非子集解』(北京: 中華書局, 1998), pp.263, 280, "故中章, 胥己仕, ①而中牟之民棄田圃而隨文學者邑之半. … 王登爲中牟令, 上言於襄主曰: 「中牟有士曰中章, 胥己者, 其身甚修, 其學甚博, 君何不擧之?」主曰: 「子見之, 我將爲中大夫.」相室諫曰: 「中大夫, 晉重列也, 今無功而受, 非晉臣之意. 君其耳而未之目邪?」襄主曰: 「我取登旣耳而目之矣, 登之所取又耳而目之, 是耳目人絶無已也.」王登一日而見二中大夫, 予之田宅, ②中牟之人棄其田耘, 賣宅圃, 而隨文學者邑之半."

59) 張金光, 위의 논문(1983-2), p.34.

60) 杜紹順, 「關于秦代土地所有制的幾個問題」(『華南師範大學學報』 1984-3), p.100.

61) 『史記』 卷129 「貨殖列傳」, p.3258, "務盡地力, 而白圭樂觀時變, 故人弃我取, 人取我與."

62) 楊作龍, 위의 논문, p.10.

다. "田耘"의 "田"을, "宅圃"의 "圃"를 한 글자씩 따서 "田圃"라고 하였으며, 동사는 "棄"와 "賣" 중에서 "棄"만 사용하고 있다. 그렇다면 ①의 "棄田圃"의 의미는 田圃를 버렸다는 것이 아니라 원래의 ②의 "棄其田耘"의 의미에 집중해서 분석해야 한다. "田耘"은 農田의 耕作을 가리킨다. 따라서 田의 김매는 행위 또는 농사 행위의 중지로 해석해야 할 것이다.[63] 中牟의 많은 농민들이 田園의 경작을 방기하고 독서하러 갔다는 것이다. 이것은 전쟁 등 아주 급박한 상황 때 발생하는 농민의 도망과는 다르다.[64] 晉國 趙襄子의 가신 王登은 賜田宅의 일로 中牟사람들이 문학지사를 따라서 학습을 하게 만들었다. 문학을 따라간 목적은 더 많은 田과 좋은 宅을 얻기 위한 것이다. 그들이 따라가는 급박한 상황을 묘사하기 위해서 "棄"라고 서술했을 뿐이다. 그 표현은 "농사를 그만두고"의 의미이지 "田을 버리고"의 의미는 없으므로 田의 매매가 가능한지 여부는 나타나있지 않다. 다만 宅의 경우는 사유재산에 해당된다는 사실은 분명하다. 또한 이 자료는 秦의 자료가 아니므로 戰國秦의 자료를 살피는 자료로 활용하기는 애매하다.

『韓非子』「說林下」에는 사나운 자가 옆집에 오게 되자 宅을 팔고 피하였다는 내용이 있다.[65] 이것도 賣宅의 기사인데, 공교롭게도 『韓非子』「外儲說左上」과 마찬가지로 田에 대한 언급은 없다. 이 기사로 인해 宅의 매매는 허용되지만 田은 매매가 불가하다는 견해도 나오게 되었다. 그러나 여기에서 문제가 된 것은 주안점이 宅이었기 때문에 田의 매매 여부를 논하기는 곤란하다.

두 번째는 유명한 秦國과의 長平전투에서 趙나라 군대를 지휘하다 패배했던 趙括의 일화에 보이는 기록이다.

---

63) 『漢書』卷24下 「食貨志」, p.1150, "千室之邑必有千鍾之藏, 臧繦百萬. 春以奉耕, 夏以奉耘, 耒耜器械, 種饟糧食, 必取澹焉."
64) 楊作龍, 위의 논문, p.10.
65) [淸] 王先愼 撰, 『韓非子集解』, p.190, "有與悍者鄰, 欲賣宅而避之."

7) "지금 趙括은 하루아침에 장군이 되어서 동쪽을 향하여 부하들의 인사를 받는데, 軍吏 가운데 아무도 우러러 받드는 자가 없으며, 왕께서 하사한 金帛은 집에 쌓아 두었다가 날마다 이익이 될 만한 田宅을 둘러보고는 살만한 것이면 사들입니다. 왕께서는 어찌 그의 아버지(趙奢)와 같다고 생각하십니까? 아버지와 아들의 마음 씀씀이가 다릅니다. 원컨대 왕께서는 보내지 마십시오."[66]

위의 인용문은 趙王이 趙括을 장군에 임명하려는 시도를 반대하면서, 趙括의 모친이 상언한 것이다. 이 사안이 있기 이전에 趙나라 명장 趙奢는 자신의 아들 趙括이 兵事를 너무 쉽게 이야기하자 그가 장군이 되면 趙軍을 패전시킬 것이라고 예견하였다. 趙括의 모친은 趙括이 부친과 달리 왕의 하사품으로 전택을 매입하는 등 부하들의 존경을 받지 못하고 있다고 상언한 것이다.

趙括의 전택매입에 대해, 張金光은 확실히 토지 매매 현상이 있기는 하나, 전국말 趙의 權貴 가문이라는 극히 제한된 범위 내에서 발생한 하나의 사례일 뿐이지, 민간에서의 일은 아니라고 평가절하했다. 또한 토지 매매의 사실이 존재한 것과 토지 매매가 합법화된 것은 차원이 다르다고 주장하였다.[67] 李瑞蘭도 趙括의 사례로 당시에 토지 매매가 보편적으로 행해졌다고 볼 수 있는 것은 아니라고 주장하였다. 전국시대에는 상속할 수 있는 안정된 토지 점유권이 결여되어 있었고, 서민들은 국가에서 수전하는 속박 하에서 토지를 사유하거나 매각할 수 없었다고 주장하였다.[68]

---

66) 『史記』 卷81 「廉頗藺相如列傳」, p.2447, "今趙括一旦爲將, 東向而朝, 軍吏無敢仰視之者, 王所賜金帛, 歸藏於家, 而日視便利田宅可買者買之. 王以爲何如其父? 父子異心, 願王勿遣.,"

67) 張金光, 위의 논문(1983-2), p.34.

68) 李瑞蘭, 「略論戰國封建地主階級的構成, 來歷及特徵」, 『中國古代地主階級研究論集』 (天津: 南開大學出版社, 1984), p.136.

그러나 張金光의 주장처럼 趙括과 같은 귀족층에서만 토지 매매가 있었다고 한정할 근거도 없다. 趙括이 토지를 매입했다면 토지를 매각한 일반인도 존재하는 것이 당연하다. 그러므로 趙括의 사례에서는 토지 매매 현상이 존재했다고 보는 것이 옳을 것으로 생각된다. 다만 이 사례는 趙國의 사례이므로 秦國에 토지의 매매 사실이 존재했음을 증명하는 자료로 이용하는 것은 한계가 있다.[69]

세 번째는 『左傳』 襄公 四年(B.C.569)의 사안으로서, 戎族으로부터 토지를 매입하자는 내용이다.

> 8) 公이 말하였다. "그러한즉, 戎과 화목하는 것 밖에는 방법이 없는 가?"(魏絳이) 대답해 말하였다. "戎과 화목하면 다섯 가지 이익이 있습니다. 戎狄은 풀을 따라 거주하며, 物貨를 귀하게 여기고 토지를 소홀하게 여기는데, 그들의 토지를 재화로 살 수 있는 것이 이로움의 첫 번째입니다."[70]

無終 山戎의 수령 嘉父가 孟樂을 晉에 파견하여 虎豹 가죽을 바치고 諸戎과의 화친을 요청하였을 때, 晉悼公은 戎狄을 탐욕스럽다 생각하고 오히려 정벌을 시도하였다. 魏絳은 융적을 정벌하면, 楚가 그 틈을 노려 陳을 정벌할 것이므로 융적과 화친할 것을 주장했는데, 화친하면 생기는 다섯 가지 이익이 있다고 주장하였다. 그 가운데 하나는, 戎狄이 소홀히 여기는 토지를 중국의 재화로 구매할 수 있다는 것이다. 이것은 중국과 戎狄 간의 토지 거래이기는 하지만, 중국에 토지 매매의 관행이 없었다면 이러한 주장은 나올 수 없었을 것이다. 이 기록은 春秋시기 晉國의 기록이라서 戰國秦의 자료로 활용하는 데는

---

69) 杜紹順, 위의 논문, p.100.
70) 楊伯峻, 『春秋左傳注』(北京: 中華書局, 1990), p.939, "(襄公四年) 公曰, 然則莫如 和戎乎, 對曰, 和戎有五利焉, 戎狄荐居, 貴貨易土, 土可賈焉, 一也."

한계가 있다.

네 번째는 商鞅에 의해 토지 매매가 시행되었다는 『漢書』「食貨志」의 내용이다. "秦에 이르면 그렇지 않아서 商鞅의 法을 사용하여, 帝王의 제도를 개정하고, 井田을 폐지하여 民이 賣買할 수 있게 됨으로써, 富者는 田이 仟伯을 連이어 있게 되고, 貧者는 송곳을 세울 땅도 없게 되었다."는 내용이다.[71]

董仲舒의 이 문장은 秦代에 토지 매매가 존재했음을 인정한 유일한 기록이다. 雲夢秦簡의 출토 이전에는 董仲舒의 기술에 입각해 商鞅변법 후 토지 매매가 출현했다는 것을 인정하는 경향이었으나, 雲夢秦簡의 출토 후 이 문장을 불신하기 시작했다. 대표적인 것이 袁林·張金光이다. 그 주장에 따르면, 秦에 商鞅變法 이래로 토지겸병이 출현했다는 董仲舒의 주장은 漢初의 다른 인물들과의 기술과는 다르다는 것이다. 즉, 賈誼는 商鞅變法의 效用을 긍정적으로 평가했고, 土地 私有化의 병폐는 언급하지 않았다는 것이다. 동중서가 토지 매매를 언급하게 된 이유는 유가의 입장에서 한무제 시기의 중요한 사회경제 문제로서 토지 사유화로 인한 토지 겸병을 거론했고, 그 토지 사유화의 원인이 商鞅에서 비롯되었다고 보았기 때문이라고 주장하였다.[72] 張金光 등이 유력한 근거로 삼고 있는 것은 雲夢秦簡의 "入頃芻稾, 以其受田之數"이다. 그러나 이들의 주장대로 賈誼 등의 언급에 토지 사유화의 병폐를 언급하지 않았다고 하여 董仲舒의 언급을 불신할 수는 없다. 漢代 『二年律令』에도 秦簡과 동일하게 授田制를 규정했음에도 동시에 田宅의 賣買·讓渡·相續을 허락하고 있기 때문에 戰國秦 시기에 토지

---

71) 『漢書』卷24上 「食貨志」, p.1137, "至秦則不然, 用商鞅之法, 改帝王之制, 除井田, 民得賣買, 富者田連仟伯, 貧者亡立錐之地."
72) 張金光, 위의 논문(1983-2), p.34; 袁林, 위의 논문(1983-6), p.63; 袁林, 『兩周土地制度新論』(長春: 東北師範大學出版社, 2000), pp.231-232; 郝建平, 「戰國授田制研究綜述」(『陰山學刊』 16-2, 2003), p.79.

매매가 존재하지 않았다고 단언하기 어렵다.

다섯 번째, 包山楚簡 "案例類" 簡文(十二)의 番戌의 상속권 관련 내용이다. 이 자료는 전국 중후기의 楚國에서 左馭인 番戌의 사망 후 그의 邵域歡邑에 있던 飤田의 상속과 관련한 소송 기록이다. 番戌 사후에 飤田은 그 아들 番步가 상속했고, 番步의 사후에는 아들이 없었으므로 番戌의 동생이 상속하였다. 番戌의 동생 사후에 아들이 없자, 左尹인 士가 從父의 동생인 番歂에게 상속을 명령하였다. 番歂은 이 飤田을 상속한 이후에 채무로 인하여 팔려고 하였다. 左馭 游辰이 이를 사들였으나, 王士之后邘賞은 番戌에게 이 田地를 상속할 상속인이 없다고 이의를 제기하였다. 이에 左司馬는 左에게 명령하여 결정하게 하였고, 左는 番戌에게 상속인이 있으므로 田地를 상속한다고 판결하였다.[73] 番戌의 사망 시에도 이 田地는 官府로 환수되지 않고 그 아들 등이 상속한 것은 전국 중후기 楚國의 토지에도 사유적 성격이 존재함을 보여준다.[74] 다만 이 자료가 秦國의 것이 아니므로 적극적으로 秦의 토지 사유제 문제를 밝히는데 적용하기에는 한계가 있다.

여섯 번째는 王翦의 사례이다.[75] 앞의 자료들이 대부분 秦 이외 국

---

73) 湖北省荊沙鐵路考古隊, 『包山楚簡』(北京: 文物出版社, 1991), p.28, "左馭番戌飤田於邵域歡邑, 城田一, 素畔菖. 戌死, 其子番步後之; 步死, 無子, 其弟番黜後之; 黜死無子, 左尹士命其從父之弟番歂後之. 歂飤田疠於責, 骨賣之. 左馭遊晨骨貯之, 又五節, 王士之後邘賞聞之, 言謂番戌無後. 左司馬迶命左令馭定之, 言謂戌有後.(151-152)"

74) 王穎, 「從包山楚簡看戰國中晚期楚國的社會經濟」(『中國社會經濟史研究』 2004-3), p.14; 晁福林, 「戰國時期的土地私有化及其社會影响」(『江海學刊』 1996-4), pp.110-111.

75) 『史記』 卷73 「王翦列傳」, p.2340, "始皇聞之, 大怒, 自馳如頻陽, 見謝王翦曰: 「寡人以不用將軍計, 李信果辱秦軍. 今聞荊兵日進而西, 將軍雖病, 獨忍弃寡人乎!」 王翦謝曰: 「老臣罷病悖亂, 唯大王更擇賢將.」 始皇曰: 「已矣, 將軍勿復言!」 王翦曰: 「大王必不得已用臣, 非六十萬人不可.」 始皇曰: 「爲聽將軍計耳.」 於是王翦將兵六十萬人, 始皇自送至灞上. 王翦行, 請美田宅園池甚衆. 始皇曰: 「將軍行矣, 何憂貧乎?」 王翦曰: 「爲大王將, 有功終不得封侯, 故及大王之嚮臣, 臣亦及

가들의 것인데 비해서 王翦의 기사는 秦國의 상황을 보여주는 것이다. 王翦은 60만 秦軍을 이끌고 楚로 출정할 때 좋은 田宅園池를 秦王政에게 5차례나 요구했는데, 이 행위를 과도하다고 비판하는 자가 있었다. 王翦은 국내의 병력을 모두 자신에게 일임한 秦王政이 의심하므로 "반역"을 꾀하는 존재로 의심받기보다는 전택에나 관심이 있는 소인으로 보여 자신의 목숨을 지키기 위함이라고 하였다.

　전택의 사유제를 부정하는 張金光은 賜田의 상속이 불가능하다고 주장하였다. 즉, "王翦은 賜田을 永業으로 바꾸려 요청한 것이므로 秦王政이 에둘러서 거절한 것이다. 王翦이 행한 바는 蕭何가 전택을 강제로 싸게 매입한 것과 마찬가지로 규정에 어긋나는 일(違例)을 함으로써 오직 재산만을 모으려는 협소한 마음을 표시하여 군주의 의심을 풀려고 한 것이다. 王翦의 이야기는 賜田은 子孫의 業으로 할 수 없다는 것을 반증한다."고 하였다.[76] 張金光 주장의 핵심은 당시 賜田이 子孫에게 상속하는 것이 불가능했기 때문에 永業으로 바꾸려 했다는 것에 있다.

　張金光은 王翦의 사례에서 田宅의 상속이 불가능한 점을 입증하기 위하여 『韓非子』「詭使」의 "身死田奪"을 인용해 秦의 授田은 죽으면 반납하거나 연로하면 歸田시킨다고 주장하였다.[77] 그러나 『韓非子』의 "身死田奪"의 현상이 秦國에 존재한다는 것을 증명하는 증거로서 사용할 수는 없다. 전국시대 각국의 賞賜제도는 다르기 때문이다.[78] 三晉지역은 인구밀도가 높아서 사망 후에 농토를 환수했을 가능성이 있

時以請園池爲子孫業耳.」始皇大笑. 王翦既至關, 使使還請善田者五輩. 或曰 : 「將軍之乞貸, 亦已甚矣.」王翦曰 : 「不然. 夫秦王怛而不信人. 今空秦國甲士而專委於我, 我不多請田宅爲子孫業以自堅, 顧令秦王坐而疑我邪?」"

76) 張金光, 위의 논문(1983-2), p.35.

77) 같은 논문, p.30; [淸] 王先愼, 『韓非子集解』「詭使」, p.413, "夫陳善田利宅所以戰士卒也, 而斷頭裂腹播骨乎平原野者, 無宅容身, 身死田奪."

78) 杜紹順, 위의 논문, p.98.

지만, 그 반대로 인구밀도가 낮은 秦지역에서 환수가 행해졌을지는 의문이다. 오히려 국가가 田을 환수하여 상속이 불가능하다는 張金光의 주장은 雲夢秦律 및 『二年律令』의 後子와 관련된 내용을 검토해보면 설득력이 떨어진다.

> 9) 從軍하여 功을 세워 응당 爵을 받거나 賞賜를 받아야 하는데, 만약 拜爵받지 못한 상태에서 本人이 이미 사망하였거나, 그 後子가 有罪라서 법에 의거하여 耐遷刑을 받거나, 本人이 법에 의하여 耐遷刑에 처해지면 모두 爵과 賞賜를 받지 못한다. 만약에 이미 拜爵을 받은 상태에서 賞賜를 받지 못한 경우, 本人이 이미 사망했거나 법에 의거하여 耐遷刑에 처해지면 계속하여 賞賜를 준다.(軍爵律)[79]

> 10) "함부로 그 後子를 죽이거나, 刑을 가하거나, 두발을 자르면, 定罪한다." 무엇을 後子라고 하는가? 官에서 그 아들을 爵의 후계자로 인정하였거나, 臣邦君長이 둔 後太子를 모두 後子라고 한다.(法律答問)[80]

9) 軍爵律에서는 종군하여 획득한 爵과 賞賜를 상속인인 後子가 못 받는 경우는 後子가 耐遷刑의 죄를 지었을 때라고 규정하고 있다. 그렇지 않을 경우는 後子가 부친의 爵位와 賞賜를 받을 수 있다는 것이다. 後子가 부친의 작위를 상속한다면, 『二年律令』에 규정이 되어 있는 것처럼 그 작위에 상응하는 전택을 상속하는 것을 의미한다. 『이년율령』에서는 전택의 상속이 부친의 작급과 상응관계를 가지고 있다. 부

---

79) 『睡虎地秦墓竹簡』, p.92, "從軍當以勞論及賜, 未拜而死, 有罪法耐䙴(遷)其後; 及法耐䙴(遷)者, 皆不得受其爵及賜. 其已拜, 賜未受而死及法耐䙴(遷)者, 鼠(予)賜. 軍爵律"

80) 같은 책, p.182, "「擅殺, 刑, 髡其後子, 瀆之.」●可(何)謂「後子」? ●官其男爲爵後, 及臣邦君長所置爲後大(太)子, 皆爲「後子」."

친의 작급은 자식들에게 상속되고 있고, 작위에 따른 授田이 규정되어 있기 때문에 사실상 작위에 따라서 전택이 상속된다고 할 수 있다.[81]

10) 「法律答問」의 내용은 後子에 대한 개념정의인데, 官의 승인을 받은 子를 爵位의 상속인인 後子라고 한다는 것이다. 이로써 본다면 有爵者는 生前에 爵位 상속인을 선정해 관부의 승인을 거쳐야 한다. 이렇게 승인된 後子의 권리와 지위는 법률의 보호를 받는다. 後子는 이미 父爵을 승계하고, 당연히 父가 하사받은 田宅을 상속할 수 있다고 생각된다.[82] 秦律에서 토지의 매매를 허용한 것은 확인할 수 없지만, 『二年律令』의 後子 관련 내용에서 충분히 토지의 상속을 추정할 수 있다. 그리고 후술할 「奏讞狀」 案例 7에 수록된 沛의 後子 義가 부친의 肆와 宅을 상속받고 있는 사실에서 볼 때,[83] 張金光의 王翦 관련 자료 논증이 옳지 않았다고 생각된다.

일곱 번째는 秦武王 시기 蜀地를 평정한 공로로 左丞相에 임명되었던 甘茂가 망명하여 몰수된 田宅과 관련된 것인데, 그 전말은 다음과 같다. 甘茂는 秦昭王에게 韓으로부터 빼앗은 武遂를 다시 돌려주자고 건의하여 관철시켰다. 이에 向壽·公孫奭은 극력 반대했지만 자신들의 주장이 받아들여지지 않자 甘茂에 불만을 품었다. 이후 甘茂는 向壽·公孫奭이 秦昭王에게 자신을 참소하자 두려워서 魏의 蒲阪을 공격하다가 망명을 하게 되었다. 甘茂가 齊로 망명하여 蘇代를 만나게 되자 秦에 있는 가족들의 구명을 부탁하였고, 蘇代는 이를 응낙하고 秦昭王에

---

81) 『張家山漢墓竹簡』, pp.182-183, "疾死置後者, 徹侯後子爲徹侯, 其毋適(嫡)子, 以孺子子·良人子. 關內侯後子爲關內侯, 卿侯〈後〉子爲公乘, 五大夫後子爲公大夫, 公乘後子爲官(367)大夫, 公大夫後子爲大夫, 官大夫後子爲不更, 大夫後子爲簪褭, 不更後子爲上造, 簪褭後子爲公士, 其毋適子, 以下妻子·偏妻子.(368)"

82) 施偉青, 「也論秦自商鞅變法後的土地制度-與張金光同志商榷」(『中國社會經濟史研究』 1986-4), p.19.

83) 朱漢民·陳松長 主編, 『嶽麓書院藏秦簡(參)』(上海: 上海辭書出版社, 2013), p.155, "居六歲, 沛死. 義(義)代爲戶, 爵後, 有肆·宅.(115正)"

게 그를 秦으로 돌아오게 건의하였다. 秦昭王은 甘茂를 上卿에 임명하고 재상의 印을 보내 齊에서 맞이하려 했으나 甘茂는 돌아오지 않았다. 蘇代는 齊湣王에게 권하여 甘茂를 上卿에 임명하고 齊에 머물게 하였다. 秦 또한 "甘茂 집안의 賦稅徭役을 면제시켜줌으로써" 甘茂를 돌아오도록 하였다.[84] 그러나 甘茂는 끝내 秦에 돌아오지 않고 魏에서 사망하였다. 그 후 甘茂의 손자 甘羅가 趙에 외교사절로 파견되어 趙로 하여금 燕을 공격하게 하고 획득한 30城 중에서 11城을 秦의 영토로 받아내는 외교 성과를 거두자 秦王政은 甘茂의 옛 전택을 甘羅에게 재차 하사하고 있다.[85]

甘茂의 재산 몰수에 대해서 보도록 하자. 甘茂의 망명죄는 秦律에서 黥爲城旦에 해당하므로,[86] 그의 가족과 재산은 당연히 몰수되어야 했다. 논란의 핵심은 『史記』「甘茂列傳」에 a) "秦因復甘茂之家以市於齊"라는 부분과 b) "秦乃封甘羅以爲上卿, 復以始甘茂田宅賜之."라는 부분이다. a)는 甘茂를 망명에서 귀국시키기 위한 조치인데, 아래의 [표 1]에서 알 수 있듯이 몰적되었던 가족의 해방만으로 그쳤는지 아니면 재산의 반환도 이루어졌는지, 요역 면제의 의미인 "復"의 의미로 해석해야 하는지를 고려해야 한다. b)는 甘羅에게 조부 甘茂의 원래 전택을 하사하였다는 것인데, 왜 조부의 재산이 국가의 수중에 들어가 있었는지가 분석 대상이다.

문제의 핵심인 "復甘茂之家"에 대하여 구체적으로 분석한 것은 張金光과 李恒全이다. 상속의 문제는 앞에서 秦律의 軍爵律, 「奏讞狀」案例의 분석에서 잠깐 언급하였지만, 다시 논의해볼 필요가 있다. 아래

---

84) 『史記』 卷71 「甘茂列傳(孫 甘羅)」, p.2317, "秦因復甘茂之家以市於齊." 이 부분의 해석은 견해가 엇갈린다.(후술함)

85) 『史記』 卷71 「甘茂列傳(孫 甘羅)」, pp.2316-2321.

86) 『睡虎地秦墓竹簡』, p.171, "告人曰邦亡, 未出徼闌亡, 告不審, 論可(何)殹(也)? 爲告黥城旦不審."

는 張金光의 견해를 요약한 것이다.

11) 甘茂는 蘇代와의 대화에서 자신의 몸을 받아주는 곳이 없는 것에
대해서만 이야기했고, 그 가속 및 재산의 몰적 문제를 이야기하지
않았다. 가속에 대해 역시 "臣은 곤란에 처해있다", "茂의 妻子가 (秦
에) 있는데, 원컨대 君께서는 남는 빚으로 구제해주십시오."라고만
말했을 뿐이다. 사람과 전택은 모두 몰적되었고, 후에 누명을 벗을
수 있었다. 蘇代가 진왕에게 건의하여 甘茂를 上卿으로 삼고 齊에
서 맞이했으나, 甘茂는 가지 않았다. 秦은 甘茂之家를 복구시켜서
齊와 교환하려고 하였다.(秦因復甘茂之家以市於齊.)[87] 1차의 누명을
풀어준 후에 甘茂의 집안은 원래의 모습으로 모든 것이 회복되었
고, 그 賜授田宅이 몰수되었다고 한다면, 이 "復"을 거친 후에 모두
반납(淸償)되었을 것이다. 『史記』에 이미 秦昭王 초에 "復甘茂之家"
했는데, 왜 반세기를 기다려 孝文王·莊襄王을 거쳐 秦王政 때에 명
예를 회복했는가? 동시에 甘茂가 얻은 賜授田宅은 일찍이 그에게
반납되었고, 그가 죽은 후에 국가의 賜田法에 의거해 국가로 환수
되고, 그 아들(甘羅의 부친)에게 상속되지 않았다. 이에 甘茂가 사
망한 지 50-60년이 지나서, 그 손자 甘羅가 공을 세우자 "復以始甘茂
田宅賜之"의 문제가 발생했다. 여기에는 전혀 "물건이 원래 주인에
게 돌아간다(物歸原主)"고 하는 상속의 의미가 없다. 조상 및 자신
의 전택은 반드시 국가의 行政·王命을 통과하여 "復賜"해야 하고,
賜授田宅은 그 자손이 상속하여 영업할 수 없고, 양도와 매매도 할
수 없다.[88]

---

87) 張荊萍, 『試論古漢語"出售"語義場的歷史演變』(浙江大學碩士學位論文, 2008), pp.
10-11.
88) 張金光, 「論秦自商鞅變法後的普遍土地國有制—對≪秦商鞅變法後田制問題商榷≫的
商榷」(『山東大學學報』 1990-4), pp.78-79.

11)의 張金光의 주장은 甘茂의 田宅 몰수→"復甘茂之家"를 통해 甘茂에게 반환→甘茂 사망 후 국가에 환수→甘茂의 아들에게 상속되지 않음→손자 甘羅에게 재차 復賜의 과정을 거쳤다는 것이다. 특히 문제의 핵심이 되는 "復甘茂之家"는 "甘茂之家를 회복하였다"고 해석하여 몰수했었던 재산을 甘茂에게 돌려준 것으로 이해하였다. 그리고 甘茂의 사망 후 국가가 환수하였으므로 田宅은 아들에게 상속되지 않고 있다가 甘羅에게 조부의 田을 "復賜"한 것은 甘羅와 그 조부 甘茂 사이에는 이 田産 상속의 관계가 없다는 주장이다.[89] 장금광이 甘茂의 아들에게 상속되지 않았다고 한 것은 국가 수전제의 입장에서 토지 소유자가 사망하면 국가에 반납한다고 하는 還收의 개념에 입각한 것이다.

반면에 李恒全은 甘茂의 田宅의 失→得과정을 보면 張金光의 주장은 성립할 수 없다고 비판하였다.

12) 甘茂는 죄로 인해 齊로 망명했고, 후일 蘇代의 도움으로, "秦은 甘茂의 家를 회복"시켰고, 甘茂의 籍沒된 가속을 석방했다. 그러나 가산은 돌려주지 않았다. 甘茂의 망명죄는 黥城旦에 해당하며, 黥城旦의 경우 처자와 재산은 당연히 몰수되어야 했을 것이다. 完城旦과 鬼薪 이상의 죄수는 "妻·子·財·田宅"을 몰수하는 것이 원칙이다. 甘茂의 손자 甘羅가 趙에 외교사절로 파견되어 趙로 하여금 燕을 공격하게 하고 획득한 30城 중에서 11城을 받아내는 외교성과를 거두자 秦王政은 과거 몰수했던 甘茂의 전택을 甘羅에게 재차 하사하고 있다. 甘茂의 사례는 田宅도 몰수의 대상이며, 곧 사유재산에 속함을 알 수 있다. 최종적으로 조상의 원래 전택을 얻은 것은 물건을 원래 주인에게 돌려준다는 뜻인데, 이는 진국의 전택이 자손에게 전해진다는 것을 설명해준다.[90]

---

89) 같은 논문, p.79, "甘茂之家一切回复到原来的样子, 其所得賜授田宅原既便被收夺的话, 经此"复"之后, 无疑是全部被清偿了."

李恒全의 견해를 정리하면, 甘茂의 田宅 몰수→"復甘茂之家"를 통해 가족만 석방, 전택은 계속 국가의 수중→甘羅에게 재차 復賜하였다는 것이다. 李恒全은 "復甘茂之家"의 조치 때 秦은 甘茂의 家를 회복시켰고, 甘茂의 籍沒된 가속을 석방했으나 가산은 돌려주지 않았다. 甘茂에게 반환되지 않은 전택은 계속 국가의 수중에 있다가 손자인 甘羅에게 전해진 것으로 이해하고 있다. "復甘茂之家"의 "復"을 회복 또는 복구의 의미로 해석한 것이다. 이렇게 하여 張·李 두 사람은 모두 甘羅에게 전해지기 전에 田宅이 국가의 수중에 있었던 것으로 이해하였다. 張金光은 사망에 따른 환수, 李恒全은 가산회복을 시켜주지 않은 것으로 이해하였다.

[표 1] 甘茂의 재산 몰수

	甘茂망명	復甘茂之家	甘茂사망	甘茂의子	復以始甘茂田宅賜之
張金光	田宅몰수	가족석방, 재산 반환[91]	국가환수	미상속	甘羅에 하사
李恒全	田宅몰수	가족석방, 재산 미반환			甘羅에 하사
『史記正義』		甘茂之家의 요역 면제			

여기에는 검토해야 할 두 가지 사항이 있다. 첫째는 장금광의 견해대로 이러한 田宅의 일차 복원이 이루어졌다고 하더라도, 이 재산을 받을 당사자인 甘茂는 끝내 秦에 귀국하지 않았고 魏에서 사망하였기 때문에 과연 그의 전택이 복원되었을지 여부에 대한 의문이다. 따라서 계속 秦 정부가 전택을 몰수한 상태로 있다가 감라가 공을 세웠을 때 하사했을 가능성도 있다. 甘茂에게 돌려주지 않았을 가능성

---

90) 李恒全, 위의 논문(2014-3), p.135.
91) 張金光은 甘茂에게 그의 망명으로 몰수된 田宅을 돌려주었다고 하였다. 하지만 田宅이 몰수되었다고 주장한 것에서 그의 모순이 드러난다. 즉, 그는 「封守」에서 田의 항목이 없는 것은 국유토지이므로 몰수 항목에서 빠졌다고 했지만, 甘茂 사례에서는 田宅이 되었다고 주장하여 서로 모순하고 있다.

이 높은 것은 『二年律令』에서 본 것처럼 부친의 전택은 그 작위에 따라서 상속되는 것이 원칙이었다. 따라서 甘茂가 돌려받았다면 그것은 甘茂의 아들에게 상속되고, 그것을 손자인 甘羅에게 상속했을 것이다. 그러나 甘羅가 이를 재차 상속받지 못한 것은 그의 부친이 조부의 재산을 받지 못하였던 때문이다. 따라서 장금광의 이해는 옳지 않다고 생각한다.

둘째, "復甘茂之家"의 "復"을 앞에서처럼 "회복"의 의미로 해석할 것인가의 문제이다. 『史記正義』에서는 "復"을 앞의 두 사람의 분석과는 달리, "復音福"으로 훈독하여 "甘茂 집안의 賦稅徭役 면제"로 이해하였다.[92] 『史記』 『漢書』 등에 "復家"의 용례가 다수 출현하는 것으로 보아 "復○○之家"의 의미로 해석할 수 있다.[93] 또한 『二十二史全譯(史記)』에서도 "秦國은 甘茂家의 賦稅徭役을 면제하여 齊國과 경쟁적으로 甘茂의 마음을 收買하려고 하였다."고 해석하고 있다.[94] 『史記正義』 및 "復家"의 용례로 고찰할 때, 賦稅徭役의 면제라고 할 수 있으며, 이 해석이 맞다면 "復甘茂之家"에 田宅 환급의 의미는 없었다고 생각된다. 전택의 환급이 없다고 보아야 할 이유는 秦漢에서 田宅은 상속이 되는 것이 원칙이므로 돌려받았다면 甘茂의 아들과 손자(甘羅)에게로 순차적으로 상속되었을 것이다. 그렇다면 진왕정 때 甘羅에게 "復賜"되는 것은 있을 수 없는 것이다.

율령의 규정을 원칙대로 적용했다는 전제 하에서 망명죄를 범한 자는 黥爲城旦舂에 처해지고, 그 가족과 재산은 몰수되게 되어있다.

---

92) 『史記』 卷6 「秦始皇本紀」, p.244, "乃黔首三萬戶琅邪臺下, 復十二歲."; 張仁璽, 「秦漢復除制述論」(『山東師大學報(社會科學版)』 1993-4), p.38. 張仁璽도 復除로 이해하였다.

93) 『漢書』 卷1上 「高帝紀」, p.33, "蜀漢民給軍事勞苦, 復勿租稅二歲. 關中卒從軍者, 復家一歲."; 『漢書』 卷15上 「王子侯表」, p.428, "元康四年, 廣玄孫長安大夫猛, 詔復家. 師古曰: 「大夫, 第五爵也. 復家, 蠲賦役也. 復音方目反.」

94) 『二十二史全譯(史記)』(北京: 漢語大辭典出版社, 2004), p.982.

"復甘茂之家"의 조치로 그 가족은 석방되고 復家(요역면제)의 은택을 받은 것으로 이해해야 한다. 그후 甘羅의 공로에 의해 甘茂의 몰수되었던 전택이 재차 下賜되었던 것이다. 위에서 언급한 첫 번째와 두 번째의 어느 해석이라도 몰수된 전택은 甘茂의 집안에 돌려주지 않은 것으로 나타난다. 따라서 장금광의 견해는 타당성이 없으며, 甘羅에게 전택을 復賜한 것은 甘茂의 몰수했던 재산을 돌려주지 않았기 때문이다. 결국 전택은 몰수대상이 되는 私産이라고 할 수 있다.

여덟 번째는 蘇秦과 관련된 자료이다.

> 13) 蘇秦이 탄식해 말하였다. "이 한 사람의 몸은 마찬가지인데, 부귀해졌을 때는 친척도 두려워하지만, 빈천해졌을 때는 깔본다. 하물며 다른 사람들은 나를 어떻게 보겠는가! 내게 雒陽의 負郭田 2頃이 있었더라면 내 어찌 六國 재상의 도장을 허리에 찰 수 있겠는가!"[95]

負郭田은 雒陽 성곽에 인접한 良田이다. 蘇秦이 雒陽의 負郭田 2頃이 있었더라면 그 토지에 안주했을 것이므로 육국의 재상이 될 수 없었을 것이라는 의미이다. "負郭田 2頃이 있었더라면"이라는 표현은 당시 토지가 사유재산으로 인정되지 않았다면 절대로 나올 수 없다. 이러한 "負郭田"은 응당 자손에게 상속할 수 있는 사유 성질의 토지이다.[96] 비록 이 자료는 秦의 토지 소유형태를 밝힐 수 있는 것은 아니나, 전국시대에 사유토지의 존재를 확인할 수 있는 자료이다.

아홉 번째는 陳平과 관련된 문제이다. 陳平의 경우 어릴 때 집안이 가난하였는데 田 30畝를 보유하였다고 하였다.[97] 陳平의 고향인 陽武

---

95) 『史記』 卷69 「蘇秦列傳」, p.2262, "蘇秦喟然歎曰：「此一人之身, 富貴則親戚畏懼之, 貧賤則輕易之, 況衆人乎! 且使我有雒陽負郭田二頃, 吾豈能佩六國相印乎!」"
96) 晁福林, 위의 논문(1996-4), p.109.
97) 『史記』 卷56 「陳丞相世家」, p.2051, "陳丞相平者, 陽武戶牖鄕人也. 少時家貧, 好

는 師古에 의하면 陳留縣에 속한 곳이므로 원래 秦의 영토에 속한 곳은 아니었다. 그러나 그의 기사는 秦末의 상황으로서 "有田三十畝"의 "有"는 소유의 개념으로 보아야 한다. 또한 田 30畝를 소유하고 있기 때문에 가난하다고 표현한 것인데, 蘇秦의 기사와 형태상 동일하다고 할 수 있다. 이는 국유지 개념보다는 사유재산으로서 보는 것이 옳다고 생각된다. 이상에서 검토한 9개 사례를 정리하면 아래의 표와 같다.

[표 2] 문헌의 토지 매매 (▲: 不明)

번호	사례	秦		秦 이외의 자료	
		국유	사유	국유	사유
1	『韓非子』「外儲說左上」			▲	▲
2	趙括				○
3	『左傳』 襄公四年				○
4	『漢書』「食貨志」		○		
5	『包山楚簡』				○
6	王翦		○		
7	甘茂		○		
8	蘇秦				○
9	陳平				○

[표 2]에서 알 수 있듯이, 秦國 및 기타 제후국에서 국가 수전제를 실시하였지만 대부분의 사례가 사유제의 형태를 취하고 있다. 즉, 국가 수전제 하에서 양립하는 것이 불가능했을 것으로 생각되는 토지의 매매와 양도가 엄연히 존재하였다. 이렇게 문헌자료에 사유지 매매 자료가 많았기 때문에 睡虎地秦簡 등 출토문헌이 나오기 전에는 사유토지설이 우세했던 것이다. 다음으로는 출토자료를 중심으로 秦代

讀書, 有田三十畝, 獨與兄伯居. 伯常耕田, 縱平使游學. 平爲人長(大)美色. 人或謂陳平曰:「貧何食而肥若是?」 其嫂嫉平之不視家生產, 曰:「亦食穅覈耳. 有叔如此, 不如無有.」 伯聞之, 逐其婦而弃之."

의 전택 자료를 검토해보기로 하겠다. 여기에는 문헌자료의 해석을 둘러싸고 발생했던 논란을 종식시켜줄 수 있는 자료가 포함되어 있다.

2. 「封守」爰書와『嶽麓書院藏秦簡』「奏讞狀」의 田宅

戰國秦의 토지 소유형태와 관련하여 『封診式』의 「封守」爰書가 주목되는 이유 중 하나는 토지국유제의 중요 증거로 활용되어 왔기 때문이다.[98] 「封守」爰書의 차압된 항목에 토지(田地·宅地)가 포함되어 있지 않은 사실에서 土地가 농민의 사유재산으로 간주되고 있지 않다고 이해한 것이다. 「封守」는 「封診式」에 함께 수록된 「奪首」에 昭王 41년(B.C.266) 있었던 邢丘전투가 언급되고, 「亡自出」에 秦王政 4년(B.C.243)의 간지가 보이고 있는 것으로 판단할 때, 전국 후반기에 해당하는 秦昭王 말에서 秦王政 초기에 걸쳐 작성된 것이다.[99] 즉, 이른바 전택의 사유화를 허용했다고 하는 秦始皇 31년의 "自實田"令이 내려지기 이전의 자료이다.

> 14) 「封守」鄕의 某에 대한 爰書: 某 縣의 丞인 某의 문서에 입각해, 鞫問을 받은 某 里의 士伍 甲의 家室·妻·子·臣妾·衣器·畜産을 차압하였습니다. ●甲의 室과 사람: (室은) 一宇二內로 구성되어 있고, 각각 門이 있으며, 內室은 모두 기와지붕이며, 목제의 구조물은 잘 구비되어 있으며, 대문 앞에 뽕나무가 열 그루 있습니다. ◎●妻의 이름은 某인데, 이미 도망간 상태라서 封하지 못하였습니다. ●딸은 大女子로서 이름이 某인데, 남편이 없습니다. ●아들은 小男子로서 이름이 某인데, 키가 6尺5寸입니다. ●이름이 某인 奴, 이름이 某인 小

---

98) 張金光, 위의 논문(1983-2), p.36; 施偉靑, 『中國古代史論叢』(長沙: 嶽麓書社, 2004), p.113; 李冬梅, 『秦漢簡牘所見財産法研究』(東北師範大學, 2005), p.9; 飯尾秀幸, 위의 논문, p.40.

99) 任仲爀, 「秦始皇 31年의 自實田」, p.38; 『睡虎地秦墓竹簡』, pp.256-257, p.278.

女子 婢가 있습니다. ●수캐 한 마리가 있습니다. ● 里典 某와 甲과 같은 伍에 소속된 公士 某에게 묻기를, "만약 甲에게 차압할 다른 것이 아직 남아있는데도 이들 某 등이 탈루하고 등록하지 않은 것이 있다면 장차 죄를 받게 될 것이다."라고 하니, 某 등이 모두 말하기를, "甲에게서 封해야 할 것은 모두 여기에 포함되어 있으며, 이밖에 封할 것은 없습니다."라 하였습니다. 이에 즉시 甲의 封한 것을 某 등에게 위임하고, 이들로 하여금 같은 里의 사람들과 번갈아 지키게 하고, 명령을 기다리게 하였습니다.[100]

飯尾秀幸은 「封守」爰書의 압류 항목에 田宅이 없으므로 田宅이 국유토지라고 주장하는 사람 가운데 하나이다. 그의 주장은 「封守」爰書만을 가지고 볼 때 문제가 없어 보이지만, 『二年律令』 收律의 같은 항목과 비교하면서 스스로 논리의 모순을 드러냈다. 그는 "前漢 초기 『二年律令』의 단계에서는 妻·子·財·田宅의 몰수 항목 가운데 妻·子·財는 封守의 室·人에 상당하다고 이해할 수 있는 것으로, 『二年律令』 收律의 몰수 항목에는 새로이 田宅이 추가되어 있다. 그러나 收律에서 財 이외에 그것과 구별하여 田宅이 존재하고 있는 것은 收律의 단계에서도 국가는 田宅을 농민의 재산으로서 인식하고 있지 않았다는 것을 의미하는 것은 아닐까"라고 추정하고 있다.[101]

飯尾秀幸의 언급은 의미가 명확하지 않아서 재정리하면 다음과 같

---

100) 『睡虎地秦墓竹簡』, p.249, "封守 鄕某爰書: 以某縣丞某書, 封有鞫者某里士五 (伍)甲家室, 妻, 子, 臣妾, 衣器, 畜産. ●甲室, 人: 一宇二内, 各有戶, 内室皆瓦 蓋, 木大具, 門桑十木. ●妻曰某, 亡, 不會封. ●子大女子某, 未有夫. ●子小男 子某, 高六尺五寸. ●臣某, 妾小女子某. ●牡犬一. ●幾訊典某某, 甲伍公士某 某: 「甲黨(倘)有【它】當封守而某等脫弗占書, 且有罪.」 某等皆言曰: 「甲封具此, 毋(無)它當封者.」 即以甲封付某等, 與里人更守之, 侍(待)令."

101) 飯尾秀幸, 위의 논문, p.40; 『張家山漢墓竹簡』, p.156, "罪人完城旦, 鬼薪以上, 及坐奸府者, 皆收其妻, 子, 財, 田宅. 其子有妻, 夫, 若爲戶, 有爵, 及年十七以 上, 若爲人妻而棄, 寡者,(174) 皆勿收. 坐奸, 略妻及傷其妻以收, 毋收其妻.(175)"

다. 즉, 「封守」 爰書에 田의 항목이 없는 것은 개개 농민의 재산으로서
인식하고 있지 않았다고 보는 것이며, 동시에 『二年律令』 收律에 田宅
의 항목이 존재하는 것은 "국가는 田宅을 농민의 재산으로서 인식하
고 있지 않다"는 것이다. 飯尾秀幸은 아래의 표와 같이 몰수 항목에 田
宅의 유무와 상관없이 토지를 국유로 보는 모순을 보이고 있다.

[표 3] 飯尾秀幸의 몰수 항목 비교

	차압목록	田 차압 규정	결론
封診式 封守	家室·妻·子·臣妾·衣器·畜産	×	국유재산
二年律令 收律	妻·子·財·田宅	○	국유재산

[표 3]에서 보듯이, 封守에 田이 제외되어 있는 것은 國家의 재산일
가능성을 말해주는 것이다. 전택이 국가의 소유라면 굳이 차압하지
않아도 된다. 차압했다면 그것은 개인의 소유물이며, 몰수 항목에 포
함된 室도 개인의 소유물로 보는 것이다. 반면에 『이년율령』에서는 田
과 宅이 모두 몰수 대상에 포함되어 있다. 굳이 국가의 소유물이라면
사유물에 해당하는 財와 함께 몰수할 필요가 없다. 그렇다면 이 田宅
은 개인의 사유물에 속한 것이다. 이러한 논리라면 飯尾秀幸의 주장
처럼 秦代의 국유제에서 漢代의 사유제로 이행했다고 해석될 수도 있
다. 과연 그러할까?

[표 4] 秦漢의 行田(授田)

	授田
睡虎地秦簡 秦律	受田
秦始皇31年	自實田
龍崗秦簡	行田
二年律令	行田

위의 [표 4]와 같이 行田(受田)은 自實田이 시행되기 이전인 戰國秦

에도, 그리고 이후인 『二年律令』의 시점에도 모두 존재하기 때문에 秦과 漢은 일관되게 국가 授田制를 유지했음을 알 수 있다.[102] 그럼에도 秦代의 封守에는 田 몰수가 없고, 『二年律令』 收律에는 田宅을 몰수하고 있는 모순을 보이는 것이다. 이 모순은 사료에 어떠한 문제점이 존재하기 때문에 발생한 것이라고 생각된다.

필자는 「封守」에 田이 언급되지 않은 이유가 문서로서의 완결성에 문제가 있기 때문이라고 파악한 바 있다.[103] 「封守」가 완벽한 문서가 아니라고 보는 첫 번째 이유는 「封守」에서 압류 예정 품목에 衣器가 포함되어 있지만, 실제로 압류된 품목에는 포함되어 있지 않은 사실이다. 즉, 문서에 포함된 내용이 완벽하지 않았다는 증거이다. 李恒全도 차압 목록에 耕牛·農具·양식·취사도구·침구·가구 등이 없는데, 국유일 리 없는 이 품목들이 포함되지 않은 것은 이 「封守」 爰書에 문제가 있다고 주장했다. 「封守」의 기록이 모든 차압의 내용을 반영하지 않으므로 「封守」의 문서를 가지고 토지가 몰수되는지 여부를 파악하는 것은 타당하지 않다고 보았다.[104] 둘째, 「封守」에는 大女子임에도 불구하고 封의 대상으로 되어 있는 사실인데, 『二年律令』에는 17세 이상의 大女는 몰수에서 제외되고 있기 때문이다.[105] 이러한 두 가지 사항으로 볼 때, 「封守」의 내용은 문서의 완결성 측면에서 신뢰하기 곤란하므로 「封守」가 토지 국유제를 증명할 수 있는 자료로서는 미흡하다고 생각한다.

또한 「封守」에서 室은 압수되었는데, 田이 몰수 대상에서 제외된 것은 자연스럽지 않다. 室을 宅과 같은 것으로 보아야 할지에 대해서

---

102) 任仲爀, 「秦始皇 31年의 自實田」, p.37.
103) 같은 논문, p.45.
104) 李恒全, 위의 논문(2014-3), p.134.
105) 『張家山漢墓竹簡』, p.156, "罪人完城旦·鬼薪以上、及坐奸府者、皆收其妻、子、財、田宅. 其子有妻、夫, 若爲戶、有爵, 及年十七以上, 若爲人妻而棄、寡者, 174 (C263) 皆勿收. 坐奸、略妻及傷其妻以收, 毋收其妻. 175(C262)"

필자는 室은 지상 건축물이며, 宅은 택지를 지칭하는 것으로 고찰하고, 宅에 지상 건축물이 포함되는지 여부에서는 명확한 결론을 유보했었다.[106] 李亞光은 일정한 토지면적을 수여하지만, 지상 건축물인 屋舍는 스스로 건축한다고 하였다.[107] 그러나 睡虎地秦簡에 抄寫되어 있는 魏戶律에는 "勿鼠(予)田宇"라고 하여 田과 宇를 모두 지급하고 있다.[108] 魏戶律이 秦國에 도입되었다면 田宇, 즉 토지와 주택을 함께 지급하는 것이 원칙이었을 것이다. 그렇다면 함께 지급된 室(宇)은 압수되고 田이 제외된 것은 의문이다. 또한 앞에서 분석한 甘茂의 기사에서 田宅이 모두 몰수된 것으로 볼 때, 「封守」 爰書의 몰수 항목에 "田"의 항목이 보이지 않은 것은 오류였다고 생각된다. 田이 마땅히 포함되어야 했다면, 「封守」의 몰수 항목과 『二年律令』 囚律의 몰수 항목은 일치한다고 할 수 있다. 몰수되었다는 것은 田의 사유권이 인정된다는 것인데, 秦代와 漢代에 국가 수전체제 하에서도 사유권이 보장된다고 하는 점을 어떻게 이해해야 할 것인가? 이 점은 이제 곧 분석할 「奏讞狀」 15)에서 언급하기로 한다.

　앞서 고찰한 蕭何의 사례에서는 漢高祖 11·12년경에 전택의 매매가 이루어지고 있음을 확인했는데, 이것은 『이년율령』 이전의 秦代에도

---

106) 任仲爀, 「秦始皇 31年의 自實田」, pp.39-40.
107) 李亞光, 「論春秋戰國社會轉型期私有土地的形成和發展」(『農業考古』 2013-1), p.55. 李亞光은 일단의 학자들이 宅圃의 매매와 土地의 매매는 다른 것으로 간주하는 것에 반대하고 宅도 토지에 해당한다고 주장하였다. "宅圃"는 "가옥 및 農作園地"인데, 중국고대의 宅圃는 『孟子·梁惠王上』에서 말하는 "五畝之宅, 樹之以桑", 『荀子·大略』의 "家五畝宅"과 같은 것인데, "宅圃"는 土地의 일부분이라고 할 수 있다. 『周禮·地官』에는 田과 宅을 並授하는 것으로 기재하고 있는데, "夫一廛(택지)", 그리고 授宅은 일반적으로 屋宇를 직접 수여하는 것이 아니라, 일정한 토지 면적을 수여하는 것이며 스스로 屋舍를 건축한다. 따라서 "授宅"은 건물을 주는 것이 아니므로 토지 매매에 속한다고 보았다.
108) 『睡虎地秦墓竹簡』, pp.292-293.

전택의 매매가 이루어졌을 가능성이 있음을 말해준다. 그러한 토지 매매의 증거로서 최근 발표된 「秦讞狀」의 案例 4와 7은 흥미로운 자료이다. 우선 秦王政 22년의 사안인 案例 4의 「芮盜賣公列地案」을 보도록 하자. 장문이라 인용하기 곤란하므로 중요한 줄거리만 정리하면 다음과 같다.

> 15) 公卒 芮는 大夫 材와 함께 棺肆(棺을 파는 상점) 옆에 있는 국가의 빈 땅인 公有地에 함부로 건물을 지었는데, 官吏가 임차를 허용해주지 않았다. 芮의 처 佁이 이미 官의 상점자리를 임차 받은 상태였기 때문에 추가적인 임차 특혜를 허용하지 않은 것이다. 그러자 芮는 그 건물의 肆 일부를 형수(孫)의 동생인 士伍 朵 및 그의 아들 方에게 국가로부터 불하받았다고 속이고 팔았다. 이는 국가 토지를 方에게 불법으로 매각한 사기 행위이다. 肆의 면적은 435평방 尺이며, 地價는 1천전이었고, 蓋價(건물 가격)는 269전이었다. 芮는 方으로부터 약정 매매 가격인 1,400전 가운데 1,000전을 받았는데 모두 사용해버렸다. 芮는 公有地를 사기로 매각한 것이 두려워서 方에게 200전을 돌려주었으나 800전은 아직 돌려주지 못한 상태였다. 국가 공유지의 장물가는 1,000전이다. 芮는 국가의 토지를 불법으로 매각한 盜罪로써 처벌되었고, 장물 가액이 660전을 초과하므로 黥爲城旦에 해당하는 죄에 해당되었다.[109]

이 案例 4에는 秦代의 토지제도를 알 수 있는 흥미로운 내용이 많다.
첫째, 이 사안에서 公卒 芮가 벌인 사기행각은 국가의 땅인 公有地를 대상으로 하였다. 민이 국가의 공유지조차 불법으로 매각했다는 사실은 공유지·사유지를 포함한 토지의 매매가 합법적인 환경이 아

---

109) 朱漢民·陳松長 主編, 『嶽麓書院藏秦簡(參)』, pp.257-260.

니었으면 나타나기 어려운 것이었다. 즉, 구입자인 士伍 朵와 方은 이 肆와 건물이 적법하게 국가로부터 불하받은 芮의 사유물로 생각하고 매입했던 것이다. 이것은 국유지조차도 매매가 가능한 것이며, 동시에 민간인 사이의 토지 매매도 불법이 아닐 뿐만 아니라 자유로웠다는 사실을 말해준다.

둘째, 불법 매각된 공유지의 면적은 435平方尺이며, 地價는 1천전이었고, 건물 가격은 269전으로 결정되었다. 이 사실은 민간의 토지 가격이 형성되어 있을 뿐만 아니라, 地上權(건물)과 토지권을 분리하여 가격을 산정할 정도로 부동산 매매에 대한 인식 수준이 높았다는 것을 알 수 있다. 즉, "問: 芮가 朵에게 (점포를) 판 것은 地를 나누어서 별도로 팔았는가? 아니면 縣吏 스스로가 나누어서 값을 매긴 것인가? 만약에 스스로 값을 매긴 것이면, 판결 상황이 어떠했는지를 보고할 필요가 없다. 심리를 명백히 한 후 奏讞하라."고 한 것은 토지의 가격을 매도자인 芮와 매수자인 朵 사이에 산정하였는지, 아니면 縣吏가 산정하였는지 묻고 있는 것이다.[110] 이같은 언급은 당시에 토지의 매매 가격이 매도자와 매수자 사이에서 협상을 통해 결정되고 있음을 말해준다. 秦代 상점의 토지 가격을 1畝 가격으로 환산하면 19,862전인데, 상점 용지이므로 가격이 비싸게 형성되어 있음을 알 수 있다. 居延漢簡의 경우는 畝당 100전이다.[111]

---

110) 같은 책, p.257, "問: 芮買(賣), 與朵別買(價)地, 且(063)吏自別直? 別直以論狀何如, 勿庸報. 鞫審, 讞.(064)"

111) 謝桂華 等, 『居延漢簡合校』(北京: 文物出版社, 1987), p.34, "三燋燧長居延西道里公乘徐宗年五十 徐宗年五十 宅一區直三千 田五十畝直五千.(24·1B)"

435平方尺 = 435*(0.2319)² = 23.39326035m²(약 7.08평)

1畝 = 240*(6*0.2319)² = 464.6385504(약 464.6)m²

435平方尺 = 435*(0.2319)² = 23.39326035m² = 1천전

이것을 1畝로 환산했을 때 가격은 다음과 같이 계산할 수 있다.

464.6385504m² : X = 23.39326035m² : 1000

X(1畝가격) = 464.6385504 *1000 / 23.39326035 = 19862.06896551724錢

셋째, 案例 4는 秦王政 22년의 것으로서 秦始皇 31년 自實田의 조치를 취하기 이전에도 토지의 사유·매매가 존재했음을 보여준다. 이것은 自實田이 토지를 사유화하는 조치가 아니라 단순히 소유 면적을 신고하게 할 뿐이라고 한 필자의 견해를 뒷받침한다. 즉, 自實田 이전에도 토지의 사유가 존재하였을 뿐만 아니라, 그것의 자유로운 매매가 가능했다는 사실을 확인할 수 있다. 비록 이 토지가 농사를 짓는 田이 아니라 棺肆 옆 公有地라는 한계가 있을지라도 토지의 매매가 존재했다는 사실은 부정할 수 없다.

다음으로 「奏讞狀」 案例 7의 「識劫婉案」을 통하여 역시 自實田 조치 이전에 사유 토지가 존재한 사실을 입증하겠다. 이 사안은 識이라는 인물이 大女子 婉을 협박한 사안인데, 秦王政 18년(B.C.229) 8월 丙戌일(21일)에 발생한 것으로서 案例 4보다 4년 빠른 시기의 것이다.

16) 婉은 과거 大夫였던 沛의 妾이었다. 沛의 妻인 危가 10년 전에 사망하자 沛는 婉을 免賤하여 庶人이 되게 하고, 처로 삼아 義를 낳았다. 그 6년 후에 沛가 사망하자, 아들 小走馬 義는 부친 沛를 계승하여 호주가 되었고, 작위계승자(爵後)가 되어 부친의 肆와 宅을 소유하였다.

識은 원래 어려서부터 沛의 예속인(隸)으로서 同居하던 자이다. 沛는 3년 전에 識을 위해 아내를 맞아들이게 했다. 沛는 上造 羽에게 "당신의 딸 齡(함)을 識의 妻로 삼게 해주면, 布肆와 舍客室을 識에게 주겠노라."고 하였고, 1년이 지난 후 識을 위해 5천전의 室을 구입해줌과 동시에, 馬 1필과 稻田 20畝를 나누어(分) 주고, 識을 異居(異)하게 하였다. 다만 주기로 약속했던 肆·舍客室은 識에게 주지 않은 상태였다. 識이 종군하고 돌아와 보니, 沛는 이미 사망한 상태였다. 識은 沛가 죽기 전에 약속했던 것을 婉에게 요구하였으나, 婉은 그 요구를 거절하였다. 婉은 아들인 義를 대신하여 재산(家貲)

을 신고해야 했는데, 이를 탈루하고 세금을 내지 않았다. 그 목록
은 市布肆 1, 舍客室 1과 大夫 建·公卒 昌·士伍 禾貴·喜·遺 등에게 빌
려준 68,300錢의 채권이었다. 이 사실을 알아챈 識이 婉에게 "肆와
室을 내게 내놓아라. 주지 않으면, 家賽의 은닉 사실을 고발할 것이
다."라고 협박하였다. 婉은 두려움을 느끼고 肆와 室을 識에게 주고
나서 그를 협박죄로 고발하였다.[112]

위의 사례에서 秦의 토지사유와 관련된 몇 가지 사실을 알 수 있다.
첫째, 부친인 沛가 사망하자, 아들 義가 부친 沛를 계승하여 호주
가 되었고, 작위계승자(爵後)가 되어 肆와 宅을 상속하였다는 사실이
다. 이 사실은 張金光이 王翦·甘茂의 사례에서 전택의 상속이 불가능
했다는 주장과 반대로 田宅의 상속이 이루어지고 있음을 보여주고 있
다. 이곳의 後子에 의한 재산상속은 『二年律令』에서 부친의 재산이 자
녀들에게로 상속되는 것과 동일하다고 할 수 있다. 결국 이러한 상속
의 허용은 秦代에 전택 등이 상속 가능한 사유재산임을 말해주는 것
이라고 할 수 있다. 案例 7을 통해 앞에서 분석한 甘茂와 王翦의 사례
를 둘러싼 田宅의 상속 여부 논쟁은 해결될 것으로 생각된다.
둘째, 田宅의 사유·매매·양도와 관련하여 沛가 識에게 5천전 값어
치의 室을 구입해주고, 馬 1필과 稻田 20畝를 나누어 준 부분이 중요하
다. 우선 室을 매입한 "買"의 사실에서 본다면, 沛는 제 3자로부터 매
입한 것임을 알 수 있는데, 『二年律令』에 규정된 買宅의 허용이 秦代에
이미 존재했음을 말해준다. 또한 稻田 20畝를 識에게 나누어 준 사실
은 『二年律令』의 田地 "讓渡" 사실의 선구적 자료로 해석할 수 있다. 이
것은 稻田 20畝를 자신의 예속인에게 양도하는 것인데, 이 稻田이 沛
의 "私有地"가 아니라면 어찌 예속인에게 양도할 수 있겠는가? 또한

---

112) 『嶽麓書院藏秦簡(參)』, pp.263-266.

肆와 舍客室을 識에게 준다는 약속도 이러한 지상 건축물이 개인의 소유권 하에 있음의 증거이다. 이것은 田宅이 秦의 授田制 하에서도 개인의 소유로 인정되고 있음을 말해준다. 비록 이 사례에서는 田의 매매 증거는 없지만, "양도"가 허용된 토지라면 매매도 전혀 문제가 없었을 것이다. 만약 秦律에 田의 매매를 불허한다는 규정이 있다면, 양자간에 田을 양도하였다고 속이고 나중에 토지 대금을 편법적으로 받는 방식으로 매매를 행한다면 이를 금할 방법이 없을 것이다. 또한 沛는 識에게 稻田을 양도할 때 국가로부터 양도의 허락을 받았는지는 명확하지 않지만 『二年律令』에서 본 것처럼 그것이 국가의 보호를 받으려면 허락을 득해야 했을 것이다.

셋째, 分異法의 존재를 확인할 수 있다. 沛는 識에게 稻田 20畝를 나누어(分)주고, 異居(異)하게 하였다. 종래에는 分異를 함께 숙어로 생각하고 재산을 나누는 정도로 생각하였으나 分과 異는 엄연히 다른 의미였다. 전자는 재산의 분할, 후자는 同居의 반대말인 異居를 의미하였다. 즉, 재산을 분할하고, 별거하게 하는 것의 의미라고 할 수 있다.

沛가 識을 해방한 사안과 관련하여 『二年律令』에서 유추한다면, 노비의 주인은 노비 중에서 "선한 행위"를 할 때 노비를 방면함을 허용한 것과 관련이 있는 것으로 생각된다. 또한 주인 사망 후 상속자가 없을 때 노비를 면하여 주인의 전택 및 기타 재산을 주는 사례와 연관성이 있는 것으로 추정된다.[113] 이년율령에서 언급한 "선한 행위"를 識에게 찾는다면 어렸을 때부터 주인 沛를 위해 봉사했고, 결정적으

---

113) 『張家山漢墓竹簡』, p.155, "奴婢爲善而主欲免者, 許之, 奴命曰私屬, 婢爲庶人, 皆復使及筭, 事之如奴婢. 主死若有罪, (162)以私屬爲庶人, 刑者以爲隱官. 所免不善, 身免者得復入奴婢之.(163)"; 같은 책, p.184, "死毋後而有奴婢者, 免奴婢以庶人, 以庶人律予之其主田宅及餘財. 奴婢多, 代戶者毋過一人, 先用勞久, 有(382)夫(?)子若主所信使者.(383)"; 같은 책, p.185, "□□□□長(?)次子, 畀之其財, 與中分. 其共爲也, 及息. 婢御其主而有子, 主死, 免其婢爲庶人.(385)"

로는 주인을 위하여 "從軍"했기 때문에 稻田 20畝를 분할하여 異居하게
했던 것으로 추정된다.

이제까지 문헌사료와 출토자료를 분석하여 戰國秦에 田宅이 사유
되고 매매와 양도·상속이 가능함을 살펴보았다. 이렇게 본다면 睡虎
地秦簡 田律의 "受田之數", 魏戶律의 "勿鼠(予)田字" 등에 입각하여 戰國
秦에 국유제만이 시행되었다는 주장은 재검토할 필요가 있다고 생각
된다. 즉, 국가 수전체제 하에서 사유토지를 인정하는 체제의 존재를
인정해야 하는 것이다. 漢初의 『二年律令』에도 계속하여 授田制의 형
식을 취하고 있고,[114] 동시에 전택의 매매와 상속을 허락하고 있는
것으로 보아서 授田制와 私有制의 병존 형태는 秦漢 사이에 큰 변화
없이 승계되었던 것으로 생각된다.

『史記』「商君列傳」에 "尊卑爵秩의 等級을 명확히 규정하고, 각각 그
등급에 따라서 田宅을 등록하고(名田宅), 노비수량과 의복 등은 각 家
의 爵祿 등급에 따라 결정한다."라고 한 것의 "名田宅"은 국가가 작위
의 등급에 따라 "지급한 전택을 소유자의 이름으로 등록하는 것"인데,
이는 『二年律令』에 2차례 등장하는 "名田宅"과 동일한 것이다.[115] 『二年
律令』에 보이는 授田制 하에서 名田宅의 매매·양도라는 이중적 특징이
商鞅 시기까지 소급될 가능성이 있음을 시사한다. 그렇게 된다면 董仲
舒가 토지 매매를 商鞅에까지 소급한 것도 충분히 근거가 있었음을
알 수 있다.[116]

---

114) 『張家山漢墓竹簡』, p.176, "未受田宅者, 鄕部以其爲戶先後次次編之, 久爲右. 久
    等, 以爵先後. 有籍縣官田宅, 上其廷, 令輒以次行之.(318)"; p.177, "受田宅, 予
    人若賣宅, 不得更受.(321)"

115) 『史記』 卷68 「商君列傳」, p.2230, "明尊卑爵秩等級, 各以差次名田宅, 臣妾衣服
    以家次."; 『張家山漢墓竹簡』, p.177, "諸不爲戶, 有田宅, 附令人名, 及爲人名田
    宅者, 皆令以卒戍邊二歲, 没入田宅縣官. 爲人名田宅, 能先告, 除其(323)罪, 有
    罪之所名田宅, 它如律令.(324)"; 平中苓次, 위의 책, pp.77-79. 平中에 따르면
    名田은 "토지를 자신의 명의로 귀속시킨다."는 의미이다.

116) 『漢書』 卷24上 「食貨志」, p.1137, "至秦則不然, 用商鞅之法, 改帝王之制, 除井

Ⅳ. 결론

『雲夢睡虎地秦簡』田律의 "受田之數", 魏戶律의 "勿鼠(予)田宇", 龍崗秦簡의 "行田" 등의 자료에 근거해 본다면, 秦代는 외형상 토지 국유제의 형태를 취했던 것으로 생각된다. 秦代와 漢初까지 계속 行田·授田의 자료가 보이는 것을 보면 수전체제에 의문을 제기할 수 없다. 그러나 그와 동시에 「秦讞狀」 案例 4, 7에는 개인의 자유로운 토지 매매를 보여주는 사례가 존재하고 있다. 여기에서는 授田하고 사망시 還收하는 이상적 모습을 찾아볼 수 없다. 국가 수전체제를 주장하는 측에서 본다면 국유제 하에서 토지의 매매와 상속은 존재할 수 없다. 그럼에도 불구하고, 「秦讞狀」의 자료는 戰國秦에서 서로 양립할 수 없는 체제가 공존하고 있는 것을 증명하고 있다. 「秦讞狀」 案例 4, 7은 戰國秦에 사유토지가 존재하고, 그 토지는 매매·양도·상속이 모두 자유로웠다는 것을 확인시켜준다는 점에서 秦漢의 토지제도사에서 마지막 퍼즐을 맞출 수 있게 하였다. 또한 漢初의 『二年律令』에도 존재하는 授田체제 하의 사유제 토지형태라는 것과 연계된다는 점에서 중요한 의미가 있다고 할 수 있다.

商鞅變法의 田制에서 民에게 지급된 토지를 名田宅이라고 부른 것은 漢代와 완전히 동일하다. 따라서 漢代의 名田宅 체제는 商鞅 시기까지 소급된다고 추정된다. 董仲舒는 상앙 이래로 토지의 매매가 가능해졌다고 주장했는데, 이는 「秦讞狀」 案例 4와 7에서 본다면 어느 정도 타당성이 있다고 생각된다.

戰國秦과 漢初 『二年律令』 시기의 토지제도는 모두 授田체제 하의 사유제 토지 인정이라는 일치성을 보이고 있다. 그렇다면 시간적으로 그 중간에 위치해 있는 秦始皇 31년의 自實田 조치는 기존 토지제도의

田, 民得賣買, 富者田連仟伯, 貧者亡立錐之地."

형태에 아무런 변형도 가하지 않았다고 결론을 내릴 수 있다. 自實田은 종전에 국유 토지제에서 사유 토지제로 이행하는 획기적 조치로이해되어 왔었다. 그러나 필자는 戰國秦에서 이미 사유 토지가 존재하기 때문에 이러한 논리는 맞지 않는다고 생각한다. 自實田의 조치는 통일 이후 전국적으로 토지 소유의 상황을 조사하기 위한 토지 소유자의 자진 신고 및 소유면적에 입각한 과세의 공평화를 의도한 것이라고 할 수 있다. 그렇다면 自實田 이후의 토지제도는 종전의 틀에변화를 준 것이 아니라 기존 토제제도의 인정이라고 할 수 있다. 기존의 제도라는 것은 국가 수전체제 하에서 사유지의 인정·상속·매매가 허용된 체제였다. 秦始皇 31년의 自實田 조치를 통해 舊 육국민의토지소유관계를 인정함으로써, 구 육국 지역의 백성이었던 陳平·陳勝으로 대표되는 가난한 소농민의 토지가 秦帝國에서 인정되는 결과를낳았다. 이것은 명목상 수전체제를 채택하고 있지만 실제로는 수전을실시하지 못하고 있는 것이라고 할 수 있다.[117]

　이른바 漢承秦制라는 말이 나올 정도로 漢代의 토지제도가 秦代의것을 계승하게 되는 이유는 漢初의 두 가지 사건과 깊은 관계가 있다.하나는 蕭何가 秦律을 攬摭(수습)하여 "시의 적절한 것을 선택(取其宜於時者)"한 법률을 제정한 것이고,[118] 다른 하나는 高祖 5년(B.C.202)에"復故爵田宅"의 五年詔書가 반포되어 秦代의 爵－토지소유의 상관관계를 인정한 것이었다. 후자는 국가 지배로부터 이탈한 도망자들에게歸縣하면 이전의 爵位와 田宅을 회복시켜주는 조치였다. 이러한 조치에서 유추할 때 秦末·漢初의 전쟁 시기에 향리를 떠나지 않은 백성들에게도 당연히 故爵田宅을 인정해주었다고 생각된다.[119] 이것은 한걸

---

117) 任仲爀, 「秦始皇 31年의 自實田」, pp.45-48.
118) 『漢書』 卷23 「刑法志」, p.1096, "取其宜於時者, 作律九章."
119) 『漢書』 卷1下 「高帝紀」, p.54, "詔曰 : 「諸侯子在關中者, 復之十二歲, 其歸者半之. 民前或相聚保山澤, 不書名數, 今天下已定, 令各歸其縣, 復故爵田宅, 吏以

음 더 나아가 漢初의 토지 소유형태는 自實田 이전의 戰國秦의 것을 계승했다고 생각된다.

漢高祖 시기의 토지제도가 담겨있는 이년율령의 戶律에는 국가수전제와 사유제가 동시에 규정되어 있는데, 이는 戰國秦의 것과 큰 틀에서 차이가 없었을 것이다. 이년율령에는 국가 수전제에 입각하여 爲戶와 爵位가 전택 지급의 기준으로 되어 있다. 이것은 無爵者인 公卒·士伍·庶人, 심지어 죄수인 司寇에게도 전택을 지급하고 있기 때문에 군공지주제라고만 할 수는 없다. 부친의 작위는 아들에게 減爵하여 상속되는데, 감작된만큼 전택을 환수하는 메커니즘을 가지고 있다. 『二年律令』에 존재하는 田宅의 매매·양도·상속은 국유제론자들이 수전체제 하에서 양립하기 불가하다고 생각하는 것이었다.

蕭何가 강제로 백성들의 전택을 매입한 것도 漢初에 매매가 존재했음을 보여주는 것이며, 동시에 그러한 대토지를 소유한 자는 小作을 통해 토지를 경영하고 있는데 이것은 지주-전호제의 존재를 말해주는 것이다. 또한 이러한 소농민의 상황이 그대로 드러난 것이 江陵 鳳凰山漢簡의 鄭里廩簿에 보이는 1호 평균 24.4畝의 토지 소유현황이며, 이 상황은 秦末 陳勝 등의 상황이 계승된 것이라고 할 수 있다.[120] 『二年律令』의 국가수전 규정은 만들어지기는 했지만 규정대로 시행되었다고는 생각되지 않는다. 고조 5년 조서에서도 授田이 집행되기 어려운 상태였기 때문에, 還田은 더욱 지난한 것이었을 것이다. 따라서 명목상으로는 토지 국유제이지만, 실질상으로는 사유제라고 할 수 있다. 文帝 시기에 名田의 上限 폐지가 授田制 기능의 퇴보라고 楊振紅은 주장하지만[121] 실은 高祖 시기부터 법 규정대로 집행되지 않은 것이 원인이었을 것이다.

文法教訓辨告, 勿笞辱」"
120) 任仲爀, 「漢初의 田宅 制度와 그 시행」, pp.230-239.
121) 楊振紅, 위의 책, p.153.

그렇다면 戰國秦에서 『二年律令』에 이르기까지 국가 수전제의 형식을 취하면서 동시에 매매·양도·상속을 허락하고 있는 이중성은 어떻게 이해해야 할까? 만약 漢代의 受田者가 土地에 대해 소유권이 없다면, 수여한 토지를 양도·상속·매매하는 것이 가능한 것인가?[122] 戰國秦漢시대에는 확실히 국가가 농민에게 授田하는 상황이 존재하였다. 그러나 토지가 수여된 후 계속 국가 소유에 속한다는 결론을 내릴 수는 없다. 수여하기 이전에는 국유이나, 수여 후에는 받은 사람의 소유가 되어 사유토지의 성질을 가진다.[123] 이 문제와 관련하여 楊生民은 토지의 이중성을 주장하고 있다. 漢代의 土地는 양도·매매·임대의 사유제가 이미 확립해있는데, 동시에 土地 國有制의 요소도 존재하는 것이 土地 所有制의 이중성의 표현이다.[124] 오래 전에 賀昌群은 국유토지제와 사유토지제가 하나의 체제 하에서 공존할 수 있다고 주장하였다. 즉, 천자는 최고·최대의 지주이지만, 기타 사유토지 소유권을 배격하지 않는다고 주장하였다.[125]

秦漢시대에는 왕토사상의 관념을 보여주는 자료가 매우 많다. 秦始皇의 「琅邪臺刻石」에서 "六合之內, 皇帝之土"라고 했고,[126] 賈誼는 秦始皇이 "貴爲天子, 富有天下"라고 하였고,[127] "以六合爲家, 殽函爲宮"라고 한 것,[128] "天下者, 高祖天下, 父子相傳, 漢之約也, 上何以得傳梁王"[129]라고 한 것들은 『詩經』에 나오는 왕토사상의 반영이었다.[130]

---

122) 李恒全, 위의 논문(2007-9), pp.30-32.

123) 李恒全, 위의 논문(2014-3), p.133.

124) 楊生民, 「漢代土地所有制兩重性諸問題試探」(『中國史研究』1990-4), pp.3-4.

125) 賀昌群 『論兩漢土地佔有形態的發展』(上海: 上海人民 1956), p.11.

126) 『史記』卷6 「秦始皇本紀」, p.245.

127) 『史記』卷6 「秦始皇本紀」, p.277; 『漢書』卷51 「賈山傳」, p.2327.

128) 『漢書』卷31 「項籍傳」, p.1825.

129) 『漢書』卷52 「竇嬰傳」, p.2375.

130) 『十三經注疏·毛詩正義·小雅·北山』(北京: 中華書局, 1979), p.463, "溥天之下, 莫非王土, 率土之濱, 莫非王臣."

　　그러나 漢武帝의 上林苑 확장에 수용된 토지를 농민에게 보상한 일화는 토지의 소유권이 民에도 있었음을 보여준다. 漢武帝는 太中大夫 吾丘壽王과 산술에 정통한 待詔 2인에게 阿城 남쪽, 盩厔(주질) 동쪽, 宜春 서쪽에 포함된 농토의 면적·가격을 조사시키고 그곳에 上林苑을 확장하려고 하였다. 武帝는 토지를 상실하게 된 鄠縣·杜縣의 농민에 대하여 中尉·左右内史 屬縣의 황무지로써 보상하도록 명령하였다. 東方朔은 이에 반대하여, 豐·鎬 사이의 토지는 기름진 땅이며, 가격은 畝당 1金이며 이곳에 苑을 만들려는 것은 陂池水澤之利를 단절시켜서 위로는 國家의 씀씀이를 부족하게 만들고, 아래로는 백성의 農桑之業을 빼앗는 것이라고 주장하였다. 武帝는 東方朔의 의견을 듣지 않고, 드디어 吾丘壽王이 말한 바대로 上林苑을 건설했다.[131]

　　이 사안에 대해 황제가 百姓의 民田을 강제로 빼앗은 것이라는 주장도 있으나, 대체지로 보상하는 형식을 취하고 있기 때문에 황제라도 백성의 사유지를 無償으로 빼앗을 수 없음을 보여준다. 가격 및 면적을 조사하였다는 것은 보상해줄 대체지를 원래 가격에 상응하게 지급해주기 위한 것이므로 황제가 자신의 토지를 강제로 회수하는 것이 아님을 말해주는 것이다. 또한 豐·鎬 사이의 농토 가격이 1畝 當 1金이라는 것은 그 농토가 사유지의 성격임을 말해주는 것이다. 上林苑의 사례는 관념상 천하의 토지를 소유한 황제조차도 백성의 토지에 대한 사유권을 인정한 사례이다. 그러한 점에서 『詩經』의 "溥天之下, 莫非王土"의 詩句가 周王의 전국적인 정치지배권을 "왕의 토지가 넓고, 왕의 신하가 많다."라고 과장되게 표현한 것이라는 주장과도 같은 맥

---

131) 『漢書』卷65 「東方朔傳」, pp.2847-2849, "於是上以道遠勞苦, 又爲百姓所患, 乃使太中大夫吾丘壽王與待詔能用算者二人, 擧籍阿城以南, 盩厔以東, 宜春以西, 提封頃畝, 及其賈直, 欲除以爲上林苑, 屬之南山. 又詔中尉·左右内史表屬縣草田, 欲以償鄠杜之民. … 貧者得以人給家足, 無飢寒之憂. 故鄠鎬之間號爲土膏, 其賈畝一金. 今規以爲苑, 絕陂池水澤之利, 而取民膏腴之地, 上乏國家之用, 下奪農桑之業, 棄成功, 就敗事, 損耗五穀, 是其不可一也."

락이라고 할 수 있다.[132] 백성의 토지에 대한 사유권은 王土사상과 배치되는 것이 아니라 양자가 서로 공존하는 것이며, 이것이 법률상으로 표현된 것이 『二年律令』의 授田制 하에서 법률로 보호된 토지 사유권인 것이다.

---

132) 平中苓次, 위의 책, p.15.

漢初의 律令 제정과 田宅制度

Ⅰ. 서론

『睡虎地秦墓竹簡』, 『張家山漢墓竹簡』의 석문이 발표되고, 계속하여 『里耶秦簡』, 『嶽麓書院秦簡』 등의 출토로 인하여 秦漢시대의 연구는 종래의 사료적 한계를 벗어날 수 있는 추진동력을 얻게 되었다. 그 추진동력의 벡터는 1975년 『睡虎地秦墓竹簡』이 출토되었을 때의 것 이상이었다. 『張家山漢墓竹簡』의 출토로 인하여 주목받은 수많은 연구주제 가운데서도 기존의 제한된 자료로 진척되지 못했던 토지제도 분야는 특히 혜택을 받았다고 할 수 있다.[1]

『張家山漢墓竹簡』의 토지 관련 자료는 秦帝國의 토지제도와의 연계점을 찾을 수 있게 해주는 자료라는 점에서 획기적이라고 할 수 있다. 종전에는 전혀 알 수 없었던 漢初 授田制의 내용 등이 베일을 벗게 되었다.[2] 예컨대 爵級別로 규정된 田宅의 畝數, 受田 자격, 상속의 방법, 국가의 환수여부 등이 밝혀졌고, 이 내용에 입각하여 漢代 授田制의 붕괴 시점 및 武帝 시기 대토지소유 출현 이유 등에 관한 논쟁이 한창 진행 중이다.[3]

---

1) 본고에서 인용한 張家山二四七號漢墓竹簡整理小組, 『張家山漢墓竹簡[二四七號墓]』(北京: 文物出版社, 2001)는 『張家山漢墓竹簡』으로 약칭함.

2) 최근 楊振紅 등을 중심으로 중국학자들은 名田宅制라는 용어를 사용하고 있다. 크게 국가의 授田체제 하에서 唐의 均田制 등과 같은 것과 구분하여 秦漢의 토지제도를 설명하려는 입장이다. 楊振紅, 『出土簡牘與秦漢社會』(桂林: 廣西師範大學出版社, 2009), pp.158-163.

『睡虎地秦墓竹簡』에는 秦의 토지제도에 관한 내용이 극소하여 자세한 내용까지는 알 수 없었지만, 적어도 授田制가 시행되었다는 사실만은 알 수 있었다. 그러나『睡虎地秦墓竹簡』의 자료가 충분하지 못했기 때문에 秦帝國의 授田制가 秦始皇 31년의 自實田을 계기로 사유제로 변모했고, 드디어 武帝시에 대토지소유제가 극성하게 되어 立錐之地도 없는 상태에 이르렀다는 견해가 주류를 이루어왔다. 즉, 漢代 대토지소유제의 기원이 自實田에 있다는 주장이다. 그러나 막상『二年律令』의 석문이 공표되고 나서 보니 漢初의 토지제도는 授田制의 형태를 취하고 있었다. 『二年律令』戶律에는 授田制가 규정되어 있어 지금까지의 自實田을 경유하고 나서 사유제가 시작되었다는 주장은 설득력을 잃게 되었다.

이렇게 秦末에서 漢初로 넘어가는 시기에 토지제도의 측면에서 큰 변화 없이 秦制를 계승한 이유는 무엇일까 하는 점에 필자는 관심을 가지고 이 글을 시작하게 되었다. 그러한 의문을 풀기 위해 첫 번째

---

3) 이년율령을 이용한 漢代 토지제도에 관한 주요 연구로는 다음과 같은 것들이 있다. 楊振紅, 「秦漢"名田宅制"說――從張家山漢簡看戰國秦漢的土地制度」(『中國史研究』2003-3); 臧知非, 「西漢授田制度與田稅征收方式新論――對張家山漢簡的初步研究」(『江海學刊』2003-3); 臧知非, 「張家山漢簡所見西漢繼承制度初論」(『文史哲』2003-6); 于振波, 「張家山漢簡中的名田制及其在漢代的實施情况」(『中國史研究』2004-1); 于振波, 「簡牘所見秦名田制蠡測」(『湖南大學學報』2004-2); 朱紅林, 「從張家山漢律看漢初國家授田制度的幾個特點」(『江漢考古』2004-3); 賈麗英, 「漢代"名田宅制"與"田宅逾制"論說」(『史學月刊』 2007-1); 王彦輝, 「論漢代的分戶析産」(『中國史研究』2006-4); 黃今言, 「漢代小農的數量、特徵與地位問題再探討」(『農業考古』 2007-4); 張金光, 「普遍授田制的終結與私有地權的形成――張家山漢簡與秦簡比較研究之一」(『歷史研究』2007-5); 閆桂梅, 「近五十年來秦漢土地制度研究綜述」(『中國史研究動態』2007-7); 李恒全, 「漢代限田制說」(『史學月刊』2007-9); 王彦輝, 「對《二年律令》有關土地、田賦、繼承制度中幾則釋文的思考」(『東北師大學報』2008-04); 張金光, 「秦官社經濟體制模式典型舉例」(『西安財經學院學報』2008-5); 王彦輝, 「試論《二年律令》中爵位繼承制度的幾個問題」(『江蘇行政學院學報』2009-2); 이러한 연구 성과를 정리한 閆桂梅, 「近五十年來秦漢土地制度研究綜述」(『中國史研究動態』2007-7期) 참조.

로 분석하고자 하는 것은 秦末의 토지제도와 漢初의 토지제도가 어떠한 관계에 있는가 하는 것이다. 이를 위하여 특히 『二年律令』의 토지 관련 내용과 高祖 五年詔書를 연계시켜 분석할 필요가 있다. 高祖 五年 詔書에는 漢初 토지제도의 향방을 결정짓는 중요한 자료가 포함되어 있다. 특히 『二年律令』의 爵位에 입각한 田宅 지급이 漢初 어느 시점부터 적용되었는지가 가장 중요한 고찰 대상이다. 이 문제의 규명에 있어 중요한 열쇠는 蕭何의 법령 제정 사실을 가리키는 "爲法令約束"이 언제, 어떠한 목적을 가지고 수행되었는가 하는 문제에 들어있다. 戶律의 제정 시점을 명확히 하는 것은 『二年律令』의 戶律이 얼마만큼 秦代의 법률에서 탈피하여 蕭何 개인의 독창적인 견해를 반영할 수 있었겠는가를 이해하는 데 중요한 관건이 될 것이다.

필자는 과거 蕭何의 법률제정이 高祖 2년 5-6月 경에 이루어졌음을 분석한 바 있다.[4] 필자의 이전 연구는 『二年律令』 출토 이전에 수행된 것이기 때문에 보완해야 할 미비점을 발견하였고, 또한 『二年律令』의 "二年"과 高祖 2年이 어떠한 관계에 있는지에 대해서도 고찰할 필요성을 느끼고 있다. 高祖 2年이라는 시점은 劉邦이 漢中에서 關中으로 재진입하여 項羽와 치열한 전쟁을 수행하던 때였다. 楚漢전쟁 와중에 律令이 제정되었다면, 그 律令에 새로운 국가의 통치철학을 담아낼 수 있었을까 하는 의문을 제기하고 싶다. 특히 토지제도의 측면에서 秦制를 탈피하여 漢의 새로운 것을 창출해낼 수 있었을까 하는 점에 대해서 집중적으로 살펴보고 싶다.

둘째, 戶律의 제정 시점을 규명하고 나서, 그 다음 작업으로 戶律의 田宅 지급의 근거인 漢 爵制가 실시된 증거를 「奏讞書」 案例 16의 자료

---

4) 任仲爀, 「漢初 九章律의 제정과 그 의미」, 『宋甲鎬教授停年退任記念論文集』 (서울: 同편집위원회, 1993), pp.30-40. 원래 蕭何의 율령제정 시점을 高祖 2년 5-6월로 보았으나, 본고에서는 앞으로 분석하겠지만 高祖 2년 11-6월로 수정한다.

를 통하여 분석할 것이다. 戶律에 爵級別 田宅 지급량이 규정되어 있으므로 언제부터 秦爵(漢爵)이 실시되었는가 하는 문제는 토지제도의 집행과 밀접한 관련을 가지고 있다. 高祖가 통일 직후 발포한 五年詔書에서 "내가 누차 吏에게 조서를 내려 (군공을 세운 제대 군인에게) 우선적으로 田宅을 지급하라고 했다."거나, "法에 功勞가 있으면 田宅을 지급하라는 규정이 있다."라고 한 것은 통일 이전에 법률적 근거가 있음을 말해준다.

셋째, 漢初 토지제도의 향방을 결정하는데 결정적인 역할을 했던 高祖 5년 5월의 조서를 분석하여 復故爵田宅, 軍功爵者에 대한 전택 지급, 노비해방의 문제 및 一般民에 대한 토지지급의 문제 등을 규명할 것이다. 高祖는 五年詔書에서 전쟁 와중에 향리를 떠나있던 자들에게 復故爵田宅을 명령하고 있다. 특히 復故爵田宅의 명령은 도망했던 자의 재산권을 회복시킨 것인데, 秦末 - 秦始皇 31년 自實田 이후 - 의 작위와 재산 상태를 회복시켜 준다는 점에서 매우 중요하다. 또한 楚漢전쟁에서 군공을 수립한 軍吏卒들에게 과연 高祖의 명령대로 토지지급이 집행되었는지를 검토하기 위하여 「奏讞書」의 노비해방 자료를 살필 것이다. 또한 초한전쟁에 참여하지 않아 군공작과 무관한 일반민들의 경우 『二年律令』 戶律의 규정대로 토지를 지급받았는지에 대하여도 분석할 것이다.

끝으로 이상의 분석을 종합하는 의미에서 秦末 自實田 이래의 토지정책이 高祖의 五年詔書 및 『二年律令』과 어떠한 관계를 가지는지 살펴볼 것이다. 蕭何의 "爲法令約束", 高祖의 "復故爵田宅" 등의 조치가 秦代에서 漢代로 이행하는 과정에서 가지는 역사적 의미를 분석할 것이다.

II. 高祖 5년 이전의 爵制와 田宅

1. 蕭何의 율령 제정과 "二年"

필자는 과거 蕭何의 법률제정을 의미하는 "爲法令約束"에는 본고에서 다룰 漢初 토지정책의 집행 과정과 밀접한 연관을 가지는 戶律이 포함되었음을 규명한 바 있다. 그 시점이 高祖 2년이라는 주장은 필자와 張建國에 의해 제기되었다.[5] 필자와 張建國의 설은 『二年律令』의 석문이 발표되기 이전의 것으로서 그 논지는 거의 동일하다. 그 결론은 漢中에서 關中으로 진출한 漢은 三章之法만으로 통치할 수 없었으므로 호적 편제, 요역 징발, 군량 轉漕, 군대 보충에 필요한 戶律과 興律을 제정하게 되었으며, 소하가 咸陽의 秦 丞相府에서 획득한 율령을 근거로 漢 2년에 "爲法令約束"하게 되었다는 것이다.

그런데 『二年律令』의 석문 발표 이후, 『二年律令』의 第 1簡 背面에 쓰어 있는 "二年律令"이라는 題名과 漢二年에 이루어진 "爲法令約束"이 관련 있다는 견해가 나오게 되었다. 즉, 劉邦의 對項羽戰을 지원하기 위해 제정한 율령은 고조 2년에 만들어진 것으로서 공교롭게도 『二年律令』의 "二年"과 일치한다. 그렇다면 "二年"이라는 명칭은 과연 高祖와 呂后 어느 쪽의 二年일까? "二年"이 무엇을 의미하는 지에 대해서는 1) 『二年律令』을 書寫한 해, 2) 고조 2년, 3) 여후 2년이라는 것으로 나뉜다.[6]

처음에 張家山漢墓竹簡整理小組는 呂后 2년설을 주장했다. 그 근거

---

5) 任仲爀, 「漢初 九章律의 제정과 그 의미」, pp.30-40; 張建國, 「試析漢初《約法三章)的法律效力─兼談《二年律令》與蕭何的關系」(『法學研究』 1996-1), pp.156-160; 李振宏, 「蕭何"作律九章"說質疑」(『歷史研究』 2005-3), pp.179-181.

6) 楊振紅, 위의 책, p.95. 二年律令의 연대에 관한 논쟁에 대해서는 張忠煒, 《二年律令》年代問題研究」(『歷史研究』 2008-3), p.151의 注⑤⑥, p.153의 ①에 상세하게 소개되어 있다.

는 "簡文 가운데 呂宣王 및 그 親屬을 우대하는 조문이 있다. 呂宣王은 呂后가 呂后 元年(B.C.187) 그 부친에게 추증한 시호이다. 이년율령과 함께 있는 曆譜에 기록된 최후의 연호는 呂后 2년(B.C.186)이므로, 이 년율령은 呂后 2년에 시행한 법률로 추측한다."라는 것이다.[7]

高敏은 高祖 5년 이전에는 전쟁 상황이라서 율령을 제정할 여유가 없었고, 고조 5년부터 제정된 것이 증보되어 呂后 2년에 완성되었다고 주장하였다. 특히 戶律은 漢高祖 五年 五月詔에서 비롯되었으며,[8] 蕭何 가 九章律을 제정한 시점은 『漢書』 「刑法志」의 "於是相國蕭何捃摭秦法, 取其宜於時者, 作律九章."이라는 기록에 관명이 相國이므로, 蕭何가 韓 信을 주멸하고 相國이 되는 高祖 11년 11월 이후와 12년 사이라고 주장 하였다.[9] 그리고 蕭何가 제정한 각 법률은 呂后 2년에 총정리되었다 는 것이다.[10]

그러나 相國에 임명된 해를 근거로 蕭何의 漢律 제정을 판단하는 것은 문제가 있을 수 있다. 蕭何의 지위를 相國이라고 기록하고 있는 『漢書』 「刑法志」의 기사가 정확한 사료라고 한다면, 蕭何가 九章律을 제정한 것은 그가 相國에 임명된 高祖 11年(B.C.198) 이후였을 것이 다.[11] 그러나 九章律 제정시 蕭何의 관직이 相國이었다는 『漢書』 「刑法

---

7) 『張家山漢墓竹簡』, p.133.

8) 高敏, 「《張家山漢墓竹簡·二年律令》中諸律的制作年代試探」(『史學月刊』 2003-9), p.36.

9) 『漢書』 卷23 「刑法志」, p.1096, "漢興, 高祖初入關, 約法三章曰 : 「殺人者死, 傷人 及盜抵罪.」 蠲削煩苛, 兆民大說. 其後四夷未附, 兵革未息, 三章之法不足以禦姦, 於是相國蕭何捃摭秦法, 取其宜於時者, 作律九章."

10) 高敏, 「漢初法律系全部繼承秦律說」, 『秦漢魏晉南北朝史論考』(北京 : 中國社會科 學出版社, 2004), pp.76-83.

11) 『漢書』 卷39 「蕭何傳」, p.2010, "陳豨反, 上自將, 至邯鄲. 而韓信謀反關中. 呂后 用何計誅信. 語在信傳. 上已聞誅信, 使使拜丞相爲相國, 益封五千戶, 令卒五百 人一都尉爲相國衛." 蕭何가 丞相에서 相國으로 승진하게 된 것은 韓信의 반 란을 진압하는데 공로를 세웠기 때문이다. 당시에 高祖가 陳豨의 반란을 진압하기 위해 親征한 틈을 타서 韓信은 關中에서 반란을 도모하였다. 蕭何

志」의 기사를 무조건 신빙하는 것은 위험하다. 三章之法으로 범죄를 막을 수 없어 九章律을 만들었다는 것인데, 그러한 논리라면 蕭何가 相國에 임명되는 고조 11년까지 제국 통치에 필요한 법률이 없고 오직 三章之法으로 버텼다는 것이 된다.

楊振紅은 蕭何가 九章律을 제정한 구체적 시간은 확실하지 않고 대략 高帝 五年 天下統一 이후에 오래지 않아서 제정했다고 보았다.[12] 양진홍의 견해에 대하여 王偉는 蕭何가 전쟁 기간에 九章律, 특히 그 가운데 전쟁의 후방 병참사무와 밀접한 관계를 갖는 興律·廐律·戶律을 제정하지 않고, 도리어 高帝 五年 전쟁이 종료되는 것을 기다려 이러한 律章을 제정했다는 것은 상식적인 이치에 맞지 않는다고 비판했다.[13]

王偉의 비판에 대하여 楊振紅은 세밀하게 자신의 주장을 재차 보완하였다. 그는 蕭何의 漢律 제정과 관련된 자료에 있어서 『史記』보다는 『漢書』의 기록이 원자료에 충실하다는 趙翼의 說에 근거하여 『漢書』의 "天下旣定", 즉 "천하통일 이후"라는 기록이 더 신빙성이 있다고 보았다. 蕭何의 "爲法令約束"은 대부분 전쟁 시기 출현한 문제에 대응하기 위해 급하게 정해진 임시적인 것이며, 계통성과 계획성이 결핍된 것이라고 주장했다. 결국, 高祖 2년에 戶律·興律·具律만을 제정하였고,

---

는 韓信을 주살하는데 공로를 세워 丞相에서 相國으로 승진하였다. 蕭何가 丞相에서 相國으로 된 시점에 대해서는 高祖 9년과 11년의 두 개의 모순된 자료가 보인다. 『漢書』의 「百官公卿表上」에는 11年이라고 되어 있으나, 「百官公卿表下」에는 高祖 9年이라고 기록되어 있다. 그 원인에 대해, 王先謙은 『漢書』「百官公卿表」 사이의 모순은 班固가 『史記』의 모순을 그대로 따랐기 때문이라고 주장하였다. 즉, 『史記』 卷18 「高祖功臣侯者年表」에는 "九年爲相國"이라 기록되어 있고, 同書 卷13 「蕭相國世家」에는 高祖 11년으로 기록되어 있다. 王先謙은 「百官公卿表下」의 9年 기록은 원래 11년이어야 하지만 2칸 앞으로 잘못 옮겨진 것이라고 주장하였다. 王先謙, 『漢書補注』(北京: 中華書局, 1983), p.310下, p.980上.

12) 楊振紅, 「從《二年律令》的性質看漢代法典的編纂修訂與律令關系」(『中國史硏究』 2005-4), p.49.

13) 王偉, 「論漢律」(『歷史硏究』 2007-3), p.6.

高祖 5년 이후의 어느 시점에선가 高祖의 명에 따라 次律令했으며(命蕭何次律令), 이것이 呂后 2년에 수정되었다는 입장이다.[14]

張忠煒는 "案例 16에 信이라는 인물이 '滎陽을 굳건히 수비할 때(堅守滎陽時)'의 爵이 右庶長인 것으로 보아서 劉邦集團이 秦의 官爵制度를 계승한 것은 늦어도 高祖 3년이며, 二十等爵制가 漢制에서 확립된 것은 대략 高祖 5년 정도이며,『二年律令』가운데 많은 律令의 조문은 孝惠·呂后 시기에 추가된 것이므로『二年律令』은 蕭何가 제정한 것으로 볼 수는 없다."고 주장했다.[15]

이상에서 본 것처럼 많은 학자들은『二年律令』의 二年이 呂后 2년일 것이라고 보고 있다. 실제로 呂宣王의 추증기록에서 본다면 합당한 논리를 가지고 있음도 부정할 수 없다.『張家山漢簡』의 曆譜 17-18簡은 呂后 元年과 二年의 朔日이므로『二年律令』이 바로 呂后 二年에 제정된 강력한 증거가 되고 있다. 그렇지만 呂后 二年에 제정되었기 때문에『二年律令』이라는 표제를 붙였는지는 의문이다. 이는 고조 2년에 제정된 법률이므로 이를 기념하기 위해서 "二年律令"이라는 이름을 붙였을 가능성도 배제할 수 없다. 그러한 주장을 하는 사람이 王樹金인데, 그는 漢王二年에 "爲法令約束"이 진행되었기 때문에 二年律令의 二年은 마땅히 "漢王二年"이라고 해야 한다고 주장하였다.[16] 또한 曹旅寧은 『二年律令』에서 惠帝의 이름 盈을 避諱하지 않은 것에서 볼 때 漢高祖 2년의 율령일 가능성도 있음을 지적하고 있다.[17] 필자의 생각으로는

---

14) 楊振紅, 위의 책, p.91. 그런데 楊振紅은 "爲法令約束"은 漢 2년에 시작된 것이 아니라, 漢 원년 유방이 정권을 세웠을 때부터 시작되었다고 주장하였다. 이것이 사실이라면 상당한 시간적 여유를 가지고 율령 편찬을 하게 되는 것이 되므로 이러한 주장은 계획성이 없다는 자신의 주장과 모순된다.

15) 張忠煒, 위의 책, pp.161-163.

16) 王樹金,「《二年律令》法律內容制定年代考――兼談"二年"的時間問題」, 簡帛硏究網, 2005/4/24.

17) 曹旅寧,「張家山247號漢墓漢律制作時代新考」,『出土文獻硏究』第6輯(上海: 上海古籍出版社, 2004), pp.117-124.

皇帝의 紀年을 사용한 律令 사례가 새로이 출토되지 않는 한 이를 해결할 방법은 없다고 생각한다.

그러나 제정 시점과는 별개로, 『二年律令』의 戶律에 포함된 전택 지급의 규정이 언제 제정되어 시행되었는지의 문제는 본고의 논지와 관련해 매우 중요하다. 만약에 高敏처럼 고조 5년 5월부터 비로소 법률이 제정되었다고 이해한다면, 戶律은 그 이전에는 존재하지 않게 되는 것이 된다. 이러한 이해는 "法에는 功勞가 있으면 田宅을 지급하라'고 했는데, 지금 小吏 가운데 일찍이 從軍하지 않은 자가 규정에 차게 소유하고 있고, 도리어 공이 있는 자는 얻지 못하고 있는 것은 公을 배신하고 私를 세우려는 것이니, 守尉長吏의 敎訓이 매우 좋지 않다."는 高祖 五年詔書에 爵位와 토지 지급을 연계한 法令이 존재하고 있는 사실과 모순하게 된다. 따라서 戶律의 출현 시점을 재차 분석할 필요성을 느끼게 한다. 이 문제는 단순한 제정 시점의 분석으로 그치는 것이 아니라, 왜 漢律이 秦律을 계승하게 되는지를 분석하게 되는 계기가 될 것이다.

필자는 과거 蕭何의 "爲法令約束"에 대하여 글을 발표했었다. 『二年律令』의 석문이 발표된 후 "爲法令約束"의 문제를 토지제도와 연계시켜 고찰할 필요성을 느끼게 되었다.

> A. 우리 漢왕조가 五帝의 유풍을 계승하고, 三代의 중단된 대업을 이어 받았다. 周나라의 道는 폐지되고, 秦은 古文을 폐지하고, 詩書를 태워 없앴으므로 明堂·石室·金匱·玉版·圖籍이 散亂되었다. 이때에 漢왕조가 흥기하여, 蕭何는 律令을 撰次하였고, 韓信은 軍法을 재차 발령했고, 張蒼은 章程을 만들었으며, 叔孫通은 禮儀를 제정했다.(밑줄은 필자, 이하 동일) 그러하니 文學이 조금씩 등용되기 시작하였고, 詩書가 왕왕 각지에서 나타나기 시작했다.(『史記』「太史公自序」)[18]

B. 처음에 高祖는 文學을 공부하지 않았으나, 성품이 明達하고, 計謀에 뛰어났고, 신하의 말을 잘 청취하였으며, 監門으로부터 戍卒에 이르기까지 옛 친구를 만난 것처럼 대하였다. 처음에 민심을 따르기 위하여 三章之約을 만들었다. 天下가 이미 平定되고 나서, 蕭何에게 律令을 撰次하게 하고, 韓信은 軍法을 재차 발령하고, 張蒼은 章程을 만들게 하고, 叔孫通은 禮儀를 제정하게 하고, 陸賈는 新語를 만들도록 命하였다.(『漢書』「高帝紀」)[19]

C. 漢왕조가 흥기한 후, 高祖가 처음 入關하여 法三章을 約束하였다 : "殺人者는 사형에 처하고, 타인을 傷하게 하거나 절도한 자는 죄에 저촉된다." 煩苛한 법령을 제거하니 兆民들이 크게 기뻐하였다. 그 후에 四夷가 歸附하지 않고, 전쟁이 종식하지 않아, 三章之法만으로는 간사한 범죄를 막을 수가 없었다. 이에 相國 蕭何가 秦法을 搜集하여, 현실에 맞는 것을 취하여 律九章을 만들었다.(『漢書』「刑法志」)[20]

D. 漢王이 兵을 이끌고 동쪽으로 三秦을 평정했는데, 蕭何는 丞相으로서 巴蜀에 남아 이곳을 수습하였다. 백성을 安撫하고 政令을 告知하였고, 군대의 식량을 공급하였다. 漢二年에 漢王은 諸侯와 함께 楚를 공격했는데, 蕭何는 關中을 지키면서, ⓐ太子를 모셨고, ⓑ櫟陽을 繕治하였다. ⓒ法令約束을 만들고, ⓓ宗廟·社稷·宮室·縣邑을 세

---

18) 『史記』卷130「太史公自序」, p.3319, "維我漢繼五帝末流, 接三代絶業. 周道廢, 秦撥去古文, 焚滅詩書, 故明堂石室金匱玉版圖籍散亂. 於是漢興, 蕭何次律令, 韓信申軍法, 張蒼爲章程, 叔孫通定禮儀, 則文學彬彬稍進, 詩書往往間出矣."

19) 『漢書』卷1下「高帝紀」, pp.80-81, "初, 高祖不脩文學, 而性明達, 好謀, 能聽, 自監門戍卒, 見之如舊. 初順民心作三章之約. 天下既定, 命蕭何次律令, 韓信申軍法, 張蒼定章程, 叔孫通制禮儀, 陸賈造新語."

20) 『漢書』卷23「刑法志」, p.1096, "漢興, 高祖初入關, 約法三章曰:「殺人者死, 傷人及盜抵罪.」蠲削煩苛, 兆民大說. 其後四夷未附, 兵革未息, 三章之法不足以禦姦, 於是相國蕭何捃摭秦法, 取其宜於時者, 作律九章."

울 때 반드시 上奏하여 漢王의 허가를 받고 나서야 집행하였다. 만약 上奏할 수 없으면 적절한 방식으로 시행하고 나서 上이 왔을 때에 關中의 일을 보고하였다. ⓒ 호구를 계산하고 군량을 수송하여 군대에 공급하였는데, 漢王이 누차 군대를 잃고 도망치면, 蕭何는 늘 관중의 병졸을 동원하여 그 부족한 부분을 채워주었다. 上은 이로 인해 관중의 일을 전적으로 蕭何에 맡겼다.(『史記』「蕭相國世家」)[21]

E. 蕭何는 丞相으로서 巴蜀에 남아 이곳을 수습하였다. 백성을 安撫하고 政令을 告知하였고, 군대의 식량을 공급하였다. 漢二年에 漢王은 諸侯와 함께 楚를 공격했는데, 蕭何는 關中을 지키면서, 太子를 모셨고, 櫟陽을 繕治하였다. 法令約束을 만들고, 宗廟·社稷·宮室·縣邑을 세울 때 반드시 上奏하여 漢王의 허가를 받고 나서야 집행하였다. 만약 上奏할 수 없으면 적절한 방식으로 시행하고 나서 上이 왔을 때에 關中의 일을 보고하였다. 호구를 계산하고 군량을 수송하여 군대에 공급하였는데, 漢王이 누차 군대를 잃고 도망치면, 蕭何는 늘 관중의 병졸을 동원하여 그 부족한 부분을 채워주었다. 上은 이로 인해 관중의 일을 전적으로 蕭何에 맡겼다.(『漢書』「蕭何傳」)[22]

① 漢興과 天下既定

위의 사료에서 밝혀야 할 사항은 A, B의 "蕭何次律令"과 D, E의 "爲

---

21) 『史記』 卷53 「蕭相國世家」, pp.2014-2015, "漢王引兵東定三秦, 何以丞相留收巴蜀, 塡撫諭告, 使給軍食. 漢二年, 漢王與諸侯擊楚, 何守關中, 侍太子, 治櫟陽. 爲法令約束, 立宗廟社稷宮室縣邑, 輒奏上, 可, 許以從事; 即不及奏上, 輒以便宜施行, 上來以聞. 關中事計戶口轉漕給軍, 漢王數失軍遁去, 何常興關中卒, 輒補缺. 上以此專屬任何關中事."

22) 『漢書』 卷39 「蕭何傳」, p.2007, "何以丞相留收巴蜀, 塡撫諭告, 使給軍食. 漢二年, 漢王與諸侯擊楚, 何守關中, 侍太子, 治櫟陽. 爲令約束, 立宗廟·社稷·宮室·縣邑, 輒奏, 上可許以從事; 即不及奏, 輒以便宜施行, 上來以聞, 計戶口轉漕給軍, 漢王數失軍遁去, 何常興關中卒, 輒補缺. 上以此剸屬任何關中事."

法令約束"이 동일한 사안인지, 그리고 각 사안이 어느 시점의 것인지
의 문제이다. 우선 "蕭何次律令"의 시점이 문제가 된 것은 A에서 司馬
遷이 "漢興"이라고 표현한 것을 班固가 B에서 "天下旣定"으로 바꾸면서
비롯되었다. 司馬遷이 "漢興"이라는 표현을 사용할 때 高祖元年부터 起
算한 것임은 다른 사례에서도 분명하게 나타나기는 한다.[23] 班固는 B
에서 "天下旣定, 命蕭何次律令"이라 하여 蕭何의 律令 編次가 "天下旣定"
의 시점에서 이루어졌다고 기술하고 있는데, "旣定"이라는 표현은 項
羽를 敗死시키는 高祖 5年 冬12月 이후를 가리키는 것이며, "旣安"이라
는 표현을 사용한 경우도 있다.[24] 班固 역시 "漢興"이라는 표현을 많
이 사용하고 "旣定"이라는 표현은 드물게 사용했지만, 이 경우에만 "天
下旣定"으로 바꾼 것은 그가 이러한 사안들의 시점을 확실히 高祖 5년
이후라고 판단했기 때문으로 생각된다.[25] 司馬遷도 『史記』에서 項羽를
敗死시키고 통일한 이후를 "大定"으로 표현하여 "漢興"과 구별하고 있
다.[26] 따라서 "漢興"과 "旣定"은 확실히 구별된 사용법이라고 생각된다.
　"蕭何次律令"은 司馬遷이 말한 "漢興"을 따른다면 "漢高祖 원년"부터

---

23) 『史記』卷12 「孝武本紀」, p.452, "元年, 漢興已六十餘歲矣, 天下乂安, 薦紳之屬
　　皆望天子封禪改正度也." 元年은 武帝 元年으로서 B.C.140년이며, 徐廣은 漢興
　　이래 67년이라고 했다. 이를 역산한다면 한고조 원년(B.C.206)을 가리킨다.
　　즉, 司馬遷은 漢興을 高祖 원년이라고 분명히 개념설정한 것이다. 물론 高
　　祖 5년부터 기산하여도 62년이므로 이도 六十餘歲라고 할 수 있다. 그러나
　　상식적으로 高祖 5년 이전 시기를 漢의 기간에 산입하지 않는 것은 있을
　　수 없다.
24) 『漢書』卷1下 「高帝紀」, p.59, "(六年 十二月) 詔曰: 天下旣安, 豪桀有功者封侯,
　　新立, 未能盡圖其功. 身居軍九年, 或未習法令, 或以其故犯法, 大者死刑, 吾甚憐
　　之. 其赦天下."
25) 그러나 B에서 班固가 "天下旣定"으로 표현한 "韓信申軍法"의 내용도 『漢書』
　　의 다른 곳에서는 "漢興"으로 서술하고 있어 일관된 견해를 보이고 있지는
　　않다.(『漢書』卷30 「藝文志」, pp.1762-1763, "漢興, 張良·韓信序次兵法, 凡百八十
　　二家, 刪取要用, 定著三十五家.")
26) 『史記』卷8 「高帝本紀」, p.380, "(五年 正月) 天下大定. 高祖都雒陽, 諸侯皆臣屬."

어느 시점에 행해진 것으로 생각되며, 班固의 "天下旣定"을 따른다면 "高祖 5년 이후"에 있었던 사안으로 된다. 다만 司馬遷의 전후 문장을 고려한다면 "漢興"은 단지 秦代의 焚書사건과 대비시키기 위하여 쓴 것이기 때문에 漢高祖 원년 이후로 특정하기는 꺼려진다. B에 보이는 "命蕭何次律令"이 과연 "天下旣定"때의 사안인지를 확인하기 위해 함께 기록된 "韓信申軍法, 張蒼定章程, 叔孫通制禮儀, 陸賈造新語"의 4개 항목의 시기를 검토할 필요가 있다.

우선 韓信의 軍法 제정 기록에 대해서 보면, 韓信이 漢 5年 正月 齊王에서 楚王으로 移封되어 漢高祖의 정치적 견제를 받고 있는 상황이기 때문에 漢帝國의 軍法 제정에 관여할 수 없었다고 생각된다. 韓信은 고조 6년 12월 포획되고, 11년 呂后에게 살해되었다. 그가 軍功을 이유로 齊王에 책봉을 요구할 때부터 高祖는 그를 신임하지 않았으므로, 軍律 제정은 그가 大將으로 되는 漢 元年 4月에서 8月 사이로 추정된다.[27]

張蒼의 章程 제정 시기는 呂后 8년에서 文帝 後2년 사이,[28] 叔孫通의 禮儀는 項羽 死後인 高祖 6年에 제정되어 高祖 7年 正月 旦日의 朝會에 사용되었으며,[29] 陸賈의 新語는 高祖에게 守成의 필요성을 역설한 후 그 저술을 명받았기 때문에 천하통일 이후로 생각된다. B에 열거된 사실 중에서 韓信의 軍法 제정은 통일 이전이고, 나머지 3개 사안은 통일 이후에 이루어진 것이다. 따라서 韓信의 군법 제정이 B의 "旣定"을 완전히 충족시켜주지는 못하므로 함께 기록된 "命蕭何次律令"의 시점을 項羽 敗死 이후로 단정하기는 꺼려진다. 班固는 韓信의 군법 제정

27) 李開元, 『漢帝國的建立與劉邦集團』(北京: 三聯書店, 2000), p.42. "韓信申軍法"에서 申은 再令, 再次 發令의 뜻이다.(李開元의 이 책은 『漢帝國の成立と劉邦集團－軍功受益階層の研究』(東京: 汲古書院, 2000)로 동시에 출판되었으나 필자는 三聯書店 판본을 이용하였다.)
28) 楊振紅, 위의 책, p.90.
29) 『漢書』 卷43 「叔孫通傳」, pp.2126-2127.

에 대하여 신중한 고려 없이 나머지 3개 사안을 보고 司馬遷의 "漢興"
부분을 수정했을 가능성이 높다.

②"爲法令約束"의 시점

본고의 목적과 범주의 측면에서 "蕭何次律令"의 시점에 대한 분석
보다는 "爲法令約束"이 어느 시점에 이루어졌느냐의 문제가 보다 중요
하다. 그 이유는 "爲法令約束"에 田宅 지급을 규정한 戶律이 포함되어
있기 때문이다. 그러면 漢律의 정확한 제정 시점과 상황을 파악하기
위하여 위에 언급한 D의 『史記』 자료를 검토해 보자. D에서 가장 중요
한 부분은 漢 2年에 있었던 "蕭何는 關中을 지키면서, ⓐ太子를 모셨고,
ⓑ櫟陽을 繕治하였다. ⓒ法令約束을 만들고, ⓓ宗廟·社稷·宮室·縣邑을
세웠다."는 4개의 사안이다. 『史記』에서 4가지 사항의 시점을 확인할
수 있다면 "爲法令約束"의 시점을 알아낼 수 있을 것이다. 우선 관련된
자료를 시점별로 정리하면 다음과 같다.

[표 1] 高祖 초년의 大事記

연월	大事	『史記』 및 『漢書』
高祖 원년 10월	蕭何 秦 율령 수습	元年冬十月, … 沛公至霸上. 秦王子嬰素車白馬, 係頸以組, 封皇帝璽符節, 降枳道旁. 諸將或言誅秦王, … 遂西入咸陽, 欲止宮休舍, 樊噲·張良諫, 乃封秦重寶財物府庫, 還軍霸上. 蕭何盡收秦丞相府圖籍文書. 十一月, 召諸縣豪桀曰:「父老苦秦苛法久矣, 誹謗者族, 耦語者棄市. 吾與諸侯約, 先入關者王之, 吾當王關中. 與父老約, 法三章耳:殺人者死, 傷人及盜抵罪. 餘悉除去秦法. 吏民皆按堵如故. 凡吾所以來, 爲父兄除害, 非有所侵暴, 毋恐! 且吾所以軍霸上, 待諸侯至而定要束耳.」[30]
12월	項羽 入關	十二月, 項羽果帥諸侯兵欲西入關, 關門閉.[31]
2월	제후왕 분봉	二月, 羽自立爲西楚霸王, 王梁·楚地九郡, 都彭城. 背約, 更立沛公爲漢王, 王巴·蜀·漢中四十一縣, 都南鄭.[32]
4월	漢中 就國	夏四月, 諸侯罷戲下, 各就國. 羽使卒三萬人從漢王, 楚子·諸侯人之慕從者數萬人, 從杜南入蝕中. 張良辭歸韓, 漢王送至褒中, 因說漢王燒絕棧道, 以備諸侯盜兵, 亦視項羽無東意.[33]
5월	故道에서 三秦 기습	五月, 漢王引兵從故道出襲雍. 雍王邯迎擊漢陳倉, 雍兵敗, 還走;戰好時, 又大敗, 走廢丘. 漢王遂定雍地. 東如咸陽, 引兵圍雍王廢丘, 而遣諸

연월	大事	『史記』 및 『漢書』
		將略地.」[34] 秋八月, 臧荼殺韓廣, 并其地. 塞王欣·翟王翳皆降漢[35]
고조 2년 11월	櫟陽 도읍, 河上塞 繕治	漢王如陝, 鎭撫關外父老. 河南王申陽降, 置河南郡. 使韓太尉韓信擊韓, 韓王鄭昌降. 十一月, 立韓太尉信爲韓王. 漢王還歸, ⓑ都櫟陽, 使諸將 略地, 拔隴西, 以萬人若一郡降者, 封萬戸. 繕治河上塞. 故秦苑囿園池, 令民得田之.[36]
1월	項羽의 齊 공격	春正月, 羽擊田榮城陽, 榮敗走平原, 平原民殺之. 齊皆降楚, 楚焚其城 郭, 齊人復畔之.[37]
2월	漢社稷	二月, 令除秦社稷, ⓓ更立漢社稷.[38]
4월	劉邦의 彭城 전투 패배 惠帝 구출	(夏四月)羽雖聞漢東, 旣擊齊, 欲遂破之而後擊漢, 漢王以故得劫五諸侯 兵, 東伐楚. 到外黃, 彭越將三萬人歸漢. 漢王拜越爲魏相國, 令定梁地. 漢王遂入彭城, 收羽美人貨賂, 置酒高會. 羽聞之, 令其將擊齊, 而自以 精兵三萬人從魯出胡陵, 至蕭, 晨擊漢軍, 大破彭城靈壁東睢水上, 大破 漢軍, 多殺士卒, 睢水爲之不流, … ⓐ漢王道逢孝惠·魯元, 載行. 楚騎追 漢王, 漢王急, 推墮二子, 滕公下收載, 遂得脫.[39]
5월	漢王屯 榮陽	五月, 漢王屯榮陽, 蕭何發關中老弱未傅者悉詣軍. 韓信亦收兵與漢王 會, 兵復大振. 與楚戰榮陽南京·索間, 破之. 築甬道, 屬河, 以取敖倉 粟.[40]
6월	태자책봉	六月, 漢王還櫟陽. 壬午, ⓐ立太子, 赦罪人. ⓑ令諸侯子在關中者皆集 櫟陽爲衛. 引水灌廢丘, 廢丘降, 章邯自殺. 雍地定, 八十餘縣, 置河上· 渭南·中地·隴西·上郡.[41]

---

30) 『漢書』 卷1上 「高帝紀」, pp.22-23.

31) 『漢書』 卷1上 「高帝紀」, p.24.

32) 『漢書』 卷1上 「高帝紀」, p.28.

33) 『漢書』 卷1上 「高帝紀」, p.29.

34) 『漢書』 卷1上 「高帝紀」, p.31; 『漢書』 卷32 「陳餘傳」, p.1838, "師古曰: 「高紀云
元年五月漢王定雍地, 東如咸陽, 引兵圍雍王廢丘, 而遣諸將略地. 八月, 塞王欣·
翟王翳皆降漢.";『史記』 卷8 「高祖本紀」, p.368, "八月, 漢王用韓信之計, 從故道
還, 襲雍王章邯. 邯迎擊漢陳倉, 雍兵敗, 還走; 止戰好畤, 又復敗, 走廢丘. 漢王
遂定雍地. 東至咸陽, 引兵圍雍王廢丘, 而遣諸將略定隴西、北地、上郡. 令將軍薛
歐、王吸出武關, 因王陵兵南陽, 以迎太公、呂后於沛. 楚聞之, 發兵距之陽夏, 不
得前. 令故吳令鄭昌爲韓王, 距漢兵." 王先謙은 三秦 공격의 5月說을 찬성하고
있다. 『史記』에는 劉邦의 三秦 공격이 8월로 되어 있으나, 8월이라면 韓信
이 '산동출신의 병사들이 고향으로 돌아가고자 하는 예리함을 사용해야
하며, 천하가 평정되어 편안하다고 생각하면 재차 사용할 수 없게 된다.'고

위에 인용한 자료들을 개괄하면 다음과 같다. 劉邦은 元年 10월 咸陽에 입성하여 秦帝國을 멸망시켰고, 이때에 蕭何는 秦 丞相府의 圖籍文書를 모두 접수했고, 11월에는 父老들과 約法三章을 제정하고 秦法을 폐지하였다.(이하의 연월은 漢의 曆譜) 12월에는 項羽가 관중에 들어왔고, 元年 2월에는 항우가 제후왕을 분봉하였다. 4월에 제후왕은 각자 자신의 봉지로 출발함에 따라 高祖도 漢中으로 就國하였다. 5월(『史記』「高祖本紀」에는 8월)에 劉邦은 雍王 章邯을 공격하면서 관중지역으로 권토중래하였다. 蕭何는 후방인 巴蜀에 남아서 백성을 진무하고 조세를 거두어 전선에 있는 유방을 병참 지원하였다. 유방의 三秦 공격으로 塞王 司馬欣과 翟王 董翳는 劉邦에 투항하고, 章邯은 홀로 廢丘를 지켰다. 高祖 2년 10월 경에 이르러 劉邦은 관중의 대부분을 점령하고 중원지역으로 진출하였는데, 10월에 洛陽의 河南王 申陽이 투항했다.[42] 2년 4월에 유방은 項羽가 齊에서 일어난 田榮의 반란을 진압하는 것을 틈타서 항우의 근거지 彭城을 공격하였다.

蕭何가 高祖 2년 11월 경부터 새로운 도성 櫟陽에 근거를 확립하고 나서, ⓐ 侍太子, ⓑ 治櫟陽, ⓓ 立宗廟社稷宮室縣邑한 3개의 사안들은 "爲法令約束"의 시점을 규명할 수 있는 자료로 활용할 수 있다.

우선 ⓐ 蕭何가 관중을 지키면서 侍太子한 시점을 분석해보자. 고조

한 의미가 될 수 없다."고 주장하며, 5月說에 찬성하였다.(王先謙, 『漢書補注』, p.41上.)

35) 『漢書』 卷1上 「高帝紀」, p.31.
36) 『漢書』 卷1上 「高帝紀」, p.33.
37) 『史記』 卷8 「高祖本紀」, p.370.
38) 『史記』 卷8 「高祖本紀」, p.370.
39) 『漢書』 卷1上 「高帝紀」, pp.35-36.
40) 『漢書』 卷1上 「高帝紀」, p.37.
41) 『漢書』 卷1上 「高帝紀」, p.38.
42) 申陽은 張耳의 嬖臣으로서 秦의 河南郡을 함락시킨 공로로 河南王에 책봉되었다. 『史記』 卷16 「秦楚之際月表」, p.784의 10월조 참조. "屬漢, 爲河南郡." 申陽에 관해서는 Ⅱ장 3절의 「奏讞書」 案例 16을 서술할 때 언급하겠다.

[표 2] 高祖 2년 주요 사건

	10월	11월	12월	1월	2월	3월	4월	5월	6월	7월	8월	9월
高祖 원년	咸陽 입성 秦律 획득	約法三章	項羽 入關		18諸侯王 분봉		漢中 就國	關中 기습				
高祖 2년		櫟陽 도읍			漢社稷 수립		彭城 전투, 孝惠 구출		章邯 주멸, 태자 책봉			
高祖 3년							滎陽 전투					

는 2년 4월에 항우와의 彭城전투에서 패배하고 劉盈(惠帝)을 구출하여 돌아오게 된다. 2년 6월 壬午에 태자를 책봉하는데, 6월은 戊寅朔이므로 壬午는 6월 5일에 해당한다.[43] ⓑ 治櫟陽의 사안은 고조가 塞王 司馬欣의 근거지 櫟陽을 高祖 元年 8월 경에 점령한 후 2년 11월에 도읍으로 삼았던 때부터라고 생각된다.(歲首가 10월이므로 11월은 고조 2년의 두 번째 달이다.)[44] ⓓ의 高祖 2년 2월의 秦社稷을 없애고 새로이 漢社稷을 세운 사건은 특히 중요한 의미를 지닌다고 할 수 있다. 즉, 櫟陽에서 漢의 社稷을 수립한 것은 이제 劉邦정권이 項羽의 西楚정권에 공개적으로 反旗를 들겠다는 표현이고, 그리고 秦帝國을 복멸시키고 이를 대신할 새로운 정통 왕조로서의 시작을 의미하는 것이었다. 정식으로 성립한 왕조에 법률이 존재하지 않는다는 것은 상상할 수 없는 것이었다.

---

43) 張培瑜, 『三千五百年曆日天象』(鄭州: 大象出版社, 1997), p.61; 徐錫祺, 『西周(共和)至西漢曆譜』(北京: 北京科學技術出版社, 1997), p.1274.

44) 『史記』 卷8 「高祖本紀」, p.387, "正義括地志云 : 秦櫟陽故宮在雍州櫟陽縣北三十五里, 秦獻公所造. 三輔黃圖云高祖都長安, 未有宮室, 居櫟陽宮也." 이에 따르면 櫟陽에는 秦의 故宮이 있었음을 알 수 있다. 따라서 治라는 것은 櫟陽을 통치한다는 의미가 아니라 繕治로서 궁실을 수리했다는 의미일 것이다.

이상의 내용을 정리하면, 蕭何는 高祖 원년 10월 咸陽 입성 당시에 秦의 丞相御史府에서 圖書律令을 완벽하게 수습하였는데,[45] 단기간에 율령을 제정할 수 있었던 것은 바로 秦律令 문서자료의 확보와 유관하였던 것이다. 고조 원년 4월 漢中으로의 就國, 그리고 1개월 후인 원년 5월의 三秦 기습 등 불안정한 전시상황에서 율령을 제정할 시간적 여유는 사실상 없었다. 다만 高祖가 關中에서 전쟁을 전개할 때, 蕭何는 巴蜀에 남아서 고조를 뒷받침할 법률적 근거의 미비를 절감하고 그 제정의 필요성을 인식했을 것이다. 현재의 자료로서는 漢中을 근거지로 한 시기에 법률 제정 작업에 착수했는지는 알 수 없지만, 그기간이 매우 짧기 때문에 가능성은 많지 않다고 생각한다.

법률 제정은 漢中에서 櫟陽으로 근거지를 옮긴 蕭何가 이곳이 漢정권의 도읍으로 정해지는 高祖 2년 11월부터 시작되었을 가능성이 높다. 특히 漢의 社稷을 세움으로써 국가 법률 제정의 당위성은 더욱 높아졌을 것이다. 그리고 "爲法令約束"이 孝惠를 태자로 책봉하는 6월까지는 마무리되었을 것이며, 이는 대략적으로 秦 승상부에서 율령을 수습하고부터 1년 2-9개월이 경과된 시점이었다. 비록 睡虎地秦簡과 『二年律令』을 비교해보면 字句의 차이도 보이고 율문의 문장도 다듬어진 것으로 보아 전체적인 수정이 있었던 것은 분명하다. 하지만 결과론적으로 그 법률의 전체적 대의가 불변하였다는 점[46]과 법률의 제정 시기가 전쟁 와중이었다는 점을 고려한다면 대대적인 개정이 이루어지기 어려웠을 것이다. 이러한 이유로 인하여 통일 후에 추가된

---

45) 『史記』 卷53 「蕭相國世家」, p.2014, "及高祖起爲沛公, 何常爲丞督事. 沛公至咸陽, 諸將皆爭走金帛財物之府分之, 何獨先入收秦丞相御史律令圖書藏之. 沛公爲漢王, 以何爲丞相. 項王與諸侯屠燒咸陽而去. 漢王所以具知天下阨塞, 戶口多少, 彊弱之處, 民所疾苦者, 以何具得秦圖書也. 何進言韓信, 漢王以信爲大將軍. 語在淮陰侯事中."

46) 楊瑪麗, 『從竹簡秦漢刑法的比較看"漢承秦制"』(西北大學校碩士學位論文, 2004), pp.50-51.

법률조문들이 『二年律令』에 확인되는 것처럼 추가적인 증보와 수정이 이루어졌던 것이다.

그런데 『二年律令』과 "爲法令約束"의 시점을 분석하는 기존의 논의는 아쉽게도 秦 및 漢初의 토지제도를 규명할 수 있는 논의의 장으로 연결되지 못했다. 高祖 2년에 제정된 이 법령이 어떠한 상황에서 제정되었는지를 확인할 수 있다면 『이년율령』의 토지제도를 이해할 수 있는 단서를 얻게 되고, 나아가서 秦代의 토지제도를 규명할 수 있을 것이다.

2. 蕭何의 율령 제정과 의미

高祖 2年이라는 시점은 項羽에 의해 강제적으로 漢中 지역으로 就國했던 高祖가 三秦 지방을 재차 장악하고 彭城을 공격하는 등 전쟁이 한창이었던 시기이다. 때문에 高祖의 통일전쟁을 제도적으로 뒷받침할 수 있는 법률이 필요하였다. 그러한 법률 제정의 이유로는 『漢書』 「刑法志」에 ① 전쟁이 종식되지 않았다는 군사적 이유, ② 秦律 폐지 이후의 三章之法으로는 간특한 행위를 막을 수 없다는 법률 공백이 지적되었다.[47]

우선 전쟁의 이유 때문에 九章律을 제정했다는 것에 대해 고찰하겠다. 앞서 예시한 D예문의 ⓔ에서 보았듯이, 고조가 항우와의 전투에서 수차 패전했을 때 병력과 군수물자를 후방에서 지원하려면 이를 뒷받침할 법률의 제정이 절대적으로 필요하였다.

---

47) 『漢書』 卷23 「刑法志」, p.1096, "漢興, 高祖初入關, 約法三章曰:「殺人者死, 傷人及盜抵罪.」 蠲削煩苛, 兆民大說. ①其後四夷未附, 兵革未息, ②三章之法不足以禦姦, 於是相國蕭何捃摭秦法, 取其宜於時者, 作律九章." 이때도 관명이 相國으로 되어 있으나 이것은 三章之法을 대체하는 법률제정이므로 "爲法令約束"을 지칭하는 것이다. 따라서 여기에서의 相國이라는 관직은 이 시점의 관직을 가리키는 것으로 사용하기는 곤란하다.

『二年律令』의 戶律에는 自占年의 규정과 鄕部의 호적 파악, 전택 지급 등이 규정되어 있어 군사동원에 필요한 인적·물적 자원의 기초 자료를 제공하였다. 興律은 늘 전투에서 패배해 군대를 상실하는 高祖에게 關中의 병졸을 동원하여 그 부족한 부분을 채워주는데 필요하였다. 또한 물자를 수송하여 군대에 공급하기 위해서는 乘馬·服牛馬 등 전투와 물자수송 등을 규정한 廐律이 필요하였다.[48]

두 번째는 秦律 폐지로 인한 법률 공백의 문제이다. 『漢書』「刑法志」에 "三章之法으로는 간특한 행위를 막을 수 없었다."는 것은 秦律의 폐지로 인한 법률 공백 때문에 전반적인 법률 제정의 필요성이 제기되었다는 것이다. 종전에 九章律에는 "九"라는 숫자에 주목하여 六律에 戶律·興律·廐律의 3律만을 추가한 것으로 이해했지만, 간특한 행위를 막을 법률의 필요성을 언급한 「刑法志」의 언급은 ②의 법령 공백이라는 측면도 무시할 수 없는 법령 제정의 목적이었다고 할 수 있다. 특히 『二年律令』의 각 律들은 독립적으로 기능하는 것이 아니라 상호 유기적으로 연동하기 때문에 9律만을 이때에 제정했다면 초기의 律令은 파행적으로 운용될 수밖에 없다. 다만 『漢書』「刑法志」의 저자 班固의 경우에는 법률 제정의 강조점을 戶律·興律·廐律에 두었다고 하는 점도 분명한 것으로 생각된다. 여하튼 班固의 「刑法志」에서 말한 九章律 제정의 조건은 바로 "爲法令約束"과 일치한다.[49]

楚漢전쟁 시에는 호적체계가 일단 붕괴되었을 것으로 생각된다. 농민의 거주지 이탈과 농업생산의 포기로 세금징수와 병사징발은 여의치 않았을 것이다. 이 시기에는 전쟁과 기아에 의한 인구감소와 호적

---

48) 任仲爀, 「漢初 九章律의 제정과 그 의미」, p.41.
49) 율령제정에 있어 현재 우리가 볼 수 있는 『二年律令』의 27律1令의 字句만을 수정한다고 하더라도 몇 개월 만에 끝낼 수 있는 분량은 아니었다. 따라서 이때에 전체 율령의 유기적인 관계를 고려하여 대다수 율령이 제정되었겠지만, 班固가 말한 바와 같이 중점적으로 제정된 것은 戶律·興律·廐律일 수도 있다.

체계가 붕괴되어 파악할 수 없는 유망민이 증가하여 戶口가 秦末의 3/10으로 감소하였다.[50] 「奏讞書」에 보이는 西楚 시기 도망 노비들의 재판문서는 바로 호구관리체계의 붕괴상태를 웅변하는 것이다. 특히 高祖 2年 6月, 三秦의 최후 세력인 雍王 章邯을 멸망시켜 새로이 漢의 영토로 편입된 지역을 효율적으로 파악하고 통치하기 위해서는 거주지에서 이탈한 농민을 재정착시키고, 稅役 징발의 근거가 되는 戶律의 정비가 급선무였을 것이다.

지금까지 분석한 바와 같이, "爲法令約束"이 高祖 2年 11월 - 6월에 있었던 것이 분명하다. 그것은 戰時 상황하의 立法이므로 재차 高祖에 의해 修正·補完되었을 가능성도 전혀 배제할 수 없는데, 후일의 法令 보완의 사실을 "天下旣定, 命蕭何次律令"이라 표현했을 가능성도 있다.[51] "蕭何次律令"의 次는 編集·編纂·撰次의 의미로서, 유명한 "(李)悝撰次諸國法"의 경우도 동일한 용례이다.[52] 次는 다른 용례들에서 보면 모두 군주의 명령에 의하여 정식적으로 撰次하고 있을 때 사용하는 용어임도 주목된다.[53] 그렇다면 蕭何는 통일 후에 정식으로 율령을 편찬했을 가능성도 있다. 그러나 『漢書』 「刑法志」에 三章之法으로 초래된 법

---

50) 『史記』 卷18 「高祖功臣侯者年表」, pp.877-878, "天下初定, 故大城名都散亡, 戶口可得而數者十二三. 是以大侯不過萬家, 小者五六百戶. 後數世 民咸歸鄕里, 戶益息."

51) 任仲爀, 「漢初 九章律의 제정과 그 의미」, p.40. 楊振紅도 필자와 같은 결론을 내리고 있다. 즉, 高祖 5년 이후에 漢정권은 통일왕조로서 전국에 적용할 통일왕조에 마땅한 법전을 제정할 필요가 있었으므로 蕭何에게 "命"하여 "次律令"했고, 九章律을 作했다는 것이다.(楊振紅, 위의 책, p.93.) 그러나 楊振紅의 견해는 高祖 2년에 이루어진 "爲法令約束"이 九章律이라는 필자의 견해와 다르다.

52) 『晉書』 卷30 「刑法志」, p.922, "是時承用秦漢舊律, 其文起自魏文侯師李悝. 悝撰次諸國法, 著法經."

53) 『後漢書』 卷35 「曹褒傳」, p.1202, "褒旣受命, 乃次序禮事, 依準舊典, 雜以五經讖記之文, 撰次天子至於庶人冠婚吉凶終始制度, 以爲百五十篇."; 『北史』 卷77 「裴政列傳」, p.2612, "周文聞其忠, 授員外散騎侍郞, 引入相府. 命與盧辯依周禮建六官, 並撰次朝儀, 車服器用, 多遵古禮, 革漢·魏之法, 事並施行."

률적 공백 때문에 律九章, 즉 "爲法令約束"했다는 것만 서술하고, 서술상 빠져서는 안될 "天下既定, 命蕭何次律令"의 내용이 누락되어 있는 점은 통일 이후에 율령의 撰次를 명하였을지 의문을 제기하게 만든다.

『二年律令』의 題名 논쟁과 관계없이 蕭何가 高祖 2년 11월에서 6월 사이에 漢法을 제정한 사실만은 불변이며, 그 漢法에 田宅을 군공에 입각해 지급하는 戶律 규정이 존재했다는 사실도 확실하다. 만약 戶律에 田宅 지급이 규정되어 있지 않았다면 高祖가 五年詔書에서 그렇게 언급할 수 없었을 것이다.

高祖 2년의 "爲法令約束"은 제정 당시의 근거지인 關中지방을 대상으로 하였다. 당시에는 關中民의 호응이 절대 필요하여 秦代보다 토지 수전액을 대폭 늘렸을 가능성도 있으며, 또는 戰時 인구감소를 감안하거나, 軍功의 중시로 秦代의 규정보다 훨씬 많은 授田額을 규정했을 수도 있다. 西楚 출신인 劉邦세력은 관중민의 입장에서 본다면 점령군에 불과했다. 秦末에 秦民과 구 육국민의 관계는 좋지 않았다. 秦民은 과거 관중 지역에서 요역·戍邊하는 구 육국민들을 괴롭혔던 일도 있었기 때문이다. 또한 육국민들은 秦民에 대한 과거의 좋지 않은 감정 때문에 복수하려는 생각도 있었을 것이다.[54] 이렇게 점령자인 劉邦세력이 관중민들의 좋지 않은 감정을 다독이며 항우세력과 대결하려면 이들에게 토지로 보상하는 방법밖에는 없었을 것이다.

결국 "爲法令約束"의 사건이 가지고 있는 역사적 의미는 秦制를 계승하는 계기가 되었다는 것에 있다. 劉邦집단은 西楚집단으로서 정치 제도의 측면에서 楚制를 계승할 수도 있었다. 그러나 劉邦이 漢中王이 되고나서 장악한 곳이 옛 秦의 땅이므로 楚制로의 개혁은 무리가 있었을 것이다. 동시에 蕭何가 옛 秦의 관리이며, 丞相府의 圖書律令을

---

54) 『史記』 卷7 「項羽本紀」, p.310, "諸侯吏卒異時故繇使屯戍過秦中, 秦中吏卒遇之多無狀, 及秦軍降諸侯, 諸侯吏卒乘勝多奴虜使之, 輕折辱秦吏卒."

획득한 것은 진정 漢承秦制로 이행하는데 결정적인 역할을 하였다. 과거 秦吏였던 蕭何가 익숙하지 않은 楚法을 따를 이유가 없었던 것이다. 그런데 蕭何가 취득한 秦律에는 현재 우리가 볼 수 있는『二年律令』의 行田(授田)체제가 기록되어 있었다. 이것은 龍崗秦簡 116簡에 "廿四年正月甲寅以來, 吏行田贏律(?)詐☐"라는 사실에서 확인된다.[55] 이 사실은 秦末과 漢初의 行田체제가 일치함을 말해주는 것이다. 이러한 行田체제는 秦제국이 멸망하기 전날 밤까지 지속되고 있었다.

『雲夢龍崗秦簡(1997)』에서 整理者는 "龍崗秦簡의 법률조문은 진시황 27년(B.C.220)부터 秦二世 3년(B.C.207)까지 14년 간 통용되었다."고 하여 그 하한선을 잡았다.[56] 그러나『龍崗秦簡(2001)』에서는 그 하한선을 조금 더 늦춰서 漢高祖 3년(B.C.204)까지로 내려잡았다. 龍崗秦簡에 干支가 3개 보이는데(廿四年正月甲寅, 廿五年四月乙亥, 九月丙申), 이 중에서 유독 연대가 없는 九月丙申에 해당하는 날짜는 秦 二世 2년 9월 3일과 漢高祖 3년 9월 27일에 해당한다. 이 두 개의 날짜 가운데 후자일 가능성이 높다는 것이다. 秦 2세 2년은 전쟁으로 천하가 흉흉해졌어도 胡亥가 아직 살아 있을 때이므로, 연도를 쓰지 않을 리가 없다. 그러나 漢高祖 3년은 秦이 멸망했고 楚漢이 아직 相爭 중이므로 연도를 쓰지 않았을 가능성이 있다는 것이다.[57]

이러한 논증에 따르면 授田체제를 유지하고 있는 龍崗秦簡은 이세황제 3년(B.C.207) 또는 漢 3년(B.C.204)까지 유지되었던 것이다. 전자라고 하더라도 蕭何의 九章律 제정 시점(高祖 2년 B.C.205)과 2년의 차이밖에 없으며, 후자라고 한다면 楚漢전쟁 기간 중에도 秦律은 雲夢지역

---

55) 中國文物研究所·湖北省文物考古研究所,『龍崗秦簡』(北京: 中華書局, 2001), p.109. (이하『龍崗秦簡』(2001)으로 약칭)

56) 劉信芳·梁柱,『雲夢龍崗秦簡』(北京: 科學出版社, 1997), p.48.[이하『雲夢龍崗秦簡(1997)』으로 약칭]

57)『龍崗秦簡(2001)』, pp.8-9.

에서 통용되었을 것이다. 蕭何가 고조 원년에 秦 승상부에 들어가서 수습한 秦律에는 自實田의 조치 이후에도 계속하여 行田, 즉 授田制가 남아 있었던 것이므로 이것을 바탕으로 한제국의 수전체제를 만들었던 것이다.

3. 高祖 2년 이후의 爵制 시행

지금까지 필자는 高祖 2년 11월-6월 경 漢律이 제정되었음을 논증하였는데, 그 이후 楚漢전쟁이 종료되는 高祖 5년 이전까지 漢律의 운용 상황을 확인하고자 한다. 이미 高祖 5년 이전에 漢律이 운용된 증거를 확인할 수 있다. 고조가 5년 5월 조서에서 "내가 누차 吏에게 조서를 내려 (군공을 세운 軍吏卒들에게) 우선적으로 田宅을 지급하라고 했다."든가, "法에는 功勞가 있으면 田宅을 지급하라는 규정이 있다."는 언급은 확실히 법률적 근거에 입각한 것임을 말해준다. 즉, 高祖의 통일 이전에 漢의 영역 내에서 현재 우리가 볼 수 있는 『二年律令』에 규정된 戶律의 토지제도가 시행되었음이 입증되는 것이다. 『二年律令』에서 볼 때, 蕭何가 제정한 戶律에는 병력징발을 위한 戶口 파악의 목적이 내포되어 있지만, 동시에 田宅 지급의 규정도 포함되어 있다.

高祖 2년에 戶律이 제정되고 나서 집행된 증거를 분석하기 위한 작업의 첫 번째 단계로서 토지와 불가분의 관계를 가지고 있는 爵制의 시행 여부를 살펴보기로 하겠다. 고조의 五年詔書에서의 授田 명령은 5년 이전에 授田의 근거가 되는 戶律이 존재했음을 보여주는 명확한 증거라고 할 수 있다. 만약 漢의 爵制가 高祖 2년 11-6월 이후부터 운용되었다면, 爵律과 불가분의 관계인 戶律과 授田制도 당연히 운용되었다고 볼 수 있다.

필자는 고조 2년 이후부터 5년까지의 "문헌 사료"에서 爵制 관련 자료를 확인한 결과 漢王이 되고 나서 楚爵을 사용하는 것은 중지되었지만, 그렇다고 秦爵(漢爵)을 사용한 증거도 확인되지 않았다. 문헌 자료에서는 秦爵(漢爵) 사용의 증거가 확인되지 않은 반면에, 「奏讞書」 案例 16 「新郪信爰書」에 11급 右庶長의 작위는 高祖 3년경 사용된 것으로 나타난다. 이것이 만약에 秦爵(漢爵)이라면 高祖 2年에 蕭何가 律令을 제정한 이후 秦의 二十等爵制가 시행되고 있었음을 입증하는 것이다. 二十等爵이 존재한다는 것은 爵律의 존재를, 그리고 爵律의 존재는 이와 불가분의 관계에 있는 田宅 지급이 규정된 戶律의 존재를 상정할 수 있는 것이다. 案例 16의 사건 개요를 간단하게 요약하면 다음과 같다.

「新郪信爰書」의 내용은 漢高祖 6년[58] 六月 壬午에 獄史 武가 도적을 방비하기 위하여 公粱亭을 나가서 지금까지 돌아오지 않는다는 실종 사건이었다. 新郪縣令 信은 자신에게 태도가 불손한 獄史 武를 舍人인 蒼에게 살해하도록 명령하였다. 蒼이 求盜 大夫 布, 舍人 簪褭 餘와 함께 武를 公粱亭校長 丙의 部中에서 賊殺하였다. 公粱亭校長 丙과 發弩 贅가 盜賊을 지키고 있을 때, 蒼은 武를 살인한 사실을 丙에게 告하였고, 丙은 贅와 함께 蒼을 체포하였다. 이때 蒼은 信을 위하여 살인한 것이라고 하자, 丙과 贅는 蒼을 풀어주었고, 이로 인하여 이들도 처벌되게 되었다. 살인에 참여한 布는 사망하였고, 餘는 도망을 쳐서 잡을 수가 없었다. 재판을 받게 된 蒼·信·丙·贅는 모두 關內侯의 爵을 가지고 있었다. 信은 諸侯子로서 雒(洛)陽 楊里에 거주하였으며, 원래 右庶長이었고, 고조 3년 滎陽을 굳게 방어한 공로로 작위를 받아 廣武君이 되었고, 秩은 六百石이었다. 蒼은 壯平君이며, 新郪 都隱(?)里에 거주하였다. 贅는 威昌君으로 故市里에 살고, 丙은 五大夫이며 廣德里에 살고, 모두 원래 楚爵이었다. 屬漢(漢에 예속된) 이후에는 比士되었고, 諸侯子는 아니었다는 것이다.[59]

---

58) 『張家山漢墓竹簡[二四七號墓](釋文修訂本)(2006)』, p.99 注釋 ①. 簡文의 月日干支는 고조 6년의 것과 일치한다.

59) 『張家山漢墓竹簡』, pp.219-220, "·淮陽守行縣掾新郪獄, 七月乙酉新郪信爰書 : 求

위의 案例의 "診問蒼, 信, 丙, 贅, 皆關內侯. 信諸侯子居雒(洛)陽楊里, 故右庶長, 以堅守滎陽, 賜爵爲廣武君, 秩六百石. 蒼, 壯平君, 居新郪 都隱(?)里; 贅, 威昌君, 居故市里; 丙, 五大夫, 廣德里. 皆故楚爵, 屬漢以比士, 非諸侯子."에 보이는 작위가 楚爵인지 漢爵인지의 문제가 高祖 3년 경 漢의 영역 내에서 漢爵 시행 여부를 판단할 수 있는 열쇠가 된다. 이들의 작위를 표로 정리하면 다음과 같은데, 인정심문 단계의 작위(關內侯)와 판결 단계의 작위(大庶長)에 차이가 있음을 알 수 있다.[60]

盜甲告曰: 從獄史武備盜賊, 武以六月壬午出行公梁亭, 至今不來, 不智(知)在所, 求弗得, 公梁亭校長丙坐以頌毄(繫), 毋毄(繫)牒, 弗訊. 七月甲辰淮陽守偃刻(劾)曰: 武出備盜賊而不反(返), 其從迹類或殺之. 獄告出入卅日弗究訊, 吏莫追求, 坐以毄(繫)者毋毄(繫)牒, 疑有姦詐(詐), 其謙(廉)求捕其賊, 復(覆)其姦詐(詐)及智(知)縱不捕賊者, 必盡得, 以法論. •復(覆)之: 武出時, 與掔長蒼☒ 蒼曰: 故爲新郪信舍人, 信謂蒼: 武不善, 殺去之. 蒼卽與求盜大夫布, 舍人簪裊餘共賊殺武于校長丙部中. 丙與發弩贅荷(苟)捕蒼, 蒼曰: 爲信殺. 卽縱蒼, 它如劾. •信曰: 五月中天旱不雨, 令民乎, 武主趣都中, 信行離鄕, 使舍人小簪裊逳守舍. 武發邑乎, 信來不說, 以謂武, 武据(倨)不趨(跪), 其應對有不善, 信怒, 扼劍蒡罟, 欲前就武, 武去. 居十餘日, 信舍人萊告信曰: 武欲言信丞相, 大守. 信恐其告信, 信卽與蒼謀, 令賊殺武, 以此不窮治甲之它(詫), 它如蒼. 丙, 贅曰: 備盜賊, 蒼以其殺武告丙, 丙與贅共捕得蒼, 蒼言爲信殺, 誠, 卽縱之, 罪, 它如蒼. 詰丙, 贅, 信: 信長吏, 臨一縣上所, 信恃, 不謹奉法以治, 至令蒼賊殺武; 及丙, 贅備盜賊, 捕蒼, 蒼雖以爲信, 信非得擅殺人, 而縱蒼, 皆何解? 丙等皆曰: 罪, 毋解. •逳言如信, 布死, 餘亡不得. ⓐ診問蒼, 信, 丙, 贅, 皆關內侯. 信, 諸侯子居雒陽楊里. 故右庶長, 以堅守滎(榮)陽, 賜爵爲廣武君, 秩六百石. 蒼, 壯平君, 居新郪都隱(?)里; 贅, 威昌君, 居故市里; 丙, 五大夫, 廣德里. 皆故楚爵, 屬漢以比士, 非諸侯子. 布, 餘及它當坐者, 縣論. 它如辤(辭). ⓑ鞫(鞠)之: 蒼賊殺人, 信與謀, 丙, 贅捕蒼而縱之, 審. ⓒ敢言之, 新郪信, 掔長蒼謀賊殺獄史武, 校長丙, 贅捕蒼而縱之, 爵皆大庶長. 律: 賊殺人, 棄市. •以此當蒼. 律: 謀賊殺人, 與賊同法. •以此當信. 律: 縱囚, 與同罪. •以此當丙, 贅. 當之: 信, 蒼, 丙, 贅皆當棄市, 毄(繫). 新郪甲、丞乙、獄史共治. 爲奉〈奏〉當十五牒上謁, 請謁報, 敢言之."

60) 「奏讞書」에서 診問은 다른 용례에서 보이는 問으로서 피의자의 신상정보를 확인하는 인정심문을 의미한다. ⓑ의 鞫(鞠)은 일반적으로 사건 개요와 범죄사실 등이 포함되며, 최후에는 반드시 "審" 또는 "皆審"이라고 쓴다. "審"은 鞫에서 언급한 사실이 이미 분명해졌거나, 이미 조사받는 자에 의해 확인되었음을 말해주는 것이다. ⓒ의 "敢言之" 이하는 判決에 해당하는 "論"의

[표 3] 案例 16의 피의자

혐의자	죄명	원래 작위	ⓐ 診問	ⓒ 論
① 新郪縣令 信	殺人敎唆者	故右庶長(11급)諸侯子	關內侯(19급)	大庶長(18급)
② 掔長 蒼	殺人者	壯平君(故楚爵)非諸侯子	關內侯(19급)	大庶長(18급)
③ 校長 丙	縱囚	五大夫(故楚爵)非諸侯子	關內侯(19급)	大庶長(18급)
④ 發弩 贅	縱囚	威昌君(故楚爵)非諸侯子	關內侯(19급)	大庶長(18급)

①의 新郪縣令 信은 11급 右庶長에서 "堅守滎陽"의 공로로 廣武君이 되었는데, 이것이 診問에 보이는 關內侯의 爵號였을 가능성이 있다.[61] ② 壯平君, ③ 五大夫, ④ 威昌君은 楚爵이라고 하였는데 작급은 불명이다. 이들이 關內侯와 大庶長으로 되는 과정은 자료의 불충분으로 정확히 알 수 없다. 이들의 작위는 楚爵인데 漢에 편입된 이후에 "比士"하였다.

우선 "屬漢以比士"를 해석해야만 案例 16의 爵 문제가 해결될 것 같다. 比士는 원래의 楚爵을 漢에 들어와 어떤 형태로든 折算하는 작업이 진행되었음을 말해준다.[62] 里耶戶版의 작위 앞에 荊이라 한 것은 荊楚지역에 秦爵을 새로이 내려준 것을 말해준다. 南陽戶版에 "荊不更 ○○"의 형식으로 荊(楚)人들에게 不更을 내려준 것은 比士의 예로 생각된다. 또한 秦惠王 시기에 巴中을 점령하고 그 지역의 民爵을 不更으로 대체한 것을 "其民爵比不更"이라고 한 것도 里耶秦簡의 南陽戶版 사례와 동일하다.[63] 양자는 모두 秦이 정복한 지역민의 작위 처리를 어떻

부분인데, 범죄사실과 적용할 法律 조문을 인용하여 피고의 죄를 판결한다.

61) 劉敬의 사례로 보면 關內侯에 爵號가 있다. 『史記』 卷99 「劉敬列傳」, p.2718, "高帝至廣武, 赦敬, 曰:「吾不用公言, 以困平城. 吾皆已斬前使十輩言可擊者矣.」 迺封敬二千戶, 爲關內侯, 號爲建信侯."

62) 張榮強, 「湖南里耶所出"秦代遷陵縣南陽里戶版"硏究」(『北京師範大學學報』 2008-4), p.76.

63) 『後漢書』 卷86 「南蠻西南夷列傳」, p.2841, "及秦惠王并巴中, 以巴氏爲蠻夷君長, 世尚秦女, 其民爵比不更, 有罪得以爵除. 其君長歲出賦二千一十六錢, 三歲一出 義賦千八百錢. 其民戶出幏布八丈二尺, 雞羽三十鍭. 漢興, 南郡太守靳彊請一依

게 했는지 추정할 수 있게 하는 자료이다. 여기에는 공통적으로 士의 가장 높은 작급인 不更이 보이며, 특히 "比不更"의 형식은 案例 16의 比 士와 일치한다고 할 수 있다.

"比士"했다면 이들은 不更(4급)으로 減爵되어야 함에도 診問 단계에 보이는 작위는 19급 關內侯로 되어있다.[64] ②④는 모두 楚爵에서 君이 므로 관내후로 된 것이라고 이해할 수도 있다. 그러나 ③의 五大夫(楚 爵)에서 관내후가 된 것은 그렇게 처리하기도 곤란하다. 五大夫는 현 재 확인된 楚爵의 9개 가운데 중간쯤인 5번째에 위치해있기 때문이 다.(후술) 따라서 ③이 五大夫에서 關內侯로 된 것에 대해서는 명쾌한 설명이 나오기 어렵다. 또한 診問 단계에서는 關內侯였다가 論의 단계 에서 1급 아래인 大庶長으로 된 이유도 분명하지 않다. 이렇게 불분명 한 것은 案例 16의 서술에 많은 생략이 있었던 때문으로 생각된다.[65] 그러나 결론적으로는 범죄인의 신원을 확인하는 ⓐ診問 단계에서 정 확하지 않았던 작위가 최종적 판결을 의미하는 ⓒ의 論 단계에서 수

秦時故事."

64) 比士는 楚國의 작위를 漢爵으로 대체하는 것으로 이해되지만, 案例 16에서 보면 大庶長(18급)에서 1급씩을 하사받아 關內侯(19급)가 되고 있으므로 比 士를 잘 이해할 수 없다. 이 3인은 모두 楚爵이므로 丙이 받은 것도 楚爵에 서의 五大夫로 생각되는데, 楚爵에서의 五大夫는 君, 卿의 아래에 있는 작 위이다. 壯平君·五大夫·威昌君 등의 故楚爵이 漢의 關內侯로 된 것으로 볼 때 楚의 高爵을 漢의 高爵으로 수평 이동하는 원칙이 있었을 것으로 생각 된다.

65) 朱紹侯는 高祖의 五年詔書에서 大夫(5급) 이상은 1급씩 올려주도록 명령했 기 때문에 원래 작위가 18급 大庶長에서 1급씩 하사받아 19작 關內侯가 된 것일 수도 있다고 하였으나,(朱紹侯, 「《奏讞書》新郪信案例爵制釋疑」(『史學月 刊』 2003-12), p.117.) 그것은 순서가 바뀐 것이다. 診問 단계에서는 關內侯(19 급)였으나, 최종적인 論의 단계에서 大庶長(18급)으로 1급 내려갔는데, 그 이유에 대하여 李學勤이 關內侯가 특별대우를 받기 때문이라고 한 것처럼, (李學勤, 「《奏讞書》解說(上)」(『文物』 1993-8), p.27.) 이들은 특별대우를 받기 때문에 거짓으로 신분을 조작했을 가능성도 있다.

정된 것으로 생각된다. 「奏讞書」의 형식에서 마지막의 論 단계에서 적용할 律文을 제시하고 그 棄市와 같은 형벌을 명시하는 것이 원칙이므로, 이들의 爵位는 大庶長이 옳다고 할 수 있다.

비록 ②③④의 작위가 關內侯에서 大庶長으로 되는 과정이 석연치 않더라도, ①의 분석에는 문제될 것이 없다. 4개의 작위가 秦爵(漢爵) 인지 楚爵인지를 분석함에 있어 "皆故楚爵"이 ①②③④ 모두를 지칭하는 것처럼 보이기 때문에, 언뜻 信의 작위인 右庶長도 "楚爵"으로 해석할 수 있는 것처럼 보인다. "皆故楚爵"에 대한 견해들은 다양한데, ①을 秦爵(漢爵), ②③④를 楚爵으로 보는 견해와 ①②③④ 모두를 楚爵으로 보는 견해로 나뉜다. 전자로서는 李開元과 張忠煒의 견해가 있으며, 대개는 모두 후자의 견해를 취하고 있다. 李開元은 劉邦이 漢中으로 就國하는 漢 원년 4월 이후에 楚爵을 내리지 않았다고 했으나,[66] 張忠煒는 유방의 부하인 信이 11급 右庶長이었던 것은 高祖 3년 滎陽전투 이전에 이미 秦爵(漢爵)으로 전환했음을 말해주는 결정적 증거라고 보았다.[67]

朱紹侯는 처음 전자의 견해를 취했으나 후일 「奏讞書」 자료가 발표되면서 후자로 견해를 수정하였다. 그는 처음에 유방이 入關한 시기부터 秦爵(漢爵)을 사용했다고 했으나, 「奏讞書」 발표 이후에 秦爵(漢爵)의 사용 시기를 漢 4년 내지 漢 5년 사이였다고 수정했는데,[68] 수정의

---

66) 李開元, 위의 책, p.39.

67) 張忠煒, 위의 논문(2008-3), pp.161-162.

68) 朱紹侯의 견해는 다음과 같이 정반대로 바뀌었다. 우선 『軍功爵制研究』(上海: 上海人民出版社, 1990), pp.54-55에서 "約法三章은 유방이 楚制를 포기하고 秦制로 고친 것을 뜻한다. 초한전쟁 가운데 시도한 군공작제는 楚制와 秦制 가운데서 秦制라고 생각한다. 유방이 入關하여 약법삼장을 만든 이후에 史書에서는 다시 漢王이 執帛·執珪와 같은 楚爵을 내려준 기록이 보이지 않는다."로 기술하였으나, 『軍功爵制考論』(北京: 商務印書館, 2008), pp. 214-215에서 "나(朱紹侯)는 『軍功爵制研究』에서 유방은 入關 후에 楚爵制를 포기하고, 秦의 二十級軍功爵制로 개정했다고 생각했다. 그러나 「奏讞書」의 자료는 유방이 漢 3년(B.C. 204) 滎陽 전투 이후에도 계속 楚爵制를 사용하

동기는 右庶長을 楚爵으로 이해했기 때문이다.

후자의 입장을 취하는 卜憲群은 유방이 覇上에서 漢王에 봉해진 이후부터 楚爵은 극히 드물게 보이지만, 覇上에 왔을 때 執珪의 爵도 보이므로 楚爵이 완전히 없어지는 것은 고조 5년(B.C.202)으로 추정한다. 반면에 漢의 관료제도는 秦制가 분명한 丞相·太尉·御史大夫와 같은 관직명을 覇上으로부터 漢中으로 들어가는 漢 원년부터 사용했다고 주장하였다.[69] 爵制는 楚制를 사용하고, 官制는 秦制를 사용했다는 그의 견해가 불가능하지는 않겠지만 一國에서 楚制와 秦制를 혼용했다는 주장은 설득력이 떨어진다.

역시 후자의 입장인 張榮强은 廣武君·壯平君·威昌君 및 五大夫 등을 故楚爵이라고 기술한 점, 高祖 3년(B.C.204) 4月의 滎陽을 堅守한 공로와 관련하여 受封하였고, 蒼·丙·贅의 受封 시점도 그것과 동일하므로, 劉邦이 楚制를 사용한 시간은 적어도 漢 3年 4月까지라고 보았다.[70] 藤田勝久도 이들 4인을 楚人으로 간주하고 漢의 관리 武에 대한 楚 사회의 반감으로 이해하고 있다.[71] 張榮强 및 藤田勝久의 견해는 信과 나머지 3인을 일괄적으로 楚人으로 이해한 것이다.

①②③④ 모두를 楚爵으로 보는 견해가 있지만, 그 중에서 右庶長을 楚爵이라고 볼 수 있는 문헌사료의 증거는 없다. 필자는 다음의 몇 가지 이유에서 信은 秦爵(漢爵)이고, 나머지 3인(蒼·丙·贅)은 楚爵이라고 생각한다. 첫째, 信의 작위인 右庶長을 秦爵(漢爵)으로 보는 이유는 그가 유방의 友軍에 소속되어 滎陽 전투에 참여하였기 때문이다. 滎陽전

고 있음을 증명하고 있다. 이에 의해 추측한다면, 유방이 楚爵制에서 秦二十級軍功爵制로 이행한 것은 漢 4년 이후에서 漢5년 사이로 볼 수 있다."라고 하여 견해를 수정하였다.

69) 卜憲群, 『秦漢官僚制度』(北京: 社會科學文獻出版社, 2002), pp.75-76.

70) 張榮强, 「湖南里耶所出"秦代遷陵縣南陽里戶版"研究」, p.76.

71) 藤田勝久, 「秦漢帝國의 成立과 秦·楚의 社會-張家山漢簡과『史記』研究」(『愛媛大學法文學部論集』15, 2003), pp.16-17.

투는 고조 3년 4 - 5월에 고조가 榮陽에서 항우에 포위되어 곤욕을 치렀던 전투였다. 이때에 高祖는 陳平의 계책으로 여자 2천 명을 밤에 풀어 楚軍을 혼란시키고 그 틈을 타서 탈출하였다.[72] 「奏讞書」에 榮陽을 견고히 방어한(堅守榮陽) 공로에 의해 "賜爵爲廣武君"이라고 한 것을 보면 信은 고조의 편에서 榮陽을 방어하였던 것이 확실하다. 信은 낙양출신인 것으로 보아 고조에게 항복한 河南王 申陽의 부하로 생각된다.[73] 이러한 이유로 인해 案例 16에는 信을 故右庶長, 나머지 3인을 皆故楚爵이라고 구분하고 있는 것이다. 故右庶長과 皆故楚爵에 모두 "故"를 사용한 것은 재판이 진행된 고조 6년의 시점에서 볼 때 과거의 사실이기 때문이며, 양자를 분리하여 설명한 것은 秦爵(漢爵)과 楚爵으로 달랐기 때문이다.

둘째, 信이 秦爵(漢爵)을 받았다고 보는 이유는 信이 諸侯子로서 雒陽 楊里에 거주하고, 나머지 3인은 非諸侯子로서 新郪에 거주하고 있기 때문이다. 新郪의 위치는 지금의 安徽省의 界首市와 太和縣 일대이다.[74]

---

72) 『漢書』卷1上 「高帝紀」, p.40, "夏四月, 項羽圍漢榮陽, 漢王請和, 割榮陽以西者 爲漢. 亞父勸項羽急攻榮陽, 漢王患之. 陳平反間旣行, 羽果疑亞父. 亞父大怒而 去, 發病死. 五月, 將軍紀信曰:「事急矣! 臣請誑楚, 可以間出.」於是陳平夜出女 子東門二千餘人, 楚因四面擊之. 紀信乃乘王車, 黃屋左纛, 曰:「食盡, 漢王降楚.」 楚皆呼萬歲, 之城東觀, 以故漢王得與數十騎出西門遁. 令御史大夫周苛·魏豹·樅 公守榮陽. 羽見紀信, 問:「漢王安在?」曰:「已出去矣.」羽燒殺信. 而周苛·樅公 相謂曰:「反國之王, 難與守城.」因殺魏豹."

73) 張忠煒, 위의 논문, pp.161-162; 『史記』卷8 「高祖本紀」, p.369, "二年, 漢王東略 地, 塞王欣·翟王翳·河南王申陽皆降. 韓王昌不聽, 使韓信擊破之. 於是置隴西、 北地、上郡、渭南、河上、中地郡; 關外置河南郡. 更立韓太尉信爲韓王. 諸將以萬 人若以一郡降者, 封萬戶. 繕治河上塞. 諸故秦苑囿園池, 皆令人得田之, 正月, 虜 雍王弟章平. 大赦罪人."

74) [漢] 許愼, 『說文解字』(北京: 社會科學文獻出版社, 2005), p.347, 卷6 "邑部, 郪, 新 郪, 汝南縣. 从邑妻聲." 新郪 고성은 현재 太和縣의 북쪽 약 30km에 위치해 있다.(譚其驤, 『中國歷史地圖集(秦·西漢·東漢時期)』(北京: 中國地圖出版社, 1982), pp.19-20 ⑤④.) 그러나 周曉陸·陳曉捷·湯超·李凱, 「于京新見秦封泥中的地理内 容」(『西北大學學報』35-4期, 2005), p.121에는 安徽 太和縣 동쪽이라 했고, 李學

新郪가 속한 淮陽郡의 명칭에 대해서는 견해가 다양하고 정론이 없다. 新郪는 秦末에는 陳縣에 속해 있었지만, 秦漢 교체기에는 楚國에 속해 있었다. 全祖望의 주석에 의하면 新郪는 楚漢之際에 항우의 楚國에 속했었고, 고조 6년에 淮陽郡에 속하였다.[75] 이곳은 항우의 영역에 속하였던 西楚지역이었으므로, 蒼·丙·贅 3인은 초국인으로 보아야 한다.[76]

방금 분석한 것처럼 新郪지역에 있던 3인은 18제후의 영역과 무관한 서초패왕의 영역에 속해있었고, 이 때문에 이들을 非諸侯子라고 했던 것이다. 諸侯子에 대해서는 몇 개의 설이 있다. 李開元은 諸侯子는 前漢 초년에 사용된 법률 용어로서, 호적이 제후왕국에 등재된 사람이라고 보았고,[77] 張榮强은 초한전쟁 시기 漢을 맹주로 받드는 제후국으로 보았다.[78] 필자의 조사에 따르면 『漢書』 등에는 項羽·劉邦을 제외한 제3의 세력을 諸侯로 표현하고 있다.[79] 諸侯는 秦帝國을 타도하는데 참여한 세력으로서 항우가 분봉한 18왕을 가리키는데,[80] 상황에

勤, 「《秦讞書》解說(上)」, p.26에는 지금의 太和縣 서북이라고 하였다.

75) 全祖望은 秦의 楚郡이 淮陽이라고 언급했다. 王先謙, 『漢書補注』, p.834下左, "先謙曰封子友. 全祖望云故屬秦楚郡, 楚漢之際屬楚國, 六年置淮陽郡十一年爲國."

76) 『史記』 卷129 「貨殖列傳」, p.3267, "越, 楚則有三俗. 夫自淮北沛, 陳, 汝南, 南郡, 此西楚也. 其俗剽輕, 易發怒, 地薄, 寡於積聚. 江陵故郢都, 西通巫, 巴, 東有雲夢之饒. 陳在楚夏之交, 通魚鹽之貨, 其民多賈. 徐, 僮, 取慮, 則清刻, 矜己諾. … 彭城以東, 東海, 吳, 廣陵, 此東楚也. 其俗類徐, 僮. 朐, 繒以北, 俗則齊. 浙江南則越. 夫吳自闔廬, 春申, 王濞三人招致天下之喜遊子弟, 東有海鹽之饒, 章山之銅, 三江, 五湖之利, 亦江東一都會也." 이것으로 보아도 汝南에 속해있던 新郪는 항우에 속한 西楚 지역이었다.

77) 李開元, 위의 책, p.28.

78) 張榮强, 위의 논문, p.76.

79) 『漢書』 卷1下 「高帝紀」, p.53, "詔曰:「故衡山王吳芮與子二人, 兄子一人, 從百粤之兵, 以佐諸侯, 誅暴秦, 有大功, 諸侯立以爲王. 項羽侵奪之地, 謂之番君. 其以長沙, 豫章, 象郡, 桂林, 南海立番君芮爲長沙王.」"

80) 『漢書』 卷34 「韓信傳」, p.1864, "項王見人恭謹, 言語姁姁, 人有病疾, 涕泣分食飮, 至使人有功, 當封爵, 刻印刓, 忍不能予, 此所謂婦人之仁也. 項王雖霸天下而臣諸侯, 不居關中而都彭城."

따라 어느 때는 楚에, 어느 때는 漢에 붙기도 하였던 세력으로서 반드시 漢을 맹주로 받드는 동맹국은 아니었다.[81] 이들 諸侯子 중에서 유방을 따라 한중으로 들어갔던 자도 있었던 것이다.[82] 따라서 秦제국을 타도하는데 참여하여 항우에 의해 18왕에 분봉된 여러 諸侯라는 의미이며, 이들 가운데 반드시 유방을 맹주로 따르지 않는 제후도 포함될 수 있다. 信의 家는 낙양에 있으므로, 유방에 투항한 河南王 申陽의 國人이었으므로 諸侯子로 불렸던 것이다. 반면에 蒼·丙·贄는 淮陽 新郪에 거주하므로 서초 항우의 國人으로 생각되기 때문에 非諸侯子로 불린 것이다.

3인의 작위인 壯平君·威昌君·五大夫는 항우가 내려준 故楚爵이다. 마지막 丙의 五大夫는 秦爵에도 보이지만, 楚爵에도 존재하고 있다. 문헌사료에 보이는 楚爵은 國大夫 - 列大夫 - 上聞 - 七大夫 - 五大夫 - 卿 - 執帛 - 執珪 - 侯의 9개로서,[83] 秦의 二十等爵制와 동일한 명칭으로는 七大

---

81) 『史記』卷7「項羽本紀」, p.325, "項王之救彭城, 追漢王至滎陽, 田橫亦得收齊, 立田榮子廣爲齊王. 漢王之敗彭城, 諸侯皆復與楚而背漢. 漢軍滎陽, 築甬道屬之河, 以取敖倉粟. 漢之三年, 項王數侵奪漢甬道, 漢王食乏, 恐, 請和, 割滎陽以西爲漢."; 『史記』卷8「高祖本紀」, p.380, "天下大定. 高祖都雒陽, 諸侯皆臣屬. 故臨江王驩爲項羽叛漢, 令盧綰·劉賈圍之, 不下. 數月而降, 殺之雒陽."

82) 『漢書』卷1上「高帝紀」, p.29, "(元年)夏四月, 諸侯罷戲下, 各就國. 羽使卒三萬人從漢王, 楚子·諸侯人之慕從者數萬人, 從杜南入蝕中. 張良辭歸韓, 漢王送至褒中, 因說漢王燒絕棧道, 以備諸侯盜兵, 亦視項羽無東意."

83) 朱紹侯, 위의 책, p.211. 七大夫에 대해서는 顔師古가 "七大夫, 公大夫也. 爵第七, 故謂之 七大夫."라고 주석한 이후로 秦爵인지 楚爵인지 여부에 대해서 오래 전부터 논란이 있어왔다. 劉敏은 七大夫에 대한 논쟁을 정리하면서 七大夫를 秦爵으로 보고 있다.(「重釋"高帝五年詔"中的爵制問題」(『史學月刊』2005-11), pp.116-117.) 그러나 曹參·夏侯嬰은 劉邦의 起義 초기에 七大夫에서 五大夫의 작위로 승급했는데(『史記』卷54「曹相國世家」, p.2021; 『史記』卷95「夏侯嬰列傳」, p.2664), 案例 16에 五大夫가 楚爵이라고 했으므로 그 아래의 七大夫도 楚爵일 가능성이 높다. 필자는 과거 「漢帝國의 성격과 高祖 功臣集團」(『淑大史論』18), 注 111에서 五年詔書에 보이는 七大夫를 秦의 7급작 公大夫라고 이해하였으나, 案例 16의 자료에서 판단할 때 五年詔書의 七大夫

夫·五大夫가 있다. 案例 16에 보이는 關內侯(19급) 大庶長(18급) 右庶長(11급)의 3개 爵名은 楚爵에는 보이지 않고, 오히려 秦二十等爵制와 일치한다. 따라서 信이 받은 右庶長은 秦(漢)의 작이며, 3인이 받은 것은 楚爵이다. 고조 3년 4·5월 滎陽전투 시기에 秦爵(漢爵)의 11급 右庶長이 사용된 사실로 본다면 秦爵(漢爵)은 蕭何가 고조 2년 11·6월을 전후하여 漢律을 제정한 시기부터 사용했다고 생각된다.

필자가 지금까지 토지제도와 무관해 보이는 案例 16의 爵制 문제를 고찰한 이유는 그것이 授田의 기본적 전제가 되기 때문이다. 이 결론은 중요하다. 하남왕 申陽의 부하인 信이 11급 右庶長이었던 것은 高祖 3년 滎陽전투 이전에 이미 秦爵(漢爵)으로 전환했음을 말해주는 결정적 증거이다.[84] 앞서 분석한 바대로 고조 2년 蕭何가 율령(戶律, 興律, 廐律)을 제정하였고, 그것에는 방금 확인한 右庶長과 같은 秦爵(漢爵)이 존재했으며, 소하의 율령 중에 戶律과 爵律이 존재했다는 것은 전택의 지급에 필요한 모든 법률적 조건이 구비되어 있음을 말해주는 것이다. 바로 이 사실을 입증해주는 것이 高祖의 五年詔書에서 "法에 군공작에 따라 지급하라는 규정이 있다"고 한 것이며, 그것은 고조 2년 11·6월쯤에 蕭何가 법령을 제정한 사실을 가리킨다. 그 내용에는 현재 볼 수 있는 『二年律令』戶律의 爵位에 따른 田宅 지급 규정이 마련되어 있다고 생각한다.

도 楚爵이라고 수정해야 할 것 같다. 또한 동일한 五年詔書 내에서 七大夫와 公大夫를 동시에 사용한 것은 양자가 다른 것임을 말해준다. 五年詔書에 七大夫와 같은 楚爵이 보이는 이유는 楚爵에서 漢爵으로 이행한 이후에 과거 楚爵을 받았던 자들에 대한 처리 문제 때문일 것으로 생각된다.

84) 張忠煒, 「《二年律令》年代問題研究」, pp.161-162. 그러한 점에서 張忠煒는 이러한 秦爵(漢爵)과 楚爵의 변화 과정을 제대로 이해하고 있다.

Ⅲ. 高祖 5년 詔書의 爵制와 田宅

1. "復故爵田宅"과 秦末 소유권

「奏讞書」案例 16의 고찰 결과, 漢의 통일 이전인 高祖 3년 4·5월 무렵에 이미 秦爵(漢爵)이 존재하고 있었음을 확인할 수 있었다. 『史記』「商君列傳」과 『二年律令』 戶律에 보이는 바와 같이 작위는 토지 지급의 기준이다. 漢高祖는 項羽 세력을 소멸시킨 후 제국의 안정화를 위한 제반의 조치를 五年詔書에서 밝히고 있다. 그 내용은 유민의 정착화, 노비의 해방, 제후국 출신 제대군인의 관중 정착과 우대, 軍功爵制와 名田制의 실시 등이었다.[85] 바로 고조 2년 11·6월 사이에 "爲法令約束"에 의하여 제정된 戶律과 爵律의 규정이 존재하기 때문에, 고조는 오년조서에서 이 법령에 의거하여 田宅의 지급을 명령할 수 있었던 것이다. 이 조서에는 漢初의 토지정책 전반에 대한 밑그림이 들어 있다.

帝가 이에 서쪽으로 洛陽을 도읍으로 삼았다. (고조 5년) 여름 5월에 兵이 모두 해산하여 歸家하게 되었다.

A) 詔書에 말하기를, "ⓐ 諸侯子로서 關中에 있는 자는 12년 동안의 요역을 면제하고, 고향으로 돌아간 자는 그 반으로 한다. ⓑ 民이 과거

---

85) 朱紹侯, 「劉邦漢五年五月詔令簡釋」, 『朱紹侯文集』(開封: 河南大學出版社, 2005), pp.248-249. 이러한 조치는 후한 건국 초에도 賜爵을 통하여 유망자를 초래하고, 노비의 해방 조서를 내리고 있는 것으로 보아 왕조 초기의 공통된 현상이라고 생각된다. 『後漢書』 卷1下 「光武帝紀」, p.50, "十一月丁卯, 詔王莽時吏人沒入爲奴婢不應舊法者, 皆免爲庶人.";『後漢書』 卷1下 「光武帝紀」, p.52, "甲寅, 詔吏人遭饑亂及爲靑·徐賊所略爲奴婢下妻, 欲去留者, 恣聽之. 敢拘制不還, 以賣人法從事.";『後漢書』 卷1下 「光武帝紀」, p.58, "癸亥, 詔曰:「敢灸灼奴婢, 論如律, 免所灸灼者爲庶人.";『後漢書』 卷1下 「光武帝紀」, p.63, "冬十二月甲寅, 詔益州民自八年以來被略爲奴婢者, 皆一切免爲庶人; 或依託爲人下妻, 欲去者, 恣聽之; 敢拘留者, 比靑、徐二州以略人法從事."

에 서로 山澤에 모여 固守하면서 名數에 등록하지 않았는데, 이제
천하가 평정되었으니 각각 그들의 縣으로 돌아가게 하고, 원래의
爵과 田宅을 회복해주도록 하라. 吏는 文法과 敎訓으로써 頒布하도
록 하고, 그들을 때리거나 辱하지 않도록 하라. ⓒ民이 飢餓 때문에
자신을 팔아 타인의 奴婢가 된 자는 모두 免하여 庶人으로 삼도록
한다. ⓓ軍吏卒이 사면을 받았거나, 罪가 없는데도 爵이 없거나, 작
위가 있으나 大夫에 미치지 못하는 자는 모두 爵을 내려 大夫로 삼
도록 한다. 원래 大夫 以上인 자에게는 爵을 각각 1級씩 하사하고,
七大夫 以上인 경우는 모두 食邑을 소유하게 하고, 七大夫 以下인 경
우는(여기에서 非는 衍文), 모두 그 자신 및 戶의 요역을 면제하고,
요역에 동원하지 말라."

B) 또한 詔書에서 말하기를, "ⓔ七大夫·公乘 以上은 모두 高爵이다. 諸
侯子 및 從軍했다가 돌아간 자 가운데는 高爵이 매우 많은데, 내가
누차 吏에게 조서를 내려 (이들에게) 우선적으로 田宅을 지급하라
고 하였다. 의당 吏에게 청구할 것이 있는 자에게는 신속하게 지급
하라. 爵이 혹 人君인 경우는 上도 禮를 높이는 바인데, 오래도록 吏
앞에서 서있고, 결정이 나지 않으니 사리에 매우 어긋난 것이다. 전
에 秦의 民爵이 公大夫 以上이면, 令·丞과 禮를 대등하게 할 수 있었
다. 지금 나도 爵에 대하여 가볍게 대하지 않는데, 어찌 吏만이 이
러한 일을 할 수 있는가! ⓕ또한 '法에는 功勞가 있으면 田宅을 지
급하라'고 했는데, 지금 小吏 가운데 일찍이 從軍하지 않은 자가 규
정에 차게 소유하고 있고, 도리어 공이 있는 자는 얻지 못하고 있는
것은 公을 배신하고 私를 세우려는 것이니, 守尉長吏의 敎訓이 매우
좋지 않다. 諸吏로 하여금 高爵을 잘 대접하도록 하여 나의 뜻에 부
합하도록 하라. ⓖ또한 사찰(廉問)을 행하여 만약 나의 詔書대로 하
지 않는 자가 있으면 중죄로써 논하라."[86]

위에 인용한 조서는 A)와 B)의 각각 다른 조서가 합치된 것으로 생
각되는데, A)에는 ⓐ 諸侯子의 요역 면제, ⓑ 유망민의 故爵田宅의 원상
회복, ⓒ 自賣 奴婢의 해방, ⓓ 종군했던 5급 大夫 이하 軍史卒의 賜爵이
며, B)의 ⓔⓕⓖ는 종군한 유작자에게 당시까지 전택이 지급되지 않은
것을 질책하고 그 집행을 관철시킨 내용이다. 조서 내용은 A)가 漢初
의 시정과 관련된 제반 사항을 언급한 것이고, B)는 전택 지급만을 전
적으로 지적한 특별 조서라고 생각된다. 이상의 내용 가운데서 주목
되는 부분은 ⓑ의 秦의 토지 소유관계를 계승하는 故爵田宅의 원상회
복, ⓔⓕ의 고조 5년 이전 戶律에 근거한 授田宅의 증거, ⓓⓔ의 군공집
단의 출현 등이다.

ⓑ의 故爵田宅의 원상회복 조치는 秦末 토지 소유관계의 계승을 漢
帝國이 인정하는 점에서 매우 중요한 것이다. 물론 "復故爵田宅"에는
爵과 田宅의 일치를 중시하는 측면도 보이지만, 동시에 전쟁으로 향
리를 이탈했던 농민들에게 기존 소유권에 대한 회복 조치를 의도한
측면이 강하다. 이것은 漢帝國이 "모든 토지를 국가에서 환수하여 새
로 지급하는 것이 아니라" 秦末의 爵位와 田宅의 관계를 소급하여 기
득권을 인정하는 것이다. 그 결과 秦帝國의 외형적 요소인 行田(授田)
체제와 실제적인 소유관계까지도 受繼했다고 할 수 있다. 이것은 달

---

86) 『漢書』卷1下「高帝紀」, pp.54-55, "帝乃西都洛陽. 夏五月, 兵皆罷歸家. ①詔曰 :
「諸侯子在關中者, 復之十二歲, 其歸者半之. 民前或相聚保山澤, 不書名數, 今天
下已定, 令各歸其縣, 復故爵田宅, 吏以文法教訓辨告, 勿笞辱. 民以飢餓自賣爲
人奴婢者, 皆免爲庶人. 軍吏卒會赦, 其亡罪而亡爵及不滿大夫者, 皆賜爵爲大夫.
故大夫以上賜爵各一級, 其七大夫以上, 皆令食邑, 非七大夫以下, 皆復其身及戶,
勿事.」②又曰 :「七大夫, 公乘以上, 皆高爵也. 諸侯子及從軍歸者, 甚多高爵, 吾
數詔吏先與田宅, 及所當求於吏者, 亟與. 爵或人君, 上所尊禮, 久立吏前, 曾不爲
決, 甚亡謂也. 異日秦民爵公大夫以上, 令丞與亢禮. 今吾於爵非輕也, 吏獨安取
此! 且法以有功勞行田宅, 今小吏未嘗從軍者多滿, 而有功者顧不得, 背公立私,
守尉長吏教訓甚不善. 其令諸吏善遇高爵, 稱吾意. 且廉問, 有不如吾詔者, 以重
論之.」"

리 표현하면, 秦始皇 31년에 있었던 自實田 조치 이후의 상황이 그대로 漢帝國에 계승되었음을 말해주는 것이다. 『二年律令』의 출토 이전에는 自實田이 授田制에서 私有制로 나아가는 중요한 계기가 되었다는 견해가 많았다.[87] 그러나 自實田이 시행된 이후의 문서임이 확실한 龍崗秦簡에는 行田이 계속되고 있음을 말해주는 증거가 있다. 龍崗秦簡 116簡의 "廿四年正月甲寅以來, 吏行田贏□□……"은 진시황 24년 정월달 이래로 吏가 行田할 때 규정보다 많이 주었을 경우에 관한 처벌조항이 들어있는 것으로 行田(授田)의 증거라고 할 수 있다.[88] 이렇게 龍崗秦簡과 『二年律令』에 엄연히 行田(授田)制가 규정된 사실은 自實田이 私有制로 이행하게 한 조치가 아니었음을 증명해준다.

漢帝國이 외형적으로 秦帝國의 行田체제를 계승했지만, 실제의 내면을 들여다보면 "復故爵田宅"의 조치를 통해 秦末의 토지 소유상황까지 계승했으므로 漢初의 토지 소유가 『二年律令』의 戶律 규정과 같은 질서정연한 토지 소유가 될 수 없었을 것이다. 漢帝國이 受繼한 秦末의 토지 소유가 戶律의 규정을 철저하게 충족시킨 것이었다면 문제가 없겠지만, 실제로 受繼한 소농민들의 토지 소유상황은 그렇지 못했다. 秦始皇이 27년(B.C.220) 전국에 賜爵을 했으므로 陳留郡 陽武(戰國 魏地)

---

87) 自實田에 대해 학술계에서는 두 가지 견해가 있는데, 하나는 국가가 신고한 토지를 합법적으로 소유하게 한다는 것이며[郭沫若, 『中國史稿』(第二冊)(북경: 人民出版社 1976), p.121; 范文瀾, 『中國通史簡編(第二編)』(石家莊: 河北教育出版社, 2000), p.81; 楊寬, 『戰國史』(上海: 上海人民出版社, 1998), p.453.] 다른 하나는 농민에게 자유롭게 개간하거나 점유하게 했다는 설인데, 양자 모두 국가가 토지에 대한 엄격한 통제를 포기하고 농민에게 자유롭게 개간을 하게 하는 것이다.[任再衡, "使黔首自實田"解](『黑龍江大學學報』 1975-1), pp.85-86; 袁林, "使黔首自實田"新解(『天津師大學報』 1987-5), p.56.] 張金光도 自實田 이후에 토지의 매매가 점차 성행하였다고 주장하였다.(張金光, 「普遍授田制의 終結與私有地權의 形成--張家山漢簡與秦簡比較研究之一」, pp.55-56.) 李成珪, 『中國古代帝國成立史研究』(서울: 一潮閣, 1984), p.296에서는 自實田을 授田制度의 공식적 포기 선언이라고 하였다.

88) 『龍崗秦簡』(2001), p.109.

에 살았던 陳平의 형도 당연히 최소한 1급 公士 이상의 작위 소지자였
겠지만 보유한 토지는 30畝에 불과했기 때문에 작위에 상응하는 授田
이 이루어지지 않았음을 알 수 있다.[89] 陳平도 弊席으로 門을 만들 정
도로 가난한 상황에서 유추할 때 戶律의 규정대로 전택이 지급되지는
않았을 것으로 생각된다.[90] 또한 "甕牖繩樞之子"라고 불린 陳勝은 가난
때문에 타인의 토지에서 傭耕하여 食飮을 해결하는 존재였으므로 당
연히 庶人에 준하는 1頃의 토지는 없었을 것이다.[91]

만약에 漢高祖가 五年詔書에서 秦末의 戶律에 일치하지 않는 토지
소유상황을 개선하기 위하여 전국의 토지를 국가가 일괄 환수한 이
후에 戶律의 규정에 따라서 지급했다면 戶律 규정대로 작위와 전택의
일치가 이루어졌겠지만, 기득권의 인정은 그러한 것을 불가능하게 만
들었다.

한편 ⓔⓕ는 고조 2년에 제정된 戶律에 근거하여 高祖가 "통일 이전"
에도 授田宅을 시도했음을 보여준다. 이 조치의 대상은 일반민이 아
니라 高祖를 따라서 종군하여 군공을 수립했던 자들이다. ⓔ에 고조

---

89) 王彦輝, 「論張家山漢簡中的軍功名田宅制度」(『東北師大學報』 2004-4), p.18; 『史記』
卷56 「陳丞相世家」, p.2051, "陳丞相平者, 陽武戶牖鄕人也. 少時家貧, 好讀書, 有
田三十畝, 獨與兄伯居. 伯常耕田, 縱平使游學. 平爲人長大美色. 人或謂陳平曰:
「貧何食而肥若是?」其嫂嫉平之不視家生産, 曰:「亦食穅覈耳. 有叔如此, 不如無
有.」伯聞之, 逐其婦而弃之."

90) 『史記』 卷56 「陳丞相世家」, p.2051.

91) 『漢書』 卷31 「陳勝傳」, p.1824, "始皇旣沒, 餘威震于殊俗. 然而陳涉, 甕牖繩樞之
子, 甿隷之人, 遷徙之徒也, 材能不及中庸, 非有仲尼、墨翟之知, 陶朱、猗頓之富.
躡足行伍之間, 而免起阡陌之中, 帥罷散之卒, 將數百之衆, 轉而攻秦. 斬木爲兵,
揭竿爲旗, 天下雲合嚮應, 嬴糧而景從, 山東豪俊遂並起而亡秦族矣."; 『漢書』 卷
31 「陳勝傳」, p.1785, "陳勝字涉, 陽城人. 吳廣, 字叔, 陽夏人也. 勝少時, 嘗與人
傭耕, 輟耕之壟上, 悵然甚久, 曰:「苟富貴, 無相忘!」傭者笑而應曰:「若爲傭耕,
何富貴也?」勝太息曰:「嗟乎, 燕雀安知鴻鵠之志哉!」"; 『漢書』 卷31 「陳勝傳」, p.1785,
"師古曰:「與人, 與人俱也. 傭耕, 謂受其雇直而爲之耕, 言賣功傭也.」"; 『史記』
卷96 「張丞相列傳」, p.2688, "丞相匡衡者, 東海人也. 好讀書, 從博士受詩. 家貧,
衡傭作以給食飮."

五年詔書 이전에 이미 토지 관련의 법령이 구비되어 있었음은 바로 전절에서 분석한 蕭何가 高祖 2년에 제정한 율령에 戶律이 규정되어 있음을 증명하는 것이다. 즉, "諸侯子 및 從軍했다가 돌아간 자 가운데는 高爵이 매우 많은데, 내가 누차 吏에게 조서를 내려 (이들에게) 우선적으로 田宅을 지급하라고 한 것과 의당 吏에게 청구할 것이 있는 자에게는 신속하게 지급하라."고 한 것 역시 高祖 5년 이전에 軍功爵에 입각한 전택 지급의 명령이 하달되었음을 입증하는 것이다. 또한 "所當求於吏者(의당 吏에게 청구할 것이 있는 자)"의 부분이 중요한데, 군공을 세운 자는 吏에게 당연히 전택의 지급을 요청할 수 있는 규정의 존재를 의미하였다. 이는 적어도 율령 규정대로 爵制에 준하는 토지 소유를 할 수 있음을 말해준다. 고조가 언급한 "규정에 차게 소유하고 있고(多滿)"라고 한 것은 법령 규정의 존재를 언급하는 것이다. 만약 이러한 受田宅의 구체적 규정이 없었다면 劉邦은 엄격하게 질책하지 못했을 것이다.[92]

ⓘ의 내용은 "法에는 功勞가 있으면 田宅을 지급한다(法以有功勞行田宅)"고 한 것은 이 조서가 공포되기 이전에 전택 지급의 법률이 존재했음을 의미한다. 高敏은 『二年律令』의 戶律이 漢高祖 5년 5월 조서에 근거해 제정된 것이라고 주장한다.[93] 그러나 이 주장은 누차 漢法에 근거해 전택을 주라고 한 五年詔書에서 볼 때 이미 5년 이전에 漢法이 존재한 사실을 간과한 것이다. 그 漢法은 앞서 고찰한 高祖 2년에 蕭何가 제정한 법률을 가리키는 것이며, 필자가 前節에서 高祖 3년 滎陽전투가 발생했을 때 이미 秦爵(漢爵)이 사용되고 있음을 뒷받침해 주는 내용이다. 이것은 기본적으로 商鞅變法 이래 秦이 실행한 爵位名

---

92) 朱紹侯, 『軍功爵制考論』, p.289; 高敏, 「《張家山漢墓竹簡·二年律令》中諸律的制作年代試探」, p.33. 많은 학자들이 五年詔書 이전에 이미 법령이 갖추어져 있음에 견해를 같이 한다.
93) 高敏, 「《張家山漢墓竹簡·二年律令》中諸律的制作年代試探」, p.33.

田宅제도라고 할 수 있다.[94] 전절에서 고찰한 新郪縣令 信의 爵位가 11급 右庶長이라는 사실은 바로 고조 2년 蕭何가 만든 "爲法令約束" 내부에 戶律이 포함되어 있었음을 말하는 것이며, 이것은 전택 지급에 필요한 법률 조건이 高祖 5년 이전부터 존재했던 것이 확실하다.

2. 軍功爵者에 대한 田宅 지급

다음에는 ⓓⓑ의 자료를 보도록 하자.

ⓓ의 내용은 軍吏卒 가운데 유죄로 사면을 받은 無爵의 庶人, 죄가 없는데도 작이 없는 자(公卒, 士伍), 4급 不更에서 1급 公士까지를 대상으로 일률적으로 大夫의 작위를 하사한다는 것이다. 5급 이상의 자에게는 각각 1급씩 加爵하며, 七大夫 이상은 食邑을 소유하게 한다는 것이다. 이것은 결과적으로 高祖의 전쟁에 참여한 軍吏卒들을 최소한 5급 大夫 이상의 유작자로 만든 것이다.

ⓑ에서는 詔書대로 집행하지 않는 자를 사찰하여 중죄로 처벌할 것을 천명하고 있다. 이러한 내용들은 高祖가 자신을 따라 종군한 병사들에게 전택을 지급하고자 하는 논공행상의 조치라고 할 수 있다.

漢高祖는 五年詔書와 6년의 論功定封을 통하여 모두 143명의 列侯, 113명의 關內侯를 봉하는 등 군공집단의 통치체계와 구조를 만들었다.[95] 이는 고급 군공작에 대한 論功定封이며, 大夫의 爵에 도달하지 못한 4급작에서 無爵의 庶人에 이르는 從軍吏卒에게 일괄적으로 賜爵하였는데, 과연 이들에게 『이년율령』에 규정된 田 5頃과 5宅이 지급되었을까?

李開元에 따르면, 五年詔書 발포 시 漢 및 그에 소속된 군대의 숫자는 60만명 정도였다. 모든 軍吏卒이 5등작 大夫 이상이므로 田 5頃과

---

94) 楊振紅, 위의 책, p.151.
95) 朱紹侯, 「劉邦漢五年五月詔令簡釋」, 『朱紹侯文集』(鄭州: 河南大學出版社, 2005), pp.248-249.

宅 25畝를 지급했다면, 지급한 畝數는 3億畝 정도라는 것이다. 元始 2
년의 전국 墾田 畝數는 8억 2753畝이므로, 전국 경지 수량의 40%에 해
당한다. 이에 고조 당시의 인구를 1500만명으로 추정한다면, 60만명은
인구 총수의 4%에 해당한다. 1호당 인구를 4.6명으로 계산한다면 대
략 300만명 정도이며, 총인구의 20% 정도 되는 漢初 軍功收益階層이 형
성되었다는 것이다.[96] 이상의 내용을 [표 4]에 정리했는데, 다만 大夫가
받아야 하는 宅의 면적은 『二年律令』의 戶律에 근거하여 수정하면 약간
적어진다.

[표 4] 李開元의 軍功收益階層

	李開元	二年律令
5급 大夫	田 5頃(500畝)	田 5頃(500畝)
60만	宅 25畝	宅 5宅(18.6畝)
지급 畝數	315,000,000畝	311,160,000畝
전국 墾田數	827,536,000畝	827,536,000畝
한초 인구	1500~1800만	
군대	60만(전체의 4~3.3%)	
가족	300만(20~16.5%)	

　반면에 臧知非는 漢初의 軍功爵을 받은 특권계층은 전국 인구의 적
은 부분이며, 주로 유방을 따라 관중지방에 들어온 諸侯子와 劉邦을
도와 천하를 통일한 秦人이며, 나머지는 庶人의 대열에 있어서 授田은
1頃에 불과하였다고 하였다.[97] 臧知非의 견해는 토지를 받을 수 있는
인구가 많지 않았다는 입장이다.

　그렇다면 李開元의 주장대로 60만명의 軍功收益階層에게 전체 墾
田數의 40%에 해당하는 田宅이 지급되었을까? 朱紹侯는 당시 授田宅

---

96) 李開元, 『漢帝國的建立與劉邦集團』, pp.52-54.
97) 臧知非, 「西漢授田制度與田稅征收方式新論──對張家山漢簡的初步研究」, pp.144-145.

은 군공이 있는 자와 군공이 없는 자를 모두 포함했고, 단지 군공이 있는 자에게 우선 전택을 수여했다고 주장했다.[98] 수많은 士兵들도 획득한 低級 爵位에 의해 小土地를 갖게 되어 自耕農으로 되었다고 했다.[99]

王彦輝도 田宅을 지급했다는 입장이다.[100] 그는 5년 詔書에 종군하지 않은 小吏조차 授田宅의 대상이 되고 있기 때문에 제대한 軍吏卒이 授田宅의 대상이 되지 않을 이유가 없다는 것이다. 小吏는 종군한 일이 없었기 때문에 爵位가 있을 리 없는데 이들도 토지를 규정에 맞게 받고 있다는 것이다. 漢王朝에서 項羽를 패배시킨 후의 첫 번째 전국적인 賜民爵은 고조 12년 5월(실제로는 惠帝 卽位 詔書의 賜民爵)이다. 그 이전에는 漢 二年에 한차례 민작을 내렸으나, 범위가 巴蜀·關中으로 한정되었기 때문에 이때의 賜爵은 復員한 軍吏卒로 제한되었다. 때문에 고조가 문제로 삼은 공로가 없는 小吏들이 關東에 있었다면 漢爵으로는 無爵이었을 것이고, 故爵에 의하여 "復故爵田宅"했을 것이다.[101] 문제의 관건은 小吏들이 공로가 없다는 것에 있다. "而有功者顧不得"은 역으로 小吏들이 군공이 없음을 증명한다. 이러한 小吏가 도리어 합법적으로 田宅을 점유했다는 것은 당시에 이미 吏民들이 田宅을 점유하는 제도를 制定하여 공포했음을 의미한다. 이로 인해 小吏들은 제도에 따라서 먼저 자신들의 전택한도를 충족했던 것이고, 만약 이것이 불법이라면 刑律에 저촉되었을 것이라는 것이다.[102]

이상에서 언급한 李開元·高敏·朱紹侯·王彦輝 등은 모두 軍功者에게 전택을 지급했다는 입장이며, 王彦輝는 軍功이 없는 일반 吏民에게까

---

98) 朱紹侯, 「論漢代的名田(受田)制及其破壞」(『河南大學學報』 44-1, 2004), p.36.
99) 朱紹侯, 『軍功爵制研究』, p.56.
100) 王彦輝, 「《二年律令·戶律》與高祖五年詔書的關系」(『湖南大學學報』 2007-1), p.9.
101) 西嶋定生, 『中國古代帝國の形成と構造』(東京: 東京大學出版會, 1976), pp.160-161.
102) 王彦輝, 위의 논문, p.9.

지도 법률에 정한 토지를 모두 지급했다는 입장이다.

高祖 五年詔書의 田宅 집행여부를 살필 수 있는 자료는 아래의 詔書이다. 한고조는 漢 12년 반란자 陳豨를 죽이고 나서 과거의 일을 회상하며, 논공행상을 했으므로 부하들에게 마음의 빚이 없음을 다음과 같이 토로하고 있다.

> (고조 12년) 3月, 조서에 말하였다. "나는 天子가 되어, 帝로서 天下를 소유한 지 이제 12년이 되었다. 天下의 豪士賢大夫와 함께 天下를 평정하고, 安輯하게 하였다. 공로가 있는 자 가운데 높은 자는 王으로 삼았고, 다음은 列侯로, 아래로는 食邑을 주었다. 重臣 가운데 親한 자는 혹 列侯가 되기도 했는데 모두 吏를 스스로 설치하고 賦斂을 거둘 수 있게 하였다. 女子公主는 列侯食邑者가 되었고, 모두 印을 차게 하였으며, 大第室을 하사하였다. 吏二千石은 長安으로 옮겨져 小第室을 받았다. 蜀漢에 들어갔다가 三秦을 평정한 자는 모두 대대로 요역을 면제받았다. 나는 天下의 賢士功臣에 대하여, 빚이 없다고 할만하다. 만일 불의한 마음을 가지고 천자를 배신하여 함부로 군대를 일으킨 자는 천하가 함께 伐誅하도록 하라. 天下에 포고하여 朕의 뜻을 명확하게 알도록 하라."[103]

이 조서에서 군공을 세운 자는 위로는 王에, 그 다음은 列侯에 임명하고, 列侯食邑者는 大第室을 내리고, 吏二千石은 小第室을 내렸고, "蜀漢에 들어갔다가 三秦을 평정한 자"는 대대로 요역 면제의 특권을 내렸다는 내용이다.

---

103) 『漢書』 卷1下 「高帝紀」, p.78, "三月, 詔曰：「吾立爲天子, 帝有天下, 十二年于今矣. 與天下之豪士賢大夫共定天下, 同安輯之. 其有功者上致之王, 次爲列侯, 下乃食邑. 而重臣之親, 或爲列侯, 皆令自置吏, 得賦斂, 女子公主, 爲列侯食邑者, 皆佩之印, 賜大第室. 吏二千石, 徙之長安, 受小第室. 入蜀漢定三秦者, 皆世世復. 吾於天下賢士功臣, 可謂亡負矣. 其有不義背天子擅起兵者, 與天下共伐誅之. 布告天下, 使明知朕意.」"

그런데 12년 조서에서는 吏二千石에게 小第室을 하사했지만, 그 이하는 復(요역 면제)을 언급한 것으로 그치고, 토지 지급에 관해서는 언급이 없다. 이것이 爵級에 따른 전택 수여가 사소한 문제라서 언급을 하지 않은 것인지도 모른다. 그러나 고조를 따라 전쟁에 참여한 자들에게 토지는 결코 사소한 문제가 아니었고 이들은 모두 지척의 땅이라도 얻으려고 했던 것이다.

이러한 분위기는 통일 이전인 漢 3년에도 확인된다. 육국의 후예를 봉건하자는 酈食其의 주장에, 張良이 "그렇게 된다면 天下游士들이 이반하는 형국을 낳을 것이다. 그들이 高祖를 따른 것은 토지 때문이었다."고 주장하며 분봉을 반대한 사실에서도 토지가 매우 중요한 것임을 알 수 있다.[104] 때문에 漢高조 5년의 논공행상은 초미의 관심사였던 것이다. 낙양에서 논공행상할 때 "諸將들이 서로 마주보고 쑥덕댔다."는 것은 전쟁 참여자들의 관심이 어떻게 하면 토지를 받을 것인가에 있었음을 말해준다. 당시 공신집단은 "與天下同利" 때문에 고조를 따라 다닌 것이었는데, 그들에게 토지를 주지 않는다면 반란을 일으킬 분위기였다.

앞의 오년조서에서 軍吏卒에게 토지를 하사하라고 명령한 후에 雒陽 南宮의 연회에서 있은 대화는 흥미롭다.

　　帝가 술자리를 雒陽 南宮에 차렸다. 上이 말하였다 : "通侯와 諸將은 감히 짐에게 숨기지 말고 모두 그 속마음을 말하라. 내가 천하를 차지한 까닭은 무엇인가? 項氏가 천하를 잃은 까닭은 무엇인가?" 高起·王陵이 대답하여 말하였다. "陛下는 사람을 경시하고 모욕했지만, 項羽는 인자하고 사람을 공경했습니다. 그러나 陛下는 사람들로 하여금 성을 공략하고 땅을

---

104) 『漢書』 卷40 「張良傳」, p.2030, "且夫天下游士, 離親戚, 棄墳墓, 去故舊, 從陛下者, 但日夜望咫尺之地. 今乃立六國後, 唯無復立者, 游士各歸事其主, 從親戚, 反故舊, 陛下誰與取天下乎? 其不可七矣."

빼앗게 했는데, 함락시킨 것은 그와 연관된 자에게 주었습니다. 이는 천하와 이익을 함께 한 것입니다. 項羽는 현자와 능력이 있는 사람을 질투하여 공이 있는 자를 해쳤고, 현자를 의심하였습니다. 전투에서 이겼으나 다른 사람과 공을 함께 하지 않았고, 땅을 얻었으나 다른 사람과 이익을 함께 하지 않았습니다. 이것이 천하를 잃은 까닭입니다."[105]

이 기사는 바로 앞서의 오년조서에서 "사찰(廉問)을 행하여 만약 나의 詔書대로 하지 않는 자가 있으면 중죄로써 논하라."라고 한 것에 연이어서 기록된 것이다. 고조가 자신의 천하 획득의 이유를 通侯·諸將들에게 숨기지 말고 이야기하라고 하자, 高起·王陵은 고조가 攻城略地하고 나서 획득한 토지를 부하들에게 나누어 준 사실을 지적했다. 바로 軍吏卒에게 田宅의 지급을 독촉한 직후에 기록된 이 기사는 項羽와의 전쟁 중에도 토지 분배가 이루어졌음을 말해준다.

그러나 軍功爵者 모두에게 전택을 지급하기에는 국가의 토지 재고가 충분하지 않았던 듯하다. 高祖로부터 책봉을 받은 것은 蕭何·曹參 등 親愛하는 故人들 뿐이었고, 軍吏가 功을 계산해본 결과 천하의 토지를 모두 封하더라도 부족했기 때문에 諸將들은 몇 사람 씩 모여서 수군거리고 모반을 꾀하고 있었던 것이다.[106] 이러한 것은 당시 공신

---

105) 『漢書』卷1下「高帝紀」, p.56, "帝置酒雒陽南宮. 上曰:「通侯諸將毋敢隱朕, 皆言其情. 吾所以有天下者何? 項氏之所以失天下者何?」高起·王陵對曰:「陛下嫚而侮人, 項羽仁而敬人. 然陛下使人攻城略地, 所降下者, 因以與之, 與天下同利也. 項羽妒賢嫉能, 有功者害之, 賢者疑之, 戰勝而不與人功, 得地而不與人利, 此其所以失天下也.」"

106) 『漢書』卷40「張良傳」, pp.2031-2032, "上已封大功臣二十餘人, 其餘日夜爭功而不決, 未得行封. 上居雒陽南宮, 從復道望見諸將往往數人偶語. 上曰:「此何語?」良曰:「陛下不知乎? 此謀反耳.」上曰:「天下屬安定, 何故而反?」良曰:「陛下起布衣, 與此屬取天下, 今陛下已爲天子, 而所封皆蕭·曹故人所親愛, 而所誅者皆平生仇怨. 今軍吏計功, 天下不足以徧封, 此屬畏陛下不能盡封, 又恐見疑過失及誅, 故相聚而謀反耳.」上乃憂曰:「爲將奈何?」良曰:「上平生所憎, 羣臣所共知, 誰

들 사이에서 국가의 토지 규모에 대한 분석이 행해졌던 것으로 생각된다. 부하들의 수상스러운 움직임은 고조가 雍齒를 우선적으로 분봉함으로써 수그러들었다. 그 후에 재차 불온한 움직임이 없는 것으로 보아 군공 수립자들에 대한 토지 지급은 완료되었을 것이지만, 국가의 토지 부족이 없지는 않았음을 엿볼 수 있다.

한편 이와는 반대의 증거도 보인다. 고조 9년의 關東 호족의 遷徙를 보면 토지 부족이 심각한 수준은 아니었던 것 같다. 고조 9년에 흉노를 방어하기 위하여 10여 만 명의 인구를 관중으로 이주시켰는데, 劉敬은 초한전쟁 직후에 관중의 인구가 격감하여 빈 토지가 많았다고 주장한다.[107]

이처럼 楚漢전쟁에서 군공을 세운 劉邦의 부하들에게 토지가 지급되었는지 여부를 고찰함에 있어 자료의 부족으로 누구도 시원스러운 해답을 제시하기는 어렵다. 따라서 이를 傍證할 수 있는 자료로서 「奏讞書」 案例 5를 검토해보자.

「奏讞書」 案例 5는 초한전쟁 종결 후 江陵 지역과 같이 본래 항우의 세력범위였던 지역에 한고조의 五年詔書가 어떻게 집행되었을까를 알 수 있는 자료이기 때문에 중요하다. 五年詔書에는 전택지급과 함께 ⓒ"民이 飢餓 때문에 자신을 팔아 타인의 奴婢가 된 자는 모두 免하

最其者?」 上曰:「雍齒與我有故怨, 數窘辱我, 我欲殺之, 爲功多, 不忍.」 良曰:「今急先封雍齒, 以示羣臣, 羣臣見雍齒先封, 則人人自堅矣.」 於是上置酒, 封雍齒爲什方侯, 而急趣丞相御史定功行封. 羣臣罷酒, 皆喜曰:「雍齒且侯, 我屬無患矣.」

107) 『漢』 卷1下 「高帝紀」, p.66, "(九年)十一月, 徙齊楚大族昭氏·屈氏·景氏·懷氏·田氏五姓關中, 與利田宅. 十二月, 行如雒陽.";『漢書』 卷43 「婁敬傳」, p.2123, "敬從匈奴來, 因言「匈奴河南白羊·樓煩王, 去長安近者七百里, 輕騎一日一夕可以至. 秦中新破, 少民, 地肥饒, 可益實. 夫諸侯初起時, 非齊諸田, 楚昭·屈·景莫與. 今陛下雖都關中, 實少人. 北近胡寇, 東有六國彊族, 一日有變, 陛下亦未得安枕而臥也. 臣願陛下徙齊諸田, 楚昭·屈·景, 燕·趙·韓·魏後, 及豪傑名家, 且實關中. 無事, 可以備胡; 諸侯有變, 亦足率以東伐. 此彊本弱末之術也.」 上曰:「善.」 乃使劉敬徙所言關中十餘萬口."

여 庶人으로 삼도록 한다."는 노비해방령이 포함되어 있다. 노비해방령이 「奏讞書」에서 제대로 집행되었다면, 五年詔書에 함께 언급된 전택의 지급도 고조의 의지대로 집행되었을 것이라는 것이다. 高祖 10年 7月 辛卯朔 甲寅에[108] 江陵縣令 餘와 縣丞 驁가 올린 奏讞書인 案例 5)의 내용은 다음과 같다.

大奴 武는 楚時에 도망한 노비로서 名數에 등록하여 현재는 노비가 아니지만, 원래의 주인 士伍 軍의 고발로 체포될 때 求盜 視에게 상해를 입힌 죄로 黥爲城旦의 처벌을 받았다. 武가 노비가 아님은, 재판관이 그를 체포하다가 상처를 입힌 視에게 힐문하며 "武가 罪人이 아닌데도, 視는 체포하려고 하여 劍으로써 武에게 부상을 입혔으니 어떻게 해명할 것인가?"라고 한 것이라든가, 재판관이 심문결과를 종합한 鞫에서 "武가 또다시 (주인인) 軍의 노예가 되는 것이 부당함에도, 軍은 도망한 노예라고 (校長) 池에게 고발했다."고 한 것에서 알 수 있다. 도망친 노예들은 名數에 등록하기만 하면 庶人의 신분으로 회복되었던 것이다.[109] 즉, 大奴 武의 "楚時去亡, 降漢, 書名數爲民, 不當爲軍奴(楚나라가 패권을 잡았을 때 도망하여 漢에 투항하였습니다. 호적을 작성하여 民이 되었으니 軍의 奴隷가 되는 것은 부당합니다.)"라는 언급은 법률적 근거가 있었던 것이다.

案例 5는 楚漢 교체기에 강릉지역 노비들의 해방 상황을 축약적으

---

108) 『張家山漢墓竹簡』, p.216 注 1. "辛卯朔甲寅"은 漢高祖 10年(B.C.197)에 해당한다. 池田雄一은 이 날을 7월 24일로 보았다.〔池田雄一, 『奏讞書－中國古代の裁判紀錄－』(東京: 刀水書房, 2002), p.66.〕

109) 또한 案例 2에서도 노비해방령이 강릉 지역에 시행되었음이 확인된다. 案例 2에서 媚가 名數에 등록하지 않았기 때문에 黥媚顔頯한 이후에 주인인 祿에게 되돌려주어야 한다는 의견과 庶人으로 삼아야 한다는 治獄吏의 의견으로 나뉘어져 있다. 案例 5와 案例 2의 차이는 도망한 노비가 庶人으로 되는 데 필수적 수속인 名數 등록을 했는지 여부에 있다. 이러한 사례를 보면 노비들의 해방이 飢餓自賣에만 국한되는 것이 아님을 알 수 있다.

로 표현한 것이다. 大奴였던 武는 江陵 지역이 초의 판도에 있었을 때 도망했다. 楚時라는 것은 항우가 西楚覇王에 있을 때를 의미하는데, 項 羽가 사망하는 고조 5년 12월까지를 의미한다. 楚時는 案例 2와 5에만 보이는데, 양자 모두 項羽의 세력권에 들어있던 江陵縣에서 발생한 「奏讞書」라는 사실에 주목해야 한다.

漢에 투항했다는 "降漢"을 "士伍 軍이라는 인물의 奴였던 武가 도망 하여 漢에 항복하여 戶籍에 올리고 民이 된 것"으로 이해하여 漢 영역 내에서 노비해방령이 집행된 것으로 본 견해도 있으나,[110] 이것은 漢 의 영역 내로 도망친 것이 아니라, "유방이 項羽 세력을 멸망시킨 이 후 江陵 지역을 접수하자 漢에 투항하였다"는 의미인 것이다. 案例 2 에도 "媚曰: 故點婢, 楚時去亡, 降爲漢, 不書名數"라고 하여 降漢의 사실 이 기록되어 있다. 다만 차이가 있다면 "降爲漢"이라고 되어 있는 것 이다. 『史記』에도 降漢의 사실이 기록되어 있는데, 모두 漢에 항복했다 는 내용이다.[111] 다만 案例 2는 "降爲漢"이라고 하여 "爲"가 있다는 점 이 애매하지만, 동일한 노비 도망사건에 사용된 것이므로 案例 5도 "降爲漢"의 축약형으로 생각된다. 이것의 주어는 "故點婢"와 "故軍奴 (武)"와 같은 인명이므로 "항복하여 漢人으로 되었다"는 의미로 생각 된다. 일단 武가 계속 江陵縣 지역을 벗어나지 않았음은 그의 주인이 었던 軍에 의해 목격되고, 校長 池의 亭部 관내에서 잡혔고, 재판이 강 릉현 지역에서 진행된 것도 이를 반영한다.

그러면 이들이 江陵 지역을 벗어나지 않았다면 언제 降漢한 것일

110) 辛聖坤, 「簡牘자료로 본 중국 고대의 奴婢」(『한국고대사연구』 54, 2009), p.187.
111) 『史記』卷7 「項羽本紀」, p.326, "漢王使御史大夫周苛, 樅公、魏豹守榮陽. 周苛, 樅公謀曰: 「反國之王, 難與守城」乃共殺魏豹. 楚下榮陽城, 生得周苛. 項王謂 周苛曰: 「爲我將, 我以公爲上將軍, 封三萬戶.」周苛罵曰: 「若不趣降漢, 漢今 虜若, 若非漢敵也.」項王怒, 烹周苛, 并殺樅公.";『史記』卷7 「項羽本紀」, p.337, "項王已死, 楚地皆降漢, 獨魯不下. 漢乃引天下兵欲屠之, 爲其守禮義, 爲主死 節, 乃持項王頭視魯, 魯父兄乃降."

까? 그것은 江陵縣 지역이 漢에 편입된 이후일 것이다. 江陵 지역은 項羽에 의해 봉해진 臨江王 共敖, 그 아들 共威(驩)에 의하여 지배되었으며,[112] 항우가 사망하는 고조 5년 12월에 2대 臨江王 共威 역시 漢의 장군 靳歙에 의하여 생포되어 洛陽으로 압송되었고,[113] 그 다음 달인 정월에 강릉지역은 南郡에 편입되었다.[114] 共威는 낙양으로 압송된 이후에도 항우를 위하여 반란을 일으켰다가 처형된 사실은 그가 項羽의 우군이었음을 말해준다. 共威가 항복하고 강릉 지역이 漢의 南郡에 편입된 이후에 도망 노비 武가 "名數를 등록하여 民이 된 것(書名數爲民)"은 高祖의 5년 5월 조서에 입각한 것이다. 臨江王 치하에서는 기존 노비 소유주와의 신분관계가 변화할 수 없어 숨어있을 수 밖에 없었다. 하지만 高祖 5년 5월에 고조가 노비해방 조서를 내림으로써 밖으로 나와서 名數에 등록을 했고, 스스로 庶人의 신분을 획득했다고 생각하고 거리를 활보했던 것이다.

이상의 내용을 정리한다면, 江陵 지역은 초한전쟁 시기에 한번도

---

112) 『史記』卷7「項羽本紀」, p.316, "義帝柱國共敖將兵擊南郡, 功多, 因立敖爲臨江王, 都江陵."; 『史記』卷98「靳歙列傳」, p.2710, "(靳歙)擊項悍濟陽下. 還擊項籍陳下, 破之. 別定江陵, 降江陵柱國·大司馬以下八人, 身得江陵王, 生致之雒陽, 因定南郡. 從至陳, 取楚王信, 剖符世世勿絶, 定食四千六百戶, 號信武侯."; 『史記』卷16「秦楚之際月表」, p.791, "臨江王驩 索隱共敖之子, 漢虜之, 亦在四年十二月. 始, 敖子."; 『漢書』卷1下「高帝紀」, p.50, "初項羽所立臨江王共敖前死, 子尉嗣立爲王, 不降. 遣盧綰·劉賈擊虜尉."

113) 『史記』卷16「秦楚之際月表」, p.796, "(高祖 五年) 十二 誅籍. 索隱漢誅項籍在四年十二月.", "(高祖 五年 十二月)十七 漢虜驩."; 『史記』卷8「高祖本紀」, p.380, "天下大定. 高祖都雒陽, 諸侯皆臣屬. 故臨江王驩爲項羽叛漢, 令盧綰·劉賈圍之, 不下. 數月而降, 殺之雒陽."; 『史記』卷93「盧綰列傳」, p.2637, "漢五年冬, 以破項籍, 迺使盧綰別將, 與劉賈擊臨江王共尉, 破之."

114) 『史記』卷51「荊燕世家」, pp.1993-1994, "漢五年, 漢王追項籍至固陵, 使劉賈南渡淮圍壽春. 還至, 使人閒招楚大司馬周殷. 周殷反楚, 佐劉賈擧九江, 迎武王黥布兵, 皆會垓下, 共擊項籍. 漢王因使劉賈將九江兵, 與太尉盧綰西南擊臨江王共尉. 共尉已死, 以臨江爲南郡."; 『史記』卷16「秦楚之際月表」, p.796, "(高祖 五年 正月) 屬漢, 爲南郡."

漢의 영토로 편입된 적이 없고, 계속 臨江王 共敖와 그 아들 共威의 치하에 있었던 것이다. 또한 武는 강릉현에 있다가 체포되었기 때문에 강릉 지역을 벗어나지 않고 은닉해 있던 것이지, 결코 漢의 영토로 도주했던 것이 아니다. 이를 통해 유추하면 漢의 영역에 있지 않았던 노비에게도 五年詔書의 노비해방령에 입각하여 名數에 등록하면 庶人으로 해방시켜 주었던 것이다. 이렇게 고조의 해방령이 飢餓로 自賣했는지 여부가 불분명한 자에게도 적용되었다면, 동일 조서에서 고조를 따라 전투했던 軍吏卒 가운데서 大夫 이하인 자에게 일괄적으로 5급 大夫의 작을 내리고 이와 아울러 전택지급을 명령한 부분도 실시되었을 가능성이 매우 높다.

高祖는 통일 이전에 蕭何가 제정한 戶律 규정에 입각하여 토지를 지급하고자 하는 의지를 보였으나, 이것은 현실적인 벽에 부딪쳤다. 아마도 가장 큰 이유는 楚漢전쟁 와중이므로 토지를 지급하라는 명령이 지방관들에게 제대로 수용되지 않은 것에 이유가 있었다. 때문에 高祖는 五年詔書에서 토지 지급이 부진한 것에 대하여 守尉長吏를 질책하고, 查察을 통해 중죄로 처벌할 것을 표명하고 있다. 더욱이 통일된 천하의 군주로서의 황제가 군공작자들에게 전택을 지급하라고 명령한 詔書가 시행되지 않았을 특별한 이유를 발견하기는 쉽지 않다. 특히 조서대로 집행하지 않으면 처벌하겠다고 강조했던 것도 집행되었을 가능성이 높았음을 말해준다. 다만 고조를 따라 종군한 병사가 아닌 일반일들에게도 戶律의 규정대로 田土를 지급한 것은 아닐 것으로 생각된다. 결론 부분에서 언급할 漢文帝 시기 농민들의 토지보유 현황이 그같은 추정을 가능하게 한다.

Ⅳ. 결론

필자는 漢帝國이 秦帝國의 토지제도를 계승한 이유를 크게 두 가지 측면에서 고찰하였다. 하나는 蕭何가 高祖 2년에 "爲法令約束"의 조치를 취한 것이며, 다른 하나는 高祖 五年詔書에서 "復故爵田宅"한 것이었다.

高祖 2년에 蕭何는 새로 제정한 법률을 관중 지역에 실시함으로써 秦의 軍功授田制를 계승하였다. 그것이 秦帝國의 것과 완전히 동일한 토지 수전제인지는 단언하기 어렵지만, 蕭何가 劉邦의 咸陽 점령 시 秦 丞相府의 圖書律令을 수습하고 이에 근거하여 漢律을 제정하였으므로, 漢初의 토지 수전제가 秦律의 규정을 거의 그대로 계승한 토지 국유제의 형식을 띤 것으로 생각된다. 그러한 점에서 秦의 刀筆吏 출신인 蕭何가 秦 丞相府에서 圖書律令을 수습하여 漢法을 만든 것은 한제국의 정책 방향을 설정하는 결정적 사건이었다. 그 결과 秦律의 복사판이라고 하는 漢律이 만들어진 것이다.[115] 그렇다면 『二年律令』에 보이는 漢初의 토지제도가 매매를 허용하고 있는 것은 秦代로도 소급 가능할 것으로 추정된다. 蕭何가 갑자기 秦律과 완전히 다른 제도를 만들었을 것 같지는 않기 때문이다. 따라서 진제국의 토지제도도 『이년율령』에 보이는 것과 같은 매매와 양도가 허용되었을 가능성을 배제할 수 없다.

高祖 2년 蕭何의 "爲法令約束"의 戶律은 당시 지배지역이었던 四川·漢中·關中 지역을 대상으로 집행되었을 것이며, 이론상으로는 1인당 경작 능력 한계를 훨씬 초과한 토지를 지급하였다. 하지만 통일 이후 그 적용지역은 전국으로 확대되었다. 蕭何가 법률을 제정한 고조 2년 6월부터 關中 지역에는 漢의 법률이 시행에 들어갔던 것으로 생각되

---

115) 高敏, 「《張家山漢墓竹簡·二年律令》中諸律的制作年代試探」, p.36.

는데, 그것은 「奏讞書」 案例 16에 11급 右庶長이 확인되는 것에서 알 수 있었다. 이러한 법률적 근거가 존재했기 때문에 고조는 五年詔書에서 "내가 누차 吏에게 조서를 내려 우선적으로 田宅을 지급하라고 했고, 또 마땅히 吏에게 청구할 것이 있는 자는 신속하게 지급하라."고 말할 수 있었던 것이다.

고조는 五年詔書에서 일면으로는 軍功에 입각한 授田을 주장하고, 일면으로는 전쟁난민들을 복귀시키고 토지의 원래 소유관계를 회복하는 "復故爵田宅"을 주장하였다. 즉, 통일 후 漢帝國의 법령에 근거하여 전국에 보편적인 授田을 행한 것이 아니라, 復故爵田宅의 조치를 취했을 뿐이었다. 결국 高祖가 오년조서에서 "復故爵田宅"의 명령을 내림으로써 秦始皇 31년 自實田 조치에 의해 확정된 토지 소유관계는 계속 漢代에도 유지되었다. 즉, 楚漢전쟁 때 軍功을 수립하지 않았다면, 陳平과 陳勝으로 대표되는 가난한 소농민들의 토지소유 상황도 漢제국의 통일 이후에 그대로 계승되었을 것이다. 陳平과 陳勝의 빈약한 토지소유 상황에 입각해 역추적한다면, 秦제국 후반 수전체제 규정에 "滿"한 전택보유는 어쩌면 理想에 가까운 것인지도 모른다. 실제로 客이 蕭何에게 田地를 많이 구입하여 소작농에 농토를 빌려줄 것을 권유하는 漢初의 토지 貰貸 상황은 授田制 하의 또다른 모습이라고 할 수 있다.[116]

"復故爵田宅"의 조치를 취한 이후, 漢帝國의 토지 소유가 『二年律令』의 戶律 규정을 엄격하게 준수했는지 여부는 魯朱家의 사례를 보면 알 수 있다. 高祖는 통일 후에 자신을 수차례 곤궁에 몰아넣었던 項羽의

---

116) 『史記』 卷53 「蕭相國世家」, p.2018, "漢十二年秋, 黥布反, 上自將擊之, 數使問相國何爲. 相國爲上在軍, 乃拊循勉力百姓, 悉以所有佐軍, 如陳豨時. 客有說相國曰：「君滅族不久矣. 夫君位爲相國, 功第一, 可復加哉? 然君初入關中, 得百姓心, 十餘年矣, 皆附君, 常復孳孳得民和. 上所爲數問君者, 畏君傾動關中. 今君胡不多買田地, 賤貰貸以自汙? 上心乃安.」 於是相國從其計, 上乃大說."

부하 季布에 대해 현상금을 걸고 체포하려고 했다. 季布는 濮陽 周氏에게 의탁해 숨었고, 濮陽 周氏는 그를 魯朱家에 노비로 가장시켜 매각하였다. 魯朱家는 家僮 수십 인과 함께 季布를 매입하여 농사에 종사시켰다.(置之田) 이것은 魯朱家가 유가의 집안으로서, 家僮 수십 인을 거느리고 토지를 경영할 정도의 경제 규모를 유지하고 있었음을 말해준다.[117] 魯朱家가 어떠한 작위를 소유했는지는 알 수 없으나, 漢爵에 걸맞은 전택소유는 아니라고 생각된다. 따라서 漢初의 田宅과 爵位의 관계를 규정한 戶律의 授田 규정은 제대로 지켜지지 않은 듯하다.

또한 『二年律令』의 戶律 규정이 제대로 지켜지지 않았을 것으로 추정하는 또 다른 증거는 文帝 말에서 景帝 4년(B.C.153) 後9月까지로 추정되는 鳳凰山十號漢墓의 鄭里廩簿에서 찾을 수 있다.[118] 이 문서는 『二年律令』의 시점이라고 하는 呂后 2년(B.C.186)에서도 불과 20년이 경과된 시점인 것이다. 따라서 이것은 高祖 五年詔書에서의 토지지급 명령이 군공이 없는 일반인에게도 적용되었는지를 살필 수 있는 더할 나위 없이 좋은 자료이다. 鄭里廩簿에 보이는 25호 가운데에서 작위가 있는 호주는 公士 田과 公士 市人의 2인뿐이고, 나머지는 모두 無爵으로 되어 있다. 公士의 작위를 받은 사람들은 惠帝가 즉위 시에 내린 民爵의 대상자일 가능성도 있고 본인이 군공을 세웠을 가능성도 있다. 어찌 되었든 간에, 『二年律令』에는 1급작 公士에게 1.5頃을 지급하

---

117) 『史記』卷100「季布列傳」, pp.2729-2730, "季布者, 楚人也. 爲氣任俠, 有名於楚. 項籍使將兵, 數窘漢王. 及項羽滅, 高祖購求布千金, 敢有舍匿, 罪及三族. 季布匿濮陽周氏. 周氏曰:「漢購將軍急, 迹且至臣家, 將軍能聽臣, 臣敢獻計; 即不能, 願先自剄.」季布許之. 迺髠鉗季布, 衣褐衣, 置廣柳車中, 并與其家僮數十人, 之魯朱家所賣之. 朱家心知是季布, 迺買而置之田. 誡其子曰:「田事聽此奴, 必與同食.」;『史記』卷124「游俠列傳」, p.3184, "魯朱家者, 與高祖同時. 魯人皆以儒教, 而朱家用俠聞. 所藏活豪士以百數, 其餘庸人不可勝言. 然終不伐其能, 歆其德, 諸所嘗施, 唯恐見之. 振人不贍, 先從貧賤始. 家無餘財, 衣不完采, 食不重味, 乘不過軥牛."

118) 裘錫圭, 「湖北江陵鳳凰山十號漢墓出土簡牘考釋」(『文物』1974-7), p.54.

도록 규정되어 있지만, 이들 두 명의 公士가 가지고 있는 토지는 각각 21畝와 32畝에 불과했다.[119] 또한 작위가 없는 鄭里의 다른 사람들은 士伍 또는 庶人으로 추정되는데, 『二年律令』에는 이러한 無爵者에게 100畝의 토지를 지급하도록 규정하고 있다. 그러나 이러한 규정이 제대로 집행되지 않은 것으로 보아서 高祖 5년(B.C.202)으로부터 50년이 경과한 시점의 鄭里廩簿로부터 필자는 『二年律令』의 戶律 규정이 기능하지 못했다고 생각한다.

그렇다면 『二年律令』戶律의 규정이 준수되지 못한 원인으로 文帝시기 급증한 인구를 거론할 수 있을까? 그러나 文帝의 즉위 17년째인 後元年(B.C.163)에 내려진 조서에는 秦代에 비해 오히려 토지에 대한 인구의 압박이 줄어들었음을 지적하고 있다.[120] 이러한 점에서 볼 때 文帝 시기의 인구증가가 『二年律令』戶律의 규정을 지키지 못하는 이유는 아니었던 것으로 생각된다.

궁극적으로 戶律 규정에 입각한 토지 소유가 수립되지 못한 이유는 五年詔書에서 "復故爵田宅"을 통해 秦末의 토지 소유 상황을 계승하도록 한 것에 있다고 생각된다. 이것은 기존의 토지소유 관계를 그대로 인정한 것이고 국가가 토지를 환수하여 재분배한 것이 아님을 말

---

119) 같은 논문, p.52.
120) 『漢書』卷4 「文帝紀」, p.128, "詔曰 : 「間者數年比不登, 又有水旱疾疫之災, 朕甚憂之. 愚而不明, 未達其咎. 意者朕之政有所失而行有過與? 乃天道有不順, 地利或不得, 人事多失和, 鬼神廢不享與? 何以致此? 將百官之奉養或費, 無用之事或多與? 何其民食之寡乏也! 夫度田非益寡, 而計民未加益, 以口量地, 其於古猶有餘, 而食之甚不足者, 其咎安在? 無乃百姓之從事於末以害農者蕃, 爲酒醪以靡穀者多, 六畜之食焉者衆與? 細大之義, 吾未能得其中. 其與丞相列侯吏二千石博士議之, 有可以佐百姓者, 率意遠思, 無有所隱.」" 文帝가 언급한 "인구수로 토지를 헤아려 보면 그것은 옛날보다 여유가 있다(以口量地, 其於古猶有餘)."는 "옛날(古)"은 文景교체기 인구가 2500만으로 추정되므로 1400만으로 추정되는 전한 초년의 인구에 비해서 여유가 있다고 할 수 없기 때문에 2000-2500만으로 추정되는 전국 말을 가리키는 것으로 생각된다.

해준다. "復故爵田宅"에 의해 秦末의 소유 형태를 그대로 계승했다면, 漢初의 토지소유 현황은 秦始皇 31년 自實田 조치 이후의 상황과 동일하다고 할 수 있다. 이러한 점에서 漢初의 토지제도와 秦代의 토지제도를 고찰함에 있어 秦始皇 31년의 自實田의 문제가 핵심적 열쇠가 된다고 생각한다.

漢初의 田宅 制度와 그 실제

Ⅰ. 서론

　2001年에 석문이 발표된 『二年律令』에는 田宅制度와 爵位制度의 관련성, 그리고 秦末 토지제도와의 연계라는 난제의 해결에 열쇠가 될 수 있는 자료가 포함되어 있었다.[1] 『二年律令』에 매우 정교한 授田制가 포함되어 있음이 확인됨으로써 秦始皇 31년 自實田의 조치 이후 授田制에서 私有制로 바뀌었다는 종전의 견해는 수정되지 않을 수 없게 되었다. 그러나 『二年律令』 이전에 출토된 龍崗秦簡 자료에 의거하더라도 自實田의 조치를 경과하고 나서 私有制로 이행되었다는 주장은 설득력을 상실해가고 있었다. 문서의 시기적 하한선이 二世皇帝 2년 (또는 漢 3년)인 龍崗秦簡의 "廿四年正月甲寅以來, 吏行田贏□□(116簡)" 자료로 볼 때 自實田 이후 국가 行田(授田)체제가 포기된 것은 아님을 알 수 있다.[2] 『二年律令』의 授田制는 바로 이러한 秦末의 授田制를 근거로 만들어진 것으로 생각된다. 蕭何가 漢 2년 櫟陽 정권 시절 秦律에 입각하여 제정한 법률은 龍崗秦簡에 보이는 秦代의 授田制를 계승한 것이었고, 그러한 이유로 인해 『二年律令』 授田制의 내용은 戰國秦 이래 장기간의 실시 경험이 축적된 결과물로 추측된다.

　1970년대에 출토된 『睡虎地秦墓竹簡』에는 授田制의 존재를 확인할

---

1) 張家山二四七號漢墓竹簡整理小組, 『張家山漢墓竹簡[二四七號墓]』(北京: 文物出版社, 2001). 이후 『張家山漢墓竹簡』으로 약칭함.
2) 中國文物研究所·湖北省文物考古研究所, 『龍崗秦簡』(北京: 中華書局, 2001), p.109.

수 있는 정도의 내용만 있을 뿐 상세한 내용은 알 수가 없었다. 그러나『二年律令』에서 확인된 漢의 授田制는 우리가 상상한 것 이상으로 체계적이고 정밀함을 갖추고 있다. 본고에서 다루려고 하는 바는 오랜 기간 동안 학계가 학수고대해왔던 漢代 授田制의 제도적 메커니즘은 무엇이고, 그 실제 시행 어부에 대한 문제이다.

　이 授田制의 메커니즘을 분석함에 있어서 가장 중요한 핵심적 문제는 爵位와 爲戶(독립호 구성)의 문제이다. 종전에는 商鞅變法 이래 전택 지급에서 爵位가 가장 중요한 것으로 인식되어 왔으나,『二年律令』을 확인해보면 그보다도 더 중요한 것이 爲戶의 문제라는 것을 알 수 있다. 즉, 爵位가 있으면 무조건 전택 지급의 자격을 획득하는 것으로 생각해왔으나,『二年律令』에는 작위가 있다고 하여 무조건 전택을 지급하는 것이 아니라 爲戶의 조건을 충족해야 하는 문제가 제기되고 있다.

　한편 전택 지급에서 爵位가 지급(授)의 기능을 하는지 아니면 환수(還)의 기능을 하는지에 대해서도 논자마다 견해의 차이가 있다. 혹자는 작위가 전택의 소유 상한선의 기능을 수행할 뿐 지급의 기능은 없다고 주장하고, 혹자는 지급의 기능도 수행한다고 주장한다. 어느 것이냐에 따라서『二年律令』爵制의 성격이 달라진다. 전자라면 田宅 지급의 기능을 하고 환수도 하는 적극적 기능이지만, 후자라면 단지 소유 상한선의 제한만을 목적으로 하는 소극적 기능이라고 할 수 있다.

　전택 소유자의 사망 또는 범죄 등의 사유로 지급한 전택을 국가로 환수하는 것은 田宅 지급의 기능을 계속 유지하는데 있어서 핵심적 사항이지만, 의외로 환수 규정은『二年律令』에 명시되어 있지 않다.『二年律令』에서 전택을 지급은 하되 환수는 하지 않았다면 전택 지급 제도는 생명을 유지할 수가 없다. 당시의 율령 제정자들이 이 문제를 결코 간과했을 것으로 생각되지는 않는다. 비록 환수를 명확하게 언급하지 않았지만 楚國의 吳起변법에서 封君의 자손도 三世를 경과하면 爵祿을 회수한다는 원칙 등을 볼 때, 秦律 및 이를 계승한 漢律에도 환수의 메커니즘이 포함되어 있었을 것으로 생각된다.[3] 따라서 『二年律令』에 환수의 규정이 과연 존재하는지, 존재했다면 어떠한 형태로 존재하였는지, 어떠한 메커니즘으로 작동했는지를 고찰할 필요가 있다.

다음으로 고찰할 것은 『二年律令』의 전택 지급 제도가 내용적으로 완성된 형태를 보이고 있음에도 불구하고 과연 제대로 시행되었을까 하는 문제이다. 이는 授田制가 漢初부터 제대로 시행되지 않은 듯한 증거들이 보이기 때문이다. 惠帝가 즉위하면서 전국에 賜爵했음에도 田宅 지급이 수반되지 않은 사실, 文帝말·景帝초의 문서인 鄭里廩簿의 토지보유 상황이 『二年律令』戶律 규정에 부합하지 않는 증거 등은 이미 戶律 규정이 제대로 준수되었다고 보기는 어렵다. 고조의 창업 (B.C.206)으로부터 惠帝 즉위년(B.C.195)까지 10년에 불과한 짧은 기간에 漢의 토지제도가 제대로 집행되지 않은 이유는 무엇일까?

漢律令이 제정된 지 오래되지 않은 惠帝 시점부터 爵制와 田宅제도의 분리 현상을 나타나게 만든 원인은 『二年律令』의 규정 내부와 외부 모두에서 기인했을 가능성도 있다. 토지제도의 이완 원인을 법률 내부에서 찾고자 할 때 상속 및 매매를 허용한 규정이 가장 먼저 연상될 수 있다. 戶律의 전택제도는 외관상 國家 授田制의 형식을 띠고 있지만, 그와 동시에 상속 및 매매를 허용하고 있다. 국가 수전제적 요소와 사유제적 요소는 양립이 불가능하게 보이는데, 과연 이러한 상태에서 授田의 메커니즘이 지속적으로 유지될 수 있을까 하는 의문이 생긴다. 授田 규정과 상속·매매 규정의 모순이 漢代 토지제도의 파괴에 영향을 끼쳤을 가능성은 없는지 고찰하고자 한다.

---

3) [淸] 王先謙, 『韓非子集解』(北京: 中華書局, 1998), 「和氏 第13」, pp.96-97, "昔者吳 起敎楚悼王以楚國之俗曰: '大臣太重, 封君太衆. 若此, 則上逼主而下虐民, 此貧 國弱兵之道也. 不如使封君之子孫三世而收爵祿, 絕滅百吏之祿秩, 損不急之枝官, 以奉選練之士.'"

법률 외적인 원인으로 많은 논자들이 거론하는 것이 惠帝 즉위 시점부터 시작된 爵의 남발이다. 賜爵의 남발로 인하여 爵에 규정된 전택을 지급할 수 없어서 戶律의 규정이 유명무실해졌다는 것이다. 그러나 爵의 남발이 戶律의 토지 규정을 무너뜨렸다는 이 주장은 高祖 시기에도 일반민에게 전택을 지급한 증거가 없는 사실을 설명할 수 없다. 따라서 작위와 전택지급이 상호 유리되어 있는 상황이 이미 惠帝 이전부터 존재했을 가능성은 없는지에 대해서도 고찰할 필요를 느끼게 한다.

또한 법률 외적인 요소로 고찰하고자 하는 것은 秦末의 自實田과 高祖 五年詔書에 보이는 "復故爵田宅" 조치의 문제이다. "復故爵田宅"은 秦末의 토지 소유관계를 그대로 인정함으로써 전국의 토지 소유권을 새로이 재편하기 어려운 구도가 만들어졌다고 생각한다.[4] "復故爵田宅"으로 인하여 秦末의 작위와 토지제도가 漢帝國으로 계승된 상황 하에서는 국가가 수전제도를 운용할 수 있는 전택의 보유량이 충분하지 않았을 가능성이 있기 때문이다. 이상에서 제시한 의문들을 검토하여 漢初에 국가의 수전제가 제대로 기능했는지 여부를 확인하고자 한다. 이러한 분석은 漢代 대토지겸병의 원인을 찾는데 중요하다. 漢武帝 시기에 董仲舒는 "백성은 송곳을 꽂을 땅도 없다.(無立錐之地)"라고 했을 정도로 대토지겸병과 소농민의 몰락이 나타났다. 그 원인은 본고에서 고찰할 『二年律令』의 모순된 규정, 더 거슬러 올라간다면 秦 통일 이전의 농민들이 소유한 토지를 신고시켜 소유를 인정한 自實田까지 소급할 수 있다.

---

4) 任仲爀, 「秦始皇 31年의 自實田」(『中國古中世史研究』 26, 2011), pp.57-58.

II. 二年律令의 田宅 지급 기제

1. 爵位와 田宅 규정

피상적으로 秦漢律에서 田宅의 지급은 軍爵律·賜律·田律 등에 규정되어 있을 것으로 생각할 수 있다. 일부 논자들은 軍功爵에 입각하여 전택을 수여하므로 관계된 율령이 軍爵律 또는 賜律일 것으로 생각하였다.[5] 李開元도 전택 수여가 漢의 군법의 賞賜 규정에 기초한 것이라고 주장하였다.[6] 군공을 수립하면 작위를 받고, 賜律의 규정에 따라 田宅을 지급받는 것으로 이해한 것 같다. 『二年律令』이 출토되기 이전에는 이러한 견해가 큰 의심 없이 받아들여졌다. 그러나 『睡虎地秦墓竹簡』의 「軍爵律」에는 拜爵과 賞賜, 後嗣의 계승만을 규정했을 뿐, 전택 賞賜에 관한 규정은 없다. 秦代의 賜爵 관련 문헌기록에도 토지가 지급된 증거가 없는데, 이것은 『二年律令』의 「爵律」과 「賜律」에 전택 지급의 기사가 없는 것과 일치한다. 우선 『睡虎地秦墓竹簡』의 軍爵律과 『二年律令』의 爵律을 살펴보자.

> 1) **睡虎地秦墓竹簡 軍爵律:** 從軍하여 의당 공로로써 授爵하거나 賞賜를 받아야 하는데, 만약 本人이 拜爵하기 전에 죽었거나, 그 後嗣가 유죄로 인해 법에 의거하여 耐遷되었을 경우, 본인이 법에 의거하여 耐遷된 경우는 모두 그 爵 및 賜를 받지 못한다. 만약에 본인이 이미 拜爵은 하였지만, 賞賜를 받지 못한 상태에서 죽었거나, 법에 의거하여 耐遷된 자는 賞賜를 지급한다.[7]

---

5) 黃今言, 「從張家山竹簡看漢初的賦稅征課制度」(『史學集刊』 2007-2), p.3; 朱紹侯, 「呂后二年賜田宅制度試探-《二年律令》與軍功爵制研究之二」(『史學月刊』 2002-12), p.14.

6) 李開元, 『漢帝國的建立與劉邦集團』(北京: 三聯書店, 2000), p.48.

7) 『睡虎地秦墓竹簡』(北京: 文物出版社, 1978), p.92, "從軍當以勞論及賜, 未拜而死,

2) **睡虎地秦墓竹簡 軍爵律:** 爵 二級을 반환하여 親父母가 隸臣妾이 된 자 한 사람을 속면시킬 것을 요구하거나, 隸臣이 斬首하여 公士가 되었 는데, 公士의 작을 반납하고 隸妾으로 되어 있는 故妻 한 사람을 속 면시켜줄 것을 요청하면 허락하여 庶人으로 免한다. 工隸臣이 斬首 하거나, 다른 사람이 참수하여 (그 공로로 工隸臣을) 속면시켜주려 고 하면 모두 工으로 삼는다. 신체가 이미 온전하지 않은 자는 隱官 工으로 삼는다.[8]

3) **二年律令 爵律:** 마땅히 拜爵되거나 賞賜를 받아야 하는데, 拜爵되기 전에 有罪로 耐에 처해진 자는 拜爵과 賞賜를 내리지 말아야 한다. 무릇 賞賜를 받고 受爵해야 하는데, 拜爵할 수 없는 자는 1級당 萬錢 을 지급한다. 무릇 詐僞로써 자신을 爵으로 免하려 하거나, 爵으로 써 다른 사람을 免하게 하려는 자는 모두 黥爲城旦舂에 처한다. 吏 가 알고도 행한 자는 同罪에 처한다.[9]

1)의 「軍爵律」에 의하면 종군한 공로(勞)로 받는 것은 "論" 및 "賜"이 다. "論"은 整理小組의 주석에 의하면 論功授爵을 가리킨다.[10] 그런데 授爵의 다음 단계에서 전택을 받는지 여부를 『二年律令』 賜律 규정에 서 검토해보면, 棺槨·衣服·飯·肉·酒·粟·杖의 하사에 관한 것만 있을 뿐 田宅 하사의 규정은 없다. 3)의 『二年律令』 爵律에도 전택 지급의 규정

有罪法耐鬼(遷)其後; 及法耐鬼(遷)者, 皆不得受其爵及賜. 其已拜, 賜未受而死及 法耐鬼(遷)者, 鼠(予)賜. 軍爵律"
8) 같은 책, p.93, "欲歸爵二級以免親父母爲隸臣妾者一人, 及隸臣斬首爲公士, 謁 歸公士而免故妻隸妾一人者, 許之, 免以爲庶人. 工隸臣斬首及人爲斬首以免者, 皆令爲工. 其不完者, 以爲隱官工. 軍爵"
9) 『張家山漢墓竹簡』, p.185, "當拜爵及賜, 未拜而有罪耐者, 勿拜賜. 392(C242) 諸當 賜受爵, 而不當拜爵者, 級予萬錢. 393(C240) 諸詐僞自爵·免爵·免人者, 皆黥爲 城旦舂. 吏智(知)而行者, 與同罪. 394(C239)"
10) 『睡虎地秦墓竹簡』, p.92.

은 없다. 3)의 393簡에 "무릇 賞賜를 받고 受爵해야 하는데, 拜爵할 수 없는 자는 1級당 萬錢을 지급한다."는 것만 있을 뿐이다. 결국 秦律과 『二年律令』에서 爵律과 賜律은 田宅 지급과는 무관하다고 결론내릴 수 있다. 그렇다면 賜律과 爵律에 田宅 지급이 규정되어 있지 않은 이유는 무엇일까? 그것은 전택 지급에 관한 사항이 戶律에 규정되어 있기 때문이다. 즉, 군공을 세우면, 爵律에서 論功授爵하고, 그 유작자에게는 戶律에서 전택을 지급하고, 賜를 받은 자에게는 棺槨·衣服·飯·肉·酒·受鬻·受杖 등의 물품을 지급하는 것이다.

이번에는 전택 지급과 관련이 있을 것으로 생각되는 田律에 대해 살펴보자. 秦漢律의 田律에는 토지의 품질과 관련한 行田 규정이 한 개 있을 뿐이고, 토지의 지급과 관련된 조항은 보이지 않는다.(아래의 [표 1] 참조)[11] 다만 『二年律令』 田律에서의 行田 관련 조항은 조악한 토지일 때의 반납을 규정한 것이 유일하고, 대부분은 芻稾의 징수 등에 주안점을 두고 있다.

이렇게 軍爵律과 田律 등에 田宅의 지급이 규정되어 있지 않은 이유는 후술하듯이 田宅 지급의 가장 기본적 조건이 "爲戶"인 사실과 관련이 있고, "爲戶"의 문제를 규정한 법률은 바로 戶律이기 때문이다.

[표 1] 睡虎地秦律과 二年律令의 田律 규정

睡虎地秦律의 田律	二年律令의 田律
1) 파종 면적, 강우량, 병충해	1) 나쁜 토지의 行田
2) 산림벌채 및 물길 막기 금지	2) 芻稾 납입 규정(2석과 3석)
3) 芻稾의 징수, 芻稾 납입 규정	3) 田廣一步袤二百卌步爲畛
4) 芻稾의 撤木	4) 산림 벌채 금지 규정
5) 乘馬服牛의 사료	5) 馬牛를 빠지게 하는 함정을 판 행위 처벌
6) 田舍거주시 酤酒 금지	6) 馬、牛、羊、彘가 稼穡 먹을 때 처벌

---

11) 『張家山漢墓竹簡』, p.165, "田不可田者, 勿行. 當受田者欲受, 許之. 239(C181)"

睡虎地秦律의 田律	二年律令의 田律
	7) 卿 以下 賦(錢과 芻)
	8) 馬牛가 사용한 藁數의 보고

이제 『二年律令』의 토지제도를 분석하기 위하여 아래에 제시한 戶律의 爵級에 따른 전택 지급 규정은 상당히 정교한 내용으로 구성되어 있다. 戶律에서 田과 宅을 구분하여 규정하고 있는 것은 토지는 팔지 못하고 宅만 팔고 갔다는 『韓非子』의 기사와 유사하다.[12) 현재로서는 자료의 부족으로 구체적 사항은 알 수 없지만, 양자가 별개로 매매되고 있는 것은 확실하다.

> 4) 關內侯 95頃, 大庶長 90頃, 駟車庶長 88頃, 大上造 86頃, 少上造 84頃, 右更 82頃, 中更 80頃, 左更 78頃, 右庶長 76頃, 左庶長 74頃, 五大夫 25頃, 公乘 20頃, 公大夫 9頃, 官大夫 7頃, 大夫 5頃, 不更 4頃, 簪裹 3頃, 上造 2頃, 公士 1.5頃, 公卒·士五(伍)·庶人 각 1頃, 司冦·隱官 각 50畝. 불행하게 죽은 자는 그 爵後로 하여금 田을 선택하게 하고 나서 나머지를 行田한다. 다른 子男이 爲戶하고자 하면, 爵後에게 지급하고 남은 田을 지급한다. 그가 이미 전에 爲戶했으나 田宅이 없거나, 田宅이 규정에 차지 않았다면 그 규정에 충족하도록 받을 수 있다. 宅이 연접해 있지 않으면 받을 수 없다.[13)

---

12) 王先謙, 『韓非子集解』, 「外儲說左上 第32」, p.263, "王登爲中牟令, 上言於襄主 曰: 「中牟有士曰中章·胥己者, 其身甚修, 其學甚博, 君何不舉之?」 主曰: 「子見 之, 我將爲中大夫.」 相室諫曰: 「中大夫, 晉重列也, 今無功而受, 非晉臣之意. 君 其耳而未之目邪?」 襄主曰: 「我取登旣耳而目之矣, 登之所知又耳而目之, 是耳目 人絶無已也.」 王登一日而見二中大夫, 予之田宅, 中牟之人棄其田耘, 賣宅圃, 而 隨文學者邑之半."
13) 『張家山漢墓竹簡』, pp.175-176.

5) 宅의 크기는 사방 30步이다. 徹侯는 105宅을 받고, 關內侯 95宅, 大庶長 90宅, 馹車庶長 88宅, 大上造 86宅, 少上造 84宅, 右更 82宅, 中更 80宅, 左更 78宅, 右庶長 76宅, 左庶長 74宅, 五大夫 25宅, 公乘 20宅, 公大夫 9宅, 官大夫 7宅, 大夫 5宅, 不更 4宅, 簪裊 3宅, 上造 2宅, 公士 1.5宅, 公卒·士五(伍)·庶人 1宅, 司寇·隱官 0.5宅을 받는다. 爲戶하고 싶은 자는 허락한다.[14]

[표 2] 爵位 상속과 田宅

작위			田(頃)	宅	後子	2·3子	4子이후
20	侯	徹侯		105	徹侯	徹侯	徹侯
19		關內侯	95	95	關內侯	不更	簪裊
18		大庶長	90	90	公乘	不更	上造
17		馹車庶長	88	88	公乘	不更	上造
16		大上造	86	86	公乘	不更	上造
15		少上造	84	84	公乘	不更	上造
14	卿	右更	82	82	公乘	不更	上造
13		中更	80	80	公乘	不更	上造
12		左更	78	78	公乘	不更	上造
11		右庶長	76	76	公乘	不更	上造
10		左庶長	74	74	公乘	不更	上造
9		五大夫	25	25	公大夫	簪裊	上造
8		公乘	20	20	官大夫	上造	公士
7	大夫	公大夫	9	9	大夫	上造	公士
6		官大夫	7	7	不更	公士	
5		大夫	5	5	簪裊	公士	
4		不更	4	4	上造	公卒	
3	士	簪裊	3	3	公士	公卒	
2		上造	2	2	公卒	公卒	
1		公士	1.5	1.5	士伍		
+0		公卒	1	1	士伍		

---

14) 같은 책, p.176.

작위			田(頃)	宅	後子	2·3子	4子이후
0	無爵	士伍	1	1		士伍	
-0		庶人	1	1		士伍	
-1	사면죄수	隱官	0.5	0.5		士伍	
-2	경죄수	司寇	0.5	0.5		士伍	
-3		隸臣妾					
-4	徒隸	鬼薪白粲					
-5		城旦舂					

[표 2]에서 알 수 있듯이 戶律의 田宅制度는 二十等爵制의 爵位 高低에 따라 田宅 지급의 數量을 달리했다. 施偉靑은 軍功賜田과 일반서민의 授田을 별개의 것으로 이해해왔으나, 표에는 군공작자와 무작자가 동일 계통에 포함되어 있다.[15] 또한 高祖 5년 조서에서 軍功이 없는 小吏가 전택을 규정에 맞게 채웠다고 한 것은 軍功有爵者와 함께 동일한 계통에 속해있음을 말해준다.[16] 軍功을 수립하지 못한 小吏들도 이러한 규정에 근거하여 爵級에 규정된 畝數를 채웠던(滿) 것이다.

이러한 『二年律令』의 授田 규정이 秦代의 것을 어느 정도 계승했는지는 현재로서 알 수 없지만, 秦律의 틀이 漢律에 계승되어진 것임은 틀림없다.[17] 현재까지 출토된 秦律 자료에서는 戶律이 발견되지 않고 있지만, 『二年律令』 戶律의 완성도라든가 최근 발견된 里耶 戶籍簡의 戶曹令史라는 관직명을 보면 秦律에 戶律이 존재했을 가능성은 의심할 여지가 없어 보인다.[18] 里耶秦簡 자료에 의하면 이러한 토지 지급

---

15) 施偉靑, 「也論秦自商鞅變法后的土地制度——與張金光同志商榷」(『中國社會經濟史硏究』 1986-4), pp.19-20.
16) 楊振紅, 『出土簡牘與秦漢社會』(桂林: 廣西師範大學出版社, 2009), p.149.
17) 高敏은 「奏讞書」 등의 자료에서 볼 때 漢律은 秦律을 전부 계승하였다고 주장한다. 高敏, 「漢初法律系全部繼承秦律說」, 『秦漢魏晉南北朝史論考』(北京: 中國社會科學出版社, 2004), pp.76-83.
18) 張春龍, 「里耶秦簡中戶籍和人口管理」, 『里耶古城·秦簡與秦文化硏究』(北京: 科學出版社, 2009), p.189, "簡 ⑧2013: 正面: 卅四年八月癸巳朔癸卯戶曹令史☑ 盡卅

의 기본 틀이 秦代의 것임을 알 수 있다. 里耶秦簡 32(8-1957)簡에는 "陽里戶人司寇□☒"라고 하여 司寇가 戶人(戶主)으로서 일반인과 함께 등록되어 있다.[19] 여기에서 司寇가 官府에 沒收되지 않고 민간에서 戶主로서 생활한 것은 田宅의 소유를 전제하지 않고서는 설명할 수 없는데, 이는 50畝의 토지를 지급하도록 규정한 『二年律令』의 내용을 그대로 입증하는 것이다. 司寇의 이러한 신분과 생활조건은 『이년율령』이 秦代의 체계를 계승했음을 입증하는 증거라고 할 수 있다.

전택의 지급과 작위는 밀접한 관련을 갖기 때문에 그 獲爵의 방법은 매우 중요하다. 작위는 본인의 군공 수립에 의해 획득하기도 했지만, 앞서 언급한 秦律의 軍爵律에서 "그 後嗣가 유죄로 인해 법에 의거하여 耐遷되었을 경우, 본인이 법에 의거하여 耐遷된 경우는 모두 그 爵 및 賜를 받지 못한다."고 한 것에서 알 수 있듯이, 부모의 爵도 後嗣에게 계승되는 경우가 일반적인 爵位 획득의 경로였다.

부친의 작위를 상속하는 방법은 두 가지인데, 하나는 부친의 사망으로 인하여 작위를 승계하는 것이고, 다른 하나는 傅籍에 등록했을 때 승계하는 것이다.

부친의 사망은 일반적인 사망(置後律 367-368簡)과 공무로 순직한 경우(置後律 369-371簡)로 구분할 수 있다.[20]

> 6) 질병으로 사망하여 後子를 두는 경우, 徹侯의 後子는 徹侯가 되는데, 만약에 嫡子가 없으면, 孺子의 子와 良人의 子로써 한다. 關內侯의 後子는 關內侯가 되며, 卿侯의 後子는 公乘이 되며, 五大夫의 後子는 公

三年見戶數牘北(背) 移獄具集上□☒"에는 戶曹令史라고 하는 관직이 확인된다.

19) 같은 논문, pp.189-191, "簡 ⑧1957: 陽里戶人司寇□☒"; "⑧1028: 成里戶人司寇宜下妻齒"; "⑧17: 第二欄 士五(伍)七戶☒ 司寇一戶☒ 小男子□☒ 大女子□☒‧凡廿五☒"

20) 楊振紅, 위의 책, pp.138-139.

大夫가 되며, 公乘의 後子는 官大夫가 되며, 公大夫의 後子는 大夫가 되며, 官大夫의 後子는 不更이 되며, 大夫의 後子는 簪裏가 되며, 不更 의 後子는 上造가 되며, 簪裏의 後子는 公士가 되며, 適子가 없으면, 下妻의 子·偏妻의 子로써 한다.[21]

7) ……縣官을 위해 일하다가 그것이 원인으로 되어 죽거나 다쳐서 20 일 내에 사망하거나 …… 모두 공무와 관련하여 죽은 것으로 처리하 고, 아들에게 그 爵을 승계하도록 한다. (사망자가) 爵이 없는 경우 는 그 後子를 公士로 삼는다. 아들이 없다면 딸로 하고, 딸이 없다면 (사망자의) 아버지로 하며, 아버지가 없다면 어머니로 하고, 어머니 가 없다면 남자 형제로 하며, 남자 형제가 없다면 여자 형제로 하고, 여자 형제가 없다면 아내로 한다. 공무로 사망하여 後子를 두어야 할 경우 부모·처자·형제자매가 없다면 조부로 하고, 조부가 없다면 조모로서 居住와 名籍을 같이 하는 자로 한다.[22]

우선 6)의 일반적인 사망 시에 爵減의 원칙은 앞서의 [표 2] 爵位 상 속과 田宅에 보이는 것과 같이, 侯·卿·大夫·士마다 특징이 보인다. 우 선 侯의 경우이다. 徹侯는 4자 이후에도 그 작위가 내려가지 않는다. 그러나 關内侯의 경우 後子의 작위만 關内侯로 계속 유지되고, 2자 이 후는 不更 이하로 강등된다. 卿에 속한 모든 爵位의 後子는 일괄적으

---

21) 『張家山漢墓竹簡』, pp. 182-183, "疾死置後者, 徹侯後子爲徹侯, 其毋適(嫡)子, 以 孫子子、良人子. 關内侯後子爲關内侯, 卿侯〈後〉子爲公乘, 五大夫後子爲公大夫, 公乘後子爲官(367)大夫, 公大夫後子爲大夫, 官大夫後子爲不更, 大夫後子爲簪 裏, 不更後子爲上造, 簪裏後子爲公士, 其毋適子, 以下妻子、偏妻子. 368(C70)"

22) 같은 책, p. 183, "□□□□爲縣官有爲也, 以其故死若傷二旬中死, □□□皆爲死事 者, 令子男襲其爵. 毋爵者, 其後爲公士. 毋子男以女, 毋女369(C99) 以父, 毋父以 母, 毋母以男同産, 毋男同産以女同産. 毋女同産以妻. 諸死事當置後, 毋父母、妻 子、同産者以大父, 毋大父370(C85)以大母與同居數者. 371(C100)"

로 公乘으로 강등되고, 2·3子는 不更으로, 4자 이하는 上造로 된다. 大夫의 後子는 부친의 爵보다 2급 아래로 강등되고, 2·3子는 부친보다 6·5·4급 아래로, 4子 이하는 7·6급 아래의 작위로 강등된다. 士의 경우는 後子가 부친보다 2급 아래를, 2·3子 이하는 각각 4·3·2급 아래의 작위로 강등된다. 이렇게 강등된 작급에 규정된 토지를 상속하게 된다.

한편 7)의 부친이 公務로 사망했을 때 後(상속인)는 피상속인의 작위를 그대로 상속한다. 작위를 減爵 없이 상속하게 되면, 피상속인의 田宅을 그대로 상속할 수 있는 것이 된다. 그리고 父後의 작위가 死事者의 爵과 동등하다면 1급을 加爵한다.[23] 이 경우 田宅의 수량이 도리어 부친의 것을 초과한다. 일반적 사망과 공무로 인한 사망을 구분하여 爵의 상속을 규정한 것에서 보면, 공무 사망자에 대한 우대를 알 수 있다.

한편 傅律 규정에 의거하여 남자는 법정연령인 傅에 도달하면 부친의 작위에 근거하여 상응하는 작위를 얻는다.[24]

> 8) 後子가 아닌데 傅에 등록된 자는, 關內侯의 子는 2인까지는 不更으로, 그 외의 子는 簪裏로 한다. 卿의 子는 2인까지는 不更으로, 그 외의 子는 上造로 한다. 五大夫의 子는 2인까지는 簪裏로, 그 외의 子는 上造로 한다. 公乘·公大夫의 子는 2인까지는 上造로, 그 외의 子는 公士로 한다. 官大夫 및 大夫의 子는 公士로 한다. 不更에서 上造의 子는 公卒로 한다.[25]

---

23) 같은 책, p.183, "☑及(?)爵, 與死事者之爵等, 各加其故爵一級, 盈大夫者食之. 373(C91)"

24) 李均明, 「張家山漢簡所見規範繼承關系的法律」(『中國歷史文物』 2002-2), p.28; 楊振紅, 위의 책, p.132.

25) 『張家山漢墓竹簡』, p.182, "不爲後而傅者, 關內侯子二人爲不更, 它子爲簪裏; 卿子二人爲不更, 它子爲上造; 五大夫子二人爲簪裏, 359(F132)它子爲上造; 公乘, 公大夫子二人爲上造, 它子爲公士; 官大夫及大夫子爲公士; 不更至上造子爲公卒.360(F131)"

9) 不更 이하의 子는 20세, 大夫 이상 五大夫까지의 子 및 小爵이 不更이
하 上造까지는 22세, 卿 이상의 子 및 小爵이 大夫 이상은 24세가 되
면 모두 傅籍에 등록한다. 公士·公卒 및 士伍·司寇·隱官의 子는 모두
士伍가 된다. 세습되는 官은 각각 그 부친의 것을 세습하고, 學師가
있는 경우는 그에게서 배운다.[26]

　8)의 359-360簡과 9)의 364-365簡의 내용은 後子가 아닌 자식이 傅籍
에 등록할 때에 부친의 작위를 상속하는 일정한 원칙을 가지고 있으
며, 그것이 [표 2]의 2·3子 및 4子 이후의 항목에 정리된 것이다. 關內侯
의 子 二人은 不更, 它子(4자 이후)는 簪褭가 된다. 卿의 子 二人은 不更
이 되며, 它子(4자 이하)는 上造가 되며, 五大夫의 子 二人은 簪褭가 되
며, 它子(4자 이하)는 上造가 되며, 公乘과 公大夫의 子 二人은 上造가
되며, 4子 이하는 公士가 되며, 官大夫 및 大夫의 子는 公士가 되며, 不
更에서 上造의 子는 公卒이 된다. 後子 이외의 子가 傅籍에 신고하는
연령은 不更 以下의 子는 20세, 大夫 以上에서 五大夫, 小爵不更以下～上
造는 22세, 卿 以上 子 및 小爵 大夫 以上은 24세이다.[27]
　앞에서 제시한 [표 2]를 그래프로 표시하면, 지급량의 分界가 선명
하게 나타난다.(田과 宅의 숫자가 동일하므로, 본고에서는 편의상 田
에 관한 것만 언급하기로 한다.) 그 구분은 二十等爵의 구분인 侯, 卿,
大夫, 士 및 無爵과는 약간의 차이가 있다.

---

26) 같은 책, p.182, "不更以下子年廿歲, 大夫以上至五大夫及小爵不更以下至上造年
廿二歲, 卿以上子及小爵大夫以上年廿四歲, 皆傅之. 公士, 364(C247)公卒及士五、
司寇、隱官子, 皆爲士五. 疇官各從其父疇, 有學師者學之. 365(C246)"
27) 李均明·楊振紅의 傅律과 置後律의 모순에 대한 지적은 주목할 만하다.[李均
明, 「張家山漢簡所反映的二十等爵制」(『中國史研究』 2002-2), p.44; 楊振紅, 위의
책, pp.132-133.] 예컨대 爲後가 되지 못한 不更의 子가 20세에 傅되었을 때에
작위를 받으면, 후일 부친이 사망했을 때에 변동된 작위가 있을 것인데 어
떠한 작위로 처리하는지 의문이다.

[그림 1] 爵級別 授田額

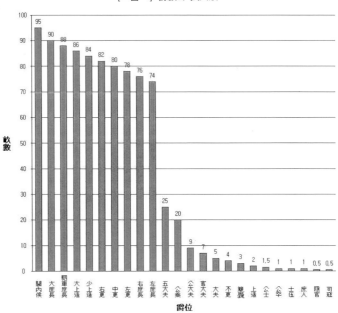

19급 關內侯 ~ 10급 左庶長까지의 전택 지급은 연속되어 있는 것 같이 보이지만, [그림 1]에서 세밀히 관찰하면 19급 關內侯를 卿級과 동일한 레벨로 처리할 수 없음을 알 수 있다. 19급 關內侯에서 18급 大庶長으로 내려갈 때의 차이는 5頃으로서, 卿級 내부의 체감액이 2頃인 것과 비교할 때 차별성을 둔 것으로 보인다. 따라서 關內侯와 기타의 卿級은 다른 범주로 구별하는 것이 타당하다.

關內侯와 卿級을 별개의 범주로 하는 구별은 後子 및 기타 아들에서도 일관되게 나타나야 하지만, 2·3子의 경우는 關內侯와 卿級 모두 不更으로 동일하다. 關內侯를 卿級과 완전히 구별하려면 關內侯의 2·3子도 不更이 아니라 大夫로 하는 것이 좋았을 것이다. [표 2]를 제정한 사람의 큰 구도는 後子 이외의 모든 자식을 "士"의 계급으로 떨어뜨리는 것을 목적으로 삼았다고 생각한다. 이러한 구도 때문에 關内侯의 2·3子가 卿級의 2·3子와 동일하게 不更으로 된 것이다.

18급 大庶長에서 10급 左庶長까지는 예외 없이 2頃씩 체감하고 있어서 하나의 그룹으로 묶을 수 있다. [그림 1]에서 보면 卿爵의 마지막인 10급 左庶長과 大夫級의 첫 번째인 9급작 五大夫는 큰 차이를 보이고 있음이 확연히 드러난다.[28] 즉, 左庶長의 74頃에서 五大夫의 25頃으로 급감하고 있다.

한편 7급 公大夫는 8급 公乘의 지급액과 비교할 때 급격히 줄어들어 동일한 大夫級으로 보기 곤란할 정도이다. 이것은 漢高祖의 五年詔書에서도 "七大夫·公乘 以上은 모두 高爵이다"라고 한 것처럼, 公乘 이상을 高級爵으로 간주하고, 아래의 7급작 公大夫와 구별한 경계선과 일치한다.[29] 7급 公大夫로부터 1급 公士까지는 체감액이 2頃, 1頃, 0.5頃인데, 급감함이 없이 연속적으로 체감하고 있어서 하나의 그룹으로 묶을 수 있다. 이상은 모두 有爵者에 대한 지급이며, 公卒·士伍·庶人·司寇·隱官 등은 無爵者 그룹으로 묶을 수 있다. 이상의 내용을 정리하면 [표 3]과 같다.

---

28) 李均明, 「張家山漢簡所反映的二十等爵制」, p.39. 五大夫를 경계로 하여 그 이하는 伍制에 속하여 상호 감시의 대상이 되었다.

29) 任仲爀, 「漢初의 律令 제정과 田宅制度」(『中國古中世史硏究』 25, 2011), p.130, 注 83. 바로 이러한 점에서 五年詔書에 보이는 七大夫를 7급작 公大夫로 보는 것은 옳지 않다. 만약에 七大夫를 公大夫로 볼 경우 公乘·七大夫 이상을 함께 高爵이라고 했는데도, 이렇게 田宅 지급에서 公乘과 公大夫를 크게 차이 나게 하는 것은 모순이며, 五年詔書에서 "七大夫 以上인 경우는 모두 食邑을 소유하게 했다."는 것과도 모순되기 때문이다. 따라서 여기에 보이는 七大夫는 楚爵이며, 劉邦이 기의 초기에 楚爵을 받았을 부하들에 대한 전택 지급을 의미한 것으로 생각된다. 따라서 高祖 5년의 "七大夫 以上인 경우는 모두 食邑을 소유하게 했다."는 것을 公大夫 이상이 식읍을 가졌던 것으로 이해하고, 이것이 呂后 2년 당시의 『二年律令』에서 9頃으로 줄었다고 하는 王彦輝의 견해에는 찬성하지 않는다. 王彦輝, 『張家山漢簡《二年律令》與漢代社會硏究』(北京: 中華書局, 2010), p.32.

[표 3] 전택지급과 작위의 구분

구분	爵位
1 그룹	侯(關內侯)
2 그룹	卿
3 그룹	大夫(9五大夫, 8公乘)
4 그룹	大夫(7公大夫, 6官大夫, 5大夫) / 士(4不更~1公士)
5 그룹	無爵 및 사면죄수, 경죄수(公卒, 士伍, 庶人, 隱官, 司寇)

다음으로 검토해야 할 것이 田宅의 면적이다. 于振波는 授田額에 있어 漢 戶律의 것이 『商君書』의 것보다 훨씬 많기 때문에 秦과 漢의 名田宅制는 큰 변화가 발생했다고 주장했다.[30] 『商君書』에 의하면 원래 賜田宅의 기초 위에서 1급씩 작위가 높아질 때마다 賜田 1頃, 宅 9畝가 증가되었다. 만약 최소의 百畝에서 益田해나간다면, 19급 關內侯의 田은 20頃, 宅은 180畝가 된다.[31] 반면에 『이년율령』에서 徹侯는 田宅 지급의 규정이 없지만, 그 이하의 關內侯 95頃으로부터 차등적으로 감소하여 無爵은 물론이고, 隱官·司寇에 이르기까지 0.5畝의 田과 0.5宅을 보유한다. 侯·卿·大夫가 받은 전택의 수량이 秦代의 경우보다 훨씬 많은 것은 한초 인구가 격감한 상황, 토지가 황폐화하고, 생산의 회복을 시도하는 상황과 관련이 있을지도 모른다.[32]

1宅의 면적은 「宅之大方卅步」인데, 1步는 6尺이며,[33] 1漢尺은 0.23m이다. 1步는 1.38m이므로 30步는 41.4m이다. 따라서 1변이 30步인 宅의 면적인 900步²는 1713.96m²(약 571.32평)이 된다.[34] 宅을 모두 주거 공간

30) 于振波, 「簡牘所見秦名田制蠡測」(『湖南大學學報』 2004-2), p.9.
31) 高亨, 『商君書注譯』(北京: 中華書局, 1974), 「境内」, p.152, "能得甲首一者, 賞爵一級, 益田一頃, 益宅九畝. 一除庶子一人, 乃得人兵官之吏."; 朱紹侯, 『軍功爵制考論』(北京: 商務印書館, 2008), p.288.
32) 朱紹侯, 『軍功爵制考論』, p.287.
33) 『漢書』 卷24上 「食貨志」, p.1119, "六尺爲步, 步百爲畮."
34) 楊振紅, 「秦漢"名田宅制"說 －從張家山漢簡看戰國秦漢的土地制度」(『中國史研究』 2003-3), p.50. 方卅步는 900步²이다. 그런데 "步百爲畮", 즉 1畮는 100步²이므로

으로 간주할 경우 571.32평이라는 면적을 거주 공간만으로 보기에는 너무 넓다. 漢代의 보통 주택형식이 一堂二內이며, 면적은 대략 30-40m² 인 것으로 보아 1713.96m²에는 園圃·庭院이 포함되어 있다고 보아야 할 것이다.[35]

　公卒·士伍·庶人에게 규정된 100畝가 실제로 지급되었을까? 후술하 겠지만, 男夫 1인 당 실제 경작 가능한 면적이 10-20畝인 것을 고려한 다면 대부분의 학자가 규정대로 토지가 지급되지 않았다는 입장에 서있다. 庶人에게 지급한다고 규정한 100畝조차도 경작 능력을 초과 한 면적이다. 따라서 예속된 노동력의 존재도 상정할 수 있으나, 『이 년율령』에는 『商君書』에 보이는 庶子와 같은 존재는 확인되지 않는 다.[36] 따라서 名田宅制가 과연 규정대로 실시되었는지에 대해서는 연 구자 사이에 의견이 나뉘고 있다. 그러나 王彦輝를 제외하고는 대부 분 이루어지지 않았다는 것이 일반적이다. 王彦輝는 실제로 지급되었 다는 實授制를 주장하는데, 다만 地域과 爵級의 차이가 존재한다고 주 장했다.[37] 그러나 張金光은 『二年律令』의 授田 규정은 당시의 사회정치 상황으로 볼 때 정부는 실행할 수 있는 능력이 없다고 보았고,[38] 賈麗

　900步²는 9畝가 되는 것이다.(9小畝)

35) 楊振紅, 위의 책, p.128. 현재 확인할 수 있는 漢代의 주거 유지에 대한 발굴 보고는 희소하여 전모를 알 수는 없으나, 아래의 몇 가지 사례로 확인해보 면 건물이 있었던 크기는 1宅의 크기인 571.32평보다는 훨씬 작다. 洛陽 서 부에서 발견된 前漢의 住房은 方形으로서 일변이 13.3m로서 176.89m²이다. (약 53평)[陳曦, 『先秦至秦漢家居設計文化觀念之演變』(南京理工大學碩士學位論 文, 2006), p.28.] 한편 三楊莊의 주택은 건물 부분이 5.7×6m (34.2m², 약 10.4 평)이고, 뜰(院落)은 20×18m(360m²)로서 전체 면적은 394.2m²(143.3평)이다.[河 南省文物考古硏究所·內黃縣文物保護管理所, 「河南內黃縣三楊莊漢代庭院遺址」 (『考古』 2004-7), p.35.]

36) 庶子와 동일한 성격으로 庶人을 제시한 논고가 있어 주목된다. 林炳德, 「秦· 漢時代의 士伍와 庶人」(『中國古中世史硏究』 20, 2008), p.358 참조.

37) 王彦輝, 「〈二年律令·戶律〉與高祖五年詔書的關系」(『湖南大學學報』 2007-1), pp.10-13.

38) 張金光, 「普遍授田制的終結與私有地權的形成——張家山漢簡與秦簡比較之一」(『歷

英은 高祖 12년의 조서에서 賜第室과 復除徭役만을 언급하고 授田은 언급하지 않은 것으로 미루어 고조 시기에 수전 규정은 이미 具文에 불과했다고 주장했다.[39]

한편 楊振紅과 于振波는 현실적으로 토지를 지급할 수 없으므로, 戶律의 규정은 단지 제한의 의미를 지녔을 뿐이라고 주장한다. 즉, 『이년율령』의 戶律 규정을 田宅逾制를 제한하는 의미로 이해하였다. 楊振紅의 해석은 『二年律令』에 授田宅과 관련된 律文이 많은데, 그것은 田宅의 收授가 爵位名田宅制度의 틀 내에 존재하는 것이라고 보았다. 이러한 작위는 減級을 통하여 상속시에 발생하는 田宅逾限의 문제를 해결하고, 전택을 회수함으로써 이 제도가 장기간 존속할 수 있게 만들었다고 주장하였다. 전택의 국가 授給이 民戶가 田宅을 획득할 수 있는 유일한 길이 아니라는 주장에서 볼 때, 국가의 전택 지급은 인정하고 있는 것을 알 수 있지만, 爵位名田宅制度에서는 "授(지급)"보다 "限(제한)"의 의미가 크다고 주장하고 있다.[40] 이러한 제한의 의미를 가진 名田宅制가 文帝 시기에 폐지되었기 때문에 武帝 시기에 입추지지도 없게 되는 결과를 낳았다고 주장한다. 양진홍은 哀帝時의 인물 師丹이 文帝 시기에 대해 "民이 충실해지기 시작했고, 겸병의 폐단이 아직 없었기 때문에 民田 및 奴婢에 제한을 하지 않았다."라고 주장한 것에 근거해, 文帝 시기에는 겸병의 폐단이 없었기 때문에 民田과 奴婢의 소유를 제한하는 名田宅制를 없앴다는 결론을 내렸다.[41]

　　史研究』 2007-5), p.57.

39) 賈麗英, 「漢代"名田宅制"與"田宅逾制"論說」(『史學月刊』 2007-1), p.35.

40) 楊振紅, 「秦漢"名田宅制"說」(『中國史研究』 2003-3), p.68.

41) 『漢書』 卷24上 「食貨志」, p.1142, "古之聖王莫不設井田, 然後治乃可平. 孝文皇帝承亡周亂秦兵革之後, 天下空虛, 故務勸農桑, 帥以節儉. 民始充實, 未有並兼之害, 故不爲民田及奴婢爲限. 今累世承平, 豪富吏民訾數鉅萬, 而貧弱兪困. 蓋君子爲政, 貴因循而重改作, 然所以有改者, 將以救急也. 亦未可詳, 宜略爲限." 그러나 이 언급은 文帝가 名田宅制의 제한 조치를 푼 것이 아니라 文帝 당시에 토지와 노비의 소유를 제한하지 않았다는 의미이다. 그러한 소유의 상

한편 于振波는 名田宅制의 실상은 限田制이며, 실제 지급을 의미하는 實授制는 아니라고 한다. 즉, "당시의 名田制의 법률표준은 단지 제한액일 뿐이고 實授는 아니며, 이미 每戶당 규정에 맞게끔 田宅을 점유하도록 하는 것을 강력하게 구하는 것도 아니고 보증하는 것도 아니다."라고 주장했다.[42]

이상에서 制限의 의미가 支給의 의미보다 더 강하다던가, 實授制가 아니라 限田制라는 주장이 있지만, 이들의 주장과 달리『二年律令』313簡의 "田宅이 규정액에 차지 않는 경우 그 부족분을 채울 수 있다."는 규정 및 五年詔書의 "지금 小吏 가운데 일찍이 從軍하지 않은 자가 규정에 차게 소유하고 있다."는 高祖의 질책을 보면 限田의 의미로만 해석할 수는 없다.[43] 戶律에는 限田을 강조하는 부분도 적지 않지만, 적어도 이 조항은 限田의 의미보다는 국가가 지급하려했던 "목표량"이라고 할 수 있다.(후술)

2. 爲戶와 田宅 지급

앞서 제시한 [표 2]에 爵位에 따른 전택 지급이 언급되어 있는데, 이것은 마치 전택이 爵位만 있으면 지급되는 것으로 착각하게 할 수 있다. 商鞅變法에서 爵과 田宅의 일치를 강조했기 때문에 흔히 생기는 착각은 有爵者가 당연히 田宅을 받을 것이라는 것이다.[44] 그러나『二年律令』에서 확인되는 田宅 보유의 충족 조건은 爲戶였지 爵位가 아니

한 규정이 없는 것은 蕭何의 경우에서 입증되는데, 이 사례는 이년율령에 최초부터 상한규정이 없었음을 말해준다.

42) 于振波, 「張家山漢簡中的名田制及其在漢代的實施情況」(『中國史研究』2004-1), pp. 32, 38.

43) 『張家山漢墓竹簡』, p.176, "其已前爲戶而毋田宅, 田宅不盈, 得以盈.";『漢書』卷1下 「高祖紀」, p.55.

44) 『史記』卷68 「商君列傳」, p.2230, "宗室非有軍功論, 不得爲屬籍. 明尊卑爵秩等級, 各以差次名田宅, 臣妾衣服以家次. 有功者顯榮, 無功者雖富無所芬華."

었던 것이다. 아래의 조문들은 爲戶해야만 田宅을 받을 수 있다는 것을 보여주는 자료들이다.

10)-불행히 죽은 자는 그 後子로 하여금 먼저 田을 택하게 하며, 그 나머지를 (기타 자식에게) 지급한다. 後子 이외의 다른 아들이 戶를 이루고자 하면, 그 (後子에 지급한 것을 삭감한) 田으로 그에게 지급한다. 이미 전에 戶를 이루었는데 田宅이 없거나, 田宅이 규정액에 차지 않는 경우는 그 부족분을 채울 수 있다. 宅은 연접하지 않으면 얻을 수 없다.[45]

11) 아직 田宅을 받지 못한 자의 경우, 鄕部는 그들이 戶를 이룬 선후순서대로 편제하는데, 오래된 자를 오른쪽으로 가게 한다. 오래된 정도가 같으면, 爵으로 선후를 정한다. 縣官에 등기된 田宅이 있으면, 그 廷에 보고하고, 즉시 순서에 따라 田宅을 지급하게 한다.[46]

12) 무릇 戶를 이루지 않은 자가 田宅이 있어 다른 사람의 명의에 의탁한 자 및 타인을 위해 자신의 명의로 田宅을 등록한 자는 모두 卒로 삼아 2년간 戍邊을 시키며, 그 田宅을 縣官에 沒入한다. 타인을 위해 자신의 명의로 田宅을 등록한 자가 먼저 신고할 수 있으면, 그 죄를 면제하고 또한 자신의 명의로 등록된 田宅을 그에게 준다. 다른 것은 律令대로 한다.[47]

---

45) 『張家山漢墓竹簡』, p.176, "不幸死者, 令其後先312(C150)擇田, 乃行其餘. 它子男欲爲戶, 以受其殺田予之. 其已前爲戶而毋田宅, 田宅不盈, 得以盈. 宅不比, 不得. 313(C151)"

46) 같은 책, p.176, "未受田宅者, 鄕部以其爲戶先後次次編之, 久爲右. 久等, 以爵先後. 有籍縣官田宅, 上其廷, 令輒以次行之. 318(F87A)"

47) 같은 책, p.177, "諸不爲戶有田宅, 附令人名, 及爲人名田宅者, 皆令以卒戍邊二歲, 没入田宅縣官. 爲人名田宅, 能先告, 除其323(C93)罪, 有畀之所名田宅, 它如

13) (유언에 의해) 분할된 田宅은 爲戶하지 않아도 소유할 수 있으나, 8월에 호적에 기입해야 한다.[48]

14) 여자가 戶를 이루었으나 後子가 없는 상태에서 출가한 경우, 남편이 처의 田宅을 자신의 田宅에 채우도록 한다. 宅은 연접해 있지 않으면 채울 수 없다. 남편이 처를 내쫓아 버렸거나 남편이 죽으면 妻는 다시 (田宅을) 취하여 爲戶할 수 있다. 처를 내쫓아 버렸을 경우에 그에게 그 재산을 넘겨준다.[49]

15) 과부가 戶의 후계자가 되면 田宅을 지급하는데, 아들이 후계자가 되었을 경우에 취득한 작위에 준한다. 그가 호의 후계자가 될 수 없음에도 호를 이루고 後子가 상속한 것을 제외하고 남은 나머지의 田宅을 받고자 한다면, 庶人의 신분에 해당하는 田宅의 지급을 허락한다.[50]

위의 10)~15)에서 爲戶(독립호 구성)가 전택지급과 관련되어 있는 사실을 적시하면 다음과 같다. 10)은 다른 子男이 爲戶하고자 하면 장남에게 지급한 토지를 제외한 것을 지급하도록 하며, 11)은 전택 지급의 기준이 爲戶의 시점, 爵位의 순서에 의하고 있음을 분명하게 언급하고 있다. 12)는 爲戶하지 않은 상태에서 전택을 소유하는 것이 불법임을 말하고 있으며, 13)은 상속 등의 이유로 인하여 전택을 가지고 있을 때 不爲戶한 자는 8월까지 호적에 기입해야만 됨을 말해준다.

律令. 324(C135)"
48) 같은 책, p.178, "所分田宅, 不爲戶, 得有之, 至八月書戶."
49) 같은 책, p.184, "女子爲戶毋後而出嫁者, 令夫以妻田宅盈其田宅. 宅不比, 弗得. 其棄妻, 及夫死, 妻得復取以爲戶. 棄妻, 畀之其財. 384(C184)"
50) 같은 책, p.185, "寡爲戶後, 予田宅, 比子爲後者爵. 其不當爲戶後, 而欲爲戶以受　毅田宅, 許以庶人予田宅. 386(C198)"

14)는 女子가 爲戶 상태에서 출가하는 경우인데, 이것은 여성이 결혼 이전에 이미 爲戶의 상태에 있음을 말해주는 것으로 爲戶가 결혼의 성립과는 무관한 것임을 알 수 있다. 결혼 이전이더라도 爲戶의 상태인 여성은 田宅을 소유할 수 있으며, 소유한 전택은 결혼 시에 남편의 것과 합산된다. 15)는 寡婦가 戶後(후계자)가 되었을 때 남편의 田宅을 그대로 상속하는 것이 아니라, 그 아들이 부친의 爵을 취득하는 것에 준하여 전택 지급하는 사실을 규정하고 있다. 이상의 내용들은 전택 지급에서 가장 중요한 것이 爲戶의 상태에 있어야 한다는 사실이며, 爵位는 언급되고 있지 않다.

결국 부모에게서 독립된 호적을 가지지 못하면, 有爵者라고 하더라도 자신의 전택을 가질 수 없다. 田宅 지급과 分戶의 관계에 있어서, 남자가 傳籍 후에 分戶하지 않아도 分戶한 사람과 마찬가지로 전택을 받을 권리를 향유한다면, 백성에게 分戶를 유도할 미끼가 없을 것이다.[51] 爲戶한 자들은 지급받은 전택을 戶主의 이름에 등록한다. 이러한 田宅 등록 행위를 "名田宅"이라고 한다.[52] 名田은 "以名占田"한다는 의미이다. 즉, 戶主의 이름에 근거하여 문서에 田宅을 등록하는 행위를 한다는 의미이다.[53] 이 문제는 漢代 토지제도의 명칭과 관련하여 중요하다. 唐代의 토지제도가 均田制라는 명칭을 갖는 것과 마찬가지

---

51) 楊振紅, 위의 책, p.133.
52) 같은 책, p.131;『漢書』卷24上「食貨志」, p.1137, "師古曰：「名田, 占田也. 各爲立限, 不使富者過制, 則貧弱之家可足也.";『漢書』卷11「哀帝本紀」, p.336, "有司條奏：「諸王, 列侯得名田國中, 列侯在長安及公主名田縣道, 關內侯, 吏民名田, 皆無得過三十頃. 諸侯王奴婢二百人, 列侯, 公主百人, 關內侯, 吏民三十人. 年六十以上, 十歲以下, 不在數中. 賈人皆不得名田, 爲吏, 犯者以律論. 諸名田畜奴婢過品, 皆沒入縣官.";『漢書』卷11「哀帝本紀」, p.336, "如淳曰：「名田國中者, 自其所食國中也, 旣收其租稅, 又自得有私田三十頃. 名田縣道者, 令甲, 諸侯在國, 名田他縣, 罰金二兩. 今列侯有不之國者, 雖遙食其國租稅, 復自得田於他縣道, 公主亦如之, 不得過三十頃."
53) 楊振紅, 위의 책, pp.131-132.

로, 漢代에는 名田宅이라는 칭호를 붙여야 한다고 楊振紅은 주장하고
있다. 한편 王彦輝는 전택을 지급하는 입장에서는 "予田宅" 또는 "行田
宅"이라고 하며, 받는 자의 입장에서는 名籍에 합법적으로 田宅을 점
유하는 "名田宅"의 용어를 사용하는데, "授田宅"과 "名田宅"은 동전의
양면과 같은 관계라고 주장하였다.[54] 王彦輝의 이해방식은 楊振紅의
견해를 조금 더 진보시킨 것이라고 할 수 있다.

『二年律令』의 田宅 지급에서 爲戶가 중요한 조건인 것은 戰國시대
魏律과 秦律로부터 승계된 것으로 생각된다. 『睡虎地秦墓竹簡』에 포함
되어 있던 魏戶律에서 "假門逆旅와 贅壻後父는 爲戶하지 못하게 하고
田宇를 지급하지 않는 것"에서 전택의 지급기준은 "爲戶"였음을 알 수
있고,[55] 이 원칙이 秦律과 漢律에도 영향을 주었을 것으로 생각된다.
『二年律令』의 置後律 387簡에 과부가 호를 계승할 때, 남편의 형제 및
아들 가운데 동거하며 名籍을 같이 하는 자가 있다면 田과 宅을 팔거
나 贅壻를 들여서는 안 된다고 한 것에서 贅壻에 불이익을 주는 원칙
은 魏戶律과 관련이 있을 것으로 생각된다.[56]

"爲戶"라는 것은 分家 등의 원인으로 分家分財하여 새로이 獨立戶를
세우는 것을 말한다.[57] "爲戶"의 "爲"는 秦律의 "爲田律"과 마찬가지로

---

54) 王彦輝,『張家山漢簡《二年律令》與漢代社會研究』(北京: 中華書局, 2010), pp.13, 30.

55) 『睡虎地秦墓竹簡』, pp.292-293, "自今以來, 叚(假)門逆呂(旅), 贅壻後父, 勿令爲
戶, 勿鼠(予)田宇."

56) 『張家山漢墓竹簡』, p.185, "寡爲戶後, 予田宅, 比子爲後者爵. 其不當爲戶後, 而
欲爲戶以受殺田宅, 許以庶人予田宅. 毋子, 其夫; 夫386(C198)毋子, 其夫而代爲
戶. 夫同産及子與同居數者, 令毋賈賣田宅及入贅. 其出爲人妻若死, 令以此代
戶. 387(C199)"

57) 尹在碩,「睡虎地秦簡和張家山漢簡所反映的秦漢時期後子制和家系繼承」(『中國歷
史文物』2003-1), pp.39-41; 金珍佑,「秦漢律의 '爲戶'를 통해 본 編戶制 운용의
한 성격-『張家山漢簡』《二年律令》의 분석을 중심으로」(『中國古中世史研究』
20輯, 2008), p.229. 戶의 계승, 즉 "代戶"가 아닌 새로운 戶(新戶)의 성립은
"爲戶"로 표현되며, 이것은 기존의 戶에서 나뉘어져 나온 "分(爲戶)"의 의미
가 있다. "代(爲)戶"의 줄임말로써 기존의 戶를 그대로 계승해서 이어간다

동사 + 목적어의 형태로서 "만들다"의 의미를 가졌는데, "새로이 戶를 만들다"의 의미로 해석할 수 있다. 따라서 그것은 결혼하여 호를 형성하는 것보다는 포괄범위가 넓다.

> 16) 죄인으로 完城旦·鬼薪 이상인 자, 그리고 간통하여 腐刑에 처해진 자는 모두 그 처·자식·재물·전택을 몰수한다. 그 자식이 ① 아내나 남편이 있거나, ② 爲戶했거나, 爵을 가지고 있거나, 나이가 17세 이상이거나, 또는 다른 사람의 아내가 되었다가 버림을 받았거나 과부가 된 경우는 모두 몰수하지 않는다.[58]

위의 收律의 조항에서 ①은 결혼을 전제로 하는 것인데, 이와 별개로 ②의 "爲戶"를 구분한 것은 양자의 의미가 다르기 때문이다. 따라서 爲戶라는 것은 독립하여 새로운 戶를 구성한 것을 말한다.

한편 "爲戶"는 代戶와도 다른 의미이다. 아래의 조문은 爲戶와 代戶가 하나의 조문 내에서 동시에 사용되고 있는 것으로 보아서 양자는 다른 개념이 분명하다.

> 17) 民의 大父母·父母·자식·손자·형제·형제의 자식(조카)이 서로 노비와 馬·羊 및 그 밖의 다른 재물을 나누어 주려고 하는 경우 모두 이를 허락하고 즉시 簿冊에 등록한다. 손자가 爲戶하여 대부모와 함께 사는데, 부양을 잘하지 못할 경우 손자는 밖에서 살게 하고, 조부모는 손자 집에서 살면서 손자의 토지로 생활하게 하며, 손자의 노비를 부릴 수 있되 매매하지는 못하게 한다. 손자가 죽으면

는 의미이다.

58) 『張家山漢墓竹簡』, p.156, "罪人完城旦、鬼薪以上、及坐奸府者、皆收其妻、子、財、田宅. 其子有妻、夫、若爲户、有爵、及年十七以上、若爲人妻而棄、寡者、174(C263)皆勿收. 175(C262)"

그 모친이 계승하여 호를 구성하는데(代爲戶), 남편의 부모를 쫓아
내거나, 데릴사위를 들이거나 외부로부터 자식의 재물을 취하지
못하게 한다.[59)

代戶는 "代爲戶"의 줄임말이다. 代는 계승의 의미이다. 따라서 전임
호주를 대신하여 새로이 호주가 되어서 전임 호주의 지위, 권리, 의무
를 계승하는 것을 代戶라고 한다. 이 경우에도 전택을 받을 수 있는
자격을 취득하는 것이다.

爲戶할 수 있는 자격에는 어떠한 제약도 설정되어 있지 않은 것으
로 보이며, 316簡의 "欲爲戶者, 許之."라고 한 것과 345簡의 "民欲別爲戶
者, 皆以八月戶時, 非戶時勿許"에서 볼 때, 分家分財하여 새로이 立戶하
는 것은 자유롭고 합법적이었다. 매년 8월 호적 등재 시기에 新戶가
독립 호적에 편입되면 국가로부터 전택을 받는 등 완전히 독립 家戶
의 권리를 향유한다.[60)

"爲戶"를 하는 경우는 부친의 사망(이 경우 後子는 代戶이지만 기타
자식은 爲戶), 부모 생존 시의 分戶(生分)가 있다. 앞에서 제시한 10)의
312-313簡에 의하면, ① 부친의 사망 후에 後子가 우선적으로 田을 승계
하고, 後子의 형제들(它子男)은 별도의 戶를 구성할 수 있음을 알 수
있다. ② 부모 사망 이전에 이미 爲戶하였으나 田宅이 없거나(毋田宅),
지급기준에 미달한 경우(田宅不盈)에 전택을 지급받는데, 이로써 본다
면, 부모가 생존해 있을 때에도 分戶하여 戶主가 되는 것이 가능하였
다. 이것은 生分에 의한 것으로 생각되는데, 分戶의 중요한 방법이었

---

59) 같은 책, pp.178-179, "民大父母、父母、子、孫、同産、同産子, 欲相分予奴婢、馬
牛羊、它財物者, 皆許之, 輒爲定籍. **孫爲戶**, 與大父母居, 養之不(337)善, 令孫且
外居, 令大父母居其室, 食其田, 使其奴婢, 勿賈賣. **孫死, 其母而代爲戶**, 令毋敢
遂(逐)夫父母及入贅(338)及道外取其子財.(339)"

60) 尹在碩, 위의 논문, pp.39-41.

다.[61] 이는 후술할 18) 340簡의 부모 생존 시에 分異를 요청하는 재산권 분할과 관련이 있을 것이다. "전택 지급의 기준에 미달한다(田宅不盈)"는 의미임을 고려한다면, 일부의 토지는 지급받은 것이 확실하다. 그렇다면 기준에 미달한 그 田宅은 누가 지급했을까? 이것은 국가가 지급하는 경우와 부친이 준 경우의 두 가지가 모두 가능하다. 국가는 爲戶하면 토지를 지급할 의무가 있으므로 "원칙상"으로는 지급할 의무가 있었다. 부모로부터 받았을 가능성은 부모가 자식에게 토지를 나눠주고 爲戶시키는 경우, 자식이 부모의 사망 이전에 分異를 요청하는 경우가 있다.[62]

後子 이외의 아들들(它子男)이 爲戶를 원할 경우에 후자의 상속분을 제외한 殺田(쇄전)을 지급한다. 이 경우에는 傅籍에 등록하기 이전의 子男도 있을 것인데 그 상속은 어떻게 하였을까? 이 조문의 "後子 이외의 다른 아들이 戶를 이루고자 하면"이라는 표현은 역으로 後子 이외의 아들들이 分家를 원하지 않아서 형제들과 分財하지 않고 동거하는 상황도 존재했을 가능성이 있을 수 있다.[63] 이들은 小爵으로 표현하고 그들에게 토지 소유를 잠시 유보하였다가 성장하여 爲戶를 희망하면 정식으로 書戶하여 호적에 등록했을 것이다.[64]

---

61) 金珍佑, 위의 논문, pp.246-247. 金珍佑는 "(分)爲戶는 後子 이외에 다른 자식이 분가하는 것으로 정상적인 婚姻이 중요한 기준이었다."고 주장하여 婚姻을 分家의 원인으로 보고 있으나, 婚姻하지 않고도 분가하여 爲戶할 수 있다. 혼인하지 않고 爲戶하고자 한다면 이를 허락해야 하는 것이 원칙이다.

62) 楊振紅, 위의 책, p.142. 부모의 재산을 요구하는 生分에 관해서는 후술하지만, 사실 생존해있는 부모의 전택을 자식이 요구한다는 340簡의 내용은 이해하기 어려운 부분이 있다. 이러한 의문에 대해서는 주 72)의 徐世虹 견해 참조.

63) 里耶秦簡 k30/45의 南陽戶人 不更 彭嚴이 弟 不更 說과 동거하고 있는 것, k2/23 南陽戶人 荊不更 宋午가 동생 不更 熊, 不更 衛와 동거하는 것은 그러한 사례일 것이다. 湖南省文物考古研究所, 『里耶發掘報告』(長沙: 岳麓書社, 2006), p.205.

64) 『張家山漢墓竹簡』, p.182, "不更以下子年廿歲, 大夫以上至五大夫及小爵不更以

爲戶의 방향은 父母에서 子息으로 내려가는 下行만 있는 것은 아니며, 다양한 방향성을 가지고 있다. 그것은 戶律 340簡에서 확인할 수 있다. 이 간독은 해석상 이견이 있기에 분석의 필요상 원문을 제시하기로 한다.

18) 諸後欲分父母、子、同産、主母、叚母、及主母、叚母欲分孽子、叚子田以
     爲戶者, 皆許之.(340)[65]

이 조문은 많은 논자들이 分異令의 재산분할과 관련된 것으로 본다. 이 조문에서의 주체가 무엇인지에 대해서는 이견이 보이지만, 이를 전적으로 검토한 논의는 보이지 않는다.

첫째, 楊振紅은 "상속인 後가 (생존한) 부모에게 分田을 요구할 수 있는 권리가 있다. 그리고 門戶를 세울 수 있다."고 하여 生分으로 해석하였다.[66] 또한 李恒全도 "繼承人이 父母・子・兄弟・主母・假母의 것을 나누려고 하고, 主母・假母가 孽子・假子의 田産을 나누어 獨立하여 爲戶하려 한다면 허락해야 한다는 것"으로 이해하였다.[67] 그러나 생존해 있는 부모의 재산을 자식이 요구하도록 한다면 재산 분쟁이 발생할 수 있는 문제를 어떻게 해석해야 할지 의문이다.

둘째, 臧知非는 諸後(상속권리가 있는 사람들)가 이미 사망한 父母・子・同産・主母・假母의 田을 분할하는 것으로 이해하였다.(死分)[68] 그는

下至上造年廿二歲, 卿以上子及小爵大夫以上年廿四歲, 皆傅之. 公士, 364(C247)
公卒及士五, 司寇, 隱官子, 皆爲士五. 疇官各從其父疇, 有學師者學之. 365(C246)"
金珍佑는 爲戶의 조건이 成婚에 있다고 하였으나, (위의 논문, p.231) "它子
男欲爲戶"라고 한 것은 결혼을 전제하지 않은 것이다.

65) 『張家山漢墓竹簡』, p.179.
66) 楊振紅, 위의 책, p.142.
67) 李恒全, 「漢代限田制說」(『史學月刊』 2007-9), p.36.
68) 臧知非, 「張家山漢簡所見西漢繼承制度初論」(『文史哲』 2003-6), p.78.

"사람이 사망한 후에, 그 祖父母·父母·子·兄弟·侄子를 포함한 家人이 協商한 후에, 그 奴婢·畜産과 기타 動産을 分割하고자 하는 자는 관리가 등기를 해주어야 한다. 토지는 부동산이고, 국가가 수여한 것이므로 분할한 후에 單獨立戶하려고 한다면 역시 協商한 후에 分割立戶를 허락해야 한다. 律文 가운데 '諸後'는 죽은 자의 토지를 계승할 권리가 있는 繼承人이며, 法定繼承制에서 법에 의거해 설치하는 '後'와는 다른 것이다."라고 주장하였다.

셋째는 專修大(日本)의 해석으로서, 諸後가 父母·子·同産·主母·假母 등에게 자신의 토지를 나누어주고 爲戶로 삼으려는 요청을 국가가 허락하는 의미로 해석한 것이다. 專修大의 해석은 "諸後가 父母·子·同産·主母·叚母에게 分配할 것을 바랄 경우, 主母·叚(假)母가 孽子나 叚(假)子에게 田을 분배할 것을 바라고, 그것에 의해 孽子·叚(假)子가 戶를 독립시킬 경우는 모두 허가한다."고 해석한 후에, "主母·叚(假)母는 孽子나 叚(假)子에게 田을 分與할 수 있고, 田을 점유하는 것으로 되는 孽子·叚(假)子는 그를 위해 爲戶하고 8월에 그것을 등록하는 것으로 된다.(354簡 참조)"라고 부연 설명하여 주체(諸後)가 객체(父母·子·同産·主母·假母)에게 田을 分與하는 것으로 해석했다.[69]

위와 같이 여러 가지 해석이 존재하는데 어느 것이 맞는지 난해하다. 이 조문을 바로 위 17)의 337-339簡과 관련하여 해석하는 견해도 있다.[70] 즉, 337-339簡에는 전택만 누락되어 있는데, 이를 340簡에서 전택만을 별도로 규정한 것이며, 따라서 339簡에 노비·馬牛羊 등을 상호 간에 分與하는 방식이 여기 340簡에도 적용되어 分與라고 하는 입장이다. 그러나 『二年律令』의 '分'의 용례에서 볼 때 專修大와 같이 分與의 의미로 보는 것은 문제가 있다.

340簡의 문장 구성은 "分A田"으로 되어 있어서 목적어가 "A의 田"이

---

69) 專修大, 「張家山漢簡『二年律令』譯注(七) −復律·賜律·戶律−」, pp.173-174.
70) 徐歆毅, 「漢代家産繼承析論」(『徐州工程學院學報』 2010-3), pp.45-46.

된다. 分A田을 A에게 田을 나누어주었다고 해석하는 세 번째 이해방식은 A가 간접목적어, 田을 직접목적어로 해석하는 방식이다. 그러나 334簡과 337簡의 자료로 본다면 分을 分予의 의미로 볼 수는 없다.[71] 分이 단독으로 사용될 때는 나눈다는 뜻으로 사용되며(334簡), 타인에게 나누어줄 때는 分予의 표현을 사용한다(337簡). 따라서 세 번째 가능성이 제외되면, 첫째(生分)와 둘째(死分)의 해석이 남게 되지만, 두 가지 해석 가운데 첫 번째처럼 부모가 생존해 있는 상태에서 자식이 부모의 재산을 요구하는 生分의 경우 법률적 문제를 생각해야 한다. 340簡에 대해서 生分이라고 해석하는 자료가 많은데,[72] 생존해 있는 부친의 재산을 요구하는 것이 과연 가능한 것일까? 李根蟠에 의하면, 生分은 부모가 책임을 지고 전적으로 결정한 사항이라고 하였으나,[73]

---

71) 『張家山漢墓竹簡』, pp.178-179, "□籍□不相(?)復者, 輒劾論之. 民欲先令相分田宅、奴婢、財物, 鄕部嗇夫身聽其令, 皆參辨券書之, 輒上334(C156)如戶籍. 有爭者, 以券書從事; 毋券書, 勿聽. 所分田宅, 不爲戶, 得有之, 至八月書戶. 留難先令, 弗爲券書, 335(C182)罰金一兩. 336(F26)"; 같은 책, p.178, "民大父母、父母、子、孫、同産、同産子, 欲相分予奴婢、馬牛羊、它財物者, 皆許之, 輒爲定籍. 孫爲戶, 與大父母居, 養之不337(C144)善, 令孫且外居, 令大父母居其室, 食其田, 使其奴婢, 勿貿賣. 孫死, 其母而代爲戶, 令勿敢遂(逐)夫父母及入贅338(C185)及道外取其子財. 339(C187)"; 같은 책, p.185, "寡爲戶後, 予田宅, 比子爲後者爵. 其不當爲戶後, 而欲爲戶以受殺田宅, 許以庶人予田宅. 毋子, 其夫; 夫386(C198)"

72) 徐世虹은 340簡의 析産은 이미 『漢書』 「地理志」의 顔師古의 注釋에 보이는 "父母가 살아 있을 때 昆弟가 財産을 달리했다."고 하는 兄弟의 범위를 넘어섰다고 보았다. 析産에 참여하는 것은 子孫·同産 만이 아니라, 조부모·부모도 있으며, 析産은 부모의 생존 여부에 영향을 받지 않았다고 하여 부모 생존 시에도 生分하여 析産하는 것이 가능하다고 보았다.[徐世虹, 「張家山二年律令簡所見漢代的繼承法」(『政法論壇』 2002-5), p.14.] 또한 徐欣毅, 『漢代家庭繼承制度硏究』(社會科學院碩士論文), p.16에서도 340簡을 生分으로 이해했다.

73) 李根蟠, 「從秦漢家庭論及家庭結構的動態變化」(『中國史硏究』 2006-1), p.13의 注 2의 "父母作主". 揚州儀徵胥浦 101漢墓의 先令券書에 의하면 어머니 嫗의 명령에 의하여 자식들에 대한 田의 지급과 환수가 결정되고 있다. 李均明, 『散見簡牘合輯』(北京: 文物出版社, 1990), pp.105-106, "嫗言公文年十五去家自出爲姓遂居外未嘗(1085)持一錢來歸嫗予子真子方自爲産業子女仙君(1086)弱君等貧

340簡처럼 諸後가 생존해있는 부모의 재산을 요청했는지는 언급하지 않았다.

과연 漢代에 分異令이 존재했을까? 曹魏律을 제정할 때에 비로소 異子之科가 폐지된 것은 兩漢 내내 폐지되지 않았음을 말해준다.[74] 分異는 도덕상으로 비판을 받았지만, 부모가 在世時에 성년 형제의 分家(生分)는 법률상 허용되었다.[75] 농민과 하층 민중 사이에서는 부모 생존 시에 分異를 실행한 것이 鳳凰山十號漢墓의 貸穀帳簿 및 居延漢簡 戍卒 가정의 자료에 매호 평균 3-4인의 가정이 주류를 이루는 원인으로 되었다고 보는 견해도 있다.[76] 필자도 『二年律令』에서는 적어도 分異의 강제 실시의 의도가 나타나 있으며, 戶律 340簡은 바로 分異 시에 자식이 부모의 재산을 요구하는 규정이라고 생각한다. 戶律의 342-343簡에서 특수한 상황 하에서만 生分을 금지한 것은 일반적인 상황에서는 生分을 허용한 증거라고 생각한다.

> 19) 寡夫와 寡婦가 子 및 同居者가 없거나, 子가 있더라도 子의 나이가 14세 미만이거나, 寡子의 나이가 18세 미만이거나, 夫妻에게 모두 癃病이 있거나, 노인의 나이가 70세 이상이면 그 子를 分異할 수 없다. 지금 다른 子가 없는데 戶에 돌아와서 부양하려고 한다면 허락한다.(342-343簡)[77]

毋産業五年四月十日嫗以稻田一處桑(1087)田二處分予弱君波田一處分予仙君于至十二月(1088)公文傷人爲徒貧無産業于至十二月十一日仙君弱君(1089)各歸田于嫗讓予公文嫗卽受田以田分予公文稻田二處(1090)桑田二處田界易如故公文不得移賣田予他人時任(1091)"

74) 『晋書』 卷30 「刑法志」, p.925, "除異子之科, 使父子無異財也."

75) 徐歆毅, 위의 논문, p.17에는 몇 가지 生分 사례를 예시하고 있다.(『史記』 卷97 「陸賈列傳」, p.2699, "有五男, 乃出所使越橐中裝, 賣千金, 分其子, 子二百金, 令爲生産.") 『禮記』에는 부모가 생존해 있을 때 析産하지 않는다.(『禮記』 坊記, "父母在, 不敢私有其身, 不敢私有其財")

76) 李根蟠, 위의 논문, p.8.

이상의 율문에서 몇 가지 상황에서는 分異를 허락하지 않는데, 그 이외의 경우에는 分異가 율령상 시도되고 있다는 증거이다. 이렇게 分異를 추진하기 때문에, 340簡의 "諸後欲分父母(田)"의 자료는 만약 부친이 재산을 주지 않는 경우 諸後가 부모에게 田의 분할을 요구하는 것을 허락한 것이고, 이는 分異의 활성화를 위한 것으로 작용했을 것이다. 이것은 秦代의 分異令이 漢初의 律令에 남아있는 것으로 생각된다.

이상과 같이 戶主가 되는 경로는 부모의 호주 자격을 계승하여 代戶하는 것, 부모 사망 후에 자식들이 分戶하는 것, 여성이 아들을 상속하여 대신 爲戶하는 것 등 다양하였다. 戶律 310-316簡의 田宅 지급 규정은 작위에 관련된 것으로 보아 남자를 위한 조항들이고, 여자의 경우는 戶後가 되었을 때만 立戶할 수 있고 田宅을 소유할 수 있는 것으로 보아서 전택 소유가 원천적으로 봉쇄된 것은 아니지만, 전택의 지급은 남성을 위주로 하였다.[78] 남편이 있는 여자는 立戶할 수 없도록 한 것은 1家에 여러 명이 호적으로 전택을 점유할 수 없도록 한 것이다.[79]

유언(先令)에 의하여 相分한 田宅은 그 당시 爲戶가 되어 있지 않은 자도 한시적으로 소유할 수 있었으나, 爲戶의 경과규정을 두어서 8월에 "書戶", 즉 호주 등록을 하도록 했다.[80] 이렇게 爲戶한 자들을 里耶秦簡과 鳳凰山鄭里廩簿에서는 戶人이라고 칭하고 있다. 爲戶를 하지 않

---

77) 『張家山漢墓竹簡』, p.179, "寡夫、寡婦毋子及同居, 若有子, 子年未盈十四, 及寡子年未盈十八, 及夫妻皆 (癃)病, 及老年七十以上, 毋342(F91)異其子; 今毋它子, 欲令歸戶入養, 許之. 343(F92)"

78) 같은 책, p.185, "寡爲戶後, 予田宅, 比子爲後者爵. 其不當爲戶後, 而欲爲戶以受殺田宅, 許以庶人予田宅. 毋子, 其夫; 夫386(C198)"

79) 楊振紅, 위의 책, p.134; 『張家山漢墓竹簡』, p.179, "爲人妻者不得爲戶. 民欲別爲戶者, 皆以八月戶時, 非戶時勿許. 345(F88)"

80) 『張家山漢墓竹簡』, p.178, "民欲先令相分田宅、奴婢、財物, 鄕部嗇夫身聽其令, 皆參辨券書之, 輒上334(C156)如戶籍. 有爭者, 以券書從事; 毋券書, 勿聽. 所分田宅, 不爲戶, 得有之, 至八月書戶. 留難先令、弗爲券書, 335(C182)罰金一兩. 336(F26)"

으면 전택을 받을 자격이 없고, 爲戶하지 않은 상태에서 전택을 보유하거나 명의를 제공하는 자에 대하여는 처벌이 가해졌다.[81] 이것은 전택 지급과 소유의 원칙이 반드시 爲戶라야 한다는 것이다. 이렇게 爲戶(立戶)가 受田할 수 있는 기본 자격이라고 한다면, 北魏의 均田制 규정처럼 男夫가 15세 이상이면 露田을 받고 老免하거나 사망하면 환수하는 연령 원칙은 『二年律令』에 존재하지 않는 것이다.[82]

III. 二年律令의 田宅 환수 기제

1. 田宅의 상속과 환수

위의 10)·11)에서 분석한 "불행히 죽은 자는 그 後子로 하여금 먼저 田을 택하게 하며, 그 나머지를 (기타 자식에게) 지급한다.(不幸死者, 令其後先擇田, 乃行其餘.)" 또는 "아직 田宅을 받지 못한 자의 경우, 鄉部는 그들이 戶를 이룬 선후 순서대로 편제하는데, 오래된 자를 오른쪽으로 가게 한다.(未受田宅者, 鄉部以其爲戶先後次次編之, 久爲右.)"와 같은 증거로 볼 때,[83] 적어도 "규정상"으로는 국가 수전제의 형태를 확실히 띠고 있었다. "以爵位名田宅"제도는 국가가 전택의 保有 및 授受를 통제할 수 있는 권력의 장악을 전제로 한다.[84] 만약 국가가 田宅의 환수 능력을 상실했다면 授田制는 계속 기능할 수 없다. 따라서 지

---

81) 같은 책, p.177, "諸不爲戶有田宅, 附令人名, 及爲人名田宅者, 皆令以卒戍邊二歲, 沒入田宅縣官. 爲人名田宅, 能先告, 除其323(C93)罪, 有界之所名田宅, 它如律令. 324(C135)"

82) 『魏書』卷一一〇 「食貨志」, p.2853, "諸男夫十五以上, 受露田四十畝, 婦人二十畝, 奴婢依良. 丁牛一頭受田三十畝, 限四牛. 所授之田率倍之, 三易之田再倍之, 以供耕作及還受之盈縮. 諸民年及課則受田, 老免及身沒則還田."

83) 『張家山漢墓竹簡』, p.176.

84) 楊振紅, 위의 책, p.143.

급한 토지를 還收하는 규정의 유무는 戶律에 규정된 田宅 제도의 가장 핵심적인 내용이라고 할 수 있다.

그렇다면 『二年律令』에는 환수 규정이 존재하였는가? 『이년율령』의 田宅 지급 규정을 "有授無還", 즉 정부가 전택을 지급하면 일반적 상황 하에서는 재차 回收하지 않는다는 주장도 있다.[85] 그러나 이년율령에 는 唐代 均田과 같은 환수규정이 명확하게 보이지 않지만, 漢代의 토 지가 국가에 의해 환수되었을 것으로 생각되는 경로를 크게 다섯 가 지로 정리할 수 있다. ① 爵位 繼承者가 爵位에 상응하는 수량의 田宅을 계승하고 남은 잉여의 전택, ② 범죄로 籍沒되는 田宅, 3)戶絶에 의해 환수되는 전택,[86] ③ 노비가 免良하여 代戶한 후에 庶人律에 입각하여 주인의 토지를 상속한 후 남은 전택, ④ 여자가 父母의 後가 되었다가 出嫁한 경우 그 남편이 妻의 田宅으로 자신의 田宅을 채우고 남은 토 지, ⑤ 戰亂과 瘟疫 등의 원인으로 戶絶한 자의 田宅을 환수하는 경우 등을 들 수 있다.[87]

이상의 縣官으로 회수하는 방법 중에서 죄수의 田宅을 몰적하는 사례는 비교적 많을 것으로 생각된다. 『漢書』「刑法志」말미에는 昭帝 부터 平帝에 이르기까지 前漢 후기의 범죄자 발생 상황을 개관하였는 데, 그러한 범죄 비율이 한초에도 적용된다고 가정하고 논의를 전개 하자. 死刑囚가 인구 1천 명당 1인(0.1%), 耐罪에서 右趾까지의 죄수는 사형수의 3배(0.3%) 정도 된다고 하였다.[88] 이를 전한말의 인구 6천만

---

85) 朱紹侯, 위의 책, p.290.

86) 楊振紅, 위의 책, p.145.

87) 王彦輝, 「對《二年律令》有關土地、田賦、繼承制度中幾則釋文的思考」(『東北師大學報』2008-4), p.91. 균전제의 應退之田은 戶內의 "合進受者"가 自取한다고 되어 있지만"其退田戶內有合進受者, 雖不課役, 先聽自取, 有餘收授"(唐『田令』第27 條)], 이년율령에서는 還田의 조문이 보이지 않는다. 『魏書』卷110 「食 貨志」, p.2855, "諸遠流配讁、無子孫、及戶絶者, 墟宅、桑榆盡爲公田, 以供授受. 授受之次, 給其所親; 未給之間, 亦借其所親."하는 규정이 있다.

88) 『漢書』卷23 「刑法志」, p.1108, "今漢道至盛, 歷世二百餘載, 考自昭、宣、元、成、

에 기계적으로 대입하면, 사형수가 약 6만 명, 형도는 약 18만 명이므로 합계 24만 명의 죄수가 매년 새로이 생겨난다.[89] 그런데 죄수는 完城旦·鬼薪以上의 경우만 전택이 몰수되므로 24만 명 전체가 몰수의 대상이 되는 것은 아니다.[90] 耐刑 이상은 司寇·隸臣妾·鬼薪白粲·城旦春의 4종이므로 18만의 1/2이 完城旦·鬼薪以上에 해당한다고 임시적으로 추정한다면 6만(사형수) + 9만(完城旦·鬼薪以上 이상) = 15만 정도가 매년 전택을 회수당하는 대상이 될 것이다. 그러나 이 숫자 모두가 戶人이 아니라 남녀를 모두 합친 숫자이고, 남녀의 죄수 비율도 모르므로 기계적으로 적용할 수는 없다. 다만 전체 범죄 중에서 남성의 범죄를 85% 정도로 추정한다면 127,500명 정도가 남성일 수 있다.[91] 위의 죄수는 전한말의 인구 6천만일 때의 것이므로, 漢初의 인구 1400만 정도에서는 전택을 몰수당하는 남성 죄수가 약 29,750명 정도 나올 것이다.

죄수의 전택 몰수 분량보다도 많았을 것으로 생각되는 것은 父親의 田宅을 상속받고 남는 부분이다. 몇 명의 아들이 있어야 국가에 환수됨이 없이 전체 전택을 상속할 수 있는지에 대한 흥미로운 분석이 있다.[92] 高爵의 경우는 많은 아들을 낳아도 양육할 수 있는 충분한 전택이 있을 수 있으므로 많은 자식을 낳았을 가능성이 있다. 비록 그렇더라도 이러한 戶律의 授田 숫자는 전체적인 틀에서 어떤 목적을

哀、平六世之間, 斷獄殊死, 率歲千餘口而一人, 耐罪上至右止, 三倍有餘."

89) 渡邊信一郎, 「漢代國家の社會的勞動編成」, 『殷周秦漢時代史の基本問題』(東京: 汲古書院, 2001), p.376.

90) 『張家山漢墓竹簡』, p.156, "罪人完城旦、鬼薪以上, 及坐姦府者, 皆收其妻、子、財、田宅.174(C263)"

91) 李明和, 「秦漢 女性 刑罰의 減刑과 勞役」(『中國古中世史研究』 25, 2011), p.73.

92) 楊振紅, 위의 책, p.139. 楊振紅은 大庶長: 35子, 駟車庶長: 34子, 大上造: 33子, 少上造: 32子, 右更: 31子, 中更: 30子, 左更: 29子, 右庶長: 28子, 左庶長: 27子, 五大夫: 9子이상, 公乘: 적어도 9子, 公大夫: 적어도 4子, 官大夫, 大夫: 3子 이상, 不更: 3子, 簪褭: 2子 이상, 上造: 2子, 公士: 1子 이상, 公卒, 士伍, 庶人: 1子라야 전체 토지를 상속할 수 있다고 했다.

가지고 만들어졌을 것이라는 점에서 相續에 내포된 규칙 또는 원리를 찾아낼 필요가 있다고 생각된다. 그같은 분석을 위하여 5)의 置後律 367-368簡에 근거하여 만든 아래의 [표 4]는 『二年律令』戶律에 규정된 子에의 爵滅 과정에서 상속하는 토지의 양을 계산한 것이다.

[표 4] 田의 상속과 환수

작위		田(頃)	宅	後子	2·3子	상속 후 남은 토지(畝)		
						3남	2남	1남
20	徹侯		105	徹侯	徹侯			
19	關内侯	95	95	關内侯	不更	-8	-4	0
18	大庶長	90	90	公乘	不更	62	66	70
17	駟車庶長	88	88	公乘	不更	60	64	68
16	大上造	86	86	公乘	不更	58	62	66
15	少上造	84	84	公乘	不更	56	60	64
14	右更	82	82	公乘	不更	54	58	62
13	中更	80	80	公乘	不更	52	56	60
12	左更	78	78	公乘	不更	50	54	58
11	右庶長	76	76	公乘	不更	48	52	56
10	左庶長	74	74	公乘	不更	46	50	54
9	五大夫	25	25	公大夫	簪裊	10	13	16
8	公乘	20	20	官大夫	上造	9	11	13
7	公大夫	9	9	大夫	上造	0	2	4
6	官大夫	7	7	不更	公士	0	1.5	3
5	大夫	5	5	簪裊	公士	-1	0.5	2
4	不更	4	4	上造	公卒	0	1	2
3	簪裊	3	3	公士	公卒	-0.5	0.5	1.5
2	上造	2	2	公卒	公卒	-1	0	1
1	公士	1.5	1.5	士伍	士伍	-1.5	-0.5	0.5
+0	公卒	1	1	士伍	士伍	-2	-1	0
0	士伍	1	1	士伍	士伍	-2	-1	0
-0	庶人	1	1	士伍	士伍	-2	-1	0

[표 4]에는 몇 개의 특징이 확인된다. 첫째, 徹侯·關內侯의 後子는 부친의 작위를 그대로 계승하지만, 나머지 작위의 경우는 後子가 작위를 계승할 때 등급이 떨어진다. 둘째, 卿(18 大庶長~10 左庶長)은 예외 없이 公乘으로 떨어진다. 셋째, 9급 五大夫에서 3급 簪裛까지 後子의 작위는 2등급씩 하락한다.

원칙적으로 18급 大庶長 이하의 卿級의 경우 後子가 상속하는 田은 피상속인(부친) 소유의 田보다 적게 되어 있다. 따라서 이론적으로는 後子가 擇田한 후에 剩餘가 나타나게 되어 있다. 그 잉여가 나타나게 한 것이 高爵者의 자식이 많은 것을 고려한 것일까, 아니면 回收를 목적으로 한 것일까? 일단 이것은 高爵者의 자식들의 숫자를 알 수 있는 자료가 없어서 단정할 수 없지만, 고작자의 경우 자식이 많은 것을 고려하여 만든 측면도 있을 것이다.

[표 4] 田의 상속과 환수에는 각 작위에 지급하는 토지의 畝數, 1남·2남·3남일 경우 부친의 토지를 상속하고 남은 여분으로서 국가에 반납해야 할 토지가 표시되어 있다. 반납해야 하는 토지의 畝數를 보면 『이년율령』의 입안자가 1~3남 가운데서 어느 것을 기준으로 입안했는지 알 수 있다.

우선 위의 토지 상속이 3남일 경우를 가정하여 구상된 것인지 살펴보자. 자연적인 상태에서 남녀의 출생 비율은 1:1 정도이므로 아들이 3명이라면 전체 자녀가 6명이 될 것이다. 이렇게 많은 자녀 숫자는 漢代의 평균적 가족 구성과 맞지 않는다는 문제가 있지만, 아들이 3명(3子男)일 때를 가정하여 토지의 상속문제를 살펴보자. 19급 關內侯의 後子는 작위가 關內侯가 되므로 부친의 토지를 그대로 상속할 수 있다. 後子가 모든 田宅을 상속하므로 2·3子는 不更, 4子 이하는 簪裛가 되지만 이들에게 상속할 토지는 부족하게 된다. 그러나 卿級의 9개 작위의 後子는 예외 없이 8급 公乘으로 減爵하는데, 減爵의 폭이 크기 때문에 그 상속인이 상속할 수 있는 것은 단지 부친 田宅의 일부분이다.

따라서 3男을 낳는다고 가정할 경우, 18급 大庶長에서 10급 左庶長까지
는 환수 토지가 상속분보다 오히려 많음을 알 수 있다.(상속분<환수분)

그러나 3명의 아들을 낳았다고 가정할 경우, 일반 민작인 7급 이하
는 아들에게 상속되는 부분이 많아서 국가로의 환수가 거의 이루어
지고 있지 않다.(상속분)환수분) 아들이 3명일 경우 無爵者인 公卒·士
伍·庶人의 전택은 後子 1명이 상속하면 남는 것이 없고, 5급 및 3급 이
하의 하급작은 상속 토지가 부족한 마이너스 상태로 된다. 작위는 "無
過五大夫"라는 규정으로 인하여 대부분의 백성들이 9급작 이하일 것
이므로[93] 만약 3子男의 경우를 상정할 경우 低爵의 民들의 토지는 상
속하기에 부족한 마이너스 상태로 되고, 국가는 매번 부족한 토지를
지급해야 하기 때문에 戶律 입안자가 이를 채택했을 것 같지는 않다.

2子男일 경우(자녀가 4명)에는 3子男보다 국가에 반납하는 토지의
양이 증가한다. 또한 토지의 상속 부족분도 3子男처럼 심하지는 않지
만 여전히 公士 이하 庶人까지 상속 토지의 부족이 발생한다. 이 법률
의 입안자는 상속 토지의 부족이 발생하는 상황은 상정하지 않았을
것으로 생각된다.

다음으로는 1男일 경우를 상정해보자. 漢代 가족이 4-5인으로 구성
된 것으로 볼 때에 자식은 남녀 각 1명씩 있는 경우도 많았을 것이
다.[94] 鳳凰山 자료 및 居延漢簡 戍卒의 자료에 의하면 매호의 평균 人

---

93) 國家文物局古文獻硏究室·大通上孫家寨漢簡整理小組, 「大通上孫家寨漢簡釋文」
(『文物』 1981-2), p.22, "拜爵皆無過五大夫(373)."
94) 漢代의 인구는 지역별로 다양하게 나타나고 있다. 東海郡에는 266,290戶에
1,397,343명이므로 호당 5.24명[連雲港市博物館 等, 『尹灣漢墓簡牘』(北京: 中華
書局, 1997), p.77.]이며, 江蘇省 天長縣 出土 戶口簿에는 9,169戶에 40,970명이
므로 호당 평균 인구는 약 4.47명이다.[天長市文物管理所·天長市博物館, 「安
徽天長西漢墓發掘簡報」(『文物』 2006-11), p.11.] 그리고 湖北 江陵 지역의 鄭里
廩簿에는 25戶 110명이므로 호당 4.4명이다.[裘錫圭, 「湖北江陵鳳凰山十號漢
墓出土簡牘考釋」(『文物』 1974-7), p.54.] 樂浪郡의 경우에는 6.4명 정도인 것으
로 나타나고 있다.[尹龍九, 「平壤出土"樂浪郡初元四年縣別戶口簿"硏究」(『木簡

數가 3-4명인 核心家庭이 약 80%를 차지하고 있다.[95] [표 4]에서 子男이 1명인 경우 有爵者에서 庶人에 이르기까지 상속 토지가 부족하지 않게 한 것은 漢代의 가정구조가 대부분 核心家庭이고 子男이 1인인 현실 상황을 반영한 것으로 생각된다. 子男이 1인일 경우의 還田의 畝數를 보면, 예컨대 9급 五大夫에서 公士에 이르기까지는 약간이라도 남아 있고 부족분이 발생하지 않으며, 公卒 이하의 경우는 還田의 畝數가 "0"이 되도록 한 의도가 보인다. 가장 중요한 것은 상속 시에 전체 등급 가운데 부족분이 발생하지 않도록 의도한 사실이다. 바로 이러한 점으로 미루어 보아 [표 4]의 토지 상속의 구도에서 제정자는 1子男을 가정하고 만든 것이 아닐까 생각한다. 1子男일 경우 상속하고 남은 여분의 토지가 국가로 환수되는 분량도 가장 많고, 바로 이 환수되는 분량은 公士 - 庶人을 제외한 2급에서 9급까지는 1子男을 추가로 더 낳아도 될 분량이므로 인구의 증가까지도 도모할 수 있다. 물론 10급 左庶長 이상은 훨씬 더 많이 자식을 낳아도 될 수 있는 환수분량을 가지고 있다.

이상과 같은 환수시스템에서 볼 때, 戶律의 구도는 현실의 호구상황을 반영한 완성도가 높은 것이었다. 또한 율령 제정자의 머리에서 연역적으로 그려진 틀로 생각될 정도로 어떤 목적성을 가지고 있었다. 田宅의 畝數를 분석한 결과는 3-4인의 核心家庭에서 상속인을 1子男으로 상정한 것이었다. 그것은 상속하는 田宅이 부족하게 되지도

과 文字』 3, 2009), pp.274-275.] 반면 里耶戶籍簡의 경우 평균 인구가 6명, 노예를 제외하면 5.8명이며, [黎明釗, 「里耶秦簡-戶籍檔案的探討」(『中國史研究』 2009-2), pp.22-23.] 林炳德은 호당 5명 미만으로 파악했다.[林炳德, 「里耶秦簡을 통해서 본 秦의 戶籍制度 - 商鞅變法·同居·室·戶에 대한 再論」(『東洋史學研究』 110, 2010), p.45.]

95) 李根蟠, 위의 논문, pp.7-8, 16. 이러한 核心가정(부부와 자녀로 구성)은 호구통계에서 호수로는 81.5%, 人數로는 78.4를 차지하며, 主幹家庭(부모처자로 구성)은 戶數로는 18.5%, 인수로는 21.6%를 차지하고 있다.

않지만, 반대로 1급 公士까지 가급적이면 환수 분량이 많도록 의도되어 있는 시스템이라고 생각된다. 이들도 군공을 세워야만 전택을 받을 수 있기 때문에 그들의 군공 수립의 심리를 자극할 수도 있는 구상이 배후에 숨어 있는 체제이다.

필자는 『二年律令』 戶律의 爵位 시스템이 士伍로 수렴되는 구조라고 주장한 적이 있었다.[96] 秦漢의 신분시스템이 국가에 군공을 수립하지 못하면 최종적으로는 士伍로 귀결시키는 것을 의도하였듯이, 전택도 군공을 수립하지 못하면 최종적으로는 無爵의 1頃 토지를 소유하는 것으로 수렴하게 되어 있다. 모든 유작자는 군공을 수립하지 않으면 부친의 작위를 계승하기는 하되 爵減된 작위를 계승하여 궁극적으로는 士伍로 강등되도록 구상되어 있다.

『二年律令』에 보이는 士伍로의 수렴은 전국시기 각국 변법의 중요한 목표인 世卿世祿制의 타파 정신과 일치하는 것이다. 吳起의 변법은 봉군의 자손이 3世가 경과하면 작록을 회수했고, 商鞅은 종실이라도 軍功論이 없으면 屬籍을 얻을 수 없도록 했다. 작위를 減級하여 상속하는 규정은 바로 전국시대 변법정신의 표현이었다.[97] 특히 卿級이 모두 대부급인 公乘으로 대폭 減爵한 것은 그러한 정신의 반영으로 생각된다. 이 減爵의 원리는 군공 수립을 중시하는 시절에 군공을 세우지 못한 자는 명분상 이의를 제기할 수 없게 했을 것이다. 즉, 父의 작위는 상속을 허용하지만, 계속하여 군공을 세우지 못하면 부친의 작위로부터 몇 단계씩 減爵하는 것을 통하여 전택을 환수하는 것이었다. 국가는 작위를 감급하여 계승하는 규정을 두어 상속이 초래할 수 있는 田宅逾限의 문제를 원천적으로 피할 수 있게 했다.[98] 군공 수립

---

96) 任仲爀, 「秦漢律의 耐刑 – 士伍로의 수렴 시스템과 관련하여」(『中國古中世史研究』 19, 2008), p.167.
97) 楊振紅, 위의 책, p.140.
98) 같은 책, p.155.

과 전택 환수를 연계시킨 것은 상당히 고차원적인 법률 제정 수법이라고 생각된다. 즉, 법령 제정에 있어서 전택 환수의 규정을 명확하게 노출시키면 오히려 반발의 우려도 제기될 수 있는 바, 그 보다는 減爵규정을 만들고 그에 따라 전택 소유의 상한을 규정하여 환수시킴으로써 반발의 심리를 아예 갖지 못하게 하는 방법이었다고 생각한다.

전절에서 인용한 상속을 규정한 6)의 置後律 367-368簡, 8·9)의 傅律 359-365簡은 漢의 토지제도가 국유제 또는 사유제의 두 가지 방향 중에서 어디로 갈 것인지를 결정한 시금석이 되었다. 즉, 국가로부터 수전한 토지를 後子 및 여타의 아들에게 상속함으로써 상속할 자식이 있는 한 국가로의 전택 환수가 일정 정도는 유보되었음을 말해주는 내용이다. 置後律에는 토지를 상속할 가족 구성원의 상속 순서까지 자세하게 규정되어있다. 이러한 상속의 조항들로 인해 세대를 넘은 장기간의 점유 과정에서 토지는 개인의 소유물로 인식되고, 결국 그 같은 사유관념은 『二年律令』 授田체제의 수명을 한시적으로 만들었다.[99] 또한 置後律 가운데 後子가 없고 노비만 있을 경우에 노비를 면하여 주인의 전택 및 나머지 재산을 지급하도록 규정한 것은 국가가 토지 환수에 대한 적극적 의사가 없었음을 말해준다.[100] 상속의 범위는 부자 관계로만 한정된 것이 아니라, 父母·子·同産·主母·叚母로도 가능하였다.[101] 이렇게 제정된 상속의 순서는 『二年律令』이 楚漢전쟁 와

---

99) 『張家山漢墓竹簡』, p.183, "□□□□爲縣官有爲也, 以其故死若傷二旬中死, 皆爲死事者, 令子男襲其爵. 毋爵者, 其後爲公士. 毋子男以女, 毋女369(C99)以父, 毋父以母, 毋母以男同産, 毋男同産以女同産. 毋女同産以妻. 諸死事當置後, 毋父母, 妻子, 同産者以大父, 毋大父370(C85)以大母與同居數者. 371(C100)" 또한 같은 책, p.184, "死毋子男代戶, 令父若母, 毋父母令寡, 毋寡令女, 毋女令孫, 毋孫令耳孫, 毋耳孫令大父母, 毋大父母令同産379(C134)子代戶. 同産子代戶, 必同居數. 棄妻子不得與後妻子爭後. 380(C136)"

100) 같은 책, p.184, "死毋後而有奴婢者, 免奴婢以爲庶人, 以庶人律□之其主田宅及餘財. 奴婢多, 代戶者毋過一人, 先用勞久, 有382(C137)□□子若主所言吏者. 383(C143)"

중인 高祖 2년에 제정된 것치고는 정교하다. 아울러 다양한 케이스들이 포함된 점으로 보아 秦 이래로 오랜 기간 축적된 내용이었다고 생각된다.

2. 田宅의 환수와 매매

앞 절에서는 爵位의 승계를 통한 田宅 상속이 이루어졌고, 그 과정에서 爵減을 통해 일부 토지가 국가로 환수될 수 있도록 한 의도가 있었음을 확인하였다. 그러나 이러한 의도는 목적한 바를 달성하지 못했을 것으로 생각된다. 그 이유는 토지의 매매와 양도를 허락했기 때문이다. 우선 매매와 양도에 관련된 규정을 살펴보자.

> 20) 宅을 사서 더하려고 하는데 그 宅이 연접해 있지 않은 경우는 허락하지 않는다. 吏 및 宦皇帝者가 된 자는 숨室을 살 수 있다.(320簡)[102]

> 21) 田宅을 받았는데, 다른 사람에게 宅을 주거나 판 경우, 다시 받을 수 없다.(321簡)[103]

> 22) 戶를 계승하거나 田宅을 매매하였는데, 鄕部·田嗇夫·吏가 지체하여 簿册을 작성하지 않고 하루를 넘기면 벌금 각 2량이다.(322簡)[104]

위의 조항들은 『二年律令』의 토지제도가 授田制의 틀 속에서 賣買·

---

101) 같은 책, p.179, "諸後欲分父母、子、同産、主母、叚(假)母及主母、叚(假)母欲分孽子、叚(假)子田以爲戶者, 皆許之.(340)"

102) 같은 책, p.177, "欲益買宅, 不比其宅者, 勿許. 爲吏及宦皇帝, 得買舍室. 320(F60)"

103) 같은 책, p.177, "受田宅, 予人若賣宅, 不得更受. 321(F48)"

104) 같은 책, p.177, "代戶, 買賣田宅, 鄕部、田嗇夫、吏留弗爲定籍, 盈一日, 罰金各二兩. 322(F54)"

讓渡도 허용되는 복합적인 형태를 띠고 있음을 보여준다. 國家에서 받은 田宅은 합법적으로 타인에게 매매·양도할 수 있었고, 다만 그렇게 했을 경우는 재차 국가로부터 田宅을 지급받지 못할 뿐이었다. 이것은 동일인에 대한 국가의 전택 지급이 1회로 그친다는 것을 의미했다.[105] 田宅의 매매에 대해서는 21)의 321簡과 22)의 322簡에 약간의 차이가 있지만, 田과 宅 모두 매매의 대상이었다.[106] 매매 등의 이유로 토지소유가 많아지면 당연히 소유 상한선을 초과하게 되고, 이를 회피하기 위한 방법도 모색되었을 것이다. 앞의 12)의 323-324簡이 바로 그러한 것인데, 재차 인용해보자.

> 12) 무릇 戶를 이루지 않은 자가 田宅이 있어 다른 사람의 명의에 의탁한 자 및 타인을 위해 자신의 명의로 田宅을 등록한 자는 모두 卒로 삼아 2년간 戍邊을 시키며, 그 田宅을 縣官에 沒入한다. 타인을 위해 자신의 명의로 田宅을 등록한 자가 먼저 신고할 수 있으면, 그 죄를 면제하고 또한 자신의 명의로 등록된 田宅을 그에게 준다. 다른 것은 律令대로 한다.(323-324簡)[107]

323-324簡 앞부분의 "무릇 戶를 이루지 않은 자가 田宅이 있어 다른 사람의 명의에 의탁한 자"에 대하여 "본인 이름으로 가지고 있는" 전

---

105) 王彦輝, 위의 책, p.51. 전택 지급을 1회로 제한하는 『二年律令』의 내용은 唐代의 均田制에도 영향을 미치고 있다. 『通典』 第二 「食貨二 田制下 水利田 屯田」, "諸買地者, 不得過本制, 雖居狹鄉, 亦聽依寬制, 其賣者不得更請."

106) 321簡에서 "田宅을 받았는데, 다른 사람에게 宅을 주거나 판 경우, 다시 받을 수 없다."라고 하여 양도와 매매의 대상이 宅으로만 한정되었다고 볼 수도 있겠지만, 322簡에서는 "貿賣田宅"이 나오므로 田宅이 모두 매매의 대상이라고 보아야 한다.

107) 『張家山漢墓竹簡』, p.177, "諸不爲戶有田宅, 附令人名, 及爲人名田宅者, 皆令以卒戍邊二歲, 没入田宅縣官. 爲人名田宅, 能先告, 除其323(C93)罪, 有畀之所名田宅, 它如律令. 324(C135)"

택이 법률규정의 최고 한도에 도달했기 때문에 제한을 회피하고자 하는 불법 행위를 처벌하는 규정이라는 해석도 있다.[108] 그러나 이것은 "본인 이름으로 가지고 있는" 토지소유가 문제된 것이 아니라, 爲戶하지 않은 무자격자의 토지소유가 문제로 된 것이다. 『二年律令與奏讞書』는 "諸不爲戶有田宅附令人名, 及爲人名田宅者"로 붙여 읽었다.[109] 즉, "諸不爲戶가 田宅을 가지고서 타인의 이름으로 등록하거나, 반대로 타인을 위하여 田宅에 이름을 빌려주는 자"로 해석한 것이다. 이렇게 된다면 소유 한도의 문제와는 무관하고, 전택 소유가 불가능한 "不爲戶"가 田宅을 소유하는 문제가 핵심이 된다. 즉, 전택 소유의 자격이 없는 不爲戶이면서 전택을 소유하고 있으나 등록할 수 없자 타인에게 명의를 부탁한 경우라고 할 수 있다. 그러나 타인에게 명의를 빌려달라고 요청한 자의 경우는 반드시 不爲戶한 자만이 있었던 것이 아니라, "타인을 위해 자신의 명의로 田宅을 등록한 자"를 본다면 소유한도를 초과한 자의 요구에 의한 것이라고 생각된다. 그것이 바로 "田宅逾限"의 문제였던 것이다.

앞서 예시한 20)·21)·22)는 『二年律令』의 전택제도가 비록 매매와 양도를 허용하는 규정이 있지만 전체의 틀이 국가의 수전형태를 띠고 있었다는 사실을 잊어서는 안된다. 특히 매매와 양도가 존재하여도, 매입자의 보유 田宅의 총수가 그 작위에 규정된 전택수를 초과할 수 없도록 제한을 설정했다는 사실은 중요하다.[110] 또한 田宅이 (규정액에) 차지 않는 경우는 그 부족분을 채울 수 있다"고 하였는데, 그 채워야 할 규정액은 국가가 지급할 목표수치라 할 수 있다.[111] 이렇게

---

108) 楊振紅, 위의 책, pp.130-131. 한편 朱紅林은 이것을 권세지가가 세금을 도피하기 위하여 타인에게 토지를 맡기는 행위라고 이해하였다. 朱紅林, 「從張家山漢律看漢初國家授田制度的幾個特點」(『江漢考古』 2004-3), p.80.

109) 彭浩·陳偉·工藤元男, 『二年律令與奏讞書』(上海: 上海古籍出版社, 2007), p.221.

110) 楊振紅, 위의 책, p.142.

111) 『張家山漢墓竹簡』, p.176, "田宅不盈, 得以盈. 宅不比, 不得. 313(C151)"

엄연히 국가의 수전제는 일정 토지를 제한된 한도 내에서만 지급하고 소유하게 한 것이었다.

323-324簡의 규정을 보면 확실히 戶律의 授田 규정이 법망을 피하면서 犯法하는 현실의 경험을 반영한 측면도 있었던 것이다. 그러나 戶律은 국가 수전제도와 매매·양도의 모순된 조항을 공존시킴으로써 발생할 수 있는 문제점을 예견하지 못했다.

전택을 편법으로 상속한 범죄를 처벌하는 규정도 물론 존재했다. 戶律 319簡은 田宅을 환수해야 하는데도 거짓으로 代戶하면 贖城旦으로 처벌받고, 田宅의 몰수를 규정하고 있다.[112] 二年律令의 제정자들은 319·323-324簡의 처벌 조항 및 앞서의 [표 4]에 규정된 상속 메커니즘을 통하여, 漢代 가족제의 형태 하에서 戶律의 토지제도가 제대로 운영될 수 있을 것이라고 착각했을지도 모른다. [표 4]의 환수 규정이 제대로 준수되었다면 지급된 토지는 환수될 수 있었을 가능성도 있다.[113] 그러나 아무리 용의주도하게 만든 제도라도 허점은 존재할 수 있다. 특히 환수규정의 불명확성과 매매의 허용은 국가 수전제의 유지를 불가능하게 만들었다고 생각된다. 따라서 董仲舒가 漢代 대토지 소유제의 원인이 商鞅에 있었다고 하는 이유를 여기에서 찾아야 할지도 모르겠다.[114]

환수와 매매 규정의 병존이야말로『二年律令』授田制의 가장 큰 모순이라고 할 수 있다. 부친의 사망 이전에 상속하고 남을 것으로 예상되는 토지를 매각해버리면 경제적 이득을 볼 수 있는데, 국가에 반

---

112) 같은 책, p.176, "田宅當入縣官而詐代其戶者, 令贖城旦, 没入田宅. 319 (F61)"
113) 楊振紅,「秦漢"名田宅制"說」, p.57에서 고작자의 계승 후 남은 전택은 어떻게 처리할 것인지에 대하여 이년율령에는 상관된 규정이 없음을 지적하고 있다.
114)『漢書』卷24上「食貨志」, p.1137, "至秦則不然, 用商鞅之法, 改帝王之制, 除井田, 民得賣買, 富者田連仟伯, 貧者亡立錐之地. 又顓川澤之利, 管山林之饒, 荒淫越制, 踰侈以相高."

납하여 손해를 볼 사람은 없을 것이다. 民의 입장에서 볼 때, 전택을 국가에 환수당함으로써 발생할 수 있는 손해를 보지 않는 방법은 지극히 간단하다. 爵級 당의 전택 한도를 넘어선, 즉 상속이 불가능한 토지를 매각해 버리는 것이다. 이것은 父親 생존 시에 매각한 것이므로, 토지를 매각했다고 재차 지급하지 않는다는 규정은 아들에게 적용될 수 없다. 따라서 8)의 359-360簡과 9)의 364-365簡의 작위 상속 규정에 입각해 상속하고 남은 토지가 국가로 환수될 것이라는 기대는 완전히 "無望"의 것이 되어 버린다.

결국 양립할 수 없는 국유와 사유의 두 가지 개념이 이년율령 戶律의 구상 속에 섞여있는 것이다. 지급한 토지의 매각을 허용한 것은 국가로의 환수를 포기한 것이며, 이것은 국가의 授田 용도로 비축되어야 할 토지의 부족현상을 초래하는 결과를 만들어냄으로써 수전체제의 지속적 유지는 불가능해졌을 것이다. 이처럼 『이년율령』에 토지매매가 허용됨으로써 高祖 시기부터 토지 매매는 활발하게 진행되었다. 그러한 사례로는 蕭何의 사례를 들 수 있다.

蕭何의 토지 매입 사건의 시점은 고조 12년(B.C.195)이므로, 『二年律令』이 제정된 高祖 2년(B.C.205) 이후 10년이 경과된 시점이다.[115] 고조는 黥布의 반란을 직접 진압하기 위해 수도를 비워놓고 있었는데, 이때를 틈타 蕭何가 수도에서 반란을 일으키지 않을까 의심하고 그의 동정을 살피고 있었다. 그러자 客이 소하에게 고조가 반란을 의심하고 있어 목숨이 위험하니, 토지 매입에만 관심이 있는 것처럼 보여야 한다고 조언하였다.[116]

---

115) 任仲爀, 「漢初의 律令 제정과 田宅制度」, pp.104-117.

116) 『史記』 卷53 「蕭相國世家」, p.2018, "客有說相國曰：「君滅族不久矣. 夫君位爲相國, 功第一, 可復加哉? 然君初入關中, 得百姓心, 十餘年矣, 皆附君, 常復孶孶得民和. 上所爲數問君者, 畏君傾動關中. 今君胡不多買田地, 賤貰貸以自汙? 上心乃安.」" 군주의 의심을 피하기 위한 蕭何의 일화는 秦國의 60만 대군을 이끌고 楚國으로 원정을 떠나는 王翦이 秦王政에게 토지를 요구하여

客의 충고를 받아들인 蕭何는 民田宅을 수천 명에게서 강제로 매입하였는데, 토지를 빼앗기다시피 한 民들이 黥布의 토벌에서 귀환하는 高祖의 길을 막고 상서해서 그 부당성을 지적하였다. 여기에서 蕭何의 잘못은 토지를 매매한 것에 있는 것이 아니고, 빼앗듯이 싼 값으로 强買했다는 것에 있었다. 數千人이 여기에 관련되었음은 매매가 단지 소수자에 국한된 것이 아니었다는 것이다.[117] 법령을 스스로 제정한 蕭何는 전택 강제 매입행위가 법령에 위배되는 것임을 누구보다도 잘 알았을 것이다. 그는 小罪로 大逆罪를 대신하려고 이러한 일을 의도적으로 야기한 것이다.

蕭何에게 客이 한 발언 중에서 "지금 君께서는 田地를 많이 매입하여 저렴하게 세를 놓아 스스로를 더럽히지 않는가?(今君胡不多買田地?)"라고 한 것은 토지를 싼 값으로 빌려주는 경제 행위였다고 생각된다. "賤貰貸"는 토지를 싸게 임대한 것으로, 이것이 소작을 의미하는 것인지는 분명하지 않지만 실제의 경작자에게 빌려주고 일정한 사용료를 받는다면 이것을 소작으로 보아도 무방하며, 이는 대토지소유자의 경영방식이 나타나기 시작한 것으로 생각된다.[118]

또 惠帝 2년(B.C.193) 무렵, 蕭何는 궁벽한 곳에 후손에게 상속할 목적으로 전택을 구입해 두었는데, 이것은 국가로부터 지급받은 것이 아니라 개인이 구입한 것이다. 이때 蕭何는 궁벽한 곳에 垣屋을 화려하게 장식하지 않은 이유가 세력가에게 빼앗기지 않고자 한 것이라고 했는데, 이 사실은 그 이전에도 토지가 세력가에 의해 겸병되었던 사실의 존재를 의미했다.[119] 또한 陸賈가 呂太后 시기에 好畤의 田地가

의심을 피한 것과 유사한 사례라고 할 수 있다.
117) 『史記』 卷53 「蕭相國世家」, pp.2018-2019.
118) 『漢書』 卷39 「蕭何傳」, p.2011, "師古曰: 賈, 賒也. 貰音土得反."
119) 『史記』 卷53 「蕭相國世家」, p.2019, "何置田宅必居窮處, 爲家不治垣屋. 曰:「後世賢, 師吾儉; 不賢, 毋爲勢家所奪.」"; 『漢書』 卷39 「蕭何傳」, p.2012, "何買田宅必居窮辟處, 爲家不治垣屋. 曰:「令後世賢, 師吾儉; 不賢, 毋爲勢家所奪.」"

좋다고 하여 그곳에 거주를 마련한 것을 보면, 陸氏 가족의 田地는 스스로 구매한 것일 것이다.[120] 漢初 蕭何·陸賈 등의 일련의 토지 매입 사례는 토지 매입과 상속을 허용하는 『二年律令』의 규정에 의하여 가능했던 것이다.[121] 결국 이러한 추세가 한무제 시기에 농민들은 송곳을 꽂을 만한 땅도 없게 되는 상황으로 연결된 것이다.

IV. 漢初 戶律 규정의 시행 여부

이상에서 분석한 것처럼 『二年律令』에는 국가 수전제의 소유 상한선 규정과 매매·양도의 허용이라는 분명히 모순된 2개의 규정이 양립하고 있었고, 후자에 의해 전자가 간섭을 받았을 것으로 생각된다. 이러한 간섭이 어느 시기부터 작용하였을까? 이 문제는 세부적으로 2개의 관점에서 살펴야 할 것이다. 모순 때문에 戶律의 제도가 붕괴된 것인지, 아니면 모순이 나타나기 이전부터 다른 이유에 의해 수전제 기제에 장애가 발생했는지? 이 문제는 우선적으로 漢代 수전제의 문제점이 출현하는 시점을 찾아야 할 것으로 생각된다. 많은 학자들은 『二年律令』의 토지제도가 오래 지속되지 못하고 짧은 기간 안에 기능하지 못하게 된 것으로 파악하고 있다. 그러한 수전제가 기능하지 않게 되는 시점에 대해서 학자들의 견해는 조금씩 다르다.

高祖時期說을 주장하는 張金光은 아예 漢高祖 시기부터 보편적인

---

120) 『史記』 卷97 「陸賈列傳」, p.2699, "孝惠帝時, 呂太后用事, 欲王諸呂, 畏大臣有口者, 陸生自度不能爭之, 迺病免家居. 以好畤田地善, 可以家焉. 有五男, 迺出所使越得橐中裝賣千金, 分其子, 子二百金, 令爲生産."

121) 蕭何의 사망 시점은 白寶田이 나오는 진시황 31년(B.C.216)으로부터 겨우 23년 후이다. 이렇게 가까운 시기에 토지가 매매되고 있는 사실로부터 秦末에도 토지매매가 존재했었을 가능성이 높다고 추정할 수 있다.

授田을 실시한 적이 없다고 주장한다. 즉, 고조 5년에 발포된 安民 詔書는 단지 도망했던 사람에게 "復故爵田宅"의 조치를 취했고, 도망하지 않은 사람은 기존의 토지를 당연히 점유할 수 있었던 것이니, 秦 이래의 自實田은 계속하여 유지되었다는 것이다. 그 결과 수전할 토지가 부족했으므로 漢初 劉邦은 이미 普遍 授田을 시행할 수 없었고, 『二年律令』의 규정은 空文에 불과하다는 입장을 취하고 있다.[122]

賈麗英도 爵位名田宅의 제도는 이미 高祖 시기부터 폐지되었다고 주장한다. 그는 원래 노인이 受鬻할 때는 爵位의 高下로써 표준을 삼았으나 文帝時에는 작위 대신에 연령으로 판단하는 것으로 변화하고 있는 것에서 작위가 기능하지 못함을 지적했다. 受鬻法·受杖法과 마찬가지로 田宅 授予도 단지 특정한 시기(필자: 아마도 高祖 시기)에 작위에 부여된 특권일 뿐 惠帝 시기에는 작위와 수전이 무관계해짐에 따라서 惠帝 이후 빈번한 민작 사여가 행해졌다는 주장이다.[123] 그에 의하면 5年 詔書가 어떠한 성과를 냈는지는 사료가 없어 알 수 없으나 그 후에 高祖가 異姓諸侯王 평정, 匈奴 출격 등에 따라간 軍吏卒에게 賜爵授田宅을 하지 않고 있다고 주장한다.[124] 고조 12년에 내린 조서에 고조를 따라 楚漢전쟁에 참여한 士卒들에게 하사했다고 확인된 것은 賜第室과 復除徭役일 뿐이고 授田 기록이 없으므로 爵位와 田宅이 상호 무관해지게 되었다는 주장이다. 이것은 『이년율령』의 授田制가 기능하지 않게 된 시점이 高祖 시기부터라고 이해한 것이다.[125]

---

122) 張金光, 위의 논문, pp.56-57.

123) 賈麗英, 「漢代"名田宅制"與"田宅逾制"論說」(『史學月刊』 2007-1), pp.35-36.

124) 같은 논문, p.35; 『漢書』 卷1下 「高帝紀」, p.65, "(八年)令吏卒從軍至平城及守城邑者, 皆復終身, 勿事"; 『漢書』 卷1下 「高帝紀」, p.78, "十二年(B.C.195), 「三月, 詔曰: 「吾立爲天子, 帝有天下, 十二年於今矣. 與天下之豪士賢大夫共定天下, 同安輯之. 其有功者上致之王, 次爲列侯, 下乃食邑. 而重臣之親, 或爲列侯, 皆令自置吏, 得賦斂, 女子公主. 爲列侯食邑者, 皆佩之印, 賜大第室. 吏二千石, 徙之長安, 受小第室. 入蜀漢定三秦者, 皆世世復. 吾於天下賢士功臣, 可謂亡負矣. 其有不義背天子擅起兵者, 與天下共伐誅之. 布告天下, 使明知朕意.」

朱紹侯는 呂后 이후 사회경제의 발전에 따라 토지사유 및 대토지겸병이 성행하고 武帝 시기에는 군공작제 및 授田制가 완전히 파괴되었다고 보았다.[126) 于振波는 爵制의 변화가 惠帝 때부터 나타나서 爵位와 軍功 사이에 연계가 없게 되었다고 주장한다. 文·景帝 이후에도 名田制는 현실수요에 근거하여 법률적 조정을 행하지 못한 채 계속 실시되다가, 元·成帝 시기에 이르러 徙陵制度의 폐지와 占田이 규정을 초과하는 상태가 발전함으로써 파괴되었다고 주장하였다.[127)

王彦輝는 "名田宅制가 文帝 이후에 民爵의 빈번한 하사로 인해 그 存在의 의미를 상실하였고, 『二年律令』에서 허가한 土地 賣買의 현상이 보편화되어 신흥의 豪民地主는 '帶郭千畝'의 田을 구입하여, 千戶侯에 비견될 정도로 대토지 소유가 출현하였다."고 주장한다. 이에 "文帝 改制의 조치는 漢初 이래의 名田宅制를 포기하게 되었고, 또한 제한적인 '均等' 원칙 역시 폐기되었다. 哀帝시에 師丹이 말하는 '不爲民田及奴婢爲限'은 바로 이것을 가리키는 것"이라고 주장하고 있다.[128) 또한 師丹의 자료에 근거하여 文帝 시기에 授田制가 폐지된 것으로 이해하

---

125) 任仲爀, 「漢初의 律令 제정과 田宅制度」, pp.140-146.
126) 朱紹侯, 「論漢代的名田(受田)制及其破壞」(『湖南大學學報』 44-1, 2004), p.38.
127) 于振波, 위의 논문, p.33.
128) 王彦輝, 「論張家山漢簡中的軍功名田宅制度」(『東北師大學報』 2004-4), pp.20-21; 『漢書』 卷24上 「食貨志」, p.1142, "古之聖王莫不設井田, 然後治乃可平. 孝文皇帝承亡周亂秦兵革之後, 天下空虛, 故務勸農桑, 帥以節儉. 民始充實, 未有並兼之害, 故不爲民田及奴婢爲限. 今累世承平, 豪富吏民皆數鉅萬, 而貧弱俞困. 蓋君子爲政, 貴因循而重改作, 然所以有改者, 將以救急也. 亦未可詳, 宜略爲限." 朱紅林이 이 기사에 대해서 "名田制는 일찍부터 이름만 있고 실제로는 없어졌어도 법률상으로는 폐지되지 않았다. 그러므로 董賢에게 2천 경을 하사할 때 균전제는 이때부터 파괴되었다."고 한 것은 정확하게 이해한 것이다.(朱紅林, 위의 논문, p.80) 필자도 文帝시까지 토지 소유가 戶律 규정대로 이루어진 것은 아니지만, 그렇다고 심각한 토지겸병의 문제가 나타난 것은 아니기 때문에 위의 "未有並兼之害, 故不爲民田及奴婢爲限"부분은 겸병 억제의 필요성을 느끼지 못했다는 정도로 이해해야 할 것이다.

는 견해가 있는데, 전택 소유제도가 賜爵의 輕濫에 의해 동요되었다는 것이다.[129)

이상에서 名田宅制의 기능이 마비되어 가는 원인과 시점을 언급했는데, 일부 견해는 아예 高祖 시기부터 행해지지 않았다고 주장하고, 일부 논자들은 呂后 이후에 붕괴되기 시작했다고 주장하고 있다. 이하에서는 어느 시기부터 戶律 규정이 준수되지 않았을까 하는 점을 규명해보도록 하자.

필자의 결론을 미리 말한다면 高祖가 "復故爵田宅"의 조치를 취하여 秦末 自實田 전후의 전택 소유 상황을 승계함으로써 『二年律令』의 규정들은 漢初부터 엄격히 준수되지 못했다고 생각한다.[130)

1. 高祖 시기의 授田宅 실시

賜爵의 남발로 田宅 수여의 제도가 붕괴되었다는 주장은 이 문제를 검토하는데 중요한 분석 대상이 된다. 전택 지급의 붕괴를 賜爵의 남발과 연결시키는 견해들은 文·景帝 이후에 二十等爵이 輕濫하게 된 원인으로 漢初의 전쟁 상황이 종결된 상황에서 非군공작을 남발하고 빈궁한 백성이 賣爵한 것에 있었다고 주장한다.[131) 특히 토지제도와 관련하여 주목되는 것이 惠帝 이후부터 전국에 보편적으로 실시된 賜民爵이었다. 柳春藩은 有爵者에게 전택을 급여하는 규정은 바로 모든 천하민에게 보편적으로 賜民爵함으로써 폐지되었다고 보았다.[132) 漢惠帝 이후 남발된 賜爵의 통계를 보면 전한 54회, 후한 36회인데, 賜爵은 도저히 국가가 작위에 상응하는 토지를 지급할 수 없는 횟수이

---

129) 楊振紅, 위의 책, pp.156-157.
130) 任仲爀, 「秦始皇 31年의 自實田」, pp.56-58.
131) 邢德波, 「"請賣爵子"句義辨正」(『殷都學刊』 2001-3), p.103. 賣爵은 재해와 흉년 상황에서 허용하고 있다.
132) 柳春藩, 『秦漢封國食邑賜爵制』(沈陽: 遼寧人民, 1984), pp.128-129.

다.[133] 西嶋定生이 분석한 居延漢簡의 자료는 昭帝 始元 5년(B.C.82)에서 宣帝의 元康 4년(B.C.62)까지 20년간 魏郡 鄴縣에 8차례의 賜爵이 있었음을 보여준다.[134] 평균 2.5년마다 賜爵할 때 토지를 지급했다면 鄴縣의 토지는 절대적으로 부족해졌을 것이다.

그러나 惠帝 이후부터 전국적인 賜爵이 행해지면서 그에 부수된 전택지급 체제가 붕괴되었다는 주장은 선후가 바뀐 주장일 수도 있다. 惠帝 시기의 賜爵은 授田하지 않게 된 원인이 아니라, 오히려 이미 그 이전에 작위와 수전이 무관해진 결과인 것이다. 만약 惠帝 즉위 시점에 賜爵했을 때 반드시 授田해야 하는 원칙을 준수해야 했다면 이 원칙이 두려워서라도 전국적인 賜爵을 할 수 없었을 것이다. 이러한 상황에서 유추한다면 이미 惠帝 이전부터 爵 - 田宅지급 시스템이 작동하지 않는 것을 알고 있기 때문에 전국적인 賜爵이 행해진 것이다. 비록 鼂錯이 상소한 「貴粟疏」의 시점이 惠帝 원년(B.C.194)으로부터 26년이 경과한 文帝 12年(B.C.168)이기는 하지만,[135] 「貴粟」의 "爵은 황제의 입에서 끝없이 나오는 것"이라는 인식은 이미 惠帝 이전부터 존재했을 수 있다.[136] 결과적으로 鼂錯이 상소한 시점에서는 爵 - 田宅지급의 연계 시스템이 완전히 붕괴되어있었다고 할 수 있다.

田宅은 지급하지 않으면서도 賜爵의 행위가 지속된 이유는 무엇일까? 원래 秦代 이래 天下의 更始를 위하여 "赦天下"의 은덕을 내렸지만, 이와 동시에 賜爵한 경우는 없었다. 그 후 惠帝가 황제에 즉위하면서 民爵을 내린 것은 "赦天下"와 함께 내린 것이 아니라 황제 즉위와 관

---

133) 西嶋定生, 『中國古代帝國の形成と構造』(東京: 東京大學出版會, 1976), pp.160-191. 두 차례는 吏爵만 있다.

134) 같은 책, pp.204-234.

135) 曾維華, 「鼂錯上《貴粟疏》時間考」(『歷史教學問題』 2011-3), p.18.

136) 『漢書』 卷24上 「食貨志上」, p.1134, "爵者, 上之所擅, 出於口而亡窮; 粟者, 民之所種, 生於地而不乏. 夫得高爵與免罪, 人之所甚欲也. 使天下〔人〕入粟於邊, 以受爵免罪, 不過三歲, 塞下之粟必多矣."

련한 것이며, 赦天下와 賜民爵이 동시에 행해진 것은 文帝때부터 시작
되었다.[137] 죄수들은 사면을 통하여 庶人의 신분으로 상승하지만, 일
반인들은 사면을 받을 이유가 없으므로 죄수와 동반하여 신분이 상
승하도록 작위를 하사하는 것이다. 『商君書』에 의하면, 7급 이하의 低
爵은 4가지 특권을 갖는다. 관리가 되어 庶子를 요구할 수 있는 권한,
속죄와 형벌을 감면받을 수 있는 권한, 작위로 노비가 親人을 속면할
수 있는 권한, 생활상의 우대 등이 있다. 漢代의 군공작 특권도 秦代에
는 미치지 못하지만 계속 실제적 가치를 가지고 있다. 그 경제적 가
치는 전택을 받을 수 있는 권한, 부세를 감면받고, 사후에도 작위의
유무와 고하에 따라서 국가가 지급하는 喪葬의 비용에 차등이 주어졌
다.[138] 그러나 文帝 13년에 肉刑이 폐지되고 형기가 제정되면서 그 이
전의 有爵者가 가지는 감형의 효과는 없어졌을까? 哀帝 시기에 薛況이
髡鉗城旦에 처해졌으나 작위에 의해 完城旦으로 감형된 경우에서 알
수 있듯이 爵이 가지고 있는 감형의 효과만은 계속 남아있었다.[139]

賜爵의 또 다른 목적은 賣爵을 통하여 경제적 혜택을 주려고 하는
의도가 강한 것 같다.[140] 즉, 국가로서는 아무런 부담이 없고, 백성들

---

137) 『史記』 卷6 「秦始皇本紀」, p.270, "二世乃大赦天下, 使章邯將, 擊破周章軍而走,
遂殺章曹陽.";『史記』 卷8 「高祖本紀」, p.381, "高祖欲長都雒陽, 齊人劉敬說, 乃
留侯勸上入都關中, 高祖是日駕, 入都關中. 六月, 大赦天下.";『漢書』 卷2 「惠帝
紀」, p.90, "三月甲子, 皇帝冠, 赦天下.";『漢書』 卷2 「惠帝紀」, p.85, "孝惠皇帝,
高祖太子也, 母曰呂皇后. 帝年五歲, 高祖初爲漢王. 二年, 立爲太子. 十二年四
月, 高祖崩. 五月丙寅, 太子即皇帝位, 尊皇后曰皇太后. 賜民爵一級.";『史記』
卷10 「孝文本紀」, p.417, "朕初即位, 其赦天下, 賜民爵一級, 女子百戶牛酒, 酺五
日.";『史記』 卷11 「孝景本紀」, p.439, "元年四月乙卯, 赦天下. 乙巳, 賜民爵一
級. 五月, 除田半租, 爲孝文立太宗廟. 令羣臣無朝賀. 匈奴入代, 與約和親."
138) 朱紹侯, 위의 책, pp.281-284.
139) 『漢書』 卷83 「薛宣朱博傳」, p.3396, "明當以賊傷人不直, 況與謀者皆爵減完爲城
旦. 上以問公卿議臣, 丞相孔光·大司空師丹以中丞議是, 自將軍以下至博士議郎
皆是廷尉, 況竟減罪一等, 徙敦煌, 宣坐免爲庶人, 歸故郡, 卒於家."
140) 『漢書』 卷7 「昭帝紀」, p.229, "四年春正月丁亥, 帝加元服, 見于高廟. 賜諸侯王·

에게는 경제적 효용이 있는 작위로 대신하려한 것이었다.『二年律令』
에 賣爵은 보이지 않지만, 爵을 받아야 함에도 拜爵되지 못할 때에는
1만 전을 지급하도록 규정하고 있다.[141] 그 후 문헌사료에 보이는 買
爵은 惠帝 元年에 확인되며, 가격은 1급 당 2천 전이었고, 賣爵은 惠帝
6년에 확인된다.[142]『이년율령』에 비한다면 많이 낮아진 가격이다. 그
후 景帝 때 惠帝 시기의 賣爵令을 재차 수정하였는데, "裁其賈"라는 것
은 그 가액을 削減하였다는 것이다.[143] 그 가액은 成帝 시기에 보이는
1천 전일 가능성이 크다.[144] 그렇다면 景帝 이후로는 계속 爵 1급의
가액이 1천 전으로 고정화되었던 것이다.[145]『이년율령』의 1만 전이라

丞相·大將軍·列侯·宗室下至吏民金帛牛酒各有差. 賜中二千石以下及天下民爵.
毋收四年·五年口賦. 三年以前逋更賦未入者, 皆勿收. 令天下酺五日.";『漢書』
卷24上「食貨志」, pp.1135-1136, "後十三歲, 孝景二年, 令民半出田租, 三十而稅
一也. 其後, 上郡以西旱, 復修賣爵令, 而裁其賈以招民; 及徒復作, 得輸粟於縣
官以除罪. 始造苑馬以廣用, 宮室列館車馬益增修矣.";『漢書』卷4「文帝紀」, p.131,
"夏四月, 大旱, 蝗. 令諸侯無入貢. 弛山澤. 減諸服御. 損郎吏員. 發倉庾以振民.
民得賣爵.";『漢書』卷2「惠帝紀」, p.88, "元年冬十二月, 趙隱王如意薨. 民有罪,
得買爵三十級以免死罪. 賜民爵, 戶一級.";『漢書』卷2「惠帝紀」, p.88, "應劭
曰:「一級直錢二千, 凡爲六萬, 若今贖罪入三十疋縑矣.」師古曰:「令出買爵之
錢以贖罪.」";『漢書』卷10「成帝紀」, p.318, "三年夏四月, 赦天下. 令吏民得買
爵, 賈級千錢."

141)『張家山漢墓竹簡』, p.185, "當拜爵及賜, 未拜而有罪耐者, 勿拜賜. 392(C242) 諸
當賜受爵, 而不當拜爵者, 級予萬錢. 393(C240) 諸詐僞自爵免·爵免人者, 皆黥
爲城旦舂. 吏智(知)而行者, 與同罪. 394(C239)"

142)『漢書』卷2「惠帝紀」, p.88, "元年冬十二月, 趙隱王如意薨. 民有罪, 得買爵三十
級以免死罪. 賜民爵, 戶一級. 應劭曰: 一級直錢二千, 凡爲六萬, 若今贖罪入三十
疋縑矣.";『漢書』卷2「惠帝紀」, p.91, "六年冬十月辛丑, 齊王肥薨. 令民得賣爵."

143)『漢書』卷24上「食貨志」, pp.1135-1136, "其後, 上郡以西旱, 復修賣爵令, 而裁其
賈以招民."

144)『漢書』卷10「成帝紀」, p.318, "三年夏四月, 赦天下. 令吏民得買爵, 賈級千錢."

145) 國家文物局古文獻研究室·大通上孫家寨漢簡整理小組,「大通上孫家寨漢簡釋文」
(『文物』1981-2), pp.22-26. "斬捕八級, 拜爵各三級; 不滿數, 賜錢級千."首級 8
에 대하여 爵 3급이므로 작 1급은 수급 2.7개에 해당한다. 따라서 작 1급
은 수급 2.7개에 해당하므로 약 2700전에 해당할 것이다. 景帝 이후 爵의

는 爵의 가액도 지나치게 높았던 것으로 이것을 현실에 맞는 수준으로 내린 것이 2천 전이고 더욱 낮춘 것이 1천 전이었다고 생각된다. 爵 1급의 가액이 1천 전이라는 사실은 漢代의 田이 畝當 1천에서 3천 전 정도이고, 宅은 一區에 1천6백에서 3천 정도인 것과 비교된다.[146)

그런데 『二年律令』 戶律에 1급 爵 公士에게 150畝의 田을 지급하도록 되어 있는데, 漢代 토지의 가격을 畝當 1천 전으로 환산하면 15만 전의 가치를 지닌 것이다.[147) 반면에 『二年律令』에 爵의 가격은 1만 전이므로,[148) 전택을 지급하지 않고 현금으로 주는 것이 국가의 입장에서는 유리할 수도 있다. 물론 전술한 바와 같이, 爲戶를 해야만 전택이 지급되는 것이 원칙이므로 爵이 있다고 하여 모두 전택을 지급받는 것은 아니다. 爵位마다 규정된 田宅을 지급하면 국가로서는 엄청난 경제적 부담이 될 수 있다.

이렇게 재해 및 흉년 이후에 賜爵한 것은 賣爵을 통한 救恤에 목적이 있었으며, 이때부터 爵에 수반된 토지 대신에 1천·2천 전에 상당하는 爵으로 경제적 가치를 지급하겠다는 의도였다. 특히 惠帝 때 전국적인 賜爵과 買爵 사료가 나타난 것은 爵에 수반되는 토지를 지급하기보다는 爵 그 자체의 價額을 지급하는 것으로서 의미가 변화한 것으

가액 1000錢은 前漢 후반기의 자료인 上孫家寨漢簡에 보이는 爵의 가액 2700錢과는 차이가 있다.

146) 劉金華, 「漢代西北邊地物價考－以漢簡爲中心」(『中國社會經濟史研究』 2008-4), pp.14-15; 謝桂華 等, 『居延漢簡釋文合校』(北京: 文物出版社, 1987), p.34, "宅一區, 直三千(24. 1A)"; 吳礽驤 等, 『敦煌漢簡釋文』(蘭州: 甘肅人民出版社, 1991), p.79, "捐之道丈夫前所賣宅耿孝所買錢千六百今取孝終一匹六百卌酒一石八斗直二百七十復賣(776)."

147) 劉金華, 「漢代物價考(二)以漢簡爲中心」(『文博』 2008-2), p.30. 漢代 토지의 畝當 가격은 1천에서 3천 전이었다.

148) 『張家山漢墓竹簡』, p.153, "捕從諸侯來爲間者一人, 爵一級, 有購二萬錢. 不當拜爵者, 級賜萬錢, 有行其購. 數人共捕罪人而當購賞, 欲150(C45)"; 같은 책, p.185, "諸當賜受爵, 而不當拜爵者, 級予萬錢. 393(C240)"

로 추측된다. 爵에 수반되는 토지를 아예 지급할 생각조차 않은 것은
전국에 賜爵할 때마다 지급할 수 있는 토지가 절대적으로 부족했기
때문일 것이다. 그렇다면 육형 폐지 이후에는 육형 면제의 혜택은 없
어지고 감형의 수단으로서만 기능하고, 賜爵에 부수되는 전택 사여도
없게 되면서 漢代人의 爵에 대한 인식은 『前書音義』에 지적한 것처럼 贖
免과 賣爵의 두 가지로 좁혀졌던 것이다.[149]

[표 5] 「奏讞書」의 爵級別 人數

작위			관리 38명	일반인 30명
20	侯	徹侯		
19		關內侯		
18		大庶長	4	
17		駟車庶長		
16		大上造		
15		少上造		
14	卿	右更		
13		中更		
12		左更		
11		右庶長		
10		左庶長	1	
9		五大夫	1	
8		公乘		
7	大夫	公大夫		1
6		官大夫		1
5		大夫	1	7
4		不更		
3	士	簪裹	1	
2		上造		1

---

149) 『後漢書』 卷2 「孝明帝紀」, p.96, "『前書音義』曰…人賜爵者, 有罪得贖, 貧者得賣
　　與人."

작위			관리 38명	일반인 30명
1		公士		
+0	無爵	公卒		
0		士伍		4
-0		庶人		
-1	사면죄수	隱官		1
-2	경죄수	司寇		
-3		형도		3
		노비		6
		여자		4
		남자		2
	무기록		30	

지금까지 고찰한 것처럼 爵과 田宅지급의 분리는 惠帝 시점에서는 확실한 것으로 생각되는데, 그렇다면 高祖 시기에도 爵位의 남발이 있었을까? 우선 「奏讞書」의 작위 분석을 통하여 高祖 시기 작위의 인플레 상황이 발생했는지 살펴보자. 「奏讞書」 중 高祖 6년부터 11년까지의 자료에는 官吏 38명에서 有爵者가 8명이고 나머지 30명은 작위를 밝히지 않았기 때문에 확인할 수 없다.

일반인의 경우 총 30명 가운데 10명이 有爵者이고, 그밖에 無爵者인 士伍가 4명, 남자 2명이고, 爵의 질서 밖에 있는 隱官 1명, 刑徒 3명, 奴婢 6명, 女子 4명 등 20명이 있었다. 관리와 일반인을 합쳐서 유작자를 보면, 上造 1명, 簪裊 1명, 大夫 8명, 官大夫 1명, 公大夫 1명, 五大夫 1명, 左庶長 1명, 大庶長 4명 등 18명이 유작자이다.

이 「奏讞書」의 사례가 고조 시기 爵位의 보유 실정을 추정하는 표본으로 삼기에는 케이스가 부족하지만, 그래도 일부의 진실을 말해준다고 생각한다. 前漢 초기에 광범위한 군공계층이 형성된 것은 求盜·亭校長·發弩·獄史와 같은 하급관리조차도 大夫·大庶長의 작위를 가지고 있는 사실에서 볼 때 분명하다고 생각한다.[150] 그러나 위의 작위 가운

데 5급 大夫가 많은 것은 高祖가 五年詔書에서 項羽와의 전쟁 기간 중
軍功을 세우지 못한 군졸들에게 5급작 大夫를 내린 영향도 있었을 것
으로 생각되며, 伍制에 속하지 않고 상호 감시의무가 없는 점에서 중
요한 경계선을 이루는 9급 五大夫를 대부분 넘지 못한 것을 본다면 五
大夫를 넘지 않는 선으로 작위가 유지되고 있는 사실을 알 수 있다.[151]

또한 無爵者인 士伍의 존재는 바로 漢이 작위를 남발하지 않은 증
거인데, 만약 高祖 시기에 전국적으로 賜爵했다면 士伍가 존재할 수
없다. 高祖가 2년 2월 社稷을 세웠을 때 賜爵하였지만 당시의 漢의 판
도가 四川·關中지방으로 국한되어 있었기 때문에 「奏讞書」에 보이는
關中 이외의 지역에 있던 사람들은 당시의 賜爵 혜택을 받지 못했던
것이다. 그 후 전국적인 賜爵은 惠帝 즉위년(B.C.195)에 있으므로, 「奏讞
書」 가운데 이보다 빠른 高祖 시기의 案例들에는 無爵의 士伍가 존재
했던 것이다.

이처럼 高祖 시기의 「奏讞書」에는 爵位를 남발하지 않은 것임이 확
인되었는데, 그렇다고 高祖 시기에 戶律 규정에 따라 田宅의 지급이
정확하게 이루어지고 있었을까? 그러나 戶律 규정에 입각하여 전국에
田宅을 지급한 증거는 보이지 않는다. 漢왕조가 田宅을 규정대로 지급
하려면 보유하고 있는 토지가 많아야 했다. 楚漢전쟁으로 많은 인구
의 사망에 의해 주인 없는 토지의 출현은 사실이라고 하더라도, 그 無
主의 토지는 軍功爵者에게 우선적으로 돌아갔을 것이기 때문이다.

---

150) 閻步克, 『品位與職位-秦漢魏晉南北朝官階制度研究』(北京: 中華書局, 2002), pp.
104-105.
151) 필자는 이전의 논고에서 好並隆司의 "爵을 경시하는 상황이 만연해 있었
고, 爵에 수반된 田宅 수여가 실시 곤란을 가져왔다."는 주장을 수용하였
으나(好並隆司, 『秦漢帝國史研究』(東京: 未來社, 1978), p.248; 任仲爀, 「漢帝國
의 성격과 高祖 功臣集團」(『淑大史論』 18, 1996), p.74.] 奏讞書를 재분석한
결과 高祖 시기까지는 작위의 인플레 현상이 나타났다고는 생각하지 않
는다.

高祖가 5년 조서에서 군공을 수립한 軍吏卒에게 토지의 지급을 명령했던 문제에 관해서 보면, 통일 이전에도 高祖는 戶律 규정에 입각하여 토지를 지급하고자 수차례 시도하였으나, 이것은 현실의 벽에 부닥쳤다. 아마도 가장 큰 이유는 천하의 주인이 확정되지 않은 楚漢 전쟁 와중에 토지를 지급하라는 명령을 지방관들이 제대로 이행하지 않은 것에 있었다. 때문에 高祖는 5년 조서에서 토지 지급이 부진한 것에 대하여 守尉長吏를 질책하고, 査察을 통해 중죄로 처벌할 것을 표명하고 있다.[152]

필자는 별고에서 「奏讞書」를 근거로 고조를 따라 종군한 軍吏卒에게 토지 지급이 행해졌을 정황을 아래와 같이 추정한 바 있다. 高祖의 五年詔書는 최소한 "項羽와의 전쟁에 참여하여 軍功爵을 획득한 자"들에게는 田宅 지급이 이루어졌다고 보인다. 이 작업은 50만 정도로 추정되는 군인들에게 시행되는 것이라서 매우 어려운 작업이었다고 생각한다. 때문에 高祖는 제대군인에 대한 전택의 지급 문제를 해결하도록 반복하여 강조하고 있다. 앞에서 분석한 것처럼 고조 5년 조서가 황제의 지엄한 명령으로서 집행되었음은 「奏讞書」의 노비 해방 사례에서 증명되었기 때문에 군공작자에게만은 전택지급이 집행되었을 가능성이 높다.[153] 이것은 오년조서에 대해서는 고조가 상당히 강한 의지를 보이고 그 집행을 감찰하여 조서대로 행하지 않는 경우에는 치죄하겠다고 밝힌 것과 관련이 있을 것이다.

고조가 부하들에게 작위에 따른 전택을 지급하는 상황도 국가의

---

152) 『漢書』卷1下「高帝紀」, pp.54-55, "又曰:「七大夫、公乘以上, 皆高爵也. 諸侯子 及從軍歸者, 甚多高爵. 吾數詔吏先與田宅, 及所當求於吏者, 亟與. 爵或人君, 上所尊禮, 久立吏前, 曾不爲決, 甚亡謂也. 異日秦民爵公大夫以上, 令丞與亢禮. 今吾於爵非輕也, 吏獨安取此! 且法以有功勞行田宅, 今小吏未嘗從軍者多滿, 而 有功者顧不得, 背公立私, 守尉長吏敎訓甚不善. 其令諸吏善遇高爵, 稱吾意. 且 廉問, 有不如吾詔者, 以重論之.」"

153) 任仲爀,「漢初의 律令 제정과 田宅制度」, pp.143-146.

전택 보유상황이 충분한 것이 아니었기 때문에 용이한 것은 아니었
다. 필자는 秦末의 토지소유 관계가 漢初에 어떻게 승계되는지의 문
제를 自實田과 高祖 五年詔書의 "復故爵田宅"의 관점에서 아래와 같이
고찰한 바 있다.[154] 秦始皇 31년에 행해진 秦代의 自實田은 통일 후 5
년의 시간이 경과한 시점에서 토지 소유의 실태를 파악하여 공평한
課稅를 목적으로 한 것이었을 뿐이며, 秦帝國 고유의 授田制의 틀에도
변화를 초래하지 않았다고 생각된다. 이것은 후대인 元·明 시기에 自
實田 조치 이후에 공평한 과세가 행해졌다는 "令民自實田以均賦役"에
서 짐작할 수 있다.[155] 自實田의 조치로 賦役을 균등하게 했다는 것은
토지의 소유현황이 파악되어 賦役이 공평하게 부과되었다는 의미이다.

　秦始皇 31년의 自實田 조치에 의해 舊 육국민의 토지 소유관계를
인정하게 됨으로써, 구 육국지역의 陳平·陳勝으로 대표되는 가난한
소농민의 토지가 秦帝國에서 인정되는 결과를 낳았다. 秦始皇 27년
(B.C.220) 전국에 賜爵하여, 陳留郡 陽武(戰國 魏地)에 살았던 陳平의 형
도 최소한 1급 公士의 작위를 받았겠지만 토지가 30畝라는 것은 작위
에 상응하는 授田이 이루어지지 않았음을 말해준다. 이 지역은 睡虎地
秦簡에 수록된 魏戶律이 적용되었던 戰國 중기 魏의 영역에 속했던 지
역이므로 授田의 전통이 오래된 곳이었다.[156] 陳平은 獘席으로 門을
만들어야 할 정도로 가난하여 결혼도 하지 못한 존재였으므로 토지
는 없었을 것으로 생각된다.[157] 또한 司馬遷에 의해 "甕牖繩樞之子(깨
진 옹기의 주둥이로 창을 만들고 새끼로 문지도리를 만든 가난한 집
안의 아들)"라고 불린 陳勝은 가난 때문에 타인의 토지에서 傭耕하여

154) 任仲爀, 「秦始皇 31年의 自實田」, pp.55-58.
155) 『元史』卷143「泰不華列傳」, p.3424, "至正元年, 除紹興路總管. 革吏弊, 除沒官
　　牛租, 令民自實田以均賦役. 行鄕飮酒禮, 敎民興讓, 越俗大化."
156) 王彦輝, 위의 책, p.36.
157) 『史記』卷56「陳丞相世家」, p.2051.

食飮을 해결하는 존재였으므로 당연히 庶人에 준하는 1頃의 토지는 없었을 것이다.[158] 또한 秦末에도 토지 소유가 법률 규정대로 집행되지 못했음을 확인한 바 있는데, 日書에는 토지 매매와 대토지 소유를 의미하는 자료도 확인되고 있다.[159] 결국 秦帝國이 自實田 이후에도 계속하여 국가수전제를 취하고 실제의 토지 소유액(田實)이 爵制를 준수하도록 강조하고 있지만, 陳勝·陳平·放馬灘日書·里耶秦簡 등의 자료에 근거할 때 이미 秦末에는 수전제가 제대로 준수되지 못했고 토지 소유의 불균형 현상이 노정되어 있었다.

漢代에 들어가서 蕭何가 秦律을 승계하고, 高祖는 "復故爵田宅"의 조치를 취하는 두 사건에 의해 秦代의 토지 법률과 실제적 소유관계가 그대로 승계되었다. 즉, 漢帝國은 고조 2년에 蕭何가 漢律令을 관중 지역에 실시함으로써 제도적으로 과거 秦의 軍功授田制로 복귀하였다. 또한 고조 5년(B.C.202) "復故爵田宅"의 조치를 취하여 이전의 秦제국 치하에서의 소유권을 소급하여 인정하고 있다. "復故爵田宅"의 조치는 秦제국 시기의 소유권을 인정하겠다는 의도이며, 결과적으로 진시황 31년의 自實田에 의해 인정된 六國 시기의 토지 소유관계까지 인정하게 되었다.

이상에서 분석한 바와 같이, 高祖 시기에 賜爵을 남발하지는 않았

---

158) 『漢書』卷31「陳勝傳」, p.1824, "始皇既沒, 餘威震于殊俗. 然而陳涉, 甕牖繩樞之子, 甿隸之人, 遷徙之徒也, 材能不及中庸, 非有仲尼·墨翟之知, 陶朱·猗頓之富. 躡足行伍之間, 而倔起阡陌之中, 帥罷散之卒, 將數百之衆, 轉而攻秦. 斬木爲兵, 揭竿爲旗, 天下雲合嚮應, 贏糧而景從, 山東豪俊遂並起而亡秦族矣.";『漢書』卷31「陳勝傳」, p.1785, "陳勝字涉, 陽城人. 吳廣, 字叔, 陽夏人也. 勝少時, 嘗與人傭耕. 輟耕之壟上, 悵然甚久, 曰:「苟富貴, 無相忘!」傭者笑而應曰:「若爲傭耕, 何富貴也?」勝太息曰:「嗟乎, 燕雀安知鴻鵠之志哉!」";『漢書』卷31「陳勝傳」, p.1785, "師古曰:「與人, 與人俱也. 傭耕, 謂受其雇直而爲之耕, 言賣功傭也.」";『史記』卷96「張丞相列傳」, p.2688, "丞相匡衡者, 東海人也. 好讀書, 從博士受詩. 家貧, 衡傭作以給食飮."
159) 任仲爀,「秦始皇 31年의 自實田」, pp.45-48.

으나 전택 지급이 제대로 이루어지지 않은 것은 군공을 세운 자에게
조차 지급할 전택이 충분하지 않았기 때문이다. 軍吏가 軍功을 계산
해본 결과 천하의 토지를 모두 封하더라도 부족했기 때문에 諸將들이
몇 사람 씩 모여서 수군거리고 있었던 사실은 통일 직후 토지의 부족
상황을 반영한다.[160] 이러한 상황에서 일반민에 대한 戶律 규정대로
의 전택 지급은 불가능했다. 그 결과 어쩔 수 없이 "復故爵田宅"의 조
치에 의해 과거 전택 소유상황을 지속할 수밖에 없었다. 적어도 漢初
에 국가가 전국에 田宅을 지급하는 조치, 일반백성에게 賜爵과 田宅이
함께 지급되는 기록을 찾기 힘들다. 오히려 秦末의 소유 관계를 그대
로 인정함으로써 한제국 체제 하에서 새로운 전택 소유 체제를 만드
는 것은 불가능하였다.

이러한 秦末의 토지 소유관계가 漢代에 계승되고, 그것이 바로 고
조 시기로부터 멀지 않은 文帝 시기의 鳳凰山十號漢墓 鄭里廩簿에 나타
난 것이라고 생각한다. 鄭里의 주민이 戶律의 규정 이하로 토지를 가
지고 있다는 것은 그 규정이 제대로 집행되지 않았음을 말해준다.

2. 文景 시기의 授田宅 실시

鳳凰山十號漢墓의 鄭里廩簿는 文帝말에서 景帝 4년(B.C.153) 後9月까
지로 추정되는 자료로서, 가난한 농민에게 파종할 종자의 대여상황을

---

160) 『漢書』 卷40 「張良傳」, pp.2031-2032, "上已封大功臣二十餘人, 其餘日夜爭功而
不決, 未得行封. 上居雒陽南宮, 從復道望見諸將往往數人偶語. 上曰:「此何語?」
良曰:「陛下不知乎? 此謀反耳.」 上曰:「天下屬安定, 何故而反?」 良曰:「陛下
起布衣, 與此屬取天下, 今陛下已爲天子, 而所封皆蕭·曹故人所親愛, 而所誅者
皆平生仇怨. 今軍吏計功, 天下不足以徧封, 此屬畏陛下不能盡封, 又恐見疑過
失及誅, 故相聚而謀反耳.」 上乃憂曰:「爲將奈何?」 良曰:「上平生所憎, 羣臣所
共知, 誰最甚者?」 上曰:「雍齒與我有故怨, 數窘辱我, 我欲殺之, 爲功多, 不忍.」
良曰:「今急先封雍齒, 以示羣臣, 羣臣見雍齒先封, 則人人自堅矣.」 於是上置
酒, 封雍齒爲什方侯, 而急趣丞相御史定功行封. 羣臣罷酒, 皆喜曰:「雍齒且侯,
我屬無患矣.」

기록한 장부이다. 鄭里廩簿는『이년율령』의 시점이라고 하는 呂后 2년 (B.C.186)에서도 불과 20년이 경과된 시점의 것이다. 따라서 鄭里廩簿 는 고조 5년 조서에서의 토지지급 명령이 군공이 없는 일반인에게도 적용되었는지를 살필 수 있는 더할 나위 없이 좋은 자료이다. 鄭里廩 簿에는 모두 25戶110人의 호구가 기록되어 있는데, 경작할 수 있는 能 田者는 69人이었다. 토지 당 종자를 빌려주는 원칙은 畝 당 0.1석의 비 율이었다. 鄭里廩簿에 보이는 전체 토지는 610畝이므로 1호 평균 24.4 大畝의 토지를 소유하고 있었다.[161] 鄭里의 戶人 및 能田 칭호로 볼 때 토지는 立戶한 戶主 단위로 지급하는『二年律令』의 원칙이 적용된 것 임을 알 수 있다.[162] 鄭里廩簿를 정리한 것이 아래의 표이다.

[표 6] 鄭里廩簿의 토지 畝數

	戶人	家族 숫자	能田(농사인력)	田畝數量(畝)	貸穀數(石)
①	聖	1	1	8	0.8
②	特	3	1	10	1
③	擊牛	4	2	12	1.2
④	野	8	4	15	1.5
⑤	癃冶	2	2	18	1.8
⑥	□	3	2	20	2
⑦	立	6	2	23	2.3
⑧	越人	6	3	30	3
⑨	不章	7	4	30	3.7
⑩	勝	5	3	54	5.4
⑪	虜	4	2	20	2
⑫	積	6	2	20	2
⑬	小奴	3	2	30	3

161) 裘錫圭,「湖北江陵鳳凰山十號漢墓出土簡牘考釋」(『文物』 1974-7), p.52.
162) 李根蟠,「戰國秦漢小農家庭規模及其變化機制—圍繞"五口之家"的討論」,『家庭 史研究的新視野』(北京: 三聯書店, 2004), p.23.

	戶人	家族 숫자	能田(농사인력)	田畝數量(畝)	貸穀數(石)
⑭	佗(?)	4	3	20	2
⑮	定民(?)	4	4	30	3
⑯	靑肩	6	3	27	2.7
⑰	□奴	7	4	23	2.3
⑱	□奴	?	3	40	4
⑲	□□	6	4	33	3.3
⑳	公士 田	6	3	21	2.1
㉑	駢	5	4	30	3
㉒	朱市人	4	3	30	3
㉓	□頭奴	3	3	14(?)	1.4
㉔	□軵	3	2	20	2
㉕	公士 市人	4	3	32	3.2
	합계	110	69	610[163]	61.7

　　鄭里廩簿의 성격에 대하여, 가난한 호구에게만 種食을 대여한 문서
라는 견해,[164] 각 戶의 실제 점유토지의 總數가 아니라 정부가 각 호
에 종자를 빌려주려고 하는 畝數의 통계 細冊이라는 견해도 있다.[165]
그러나 王彦輝는 가난한 戶口에게만 貸種食했다는 견해를 부정하고 鄭
里廩簿는 대다수 民戶의 토지 부족이 심각하고, 이러한 현상이 南郡
지역만이 아니라 전국에 보편적이었다고 주장하였는데, 能田者 숫자
와 算賦 숫자의 근접에서 볼 때 그의 견해는 타당성이 있다.[166]

---

163) 裘錫圭는 617畝라고 계산하고 있으나, 필자의 합산 결과는 610畝이다. 그
　　는 9號簡의 鄭里廩簿의 貸穀 합계 61.7石에 근거해 전체 畝數를 617畝로 산
　　정한 것 같은데(9. 鄭里廩簿 凡六十一石七斗), 필자의 계산으로는 610畝가
　　옳다. 그 차이가 발생한 곳은 ⑨이다. ㉑-㉕는 貸穀數가 없는데, 畝數의 1/10
　　로 계산하여 보충하여 전체 貸穀數를 계산하면 61.7石이 나온다. 그러나
　　⑨의 不章의 경우 30畝(卅畝)이므로 3石이라야 하는데 3.7石을 지급한 것을
　　고려하면 ㉓의 畝數는 14畝이며, 전체 畝數는 610畝가 된다.
164) 裘錫圭, 위의 논문, pp.56-57.
165) 王愛淸, 「秦與漢初吏民生活略論」(『唐都學刊』 23-3, 2007), p.6.

王彦輝의 주장이 맞는다면, 鄭里廩簿는 성세라고 칭해지는 文·景帝 시기조차 『이년율령』의 규정이 지켜지지 않았음을 보여주고 있다. 『二年律令』 戶律 규정에 의하면, 1급작 公士에게는 田 1.5頃을 지급하도록 규정되어 있다. 그러나 ⓐ의 公士 田과 ⓑ의 公士 市人의 토지는 각각 21畝와 32畝에 불과했다.[167] 또한 작위가 없는 사람들은 士伍 또는 庶人의 신분으로 추정되는데, 이들에게도 100畝의 토지가 지급되지 않았다. 즉, 公士가 규정대로 받고 있지 못함을 보여주는 鄭里廩簿는 惠帝 이후의 전국적인 賜爵에 전택 지급이 수반되지 않았음을 증명하는 자료라고 할 수 있다.

이렇게 戶律 규정의 지급 기준을 준수하지 못한 것은 文·景帝 시점에 인구가 증가했던 것에 이유가 있을까? 이 시기의 인구 상황에 대하여 알 수 있는 것이 文帝의 즉위 17년째인 後元年(B.C.163)에 내려진 조서의 기록이다. 文帝는 수년 간 지속된 흉년과 질병으로 경제상황이 좋지 않자, 조서를 내려서 그 원인이 어디에 있는지를 찾으려고 하였다. 그때에 조서에는 당시의 토지에 대한 인구의 압박이 옛날(古)보다 줄어들었음을 지적하고 있다.[168]

---

166) 王彦輝, 「論張家山漢簡中的軍功名田宅制度」(『東北師大學報』 2004-4), pp.20-21. 第4號 木牘에 기록된 鄭里가 부담하는 算은 72算이고, 鄭里廩簿에 기록된 能田者는 69명인데, 두 숫자는 매우 접근해있다. 漢의 제도에서 7-14세는 口賦, 15-56세는 算賦를 낸다. 鄭里廩簿의 能田은 「大男」「大女」로서 算賦를 내는 숫자라는 것이다. 鄭里에서 算賦를 부담하는 인구가 70명 정도라면, 매호 평균 두 사람이 산부를 부담한다고 할 때 전체 호는 35호가 되며, 鄭里廩簿에 기록된 25호는 전체 호수의 71%를 차지한다(25/35). 따라서 전체 호수의 71%라고 하는 貧戶의 수치가 발생하는 상황이 前漢 중기 이후라면 정상이겠지만, 文景 시기는 성세이므로 이렇게 많은 숫자가 貧弱戶일 수는 없다는 것이다. 만약에 이러한 상황이 사실이라면 대다수 民戶의 占田이 심각하게 부족하고, 봉황산한간의 상황은 南郡 지역만의 상황이 아니라, 당시의 보편적 현상일 것이라고 주장하고 있다.

167) 裘錫圭, 위의 논문, p.52.

168) 『漢書』 卷4 「文帝紀」, p.128, "詔曰：「間者數年比不登, 又有水旱疾疫之災, 朕甚

　　文帝가 언급한 "古"는 어느 시점을 가리키는 것일까? 文帝 시기의 인구는 高祖 시기에 비하여 증가하였으므로 古를 高祖 시기로 본다면 "여유가 있다"는 표현은 사용할 수 없다. 만약 高祖 시기를 비교대상으로 했다면 "여유가 없어졌다"고 하는 것이 옳을 것이다. 따라서 "古"는 高祖 시기를 가리키는 것은 아니라고 생각된다.

　　惠帝 6년(B.C.189) 15-30세 사이의 여성이 결혼하지 않을 때 5算의 세금을 부과한다고 하는 무婚 정책의 시도는 인구증가를 가져왔음이 분명하다. 한 연구는 결혼 연령이 15세인 여자의 출산율은 결혼 연령이 20세 전후인 경우에 비하여 16%가 높고, 25세에 비하여는 38%가 높으며, 30세에 비해서는 58%가, 35세에 비해서는 66%가 높다고 한다.[169] 이러한 惠帝 시기의 미혼자에 대한 세금부과 및 휴식정책에 힘입어 『漢書』「高惠高后文功臣表」序에는 인구의 급증 사실이 언급되어 있다.[170] 따라서 전한 초년의 인구는 1400만, 文景 교체기는 2500만, 景武 교체기는 3000만, 武帝 전기는 3400만으로 추정되고 있다.[171]

憂之. 愚而不明, 未達其咎. 意者朕之政有所失而行有過與? 乃天道有不順, 地利或不得, 人事多失和, 鬼神廢不享與? 何以致此? 將百官之奉養或費, 無用之事或多與? 何其民食之寡之也! 大度田非益寡, 而計民未加益, 以口量地, 其於古猶有餘, 而食之甚不足者, 其咎安在? 無乃百姓之從事於末以害農者蕃, 爲酒醪以靡穀者多, 六畜之食焉者衆與? 細大之義, 吾未能得其中. 其與丞相列侯吏二千石博士議之, 有可以佐百姓者, 率意遠思, 無有所隱."

169) 彭衛, 『漢代婚姻形態』(西安: 三秦出版社, 1988), p.106.

170) 『漢書』卷16「高惠高后文功臣表」, p.528, "故逮文·景四五世間, 流民既歸, 戶口亦息, 列侯大者至三四萬戶, 小國自倍, 富厚如之. 子孫驕逸, 忘其先祖之艱難, 多陷法禁, 隕命亡國, 或亡子孫. 訖於孝武後元之年, 靡有孑遺, 耗矣. 罔亦少密焉, 故孝宣皇帝愍而錄之, 乃開廟臧, 覽舊籍, 詔令有司求其子孫, 咸出庸保之中, 並受復除, 或加以金帛, 用章中興之德."

171) 袁祖亮,「再論漢武帝末年人口并非減半」(『學術月刊』1985-4), pp.51-55. 인구의 추정치는 학자들마다 일치하지 않는다. 尙新麗는 前漢초 1300만, 文景 시기 2500만, 景武 시기 3000만, 武帝 시기 3400만으로 추정하고[尙新麗,「西漢人口數量變化考論」(『鄭州大學學報』2003-5), p.20.], 葛劍雄은 전한 고조 시기의 인구를 1500-1800만으로 추정한다.[葛劍雄, 『西漢人口地理』(北京: 人民出

文景 교체기 2500만 전후의 인구는 高祖 때보다 훨씬 많기 때문에 文帝가 "以口量地, 其於古猶有餘"라고 한 것의 "古"는 漢高祖 시기를 지칭하는 것은 아니라고 생각된다. 따라서 "古"는 전국말을 지칭하는 것으로 생각된다.[172] 그렇다면 文帝의 後元年 시점의 인구는 秦末의 인구를 아직 회복하지 못한 것으로 생각된다. 문제 때 인구는 고조 시기보다 증가했지만 그렇게 증가한 인구의 압력으로 인해 鄭里廩簿의 토지부족이 발생한 것은 아니다.

漢 平帝시에 전국의 墾田을 전체 戶로 나눈 평균은 약 67畝이며, 成帝의 永始 4年(B.C.13) 전후에 東海郡 戶 당 평균 墾田은 77畝 전후이다. 後漢 和帝 연간에 戶 당 평균 墾田은 80畝 전후이다. 그러나 이러한 이상적 평균적 토지 분배는 개발정도와 인구분포의 차이에 의해 불가능하였다. 토지는 자유 매매, 지주·상인·관료의 대량 점유로 농민의 소유 토지는 평균 이하로 떨어진다.[173] 居延漢簡의 田畝 숫자는 매호 당 20-30무였다.[174] 마찬가지로 鄭里廩簿의 농민의 경작지는 매호 당 24.4畝에 불과했다.[175]

版社, 1986), p.62.]

172) 龐卓恒, 「關于西周的勞動生産方式、生産率和人口估測」(『天津師大學報』 1998-5), p.47. 龐卓恒은 전국말 인구를 2000-2500만으로 추정한다. 또한 路遇 等, 『中國人口通史』(濟南: 山東人民出版社, 1999), pp.74-103에도 이와 비슷한 견해를 보인다. 秦代에 2000만, 文帝 시기에 2500만이다. 그러나 文帝의 언급에 입각할 때, 文景 교체기가 전국말보다 인구 압력이 여유가 있다고 한다면 文景 교체기의 인구를 2000-2500만으로 보는 것은 많다고 생각된다.

173) 葉文憲, 「論土地兼並的合理性及其根源——兩漢人地關系個案研究」(『蘇州鐵道師範學院學報』 2000-1), pp.88-91.

174) 『敦煌漢簡釋文』, p.216, "□□京威里高子雅田卅畝 入秋三□(2016)"; 『居延漢簡釋文合校』, p.653, "□置長樂里樂奴田卅五仮賈錢九百錢畢已丈田即不足計畝數環錢旁人淳于次孺王充鄭少卿古酒旁二斗皆飲之.(557.4)"; 『居延漢簡釋文合校』, pp.34-35, "三礁燧長, 居延西道裏公乘徐宗, 年五十. 妻妻 宅一區, 直三千 … 田五十畝, 直五千.(24.1B)"

175) 葉文憲, 위의 논문, p.92.

그런데 농민 1인 당의 경작 능력을 고려한다면 鄭里廩簿의 토지면적이 그렇게 부족한 것만도 아닐 수 있다. 鄭里廩簿의 토지는 漢代의 240보제를 따른 것으로 생각하고 논의를 전개해보자.[176] 鄭里의 每戶 당 평균 畝數인 24.4畝는 매 能田者의 숫자로 계산하면 약 9畝의 토지에 불과하다.(610畝/69人=8.84畝) 文景之時에 이곳은 大畝制를 실행하고 있으므로 1人 당 9大畝는 약 22小畝(9×2.4=21.6畝)이다.[177] 또한 陳平의 兄이 耕種한 토지는 30畝에 불과했는데,[178] 黃今言은 陳平의 고향 陽武가 小畝制를 시행하는 "關東"에 속해 있으므로 30小畝라고 하였다.[179] 대체로 漢代 농민의 소유 토지량은 남방에서 9-10大畝(평균 23小畝), 중부는 12.5大畝(30小畝)였다.[180] 이렇게 소량의 토지 보유는 『이년율령』

---

176) 漢武帝가 240步 1畝制를 시행했는지에 대해서는 논쟁이 있었으나, 『二年律令』 및 算數書 등에 240步 1畝制가 시행된 증거는 확실하다. 楊際平, 「再談 漢代의 畝制, 畝産---與吳慧先生商榷」(『中國社會經濟史研究』 2000-2), p.43. 진시황이 중국을 통일할 때 秦國의 240步 畝制를 전국의 畝制로 확대하였고, 嶽麓書院所藏秦簡에도 역시 240보제가 규정되어 있다. 陳松長, 「嶽麓書院所藏秦簡綜述」(『文物』 2009-3), p.85, "0942 少廣, 下有半, 以爲二, 半爲一, 同之三, 以爲法. 赤直二百卌步, 亦以一爲二, 爲四百八十步. 除, 如法得一步, 爲縱百六十(步)." 漢은 秦制를 계승하여 처음부터 240步 畝制를 실시했음은 『二年律令』에 확인된다.(『張家山漢墓竹簡』, p.166, "田廣一步袤二百卌步爲畛, 畝二畛, 一佰道; 百畝爲頃, 十頃一千道, 道廣二丈.『張家山漢簡(釋文修訂本)』(北京: 文物出版社, 2006), p.154, "少廣: 一步半步, 以一爲二, 半爲一, 同之三, 以爲法. 即直二百卌步, 亦以一爲二, 除, 如法得縱一步. 爲縱百六十步.")『算術書』에도 240方步의 畝를 畝法으로 하고 있다.(楊際平, 「從東海郡『集簿』看漢代的畝制, 畝産與漢魏田租額」(『中國經濟史研究』 1998-2), p.76.) 居延漢簡에도 당지 屯田의 경작 효율에 관한 기록이 있는데, 사용된 畝制 역시 240步의 畝였다.
177) 黃今言·溫樂平, 「漢代不同農耕區之勞動生産率的考察--以糧食生産爲研究中心--」(『中國社會經濟史研究』 2006-3), p.2. 黃今言은 武帝 이전에 大畝制와 小畝制를 병행하고 있다는 입장이다.
178) 『史記』 卷56 「陳丞相世家」, p.2051, "陽武戶牖鄉人也. 少時家貧, 好讀書, 有田三十畝, 獨與兄伯居, 伯常耕田, 縱平使遊學.『集解』徐廣曰: 陽武屬魏地. 戶牖, 今東昏縣, 屬陳留.";『漢書』 「地理志」에 "屬河南郡, 蓋陽武鄉屬梁國耳."라고 기록되어 있다.
179) 黃今言·溫樂平, 위의 논문, p.3.

의 규정과 비교하면 크게 차이가 난다. 그러나 당시의 1인 당 경작 능력을 고려할 때 토지를 많이 지급한다고 하여 모두 경작할 수 있는 것도 아니었다.

전근대 시기 농민 1인 당 경작 가능 면적을 본다면 鄭里廩簿의 田畝 數量이 결코 적다고 할 수는 없다. 1인 당 경작 능력과 관련된 고전적 연구에 의하면 戰國시기 六國지역의 1인 경작 능력은 11.9大畝(28.57小畝)에 불과했고, 농경에 鐵犁를 사용한 秦은 22.5大畝(54小畝)를 경작하였다. 이 계산은 『孟子』「梁惠王上」과 『商君書』「徠民篇」, 『周禮』「地官·小司徒」 등에 근거하여 정치하게 도출된 것이다.[181] 역시 우경을 행하지 않고, "耒를 밟아서 흙을 뒤집는 방법(蹠耒而耕)"을 사용한 漢代의 강남지방에도 겨우 10大畝에 불과하다. 『淮南子』「主術訓」에 의하면 秦漢시기 강남의 水稻作 농법에서 성인남자의 경작 능력은 평균 10大畝(24小畝)였다.[182] 『銀雀山漢墓竹簡』에도 1인이 大畝 24畝를 경작하면 王者가 되고, 19畝를 경작하면 霸者가 되고, 14畝를 경작하면 겨우 존속하고, 9畝를 경작하면 멸망한다고 하였는데, 이 자료는 1인 당 경작

---

180) 같은 논문, p.6.

181) 中國農業科學院南京農學院中國農業研究遺産研究室, 『中國農學史(初稿)上冊』 (南京: 科學出版社, 1959), pp.71-72, 79.

182) 王福昌, 「秦漢江南稻作農業的幾個問題」(『古今農業』 1999-1), p.15; 張雙棣, 『淮南子校釋』(北京: 北京大出版社, 1997), p.996, 「主術訓」 "夫民之爲生也, 一人蹠(蹠)耒而耕, 不過十畝, 中田之獲, 卒歲之收, 不過畝四石, 妻子老弱, 仰而食之, 時有涔旱災害之患, 無以給上之征賦車馬兵革之費. 由此觀之, 則人之生, 憫矣! 夫天地之大, 計三年耕而餘一年之食, 率九年而有三年之畜, 十八年而有六年之積, 二十七年而有九年之儲, 雖涔旱災害之殃, 民莫困窮流亡也. 故國無九年之畜, 謂之不足; 無六年之積, 謂之憫急; 無三年之畜, 謂之窮乏. 故有仁君明王, 其取下有節, 自養有度, 則得承受於天地, 而不離饑寒之患矣. 若貪主暴君, 撓於其下, 侵漁其民, 以適無窮之欲, 則百姓無以被天和而履地德矣."; 王福昌, 「秦漢江南稻作農業的幾個問題」(『古今農業』 1999-1), p.15. 이 문제는 앞으로 이년율령의 규정만이 아니라, 상앙변법에서 100步 1畝制에서 240步 1畝制와도 관련하여 논의하여야 할 것이다.

가능한 면적의 평균을 14畝에 놓고 있는 것이 주목된다.[183] 또한 陳平의 형의 사례에 근거하여 농민이 일년에 경작 가능한 畝數를 12.5大畝(30小畝) 정도로 보는 견해도 있다.[184] 한편 경작 가능면적을 이보다 높게 설정한 자료도 보인다. 『居延新簡釋粹』에 의하면 墾田 41頃 44畝 24步를 121인이 경작했으므로 1인 당 墾田한 면적은 34大畝이며,[185] 趙充國은 1萬餘 屯田軍을 이끌고 2000頃을 墾田한 것이 1인 당 20畝를 할당한 것으로 생각된다.[186] 다만 변방 둔전은 방어 활동을 겸하기 때문에 각 둔전병의 토지 배분액은 전적으로 경작에만 종사하는 것을 표준으로 하지 않았을 것이다.[187] 그러나 같은 변방의 둔전임에도 불구하고 『居延新簡釋粹』와 趙充國의 자료가 1.7 : 1의 차이가 나고 있는 것은 의아한데, 양자 모두 牛를 사용한 경작은 아니다. 한편 1930년대

183) 銀雀山漢墓竹簡整理小組編, 『銀雀山漢墓竹簡(一)』(北京: 文物出版社, 1985), p.145, "一人而田大畝廿【四者王, 一人而】田十九畝者朝(霸), 【一人而田十】四畝者存, 一人而田九畝者亡. 王者一歲作而三歲食之, 霸者一歲作而二歲食【之, 存者一歲作□□□食】之, 亡者一歲作十二月食之. 民之作務固□□□之. 民之作務之器皆□……"

184) 黃今言·溫樂平, 위의 논문, p.3.

185) 薛英群 等注, 『居延新簡釋粹』(蘭州: 蘭州大學出版社, 1988), pp.87-88, "72.E.J.C.1 第四長安親, 正月乙卯初作, 盡八月戊戌, 用積卒二万七千一百廿三人. 率日百廿一人, 奇卅九人. 墾田廿一頃廿四畝百廿四步, 率人田卅四畝, 奇廿廿畝百廿四步. 得穀二千九百一十三石一斗一升, 率人得卅四石, 奇九石." 위의 문서에서 正月乙卯로부터 八月戊戌까지의 총 노동일수는 224일, 노동 연인원은 27,143人이다. 따라서 매일 평균 약 121인이 노동을 했고, 총 墾田은 41頃 44畝 24步이므로 1인당 墾田한 면적은 34畝이며, 수확량(得穀)은 2913石 1斗 1升이므로 한 사람당 24石을 생산했다. 江海雲, 「漢簡中所見的河西開發及啟示」(『敦煌學輯刊』 2007-4), p.359 참조.

186) 『漢書』 卷69 「趙充國傳」, p.2986, "計度臨羌東至浩亹, 羌虜故田及公田, 民所未墾, 可二千頃以上, 其間郵亭多壞敗者. 臣前部士入山, 伐材木大小六萬餘枚, 皆在水次. 願罷騎兵, 留弛刑應募, 及淮陽·汝南步兵與吏士私從者, 合凡萬二百八十一人, 用穀月二萬七千三百六十三斛, 鹽三百八斛, 分屯要害處. 冰解漕下, 繕鄕亭, 浚溝渠, 治湟陿以西道橋七十所, 令可至鮮水左右. 田事出, 賦人二十畝."

187) 趙岡·陳種毅(尹貞粉 譯), 『中國土地制度史』(서울: 大光文化史, 1985), p.151.

중국농촌에서의 1인 당 토지 경작능력은 20畝 정도였는데, 漢의 大畝로 환산하면 28.91畝이다.[188]

　　한편 1인 당 경작면적을 75畝로 보는 趙岡의 견해도 있지만, 이것은 불가능한 수치라고 생각된다. 趙岡은 曹魏 시기 鄧艾의 둔전에서 3만경의 토지를 4만 인이 경작하게 하였으므로 1인 당 75畝의 경지면적을 분배받았다고 하지만,[189] 이것은 인간의 체력으로는 불가능한 수치였다. 이러한 수치가 나온 것은 사료에 나오는 2만 경을 3만 경으로 잘못 보았기 때문에 생긴 오류로 생각된다.[190] 따라서 2만 경을 4만인이 경작하면 1인 당 50畝를 할당받은 것이다. 曹魏 시기에 畝의 면적은 502.65m²인데, 50畝라면 25132.5m², 즉 7616평에 해당하는데 1인이 경작하기에는 버거운 면적이라고 생각한다. 5만 명이 8 : 2의 비율로 경작과 수비를 하는데, 여기에서 4만 명만 농사에 종사했다고 볼 수는 없다. 오히려 5만 명에게는 각각 할당 토지가 있고, 수비근무를 하지 않는 시간을 활용하여 할당된 토지를 경작하는 것으로 이해할 수

---

188) 岳謙厚·許永峰·劉潤民, 「1930年代閻錫山之"土地村公有"理論－以《大公報》報道及其所刊文章爲中心的討論」(『山西大學學報』 30-6, 2007), p.5; 仲亞東, 「自耕二十畝與佃耕五十畝－－對抗戰前邳縣等江蘇北部地區農民家庭經濟的觀察」(『淸華史苑』 2, 2007), pp.59-60. 1912년 이후 每畝의 면적은 666.53m²이므로 민국시기의 20畝는 13330.6m²이고, 漢代의 畝數로 환산하면 13330.6m²/461.04m²＝28.91畝 정도이다. 趙岡·陳種毅(尹貞粉 역), 위의 책, p.75 참조.

189) 趙岡·陳種毅(尹貞粉 역), 위의 책, pp.151-152.

190) 『晉書』 卷26 「食貨志」, p.785, "令淮北二萬人, 淮南三萬人分休, 且佃且守. 水豐, 常收三倍於西, 計除衆費, 歲完五百萬斛以爲軍資. 六七年間, 可積三千萬餘斛於淮土, 此則十萬之衆五年食也. 以此乘敵, 無不克矣. 宣帝善之, 皆如艾計施行. 遂北臨淮水, 自鍾離而南橫石以西, 盡沘水四百餘里, 五里置一營, 營六十人, 且佃且守. 兼修廣淮陽, 百尺二渠, 上引河流, 下通淮潁, 大治諸陂於潁南、潁北, 穿渠三百餘里, 溉田二萬頃, 淮南、淮北皆相連接. 自壽春到京師, 農官兵田, 雞犬之聲, 阡陌相屬."; 『三國志』 卷28 「魏書/鄧艾傳」, pp.775-776, "令淮北屯二萬人, 淮南三萬人, 十二分休, 常有四萬人, 且田且守. 水豐常收三倍於西, 計除衆費, 歲完五百萬斛以爲軍資. 六七年間, 可積三千萬斛於淮上, 此則十萬之衆五年食也. 以此乘吳, 無往而不克矣."

도 있으므로 1인 당 경작면적은 40畝(20106m² = 6093평) 정도인데 이것
조차도 인간의 노동능력을 최대한으로 발휘한 것으로 생각된다.

이상에서 제시한 자료에서 볼 때 1인 당 경작 가능한 畝數는 『淮南
子』「主術訓」의 水田지역의 10畝에서 『居延新簡釋粹』의 旱田지역의 34畝,
鄧艾의 40畝까지 다양하다. 그러나 어떠한 것이든 간에 『二年律令』에
규정된 士伍의 100畝, 公士 150畝 등의 면적이 부부 2인의 경작할 수 있
는 범위를 벗어나는 것임은 분명하다. 이러한 난제를 해결하기 위하
여 당시의 休耕농법을 고려하여 배로 지급된 면적이라는 해석도 있
다.[191] 그러나 『二年律令』의 지급규정에서의 문제는 上造의 200畝, 簪褭
의 300畝, 不更의 400畝와 같이 爵이 올라갈수록 국가에서 지급되는 토
지가 늘어날 때 가족 노동력만으로는 경작할 수 없다는 점이다. 비록
『商君書』「境內篇」에서는 無爵者를 庶子로 복역시키는 문제를 고려하고
있으나,[192] 漢律에서는 그러한 조치는 고려되어 있지 않다. 오히려 鄭
里廩簿에 기록된 토지 면적은 경작 가능 노동력을 고려한다면 적절했
을 수도 있다.

따라서 『二年律令』의 授田 숫자는 현실의 경작 능력을 고려하지 않
은 先秦 시기에 이상으로 삼아왔던 畝數에 불과하며, 그 이상적인 숫
자도 제대로 충족시키지 못한 것이라 생각한다. 또한 鄭里廩簿의 시
점에서 볼 때 文帝 시점에서 『二年律令』은 규정대로 준수되지 않았음
을 확인할 수 있었다.

지금까지 분석한 바와 같이, 秦帝國 말의 自實田을 통해 인정한 토
지 소유를 재차 高祖 五年詔書에서 확인함으로써 전국시대의 전택소
유는 외형상 국가의 田宅 지급제도였지만, 내용상으로는 그 내부에
매매와 상속을 인정하는 사유제적 요소가 있었던 것이다. 戶律 규정

---

191) 李成珪, 『中國古代帝國成立史研究』(서울: 一潮閣, 1984), pp.89-92.
192) 高亨, 『商君書注譯』(北京: 中華書局, 1974), p.146, "其有爵者乞無爵者以爲庶子,
級乞一人. 其無役事也, 其庶子役其大夫, 月六日; 其役事也, 隨而養之."

대로 지급되지 못한 결정적 이유는 일반 백성들에 지급할 국가의 田宅 부족과 그에 따른 지급 의지의 결여이다. 또한 戰後에 민심을 안정시키기 위한 高祖의 "復故爵田宅" 조치에 의해 秦末의 토지 소유 상황을 漢初에 계승한 것, 상속·매매 및 양도 규정의 혼재로 인한 토지 사유개념의 출현이 환수를 불가능하게 했던 것이 원인이다. 그럼에도 『二年律令』戶律의 "限"의 개념은 계속 남아있어서 史書 중에 종종 田宅逾制의 표현이 보이는 것이지, 武帝 시기에 田宅逾制의 법률이 새로 제정되었던 것으로는 생각되지 않는다.

V. 결론

漢代『二年律令』의 戶律·置後律·傅律 등에 분산적으로 기술되어 있는 토지 관련 조항들은 상호 유기적으로 조합되어 있는데, 그 정밀함으로 판단할 때 전국말 이래 장기간의 시행경험이 융해되어 있다고 생각된다. 작위 및 전택의 상속 규정이 당시 사회적으로 보편적인 4인 가족을 대상으로 만들어진 것은 이 법률이 그 당시의 가족 숫자를 반영해 입법된 것임을 말해준다. 또한 작위의 승계 과정에는 商鞅變法 등에 보이는 군공을 세우지 못하면 爵位 세습을 불허하는 전국시대의 軍功을 중시하는 정신이 반영되어있다. 예컨대 楚國의 吳起변법에서 封君의 자손도 三世가 지나면 爵祿을 회수한다는 원칙이 『二年律令』의 爵位 승계과정에서도 확인되기 때문이다.

『二年律令』의 국가 수전제의 핵심적 사항은 爵位와 爲戶였다. 물론 軍功爵의 高低에 따라 전택 소유의 한도를 규정한 것은 국가에 군공이 없으면 비록 부유하더라도 그것을 향유할 수 없게 하는 "無功者雖富無所芬華"라는 商鞅變法의 반영이다. 이 원칙은 전택 지급에 있어 작위가 無功者의 전택 소유 제한으로 작용했다는 것도 사실이다. 한편『二年律令』에서 밝혀진, 전택 지급이 작위만에 의해 결정되는 것이 아니라는 점도 중요한 성과이다. 기존에는 爵位 소지가 전택 지급의 제 1 요소로 인식되었으나, 오히려 爲戶가 결정적인 요인이라는 사실이 주목된다. 즉, 작위가 있더라도 爲戶하여 독립된 戶를 구성해야만 전택의 지급이 가능하다는 전제를 확인할 수 있었다.

『二年律令』의 전택제도는 기본적으로 국가 授田制를 표방하고 있기 때문에, 이 제도가 지속적으로 기능하기 위해서는 환수의 조치가 반드시 필요하였다. 비록『二年律令』에는 환수를 명문화한 조문이 보이지 않지만 환수의 메커니즘이 은밀하게 규정되어 있다. 그것은 국가에 군공을 세우지 못한 자의 이의 제기가 어렵도록 설계된 시스템을 통해 이루어지고 있다. 즉, 父의 작위는 기본적으로 상속을 허용하되, 본인의 군공이 없으면 부친의 작위로부터 몇 단계씩 減爵하는 방법을 통하여 田宅 소유도 줄이고 남는 전택을 환수하는 것이었다.

그러나『二年律令』의 토지제도가 지속적으로 유지되기 어려웠던 이유는 양립할 수 없는 국유와 사유의 두 가지 개념이 혼재해 있었다는 점 때문이다. 국가는 토지를 국유로 인식하고 있기 때문에 상속하고 남은 부분, 犯法者·戶絶者 등의 토지를 환수하려고 했다. 그러나 다른 한편으로는 개인에게 허용한 상속·매매의 요소는 토지 국유라는 원칙을 희석시켜버려 실제로 상속 후 남은 부분을 환수하려는 시도는 의미가 없었다. 농민의 입장에서는 상속하고 남은 토지를 국가에 반납하지 않고 매각해버리는 것이 경제적으로 훨씬 이득이다. 그 결과 상속하고 남은 토지가 국가로 환수될 것이라는 기대는 완전히 "無望"의 것이 되어 버린다. 결국『이년율령』 자체가 가지고 있는 문제점은 授田制 속에 토지에 대한 私有관념이 내포되어 있다는 점인데, 이것이야말로 토지를 회수하기 어렵게 만든 요소이다.

이상은『二年律令』 戶律의 규정에 보이는 문제점을 지적한 것이만, 더욱 문제인 것은 실제적 측면에서 『二年律令』의 授田 규정이 高祖 시기조차 제대로 집행되지 못했다는 사실이다. 蕭何가 咸陽에 들어가서 圖書律令을 수습한 것은 漢 국가체제의 향방을 결정하는 결정적 사건이었다.[193] 蕭何는 櫟陽에서 社稷을 세우는 漢高祖 2년(B.C.205) 11월부터 왕조의 창건에 부응하기 위한 법률을 제정하였다. 秦律을 수습하여 만들어진 『二年律令』의 질서정연한 爵 - 田宅의 연계 시스템은 일견하여 漢帝國이 완벽한 授田制를 보유하고 시행할 수 있게 했다고 생각할 수도 있다. 그러나 문제는 이 제도를 집행하고자 하는 의지의 문제였다. 고조는 전쟁으로 다망하여 토지제도를 강력하게 집행할 수 있는 분위기도 아니었던 것이다. 고조는 통일전쟁 완수 후에 白登城에서 흉노에 패전하고, 陳豨 등의 반란으로 거의 內治를 수행할 여유가 없었던 것이다.

한제국이 秦의 토지제도의 현실을 그대로 승계하는 데에는 "復故爵田宅"의 조치가 중요한 역할을 했다. 漢高祖는 秦帝國의 법률을 승계했을 뿐만 아니라, 통일전쟁을 완료한 高祖 5년에 전쟁난민들을 고향으로 복귀시키고 秦帝國 시기의 작위와 토지 소유권을 소급해 인정하는 "復故爵田宅"을 허용함으로써 법률과 토지 소유권 모두를 秦제국과 동일한 것으로 회복시켰다. "復故爵田宅"하였다는 것은 秦帝國 시기의 소유권을 인정하겠다는 의도이며, 한걸음 더 나아가서 진시황 31년의 自實田에 의해 인정된 六國 시기의 토지 소유관계까지 인정하는 것이다.

결국 高祖 5년의 "復故爵田宅" 조치는 秦末의 自實田에 의해 인정된 구 육국의 토지 소유관계가 재차 漢代까지 승계되도록 하였다. 그 결

---

193) 『史記』 卷53 「蕭相國世家」, p.2014, "及高祖起爲沛公, 何常爲丞督事. 沛公至咸陽, 諸將皆爭走金帛財物之府分之, 何獨先入收秦丞相御史律令圖書藏之. 沛公爲漢王, 以何爲丞相. 項王與諸侯屠燒咸陽而去. 漢王所以知天下阨塞, 戶口多少, 彊弱之處, 民所疾苦者, 以何具得秦圖書也. 何進言韓信, 漢王以信爲大將軍. 語在淮陰侯事中."

과 陳平·陳勝으로 대표되는 가난한 소농민의 토지소유 상황도 漢제국의 통일 이후에 그대로 승계하였다.[194] "復故爵田宅"은 故(이전)의 爵과 田宅의 대응관계를 강조한 것이지만, 실제로는 秦末 陳平의 경우에서처럼 작위에 규정된 전택 액수가 제대로 지급되지 않은 상태로 되돌아가는 것이기 때문에 『二年律令』戶律에 작급별 전택 소유를 규정한 것과 같은 질서정연한 상태는 불가능했을 것이다. 따라서 授田制가 漢初에 제대로 시행되지 않은 이유 가운데 하나로서 "復故爵田宅"을 거론할 수 있는 것이다. 결국 鄭里廩簿에 보이는 토지소유 실정은 自實田과 "復故爵田宅"의 2차례 조치를 경과하면서 秦始皇 31년 이전의 상황을 승계한 것의 반영이라 할 수 있다.

"復故爵田宅"의 조치와 병행하여, 戶律 규정에 입각해 전택을 지급하려는 시도도 없었던 것으로 생각된다. 五年詔書가 내려졌을 때 군공수립자 이외의 전쟁에 참여하지 않은 一般民에게도 戶律의 규정대로 채워(滿)주었을까? 이에 대해서 필자의 입장은 부정적이다. 원칙적으로는 이들에게도 戶律 규정에 입각하여 토지를 지급해야 했다. 그러나 향리에서 작은 권력을 가지고 있는 小吏도 아니고, 從軍한 군인도 아닌 일반인에 대하여 작급에 따른 전택이 지급되었을지는 자료의 미비로 확인하기 어렵지만, 이들에게는 지급되지 않았다고 생각한다. 이유는 오년조서에서 일반민의 전택 지급까지 철저하게 관철하라는 언급이 없을 뿐만 아니라, 군공수익계층에게 지급한 토지가 전국 墾田數의 40%에 달했고, 당시 軍吏들이 군공과 국가 보유의 토지를 비교한 결과 토지에 여유가 없는 상태였기 때문이다. 이러한 상황 하에서 일반민들에게까지 戶律의 규정에 "滿"하도록 토지를 지급하기는 곤란하였을 것이다. 전택 지급에 필요한 국유지 확보를 위해서는 전

---

194) 『史記』 卷118 「淮南衡山列傳」, p.3090, "陳勝, 吳廣無立錐之地, 千人之聚, 起於大澤, 奮臂大呼而天下響應, 西至於戲而兵百二十萬."

국적인 토지조사 및 환수 등의 실시가 필수적이나, 高祖 시기에는 秦始皇 31년에 행해졌던 自實田, 光武帝 시기의 度田과 같은 조치가 취해진 기록이 없다. 전국적인 토지 장량 사업을 통해 토지를 확보한 후 지급하는 것은 당시 정부의 재정·인력·기술의 차원에서 결코 용이한 국가 사업이 아니었을 것이다. 결국 『二年律令』 戶律 내부에 상속·매매와 같이 국가 授田制를 파괴시킬 수 있는 요인도 있지만, 그보다 秦末의 불균등한 토지소유 상황을 승계한 것과 지급할 수 있는 충분한 전택을 국가가 확보하지 못한 것이 보다 큰 원인이다.

授田체제의 해체 이유에 대하여 일부 논자는 爵의 남발이 1차적 이유라고 주장하지만, 필자가 보기에는 이미 그 이전인 고조 시기부터 토지의 수전체제가 제대로 작동했다고 할 수도 없으므로 "해체"라는 표현을 사용하는 것조차도 조심스럽다. 즉, "爵은 군주의 입에서 무수히 나올 수 있다."라고 하는 鼂錯의 언급은 文帝 시기에 爵 - 土地의 일치성을 규정한 戶律이 더 이상 작동하지 않은 증거이다. 戶律의 死文化는 惠帝·文帝의 단기간에 이루어진 것은 아니며, 그 이전부터 이미 존재했던 것이다. 戶律의 死文化라는 인식은 거리낌 없이 전국에 賜爵을 남발하는 결과를 낳았다. 결과적으로 爵의 남발은 戶律의 토지규정을 무너뜨리는 "원인"이 되는 것이 아니라, 爵 - 土地가 연계되는 國家 授田制의 붕괴를 나타내는 標徵에 불과하다고 생각한다.

찾아보기-사실

[마]

찾아보기-인명

임중혁

고려대학교 사학과 문학박사
숙명여자대학교 역사문화학과 교수 역임
현재 숙명여자대학교 역사문화학과 명예교수

전공: 중국 고대사

■ 저술 및 번역

　스무날 동안의 황토기행(소나무 출판사)
　미야자키 이치사다(宮崎市定), 중국중세사(신서원, 임중혁 공역)
　마크 엘빈, 중국 역사의 발전법칙(신서원, 공역)

고대 중국의 통치메커니즘과 그 설계자들 3

초판 인쇄　2021년 10월 27일
초판 발행　2021년 11월 12일 [전체 338쪽(pages)]

저　　자　임중혁
펴 낸 이　한정희
펴 낸 곳　경인문화사
편　　집　한주연 김지선 유지혜 박지현 이다빈
마 케 팅　전병관 하재일 유인순
등　　록　제406-19736-000003호
주　　소　경기도 파주시 회동길 445-1 경인빌딩 B동 4층
전　　화　(031) 955-9300　팩　스　(031) 955-9310
홈페이지　http://www.kyunginp.co.kr
이 메 일　kyungin@kyunginp.co.kr

ISBN　978-89-499-4966-6　94910
　　　　978-89-499-4999-4　(세트)

정가　24,000원
ⓒ 임중혁, 2021

* 저자와 출판사의 동의 없는 인용 또는 발췌를 금합니다.
* 파본 및 훼손된 책은 구입하신 서점에서 교환해 드립니다.